古代歷史文化研究輯刊

二一編

王明蓀 主編

第4冊

中古胡姓家族研究（上）

龍成松 著

國家圖書館出版品預行編目資料

中古胡姓家族研究（上）／龍成松 著 — 初版 — 新北市：花
木蘭文化事業有限公司，2019〔民 108〕
目 6+266 面；19×26 公分
（古代歷史文化研究輯刊 二一編；第 4 冊）
ISBN 978-986-485-722-7（精裝）
1. 胡氏 2. 家族史
618　　　　　　　　　　　　　　　　　108001496

ISBN-978-986-485-722-7

9 789864 857227

古代歷史文化研究輯刊
二一編　第 四 冊　　　　　　ISBN：978-986-485-722-7

中古胡姓家族研究（上）

作　　者　龍成松
主　　編　王明蓀
總 編 輯　杜潔祥
副總編輯　楊嘉樂
編　　輯　許郁翎、王筑　美術編輯　陳逸婷
出　　版　花木蘭文化事業有限公司
發 行 人　高小娟
聯絡地址　235 新北市中和區中安街七二號十三樓
　　　　　電話：02-2923-1455／傳眞：02-2923-1452
網　　址　http://www.huamulan.tw 信箱 hml810518@gmail.com
印　　刷　普羅文化出版廣告事業
初　　版　2019 年 3 月
全書字數　407742 字
定　　價　二一編 49 冊（精裝）台幣 122,000 元　　　　版權所有·請勿翻印

中古胡姓家族研究（上）

龍成松　著

作者簡介

龍成松（1987～），男，貴州盤縣人。自 2006 年 9 月至 2016 年 6 月，先後於武漢大學文學院就讀本科、碩士、博士。碩士導師蕭聖中副教授，博士導師尚永亮教授。自 2016 年 6 月進入大連理工大學中文系任教，爲講師。當前研究方向爲中古民族文化與文學，在《文史哲》《文藝研究》《敦煌研究》《民族文學研究》等刊物發表文章十餘篇。

提　　要

　　中古時期是中國歷史上民族關係最爲複雜的時期，也是中華民族共同體形成的關鍵時期。不少出身北方民族的胡姓家族貫穿於這一時期，在政治、軍事、宗教、藝術、文學等領域留下了深刻的烙印，他們自身的興起、發展、蛻變過程即是一部微觀的民族史和文化史，這即是本書研究的出發點。本書包括緒章、上編、下編三個部分。緒章對本書主題作了交代，對前人研究成果及本書的研究思路進行了概述。上編是對中古胡姓家族的綜合研究，從族源、地域、文化三個維度展開，共四章內容，具體包括：胡姓家族族源敘事、譜系建構的基本模式及其民族認同意義；胡姓家族的地域分化和融合於漢人地方社會的進程；胡姓家族漢文化的習得及其文化身份的蛻變過程。下編爲胡姓家族個案研究，分爲五章。河南竇氏與獨孤氏都是北朝隋唐時期顯赫的外戚世家，第五章對兩個家族的譜系建構作了個案分析。會稽康氏家族是唐代粟特族裔中教養士族的典型，第六章具體討論了康氏會稽郡望形成的背景、會稽康氏的族源、康希銑家族的家學等問題。侯莫陳氏家族是北朝隋唐時期非常活躍的一支鮮卑族裔，第七章以侯莫陳崇及侯莫陳相兩支系爲主線，對兩個家族的世系、佛教信仰進行了考察。何妥是南北朝後期粟特族裔中著名的經學家，第八章重點梳理了他的生平以及在《易》學、《禮》學、樂學等領域的貢獻。王珪是唐初名臣，族出烏丸，第九章以其「不營私廟」這一問題爲切入點，對其家世遺傳之烏丸薩滿文化與家人特殊行爲之關係作了闡述。

中央高校基本科研業務費專項資金資助

supported by

"the Fundamental Research Funds for the Central Universities"

圖表目錄

緒　章

第一節　論題釋義

　　本書所使用的「中古」一詞，是中國古代史分期的概念，指魏晉南北朝隋唐這一段時期，或者略言之 3 至 9 世紀。此處所使用的「胡姓」一詞，則是基於歷史淵源與學術慣例。胡、蕃、夷、戎、狄、虜等詞，隨語用的變化，所指往往不同，文獻中實際情況更複雜。「胡」這一概念的內涵在各個歷史時期也有所不同〔註1〕。「胡姓」一詞，似始自南北朝時期。《真誥》卷十四記裴真人弟子辛仲甫，周真人弟子泉法堅，桐柏弟子于宏智、竺法靈，後陶弘景小注云「辛、泉、于、竺皆似胡姓也，當是學佛弟子也。」〔註2〕此處的胡姓已為合成詞了。當時的姓氏書中亦可以見到胡姓這一專名。《元和姓纂》「箝耳」姓下云：「西羌人，狀云周王季之後，為虔仁氏，音訛為箝耳氏。《姓氏英賢傳》：本胡姓，天監初有箝耳期凌，自河南歸化。」〔註3〕《姓氏英賢傳》為南朝梁賈執撰。以上所引諸姓，有西域胡姓，也有羌姓，說明在這個時期，

〔註 1〕 參考《呂思勉讀史箚記・上》「胡考」條，上海古籍出版社，2005 年，第 1308
　　　　～11321 頁。又參見李鴻賓《「胡人」抑或「少數民族」──用於唐朝時期的
　　　　兩個概念的解說》，載樊英峰主編《乾陵文化研究》（四），三秦出版社，2008
　　　　年，第 10～28 頁。
〔註 2〕 陶弘景撰，趙益點校：《真誥》，中華書局，1985 年，第 179 頁。按，《真誥》
　　　　陶弘景小注有「墨書小字」「朱書小字」之別，今本版本除了少量有標注之外，
　　　　大多已沒有此差別，不知這些小注中是否闌入後世之說。
〔註 3〕 林寶撰，岑仲勉校記，郁賢皓、陶敏整理，孫望審訂：《元和姓纂》卷五，中
　　　　華書局，1994 年，第 776 頁。

胡姓作爲一個統稱外族姓氏的詞語已經定型。與胡姓相似的詞還有蕃姓、虜姓。蕃姓唐代較少用，宋以後多起來；虜姓多指代北胡姓或鮮卑胡姓，內涵不如胡姓廣泛〔註4〕。由於外來族群的姓氏體系與漢人傳統迥然有異，因而可以作爲特殊族群的標記。北魏陸叡本姓步六孤，又譯伏鹿孤，名賀鹿渾，《魏書・陸叡傳》載其岳父崔鑒「恨其姓名殊爲重複」，就是一個典例。

對胡姓群體的關注，較早者當屬晉代余頠的《複姓錄》。余頠本東胡夫餘國人之後。據姚薇元先生考，晉初夫餘國爲慕容廆襲破，其族群多入中華，仕慕容燕者頗多。余頠之先當爲此番入華者〔註5〕。中古時期複姓多出於北方少數民族，《複姓錄》其書雖佚，但從古人的一些引述中可知，其中所記多爲北朝胡姓〔註6〕。如《通志・氏族略》「代北複姓」二十一氏下注云「見《複姓錄》」，又《古今姓氏書辯證》「婆衍氏」條亦注云「《複姓錄》曰代北人」。有意思的是，最早關注胡姓群體的竟是一個胡姓人物，而其選擇的關注點就是「複姓」。

唐先天至開元初，柳沖等修《姓系錄》，「取德、功、時望、國籍之家，等而次之；夷蕃酋長冠帶者，析著別品」〔註7〕。或即是分蕃、漢。唐人所撰譜牒，確有一種是將胡姓分列的。裴揚休有《百氏譜》，《宋史・藝文志》著錄爲五卷；《玉海》「唐百氏譜」條引《中興館閣書目》云：「唐國子助教裴揚休撰，凡三百五十八姓，漢姓三百七，蕃姓一百二十五。」〔註8〕裴揚休《百氏譜》書不存，其體例據宋人之說是蕃姓、漢姓分列。「蕃姓」之稱當是宋人所擬，或非裴氏原貌，但至少說明當時譜牒確有胡漢分列的體例。裴揚休之書是否受《姓系錄》啓發，待考。

〔註4〕虜姓本身還帶有負面意義，是南北朝對立語境下產生的，但近年來不少學術論文及學位論文使用「代北虜姓」這一概念，如四川師範大學2007年郭莉碩士論文《唐朝代北虜姓婚姻關係研究》，浙江大學2009年王春紅博士論文《北朝隋唐代北虜姓士族研究》等。至於與「虜姓」概念有關的柳芳《氏族論》，還存在不少疑竇，而且提出的背景中有特殊的所指，而今人多將之局限於元、長孫、宇文、于、陸、源、竇七大虜姓，故本文不採用此概念。

〔註5〕姚薇元：《北朝胡姓考》（修訂本），中華書局，2007年，第292頁。

〔註6〕其所中亦有或非胡姓之複姓，如《元和姓纂》所引上回氏、西素氏；《辯證》所所引安都氏；《氏族略》中引尚方氏。

〔註7〕《新唐書》卷一百九十九，中華書局，1975年，第5676頁。

〔註8〕《玉海》卷五十，江蘇古籍出版社、上海書店聯合出版，1987年，955～956頁。

　　唐代譜學將「虜姓」作爲一個重要的分類，天寶十三年獨孤沔撰其父獨
孤挺墓誌中自稱「虜姓」即爲一例（參見後文），而同期的韋述、柳芳《氏族
論》中有更爲經典的表述。《新唐書・柳沖傳》節錄了柳芳論氏族之語：

　　　　代北則爲虜姓，元、長孫、宇文、于、陸、源、竇首之。虜姓
　　者，魏孝文帝遷洛，有八氏十姓，三十六族九十二姓。八氏十姓，
　　出於帝宗屬，或諸國從魏者；三十六族九十二姓，世爲部落大人；
　　並號河南洛陽人。〔註9〕

該文的作者、觀點都存在多重疑竇，筆者另有專文考證。總之，歷史實際來
看，在中古時期，儘管概念的內涵有大小，「胡姓」或者「蕃姓」「虜姓」等
詞，確實作爲一個區別於漢人的群體標記存在，這是本書論述的出發點。

　　胡姓一詞的用法也是現代學術的慣例。姚薇元先生的《北朝胡姓考》是集
中研究胡姓的經典著作，影響深遠，其所持「胡姓」概念已成爲學術界的共識。
其書所指稱胡姓」是一個寬泛「非漢人」群體，而主體是北方少數民族。

　　在中國歷史上，中古時期是民族關係最爲複雜的時期之一，也是家族文
化勃興的時期，而溝通民族關係、家族文化之媒介則是胡姓。徐復觀曾說：

　　　　無中國式的姓氏，即無中國式的宗族。無中國式的宗族，即無
　　中國式的倫理道德，亦即無中國式的生活意識與形態。……中國的
　　喪葬、祠祭，是從報本返始、敬宗收族的觀念演變出不來的，這都
　　是隨姓氏而宗族，所必然連帶出來的。……在滿清以前，異族的漢
　　化，多以中國式的姓氏開其端；而滿清則以中國式的姓氏收其果。

　　　　姓氏成爲中國文化中最有社會性的同化力量，是無可置疑的。〔註10〕

我們以「胡姓家族」作爲觀察的基點，一方面是要區別于氏族、部族等群體，
淡化族群色彩，而重點關注族群「離散」之後族裔的存在形態及文化選擇；
另一方面，在空間上不再以華夏邊緣的族群動態爲問題的中心，而轉向華夏
內部胡、漢群體的流動和凝聚情況。從民族或族群轉向家族或族裔，這是胡
姓家族研究不同於民族史研究之根本所在，也是本書貫穿的一種想法。

　　胡姓家族是民族關係歷史鏈條上的各個鏈扣，鏈條可能斷了，而鏈扣依
舊散落在地。即如匈奴、烏桓、鮮卑等部族的發展，在宏觀民族歷史敘述中

〔註9〕　《新唐書》卷一百九十九，中華書局，1975年，第5678～5679頁。
〔註10〕 徐復觀《中國姓氏的演變與社會形式的形成》，收入《兩漢思想史》第一卷，
　　　　華東師範大學出版社，2001年，第202～203頁。

到隋唐時期已融合於漢族，不再成為民族史的主體，但就這些部族的族裔而言，他們完全消化與漢人社會中還需要很長的時間。中古時期胡姓家族的萌芽、肇興、轉型、沈寂，與民族關係演變的過程相應，不少胡姓家族貫穿了整個中古史的發展歷程，本身就是一部微觀的民族史。

選擇「家族」一詞與「胡姓」相黏合，還因為「家族」一詞的延展性使得我們的研究規模具有可操作性。核心家庭一般只包括父母和未婚的子女，這樣的規模太小。而家族則介於家庭與宗族之間，其規模並沒有具體的限制。徐揚傑先生定義說：

> 一般說來，家庭和家族的關係，主要表現為個體和群體的關係，在以血緣關係為紐帶結合而成的這類社會組織中，家庭是個體，是基礎，家族則是群體，是家庭的上一級的組織形式。……家庭和家族的主要區別，在於是否同居、共財、合爨，家庭是同居、共財、合爨的單位，而家族則一般地表現為別籍、異財、各爨的許多個體家庭的集合群體。〔註11〕

家族的概念小可以容納五服以內親族，大可以涵蓋大宗原則下的姓族，這與我們對中、長時段胡姓群體的剖析相契合。比如鮮卑胡姓于氏、竇氏，世系完整，源派清晰，無論從整體而言還是截取其中一段來說，「家族」一詞都可以覆蓋。

按照一般家族或宗族史的分期，中古時期是典型的士族社會，而學界也有「胡姓士族」一稱。但「士族」這一概念更多局限於文化層面上，割裂了其形成的過程。另外，中古時期可稱「士族」的胡姓家族屈指可數，所以一般的士族個案研究或者士族群體研究，少有將胡姓家族納入論述者，而家族研究則可避免上述問題。家族是族群研究或者社會觀察的絕佳視角。中古文化的一個重要特徵即是「家族性」，陳寅恪家世遺傳與地域薰習說，即是以家族為中心的研究範式。同時，其「淵源」學說也是以家族為依託。

魏晉南北朝時期內附少數部族，是魏晉南北朝史的重心所在，研究已非常詳備，而這些少數部族族裔在隋入唐以後的形態，則因歷史研究分期的割裂和民族融合宏觀敘事的「遮蔽」，常常被忽略。以胡姓家族為中心，可以一定程度上彌補這一問題。從發展階段而言，隋唐時期的北朝胡姓後裔是胡姓家族發展階段中的「質變」期：通過族源攀附和世系重建，在種族上他們已

〔註11〕　徐揚傑：《中國家族制度史》，人民出版社，1992年，第5頁。

由「胡」成「漢」；通過至上而下的地方社會發育，他們中一些形成了地方士
族；通過由武入文，他們完成了家族文化特徵的轉型。基於對於中古時期胡
姓家族發展階段的考量，在本文中，我們主要關注的就是北朝胡姓在隋唐時
期的形態，這是本文的一個基本斷限。

第二節　研究回顧

　　胡姓家族研究是一個跨學科的論題，主要涉及領域有民族史、中外交通、
社會史、文化史、文物考古等，所以相關的研究成果分散而眾多。下面主要
選取那些以胡姓家族爲中心的研究論著作簡要的概述；至於涉及或者旁及的
論著，則視情況取捨之。另外，有關中古胡姓家族的研究，國外學者的研究
成果也非常多，尤其是日本學者的研究頗具代表性。限於學力，本書對他們
的研究成果未能參閱，只能暫時略去，待將來補充。

一、胡姓家族綜合性研究

（一）族源識別與族屬考訂

　　族源識別和族屬的考訂，是胡姓家族研究的第一步工作，而胡姓的研究
爲其中心。陳連慶先生在《中國古代少數民族姓氏研究》中說道：

　　　　姓氏研究對歷史研究的作用至少有三：一是對史實的考
　　證。……二是有助於民族史的研究。……三是有助於文化史的研究。
　　我國古代文化是各民族共同創造的，漢族與其他民族的文化交流是
　　雙向交流，但有關歷史文化的記錄多體現在歷史人物身上，因此只
　　有從姓氏判斷出人物的族屬，才能弄清文化的民族淵源。〔註12〕

漢代以來，很多著作對胡姓都有收集和考訂，如林寶的《元和姓纂》、鄭樵的
《通志·氏族略》、鄧名世的《古今姓氏書辯證》等書，爲研究胡姓必備之作。
清代學術蔚興，雖然氏族學成就並不突出，但是傳統小學、歷史地理等其他
領域的成就，往往可資解決胡姓考證問題。這方面陳毅《魏書官氏志疏證》
實爲發軔之作。儘管疏誤頗多，後人多有勘誤，但功不可沒。在此基礎上，
姚薇元先生 1936 年完成清華國學研究所之畢業論文《北朝胡姓考》。姚氏師

〔註12〕 陳連慶：《中國古代少數民族姓氏研究·前言》，吉林文史出版社，1993 年，
　　　　第 8 頁。

從陳寅恪治魏晉南北朝史，其《北朝胡姓考》爲集大成之作，奠定了此後胡姓研究的基本格局。姚薇元之後，胡姓的考訂還有不少論著，下面將相關內容製成簡表，略備一觀，以資對比。

表 1：胡姓研究經典著作述略 〔註 13〕

書名	作者	寫作與出版時間	主要內容	主要特點	主要徵引文獻
魏書官氏志疏證	陳毅	光緒二十年作；光緒二十三年刊本	對《魏書官氏志》原文的疏證；考證原書 118 姓	「推勘形聲，釐訂分合」（蘇輿《序》）；對史料辨僞訂譌；吸收了清代音韻學成就	史書、姓氏書、金石文獻
北朝胡姓考	姚薇元	1936 年作，1957 年修訂，1962 年中華書局出版	考訂《魏書官氏志》宗族十姓、勳臣八姓、內入諸姓、四方諸姓以及《官氏志》未見的東胡、東夷、匈奴、高車、西羌、氐、賨、羯、西域諸姓共 193 姓	綜合歷史地理、實證考據；對北朝胡姓來源、族屬、姓氏部落之分佈、改姓的考訂；奠定後來胡姓研究的基本格局；	史書、碑刻、文集、筆記、韻書
蕃姓錄	蘇慶彬	上編 1956 作，下編 1958 年作。1967 年初版	兩漢至五代時期北狄、東胡、西羌、西域、東夷五大部屬，25 種族屬 330 餘姓氏及人物的考訂彙編。	以表的形式將胡姓家族世系清晰的顯示出來；將胡姓人物世系延伸到唐五代，對考訂唐代胡姓家族非常有意義	史書、全唐文、姓氏書
鮮卑姓氏考	王仲犖	作於 1985 年；1988 年刊布	《魏書官氏志》所列及不載的鮮卑和鮮卑化的 160 餘姓氏	補充了姚薇元先生《北朝胡姓考》的內容，但增訂了不少重要材料	史書、碑誌、敦煌典籍、佛道典籍
中國古代少數民族姓氏研究	陳連慶	1993 年出版	依據族屬與活動地域分爲六大部分：匈奴之屬，鮮卑、烏桓、東夷之屬，高車、柔然、突厥之屬，蠻、越、溪、俚之屬，羌、氐、西南夷之屬，西域之屬。具體包含 37 部族，700 餘姓氏	收錄漢魏晉南北朝胡姓氏數量、族屬種類多，尤其是一些稀見姓氏，及南方民族的姓氏；吸收了不少新出研究成果	史書、姓氏書、史料筆記、別集、碑誌、釋典、今人研究著述

〔註13〕 參考林恩辰《〈北朝胡姓考〉》述評》，《中正歷史學刊》2007 第 10 期。

陳寅恪擅長從胡姓的角度考證民族問題，其考唐初「山東豪傑」與敕勒族裔關係時即有運用。唐長孺先生的《魏晉雜胡考》〔註14〕以及馬長壽先生之《碑銘所見前秦至隋初的關中部族》〔註15〕，也是運用胡姓考訂爲歷史研究張本的成果。隨著新出史料的不斷發掘，胡姓研究還有進一步的開拓。一些淵源不清晰或者族屬尙有爭議的胡姓也得到研究新的發現，如建康史氏，因爲《史道德墓誌》和《史孝章墓誌》等新出土材料的線索，其族源引發了學術界持續的爭議〔註16〕。胡姓的考訂，是界定胡姓家族的基礎，此項工作

〔註14〕　唐長孺《魏晉雜胡考》，收入《魏晉南北朝史論叢》，中華書局，2011 年，第 369
　　　　　～435 頁。

〔註15〕　馬長壽：《碑銘所見前秦至隋初的關中部族》，廣西師範大學出版社，2006 年。

〔註16〕　關於魏博節度使史憲城誠家族的族源和族屬問題的研究，《舊唐書》史憲誠本
　　　　　傳云爲「奚房」，祖史道德。劉禹錫撰《史孝章神道碑》云「本北方之強，世
　　　　　雄朔野」，二者皆云其爲靈武建康人。《史道德墓誌》出土後，寧夏固原博物
　　　　　館在發掘簡報中推測其爲昭武九姓中史姓胡人的後裔（《寧夏固原唐史道德墓
　　　　　清理簡報》《文物》1985 年第 11 期）。趙超對此說提出質疑，認爲史氏漢姓各
　　　　　分支中有河西建康一支，史道德乃十六國時期流寓涼州的漢人史淑之後裔
　　　　　（《對史道德墓誌及其族屬的一點看法》《文物》1986 年第 12 期。）羅豐則反
　　　　　駁了趙超之說，進一步肯定了簡報中的看法看法（《也談史道德族屬及相關問
　　　　　題——答趙超同志》《文物》1988 年第 11 期。）馬馳在前說基礎上推論墓誌
　　　　　中史道德即史憲誠之祖，爲內徙奚族後裔，其先遷居高平的時間可追溯到北
　　　　　魏（《史道德的族屬、籍貫及後人》《文物》1991 年第 5 期。）李鴻賓反駁了
　　　　　馬馳的意見，認爲出土墓誌所見史道德並非史憲誠之祖，二者出自不同支系，
　　　　　而墓誌所見史道德當出自昭武九姓（《史道德族屬及中國境內的昭武九姓》，
　　　　　《中央民族學院學報》1992 年第 3 期；《史道德族屬問題再考察》，載蔡美彪
　　　　　主編《慶祝王鍾翰先生八十壽辰學術論文集》，遼寧大學出版社，1993 年。）
　　　　　《史孝章墓誌》出土後，建康史氏族源爭議又出現一波高潮，郭茂育、趙振
　　　　　華據《史孝章墓誌》其中的族源敘事推測其家族出於後突厥葛勒可汗（《〈史
　　　　　孝章墓誌〉研究》，《中國邊疆史地研究》2007 年第 4 期。）贊成其說的有尹
　　　　　勇（《唐魏博節度使史憲誠族屬再研究——兼論「泛粟特」問題》，《首都師範
　　　　　大學學報》（社會科學版）2010 年第 4 期）。榮新江先生提出一種調和的觀點：
　　　　　「史憲誠一家原本來自河西建康，先東遷靈州，然後進入北方突厥領地，或
　　　　　許曾在突厥所轄的奚人中棲身，因而在奚、契丹強盛時冒稱奚人，以後進入
　　　　　河北。經過這樣的輾轉遷徙，他們可能對自己的具體出身並不太清楚，但卻
　　　　　始終不忘來自西方，因此史憲誠一家很可能是粟特史姓的後裔。」（《安史之
　　　　　亂後粟特胡人的動向》，載紀宗安、湯開建主編《暨南史學》第 2 輯，暨南大
　　　　　學出版社，2003 年。收入《中古中國與粟特文明》，三聯書店，2014 年，第
　　　　　79～113 頁。）支持粟特人說的還有陳瑋（《公元 5～10 世紀靈州粟特人發展
　　　　　史研究》，收入耿昇、戴建兵主編《歷史上中外文化的和諧與共生——中國中
　　　　　外關係史學會 2013 年學術研討會論文集》，甘肅人民出版社，2014 年；李曉

之重要性不言而喻。

　　除了胡姓考訂，一些特殊的部族部源、族稱考訂也值得關注，尤其是關於「雜種胡」的有關爭議，以安祿山的族屬爲焦點，陳寅恪、黃永年、榮新江等學者都曾就此發文提出不同的見解。謝思煒撰文提出了新解，認爲「雜種胡」非粟特胡人或九姓胡之代稱，也非某一族之特指，安祿山稱「雜種胡人」之「雜種」，僅僅是別種、別部之義〔註17〕。此外鍾焓、彭建英對「雜胡」與突厥等內亞游牧民族之關係作了新的闡釋〔註18〕。尹勇《隋唐五代內遷蕃胡族源考異——以個案人物姓氏研究爲中心》〔註19〕，是對隋唐五代內附胡蕃部族族源研究的一部全面梳理作品，其中涉及粟特、柘羯、雜種胡、沙陀等隋唐五代頗爲活躍的內附部族。

（二）政治與軍事研究

　　胡姓家族也是中古政治、軍事問題研究所關心的對象。陳寅恪曾指出「六鎮問題於吾國中古史至爲重要」〔註20〕。六鎮豪酋及其族裔的影響從北朝後期一直延續到唐代前期，是中古胡姓家族研究不可忽視的一個群體。朱大渭對代北豪酋的主要類別、代表人物、興起過程、成爲統治集團的經過等問題有過概述〔註21〕。比較全面的研究還有薛海波、蘇小華等人論著〔註22〕。陳寅恪「關隴集團」的創造亦是源於對六鎮鮮卑群體的分析。「關隴集團」或「關中本位政策」貫穿於陳寅恪對於北朝隋唐歷史的解讀，引發了中外學界的廣

　　　　明《唐史孝章家族族屬再考》《西北民族大學學報》（哲學社會科學版）2016年第 6 期。）寇克紅（《建康史氏考略》，《社科縱橫》2008 年第 10 期。粟特胡人說得到了不少新出論著的採納。

〔註17〕　謝思煒《「雜種」與「雜種胡人」——兼論安祿山的出身問題》，《歷史研究》2015年第 1 期。

〔註18〕　鍾焓《安祿山等雜胡的內亞文化背景——兼論粟特人的「內亞化」問題》，《中國史研究》2005 年第 1 期。《東突厥汗國屬部的突厥化——以粟特人爲中心的考察》，《歷史研究》2011 年第 2 期。

〔註19〕　尹勇《隋唐五代內遷蕃胡族源考異——以個案人物姓氏研究爲中心》，首都師範大學博士論文，2011 年。

〔註20〕　陳寅恪《論隋末唐初所謂山東豪傑》，收入《金明館叢稿初編》，三聯書店，2002 年，第 259 頁。

〔註21〕　朱大渭《代北豪強酋帥崛起述論》，《文史》第 31 輯（1989 年），收入其《六朝史論》，中華書局，1998 年，第 216～245 頁。

〔註22〕　薛海波《5～6 世紀北邊六鎮豪強酋帥社會地位演變研究》，吉林大學歷史學博士論文，2010 年；蘇小華《北鎮勢力與北朝政治文化》，中國社會科學出版社，2012 年。

泛討論，已超越了一般史學現象而成爲一種研究範式〔註 23〕。關隴集團是一個胡漢共同體，其核心集團之「八柱國」宇文泰、于謹、獨孤信、元欣、侯莫陳崇家族，皆爲胡姓。其具體的構成，毛漢光先生分爲西魏北周之八柱國大將軍、十二大將軍、開府儀同三司、儀同三司等核心集團，擴展及西魏、北周、隋、唐之王室，關中郡姓漢族以及北族胡姓等群體〔註 24〕；王大華將之分爲拓跋鮮卑、關隴五胡、漢族士族三類〔註 25〕；雷依群分爲賀拔岳舊部，宇文泰姻親，關隴及河東、河南、代北部分漢族地主階級，並對相關家族作了概述〔註 26〕。對關隴集團的延伸性研究，還有如黃永年、張偉國等寫學者的論著〔註 27〕。中古時期與關隴集團類似的地域胡漢共同體，還有唐代的朔方軍、代北軍人、歸義軍等等，史學界已多有專論〔註 28〕。

　　北朝隋唐的軍事系統中，胡姓家族佔據尤爲重要的位置。陳寅恪說：「最初府兵制下之將卒皆是胡姓，即同胡人。周武帝募百姓充之，改其民籍爲兵籍，乃第一步府兵之擴大化即平民化。此時以前之府兵既皆是胡姓，則胡人也，百姓，則夏人也。」〔註 29〕府兵之外，中央禁衛軍中也廣泛分佈著胡姓家族人物。鮮卑、敕勒族人是北朝時期禁軍中的重要部分，北齊時期皇帝的親衛有庫眞，本鮮卑遺制，隋代始設於王府，唐初承之，擔任庫眞者亦多爲胡姓家族，姚薇元《北朝胡姓考·嵇氏》條曾辨之，嚴耀中先生亦曾撰文討論〔註 30〕。唐代禁軍分爲北衙禁軍和南衙衛軍兩大群體，李訓亮對唐代前期南衙禁衛軍統帥作了全面的梳理，其中包括大量胡姓家族

〔註 23〕　相關的評述有參考雷豔紅《陳寅恪「關隴集團」說評析》，《廈門大學學報》（哲學社會科學版）2002 年第 1 期。

〔註 24〕　毛漢光《關中郡姓婚姻關係之研究——隋至唐前半期》，《唐代文化研討會論文集》，臺灣文史哲出版社，1991 年。

〔註 25〕　王大華《論關隴軍事貴族集團之構成》，《陝西師大學學報》（哲學社會科學版）1990 年第 1 期。

〔註 26〕　雷依群《論關隴集團》，《史學月刊》，1999 年第 6 期。

〔註 27〕　黃永年《從楊隋中樞政權看關隴集團的開始解體》《關隴集團到唐初是否繼續存在》等文，收入《文史探微：黃永年自選集》，中華書局，2000 年。張偉國《關隴武將與周隋政權》，中山大學出版社，1993 年。

〔註 28〕　參考李鴻賓《唐代朔方軍研究——兼論唐廷與西北諸族的關係及其演變》，吉林人民出版社，2000 年；孫瑜《唐代代北軍人群體研究》，社會科學文獻出版社，2012 年；榮新江《歸義軍史研究——唐宋時代敦煌歷史考索》，上海古籍出版社，1995 年。

〔註 29〕　陳寅恪：《隋唐制度淵源略論稿》，三聯書店，2002 年，第 151 頁。

〔註 30〕　嚴耀中《唐初期的庫眞與察非掾述論》，《史林》2003 年第 1 期。

人物〔註 31〕。粟特胡人也是禁衛軍中的重要組成人員，李鴻賓有文章專論〔註 32〕。畢波縱向考察了北齊、北周、隋、唐時期宮廷宿衛中的粟特胡人群體，運用了較多對新出石刻史料〔註 33〕。

　　唐代內附的突厥、回紇、契丹族裔，多是蕃將世家，很早就被史家所關注，陳寅恪先生曾將唐代蕃將分爲前後期，前期蕃將多出身部落酋長，時府兵未全部廢弛而蕃將爲補充；後期蕃將多出於寒族胡人，雖無血胤部卒可統率卻可以之統率其他諸不同胡族之部落〔註 34〕。陳氏之後，章群和馬馳兩位先生將這一研究領域推向高峰。章氏《唐代蕃將研究》〔註 35〕，以蕃將事蹟爲貫穿，延伸及唐代邊疆政策、軍事、政治等各方面，其中如第四章「西域胡之安、康兩姓」，已大大超越蕃將的範疇，可謂唐代胡姓家族在個案案例。在此之後，章氏又著《唐代蕃將研究續編》〔註 36〕，對於前述未竟之論題作申發，其中第六章「論新羅入唐之宿衛與質子」、第七章「蕃將及康姓人名補遺」，是以人物爲中心的資料考論。馬馳先生《唐代蕃將》〔註 37〕一書，體例更爲精練，論述也更爲集中，其中對於章書中的一些問題也頗多商榷。

（三）家族與社會研究

　　雖然家族是社會史的主要研究對象，但一般社會史論著多以漢人家族爲中心。徐揚傑先生指出：「我國的各少數民族在歷史發展過程中，都有它們特定形式的家族制度。……本書敘述範圍，基本上限於漢族，在古代是關於華夏族的家族制度史，封建社會以後則是主要關於漢族的家族制度史。」〔註 38〕馮爾康先生將中國宗族的發展分爲五個階段，在「秦唐間世族、士族宗族制時代」中指出有豪族宗族、少數民族酋豪宗族現象〔註 39〕。但總的說來，胡

〔註 31〕 李訓亮《唐代前期南衙禁衛軍統帥研究》，四川師範大學碩士論文，2005 年。
〔註 32〕 李鴻賓《論唐代宮廷內外的胡人侍衛》，《中央民族大學學報》1996 年第 1 期。
〔註 33〕 畢波：《中古中國的粟特胡人：以長安爲中心》，中國人民大學出版社，2011 年。
〔註 34〕 陳寅恪《論唐代蕃將與府兵》，《金明館叢稿初編》，三聯書店，2002 年，第 296～310 頁。
〔註 35〕 章群：《唐代蕃將研究》，臺北聯經出版事業公司，1986 年。
〔註 36〕 章群：《唐代蕃將研究續編》，臺北聯經出版事業公司，1990 年。
〔註 37〕 馬馳：《唐代蕃將》，三秦出版社，1990 年。
〔註 38〕 徐揚傑：《中國家族制度史》，武漢大學出版社，2012 年，第 6 頁。
〔註 39〕 馮爾康等編著：《中國宗族史》，上海人民出版社，2009 年。

姓家族在這些通論的家族史中並不占什麼比例。一些斷代、分類家族史中，胡姓家族開始被關注，如楊際平、郭鋒、張和平等學者利用了傳世文獻和敦煌出土文書資料，對北朝隋唐五代時期敦煌家庭的內部形態，包括家庭結構、功能、關係等，也討論了家庭外圍形態，比如家族之間關係、家族社會生活以及邊民的文化心理等問題〔註40〕。因爲敦煌地區爲華戎交匯之所，胡姓佔有很大比例，因而該書對於認識胡姓家族也有重要的意義。與之類似，董永強對四至八世紀吐魯番地區多民族家庭問題作了深入探析〔註41〕。邵正坤《北朝家庭形態研究》〔註42〕，雖然沒有嚴格區分胡漢家族，但在論述中也注意將鮮卑家庭作爲單獨的例子，如家庭教育一章即列「北朝鮮卑家庭教育的特點及其分野」一節。

　　以胡姓家族爲中心的家族史代表作是柏貴喜《四─六世紀內遷胡姓家族制度研究》〔註43〕。全書共六章，第一章對北朝時期內遷胡族運動作了梳理，尤其關注了從游牧到定居的生存環境置換問題，這是胡姓家族成長的背景。其第二章主要分析了胡姓家族制度的變遷，線索是從氏族部落結構向一般家族的發展，強調了家族文化建構的意義。其三、四、五章，從家族結構、婚姻以及家族層化三個方面面，對胡姓家族的內部形態作了剖析，最後一章以孝文帝改革爲中心，考察了其在胡姓家族制度變遷中的意義。相似的研究還有王春紅的博士論文〔註44〕。其中對「代北虜姓士族」的界定是：「原出代北地區，後隨孝文帝南遷洛陽，在北魏太和定姓族時，被皇權力量人爲定爲士族的那部分鮮卑貴族。」但實際操作中以穆氏、長孫氏、于氏、獨孤氏、竇氏、陸氏、源氏七大虜姓爲中心。上篇爲「虜姓士族發展史」，對北魏孝文帝改定姓族以來的虜姓士族發展的各階段即特徵作了鉤沉。下篇爲「虜姓士族個案研究」，分爲政治仕宦型：穆氏、長孫氏、于氏；外戚顯貴型：獨孤氏、竇氏；文化型：陸氏、源氏。在結論中論者對於虜姓士族的整體特徵，與漢人士族的對比作了簡要的概述。此外，姚玉成將唐宋時期少數族裔人物按照

〔註40〕　楊際平、郭鋒、張和平：《五～十世紀敦煌的家庭與家族關係》，嶽麓書社，1997 年。

〔註41〕　董永強《四至八世紀吐魯番的多民族問題探索》，陝西師範大學博士論文，2007 年。

〔註42〕　邵正坤：《北朝家庭形態研究》，科學出版社，2008 年。

〔註43〕　華中師範大學博士論文，2002 年。出版時改爲《四～六世紀內遷胡人家族制度研究》，民族出版社，2003 年。

〔註44〕　王春紅《北朝隋唐代北虜姓士族研究》，浙江大學博士論文，2009 年。

政界、工商界、文化界和其他各界人士分類編排，但多不加考證，更類似胡姓人物資料彙編〔註45〕。

　　中古時期社會文化之最重要兩個維度是婚姻與仕宦，因而胡姓家族的婚姻關係也是研究者所關注的問題。日本學者長部悅弘對北朝隋唐時期胡姓家族的通婚關係曾有過深入的研究，頗具開創意義〔註46〕。北朝胡姓統治集團的婚姻問題，逯耀東先生圍繞孝文帝大和二年的「婚禁詔令」前後的歷史背景，對遷洛以前拓跋氏婚姻形態以及與中原士族通婚中產生的問題作了詳盡的考察〔註47〕。北朝統治者集團的婚姻情況，是民族研究的重要論題，產生了不少相關成果〔註48〕。有關北朝胡族婚姻禮俗，概括性的研究有謝寶富、張雲華等人的論著〔註49〕。

　　唐代宗室聯姻的一個重要群體是胡姓家族，長孫氏、竇氏、獨孤氏、烏丸王氏等為累世外戚。郭莉根據柳芳《氏族論》中士族的分類，考察了唐代元、長孫、宇文、于、陸、源、竇七大代北虜姓與過江僑姓、東南吳姓、山東郡姓、關中郡姓和宗室的通婚關係。論文中對《唐代墓誌彙編》和《續集》以及兩《唐書》所載七大虜姓186例通婚資料作了統計分析和量化研究，在此基礎上對虜姓家族婚姻關係的演變與政治、經濟、文化的關係有進一步闡釋，是胡姓家族婚姻關係研究中有開創性的成果〔註50〕。盧向前《唐代胡化婚姻關係試論——兼論突厥世系》〔註51〕，第一部分分析了敦煌戶籍文書中所見漢人家族叔嫂婚、報母婚、翁媳婚等胡化婚姻形態；第二部分以裴行儉

〔註45〕姚玉成《唐宋時期中原少數族裔行跡考述》，東北師範大學博士論文，2013年。

〔註46〕長部悅弘《北朝隋唐時代胡族通婚關係》，馮繼欽譯，相繼刊於《北朝研究》1992年第1期，1992年第3期。

〔註47〕逯耀東《拓拔氏與中原士族的婚姻關係》，原為作者新亞研究生碩士論文中的一部分，刊於《新亞學報》第7卷（1965年第1期），收入《從平城到洛陽——拓跋魏文化轉變的歷程》，中華書局，2006年，第181～255頁。

〔註48〕如高詩敏《北朝皇室婚姻關係的嬗變與影響》，《民族研究》1992年第6期；馬志強《北朝元氏與勳臣八姓婚姻研究》，《山西大同大學學報》（社會科學版）2010年第4期；蘇相禹《宇文氏婚姻與魏周隋政治》，鄭州大學碩士論文，2010年。

〔註49〕謝寶富《北朝婚喪禮俗研究》，首都師範大學出版社，1998年；張雲華《北朝婚姻問題研究》吉林大學博士論文，2009年。

〔註50〕郭莉《唐朝代北虜姓婚姻關係研究》，四川師範大學碩士論文，2007年。

〔註51〕盧向前《唐代胡化婚姻關係試論——兼論突厥世系》，收入《敦煌吐魯番文書論稿》，江西人民出版社，1992，第20～46頁。

家族的例子分析了漢人高門中翁媳婚的胡化婚姻形態；第三部分以突厥婚姻
爲例，分析了突厥人妻祖母、群婚、對偶婚問題，證明了唐代胡化婚姻的歷
史淵源（縱向）和現實基礎（橫向），這是考察唐代胡、漢婚姻的啓發性作品。
入華粟特胡姓家族的婚姻問題是粟特研究關注的話題，尤其是新出石刻墓誌
和敦煌吐魯番文書中有大量粟特胡人及其後裔婚姻資料，相關研究有劉惠
琴、陳海濤、李少雷、車娟娟等論著〔註52〕。

　　宗譜、族譜研究是社會史中重要的內容。中古時期胡姓家族的譜牒雖然
並不顯著，但也引起了研究者的重視。比如北朝宗室的族譜，李裕民先生曾
有概述〔註53〕。胡姓家族譜系僞冒的現象，譜學研究中就此多有發論〔註54〕。
近年來，在「尋根」文化的刺激下，網絡、媒體、民間學術圈對於追溯家族
家族的古代民族淵源頗有復興的趨勢，傳統的、學院的學術研究受此影響也
有回應。比如廣東鶴山市龍口鎮霄鄉村的源氏居民，《南方日報》1999 年 7
月 7 日發表「鶴山鮮卑人尋根鄂倫春」，其後《廣州日報》《羊城晚報》《澳
門日報》等媒或轉載、或跟蹤報導，熱鬧非常，還有學者對此作出了學術回
應〔註55〕。至於一些可以追溯到中古時期的胡姓家譜編撰，內容雖然駁雜，
但也吸取了學術研究的成果。

（四）宗教信仰研究

　　家族宗教信仰問題也是中古時期胡姓家族研究的重點。北朝少數民族統治
集團與佛教的關係歷來都是佛教史關注的問題。劉淑芬提到盧水胡與佛教之關
係，不僅沮渠王族以佛教爲家世信仰，普通的盧水胡族裔亦篤信佛教〔註56〕。
北魏太武帝滅佛，既而誅殺平城沮渠王室，雖然以蓋吳之亂爲導火線，而盧

〔註52〕劉惠琴、陳海濤《從通婚的變化看唐代人華粟特人的漢化——以墓誌材料爲
　　　　中心》，《華夏考古》2003 年第 4 期；李少雷《唐代長安昭武九姓的婚姻類型》，
　　　　西北大學碩士論文，2007 年；車娟娟《中古時期入華粟特女性的婚姻與社會
　　　　生活》，蘭州大學碩士論文，2013 年。
〔註53〕李裕民《北朝家譜研究》，《譜牒學研究》第 3 輯，書目文獻出版社，1992 年，
　　　　第 61～69 頁。
〔註54〕陳鵬《嫁接世系與望託東海——北周隋唐虜姓于氏譜系建構之考察》，《民族
　　　　史研究》第 12 輯，中央民族大學出版社，2015 年，第 178～191 頁。
〔註55〕趙玉明《源姓禿髮鮮卑考》，中國魏晉南北朝史國際學術研討會論文集《北朝
　　　　史研究》，商務印書館，2005 年，第 434～446 頁。
〔註56〕劉淑芬《從民族史的角度看太武滅佛》，原刊《中研院史語所集刊》第七十二
　　　　本第一分，收入《中古的佛教與社會》，上海古籍出版社，2008 年，第 3～45
　　　　頁。

水胡以佛教爲紐帶之連結亦爲一重要因素。北朝時期普通胡姓家族佛教活動的研究，多借助造像石刻開展，前述馬長壽《碑銘所見前秦至隋初的關中部族》一書中已涉及大量的案例。侯旭東先生在其《五、六世紀北方民眾佛教信仰——以造像記爲中心的考察》這一部經典著作中〔註57〕，對地方社會活躍的胡姓家族多與梳理。相似的研究還有尚永琪《3～6世紀佛教傳播背景下的北方社會群體研究》〔註58〕，其中對佛教傳播背景之下胡漢士、農、工、商四大社會階層以及婦女群體與佛教的關係作了整體考察。邵正坤對北朝胡族家庭奉佛的情況作了概況性說明，並對家庭成爲宗教信仰基本單位的原因及特點做出了解釋〔註59〕。葉原從佛教造像角度考察對北魏胡漢融合的情況作了原創性研究〔註60〕。

　　除了佛教之外，中古時期有所謂「三夷教」，即祆教（又稱拜火教、瑣羅亞斯德教）、摩尼教、景教（早期基督教），其信眾主要是廣義上的西域胡姓群體。相關的研究亦以家族爲中心展開。較早的研究有法國漢學家沙畹《摩尼教流行中國考》〔註61〕。林悟殊先生系列論著對此展開了綜合性研究〔註62〕。此外，姚崇新、張小貴、馬小鶴等學者就此有深入研究〔註63〕。

（五）文學藝術研究

　　文學研究對於中古胡姓家族大致有兩種不同的取向，一種是一般古代文學研究的路數，並不刻意強調胡姓作家的民族出身因素；另一種民族文學的解讀，則反之。比如獨孤及、元結、元稹、劉禹錫的研究，在這兩種研究取向中便呈現出不同的身份，這是學科劃分所造成的「隔離」。隨著研究的推進，這一藩籬也慢慢被打破，下面我們的概述也只是大致分爲兩個板塊。

〔註57〕 侯旭東：《五、六世紀北方民眾佛教信仰——以造像記爲中心的考察》，中國社會科學出版社，1998年。

〔註58〕 尚永琪：《3～6世紀佛教傳播背景下的北方社會群體研究》，科學出版社，2008年。

〔註59〕 邵正坤《試論北朝家庭的佛教信仰》，《殷都學刊》2007年第2期。

〔註60〕 葉原《胡漢文化互動與北魏佛教造像衍化》，中國藝術研究院博士論文，2015年。

〔註61〕 沙畹著，馮承鈞譯：《摩尼教流行中國考》，商務印書館，1933年。收入《馮承鈞譯著集》，上海古籍出版社，2014年。

〔註62〕 林悟殊：《中古三夷教辯證》，中華書局，2005年；《中古夷教華化叢考》，蘭州大學出版社，2014年。

〔註63〕 姚崇新：《敦煌三夷教與中古社會》，甘肅教育出版社，2013年；張小貴：《中古華化祆教考述》，文物出版社，2010年；馬小鶴《摩尼教與古代西域史研究》，中國人民大學出版社，2008年。

　　家族文學或者文學家族的研究一直是古代文學研究的一個熱點，但對於
胡姓家族文學的關注則顯得較爲沈寂，這與這一群體的整體文學成就較漢人
微弱有關。但隨著研究的深入和研究範式的突破，這一情況也在發生改變。
首先是一些北朝文學史著作開始關注「五胡」作家群體，比如周建江《北朝
文學史》〔註 64〕，將十六國時期一些的少數民族作家如劉淵、苻洪、苻朗、
慕容廆的散文，北魏、宇文周的皇室文學都納入到敘述中，這相對於以前的
文學史而言是一個突破。高人雄《北朝民族文學敘論》〔註 65〕，是另外一部
「徹底的」古代民族本位的文學史。本書所秉持的「民族」概念，做到了對
歷史「瞭解之同情，同情之瞭解」。在民族文化、民族關係的基礎上展開文學
風貌、文學現象的研究，使得民族文學的意義體現得更爲清晰。中古胡姓作
家是其主體部分，此外，佛經翻譯文學、突厥碑銘文學、粟特語文學等部分，
吸收了近年來民族研究、歷史考古、語言文學研究的成果，拓展了民族文學
的空間。正如劉躍進先生爲本書所寫的「小引」所說：「極大豐富了中國文學
史的內容，也爲中古文學研究添了一抹亮麗的色彩。」陳春霞的研究，注意
從文化積累和文化認同的角度來分析北朝胡姓家族文學現象，是一種創新比
如對北魏孝文帝改革後鮮卑宗室文化轉型以及文學成就的提升和質變過程的
論述，以及隋代元善、大義公主創作中身份和文化認同的新解〔註 66〕。近年
來，十六國北朝時期少數民族文學，成爲古代文學專業碩博士論文選題的熱
門〔註 67〕。

　　十六國北朝時期是胡姓家族文學的發軔期，當時率先漢化的一般都是統
治集團的皇室，因而研究也集中於這一群體。王欣的博士論文對十六國時期
五胡帝王文化修養和文學創作進行了系統的梳理和解讀〔註 68〕。北魏、北周
宗室文學的成就更突出，他們多有文集傳世，文學活動的蹤跡也較多，因而

〔註 64〕　周建江：《北朝文學史》，中國社會科學出版社，1997 年。
〔註 65〕　高人雄：《北朝民族文學敘論》中華書局，2011 年。
〔註 66〕　陳春霞：《孝文帝改革後的民族融合與北朝文學研究》，中國社會科學出版社，
　　　　　2011 年。
〔註 67〕　如楊志榮《十六國時期後秦文士集團的形成及其文學成就》，西北師範大學碩
　　　　　士論文，2012 年；劉潔《魏晉南北朝少數民族作家詩文研究》，山東師範大學
　　　　　論文，2012 年；鄭曉曉《北朝鮮卑族作家作品研究》，陝西師範大學碩士論文，
　　　　　2015 年。
〔註 68〕　王欣《中古文學場域研究——以帝王文學活動爲中心》，蘇州大學博士論文，
　　　　　2011 年。

爲研究所重視，相關的案例不少〔註69〕。還有學者注意到了新出墓誌中鮮卑皇室的文士化的資料〔註70〕。

唐代是胡姓家族文學的成熟期。李浩先生較早提出了胡姓士族文學的觀點，在《唐代關中士族與文學》〔註71〕中，他對唐代關中文學群體的構成分析專門列出了「胡姓士族」，具體包括扶風竇氏、太原白氏、洛陽元氏三系，是爲總論；在第十章中，作爲案例研究，對於竇叔向家族的郡望作了考證。其後，在《唐代三大地域文學士族研究》〔註72〕一書中，他對唐代文學士族的地域構成群體作了進一步的推進和修正，在北朝胡姓大族之外，提到了西域胡族士人，但後者在尚未完成華化和文學化過程，故未列入士族群體。另外，將令狐氏家族放到胡姓士族群體中。延續李浩先生研究思路之論著，有王偉的著作〔註73〕。其他通論性唐文學家族研究，也有涉及胡姓家族者〔註74〕。

相對於一般古代文學研究，民族文學的成立有其特殊背景，古代少數民族文學研究經歷了多重觀念的變遷。受制於當代民族識別和劃分，中古時期的胡姓作家從族源上很少有現代少數民族的對應，所以他們進入民族文學研究的視野也很晚。1985年莊星華先生選注的《歷代少數民族詩詞曲選》〔註75〕，選漢代到明代134位知名少數民族作家詩詞曲545首，其中隋唐五代作家34

〔註69〕 相關論文如周建江《北魏皇室文學述論》，《西北師大學報》（社會科學版）1993年第5期；禹克坤《北朝鮮卑族宗室詩文述略》，《民族文學研究》1989年第3期；史禮心《歷代少數民族帝王詩述略》，《中央民族學院學報》1992年3期；韓可弟《宇文三才子——北國詩人宇文毓、宇文招、宇文逌》，《民族文學研究》1997年第4期；金前文《經學的接受與北魏皇族的文學創作》，《湖北工業大學學報》2009年第6期；劉濤《論北周鮮卑皇族的文學創作》，《中國文學研究》2015年第1期。

〔註70〕 何德章《北魏遷洛後鮮卑貴族的文士化——讀北朝碑誌箚記之三》，《魏晉南北朝隋唐史資料》第20輯，2003年；王永平《墓誌所見北魏後期遷洛鮮卑皇族集團之雅化——以學術文化積累之提升爲中心的考察》，《學習與探索》2011年第3期。

〔註71〕 原爲李浩博士論文，著成於1998年，初版於臺北文津出版社，中國社會科學出版社2003年再版。

〔註72〕 原爲李浩博士後出站報告，著成於2002年，中華書局2002年初版，2008年出再版有增訂。

〔註73〕 王偉：《唐代關中本土文學群體研究》，中國社會科學出版社，2013年。

〔註74〕 如梁爾濤著《唐代家族與文學》，中國社會科學出版社，2014年。

〔註75〕 莊星華選注：《歷代少數民族詩詞曲選》，內蒙古人民出版社，1985年。

人，作品 120 篇，這占全書的比例已經較大，並且基本囊括了唐代重要胡姓作家。但還存在不少遺漏，這或許與當時對胡姓、胡姓家族的研究不夠深入有關。比如河南于氏家族，詩人輩出，竟無一收入。此後又有陳書龍主編《中國古代少數民族詩詞曲評注》〔註 76〕，全書選先秦到近代少數民族 157 人，作品 349 篇。而隋唐五代一共 24 人，46 篇詩作，相對前書而言，容量較小，但新加入一些唐代胡姓詩人，如元行恭、賀若弼、賀遂亮、戎昱、坎曼爾、崔致遠等人。二書基本上代表了那一時期對古代少數民族作家最大限度的理解。

中古胡姓作家進入民族文學史也是很晚的，一些比較早的少數民族文學史，根本都沒有提及北朝隋唐時期的少數民族作家〔註 77〕。馬學良、梁庭望、張公瑾主編的分時段、分體《中國少數民族文學史》，成爲各大民族院校的通行教材，但在詩歌、小說、散文、歷史宗教文學，文藝理論等章節中，都未曾提及中古時期北方胡姓作家群體〔註 78〕。其後梁庭望，黃鳳顯等人所編《中國少數民族文學》開始「彌補」前面的問題。在《下編》的作家文學部分收入了南北朝已降的少數民族詩人，南朝之惠恭（胡人）、道猷上人（本姓馮，改姓帛）、釋寶月（本姓康）；北朝鮮卑君臣，如孝文帝元弘、元勰、胡太后、高延宗、宇文毓、宇文招、元行恭等。在唐代部分，列了一份 26 個人的胡姓詩人（少數民族詩人）名單，並對中唐時期的元結、元稹和劉禹錫三人的詩作做了簡要的評述〔註 79〕。雖然單薄，但是胡姓人物創作畢竟進入了民族文學史的書寫中。

單一族別的少數民族文學史，編著較早就開始，體系也較爲成熟，但也存前述通史類似的情況。北方民族分族文學史中，直到近來的一些著作中才注意到中古時期的胡姓詩人，比如《錫伯族文學簡史》〔註 80〕，因爲錫伯族的族源可以追溯到東胡和鮮卑，所以其書中編「古代書面文學」特別列了鮮卑文學一章，對於魏晉至唐鮮卑詩人的創作作了概述，又將元結、元稹二人作了個案述略。又如陸續編成的幾種回族文學史，對唐代進士李彥升、五代

〔註 76〕陳書龍主編：《中國古代少數民族詩詞曲評注》，武漢出版社，1989 年。
〔註 77〕如毛星主編《中國少數民族文學》，湖南人民出版社，1983 年。
〔註 78〕馬學良、梁庭望、張公瑾主編：《中國少數民族文學史》，中央民族學院出版社，1992 年。
〔註 79〕梁庭望，黃鳳顯：《中國少數民族文學》，山西教育出版社，2003 年。
〔註 80〕賀元秀主編：《錫伯族文學簡史》，中央民族大學出版社，2010 年。

時期李珣兄妹作了介紹〔註81〕。這些情況，在一定程度上回應了古代民族文學研究新的潮流〔註82〕。

祝注先先生對於古代少數民族詩歌史的研究值得注意，從上世紀80中期開始，他從斷代和個案的角度陸續撰寫論文，顯示了建構整個古代少數民族詩史的努力〔註83〕。直到近來，他還在從整體上、理論上推進這一工作〔註84〕。

隨著研究的進一步深入，古代少數民族文學逐漸擺脫了當代民族觀念的束縛，開啓了一些全新的書寫範式，比如族裔文學（詩學）的興起，顯示了民族文學理論的新動態。王祐夫先生將宇文逌《庾信集序》當作中國少數民族詩學史的開端，縱向考察了元結、元稹、劉禹錫、白居易的詩學理論，其中提到深層民族意識與民族詩學之間的關聯問題，代表了民族文學研究領域不再滿足於一般文學研究對於對於古代少數民族詩學思想的闡釋，而試圖彰顯古代少數民族詩學的「主體性」的訴求〔註85〕。王祐夫先生一直致力於研究古代民族文學理論，這一思考是水到渠成的結果。近來他又撰文進一步推出「少數族裔或以少數族裔爲主體的文學」觀念〔註86〕，表明了他在這一問題上思考的深入。

〔註81〕 朱昌平、吳建偉主編《中國回族文學史》，寧夏人民出版社，2007年；張迎勝《中國回族文學通史・古代卷》，陽光出版社，2014年；丁一清《回族文學史》，民族出版社，2015年。

〔註82〕 錫伯族的文學研究，早期並不追溯到鮮卑時期，比如忠錄《新疆錫伯族古典文學概述》（《民族文學研究》1986年第6期），以1764年爲限，分前後時期，此前錫伯人生活東北山川草原，以以漁獵爲業；此後他們從東北遷居遙遠的伊犁河谷。前期只是提及了錫伯族薩滿歌，並未提及與鮮卑之淵源關係；又張鳳武《西部錫伯古代作家文學論》（《西北師大學報》（1993年第1期）也是如此。回族文學的研究，早期並未上溯至中古時期，如胡振華《回族文學概述》（《中央民族學院學報》1992年第1期），回族古代作家文學部分，直接從元代開始。

〔註83〕 祝注先的兩部論著清晰的體現了他對古代民族文學探索的思路，《中國古代民族詩論》，廣西人民出版社，1989年；《中國少數民族詩歌史》，中央民族大學出版社，1994年。

〔註84〕 祝注先先生關於中國古代少數民族詩歌研究的一些總體設想，表現在下面一些論文中：《中國古代少數民族詩歌史研究斷想》，《西南民族學院學報》（哲學社會科學版）1998年第6期；《中國歷代少數民族詩歌載體形式綜述》，《中南民族大學學報》（人文社會科學版）2002年第5期；《唐代邊遠地區的少數民族詩人和詩作》，《中南民族大學學報》（人文社會科學版）2007年第6期。

〔註85〕 王祐夫《鮮卑匈奴後裔對唐代漢語詩學的貢獻》，《民族文學研究》2000年第2期。

〔註86〕 王祐夫、宋曉雲《論中文學人對少數族裔文論發展的貢獻》，《新疆師範大學學報》》（哲學社會科學版）2014年第6期。

　　中古時期，音樂、繪畫、建築、雕塑等藝術形式的傳承方式帶有明顯的家族性。有關胡姓家族與諸藝術形態的研究，多見諸中外藝術交流史，這方面具有開創性的研究是向達《唐代長安與西域文明》〔註87〕，其中介紹了西域胡人在唐代繪畫、樂舞領域的情況，還特別指出了西域樂人之家族性特徵。值得注意的是，向達在書中還特別注意對新出唐代石刻所見西域胡姓人物資料的運用，這一研究範式對後來的研究產生了深遠的影響。

　　中古時期音樂史上的一個重要問題就是「胡樂東漸」。陳寅恪曾指出：「唐代音樂多因於隋，隋之胡樂又多傳自北齊，而北齊胡樂之盛實由承襲北魏洛陽之胡化所致。」〔註88〕而引發「胡化」之主體即西域樂人。馮承鈞很早就指出，唐代《教坊記》中有《何滿子》《康老子》《曹大子》《安公子》以人名爲曲名，這些人皆爲粟特胡人。而唐代有名歌者樂工，經《樂府雜錄》記錄者，多半是九姓胡人〔註89〕。常任俠對漢唐時期西域藝術與中原文化關係作了較爲全面的研究，詳細梳理了漢唐間來自中亞粟特地區的粟特樂人及西域天山南北路地域的白氏、裴氏、尉遲氏等族樂人，尤其注意到樂人的家族現象〔註90〕。岸邊成雄對於中國古代音樂史的研究，樂人、樂工研究是重要部分。其早期有《曹妙達》一書可以視爲他對樂人關注的開篇。在其經典著作《唐代音樂史的研究》中，對於北朝隋唐時期的樂工有詳盡的研究，但主要是制度層面，並沒有特別指出胡漢之別，這一工作在其《論西域藝術家及其對古代文化史的貢獻》〔註91〕一文中得到突出的彰顯。岸邊成雄特別強調了族裔（後裔）身份，這是一般研究中未曾注意到的，而從人物、家族（西域樂人）的視角透視更寬泛文化（西域文化），也是富有開創性意義。西域樂人的整理研究，在其他一些西域文化史、交流史中，也多佔據一席位置〔註92〕。除了西域樂人之外，關於唐代樂人的考述還有不少論著，也涉及胡姓樂人。

〔註87〕　向達：《唐代長安與西域文明》，三聯書店，1957年。

〔註88〕　陳寅恪：《隋唐制度淵源略論稿》，三聯書店，2002年，第128頁。

〔註89〕　馮承鈞《何滿子》，收入《西域南海史地考證論著匯輯》，中華書局，1957年，第176～183頁。

〔註90〕　常任俠：《絲綢之路與西域文化藝術》，上海文藝出版社，1981年。

〔註91〕　岸邊成雄著，周謙譯《論西域藝術家及其對古代文化史的貢獻》，《交響：西安音樂學院學報》1987年第2期。

〔註92〕　相關的論著還有周菁葆《絲綢之路的音樂文化》，新疆人民出版社，1987年；馮文慈：《中外音樂交流史》，湖南教育出版社，1998年；宋博年《西域音樂史》，新疆人民出版社，2006年。

李昌集先生採用量化研究的方法，對唐代胡樂盛行的「表象」進行了反駁，其結論認為「歌曲乃演唱漢語歌詞，接受主群體為漢人，故其音樂主要為華樂，歌唱者則主要為華人」〔註93〕。柏紅秀延續了其導師李昌集先生對宮廷樂人的考述，增補了不少資料，也是區分胡、漢，並在唐代宮廷樂人之來源與漢、胡樂人之比例問題中進一步推進了李昌集先生的研究〔註94〕。左漢林對於唐代宮廷音樂機構的研究，也留意到了胡人教坊樂工的情況，並對胡人進入教坊的可能途徑作出了推測〔註95〕。

　　陳寅恪在《隋唐制度淵源略論稿》中引用那波利貞《從支那首都計劃史上考察唐之長安城》之觀點：「隋創建新都大興城，其宮市之位置與前此之長安不同，世有追究其所以殊異之原因，而推及隋代營造新都家世之所出，遂以為由於北魏胡族系之實行性者。」儘管陳氏不盡同意此說，但又提出一論：「隋代三大技術家宇文愷、閻毗、何稠之家世事蹟推論，蓋其人俱含有西域胡族血統，而又久為華夏文化所染習，故其事業皆藉西域家世之奇技，以飾中國經典之古制。」〔註96〕閻立本家族與宇文愷、何稠等家族，也是隋唐時代著名的建造世家。中古時期建築領域活躍的胡姓家族，至今尚未得到充分的研究。此外，中古時期是胡姓畫家也很活躍。張彥遠著《歷代名畫記》「敘歷代能畫人名」及小傳中有相當數量的胡姓人物，一些專門的美術史已經注意到他們〔註97〕。其中最為突出的一個群體是西域畫家，形成了以曹仲達、康薩陀等為代表的粟特畫派〔註98〕，和以尉遲乙僧等人為代表的于闐畫派〔註99〕。

〔註93〕 李昌集《唐代宮廷樂人考略——唐代宮廷華樂、胡樂狀況一個角度的考察》，《中國韻文學刊》2004年第3期。

〔註94〕 柏紅秀：《唐代宮廷音樂文藝研究》，南京大學出版社，2010年。

〔註95〕 左漢林：《唐代樂府制度與歌詩研究》，商務印書館，2010年。

〔註96〕 陳寅恪：《隋唐制度淵源略論稿》，三聯書店，2001年，第69，98頁。

〔註97〕 王伯敏主編《中國少數民族美術史》，福建美術出版社，1995。陳兆復主編《中國少數民族美術史》，中央民族大學出版社，2001年。

〔註98〕 關於粟特畫派的問題，意大利學者馬里奧·布薩格里在其《中亞繪畫》中已提出：「一位9世紀的中國藝術史家張彥遠說，粟特的影響，或者確切地說外伊朗的影響，一定是由那位著名畫家曹仲達傳到中國的。他在北齊時正處於鼎盛時期，並且創立了一個小畫派」。（轉引自許建英、何漢民編譯，賈應逸審校《中亞佛教藝術》，新疆美術攝影出版社，1992年，第48頁。）姜伯勤先生在此基礎上進行了深入研究，參見《莫高窟隋說法圖中龍王與象王的圖像學研究——兼論有聯珠紋邊飾的一組說法圖中晚期犍陀羅派及粟特畫派的影響》，《敦煌吐魯番研究》第一卷，北京大學出版社，1996年，收入作者《敦煌藝術宗教與禮樂文明》，中國社會科學出版社，1996年，第125～156頁。

二、胡姓家族分族別專案研究

在有關胡姓家族的研究中，分族別的專題和個案研究成果最多，尤其是近十年來的單篇論文和學位論文中這一趨勢更爲明顯。之所以如此，一個重要的原因在於胡姓家族墓誌的大量出土。不少專題和個案研究即是胡姓家族墓誌的考釋，或進而延伸及家族整個中古時期或某一時段的興衰歷史。個案研究涉及多個領域，亦難以分類，下面以大致的族類爲中心對有關論著作簡要評述。

（一）匈奴、鮮卑胡姓家族

自漢代以來，大量內遷匈奴人以改漢姓的方式融合於漢人社會中，不少已儼然漢人，難以尋其族源。但也有一些淵源流派清晰的匈奴族裔，如宇文氏、獨孤氏、河南劉氏、賀蘭氏等，成爲中古史時期顯要的胡姓。關於宇文氏的族源，周一良先生曾考其本出於南匈奴遠屬〔註100〕。楊翠微進一步考其爲鮮卑與匈奴的混合種〔註101〕。獨孤氏的起源及與劉氏之間紛繁的關係是學界爭議的一個焦點，吳洪琳曾撰文作了綜論〔註102〕。獨孤信家族是北朝隋唐時期最爲顯赫的一支，張豔鴿曾作過個案研究〔註103〕。獨孤及家族也是研究

姜先生對於粟特藝術更爲集中的探討成果爲《中國祆教藝術史研究》，三聯書店，2004年。榮新江先生也通過粟特本土壁畫中的人物形象的比較指出，曹仲達繪畫的樣式之可能具有粟特美術的特徵（《粟特祆教美術東傳過程中的轉化——從粟特到中國》，巫鴻主編《漢唐之間文化藝術的互動與交融》，文物出版社，2001年，第51～72頁。）近年來國內對於粟特藝術的另外一部綜合研究是單海瀾《長安粟特藝術史》，三秦出版社，2015年。

〔註99〕 關於粟特畫派的研究多跟于闐畫派聯繫在一起，前注所引馬里奧‧布薩格裏在其《中亞繪畫》，姜伯勤《中國祆教藝術史研究》等書都將二者放在一起進行論述。關於尉遲乙僧和于闐畫派的研究，還有金維諾《閻立本與尉遲乙僧》（《文物》1960年第4期）、吳焯《尉遲乙僧綜考》（《中亞學刊》第5輯）等等。

〔註100〕 周一良《論宇文周之種族》，初載於中央研究院《歷史語言研究所集刊》第八十七本第二分，1938年，第505～517頁，收入載《魏晉南北朝史論》，北京大學出版社，2000年，第279～299頁。

〔註101〕 楊翠微《北周宇文氏族屬世系考釋》，《中國史研究》1999年第1期。按，《元和姓纂》卷六宇文氏條載「濮陽宇文」，云：「本武川人，姓費也頭氏，屬鮮卑俟豆歸，後從其主姓，亦稱宇文氏。」此系的名人有宇文述、宇文化及、宇文士及等。

〔註102〕 吳洪琳《關於中古時期獨孤氏的幾個問題》，《唐史論叢》第20輯，三秦出版社，2015年，第233～246頁。

〔註103〕 張豔鴿《南北朝、隋唐時期獨孤家族興衰探析——以獨孤信爲例》，《荊楚學刊》2014年第3期。

關注的話題。獨孤及生平事蹟及作品繫年，羅聯添〔註104〕、趙望秦〔註105〕、
蔣寅〔註106〕、劉鵬〔註107〕等學者相繼有討論。金晶對獨孤及家族歷史淵源和
文化轉型的考察，注意到了其家世族源文化的影響和蛻變〔註108〕。與獨孤氏
同源的匈奴劉氏，有著名的文學家劉方平、劉禹錫。劉禹錫的族源問題，一
度爭議頗多，現在一般都採信匈奴後裔說，有關研究情況，業師尚永亮先生
已有綜述〔註109〕。一些與匈奴關係密切的支族（從姚薇元先生說，爲匈奴族），
如尒朱氏家族，近年也有碩士學位論文專門進行研究〔註110〕。

　　北朝以來人口規模最大的胡姓群體是鮮卑後裔，有關案例研究爲數最
多，幾乎涉及了北朝以來絕大多數重要的鮮卑胡姓家族。北魏皇室元氏，
在中古時期延續時間長、影響大、資料完備，研究積累較多。余靜的學位
論文，對唐代元氏家族的仕宦、婚姻、文化、經濟狀況以及家族轉型等問
題作了整體的考察〔註111〕，但論述較爲單薄。元氏家族研究的重心是北魏
孝文帝元宏、唐代文學家元結、元稹等幾位著名人物。孝文帝的政治改革
思想、文化修養、佛教信仰等問題是研究比較關注的問題，張金龍和王永
平兩位學者對此作了較多研究〔註112〕。唐代文學家元結之研究，彭小樂有

〔註104〕 羅聯添《獨孤及年譜》，收入羅聯添《唐代詩文六家年譜》，學海出版社，1986
　　　　 年，第5～74頁。
〔註105〕 趙望秦《獨孤及年譜》，收入黃永年主編《古代文獻研究集林》第2集，陝西
　　　　 師範大學出版社，1992年，第47～85頁。
〔註106〕 蔣寅《獨孤及文繫年補正》，《山西大學師範學院學報》（哲學社會科學版）1996
　　　　 年第1期。
〔註107〕 劉鵬《獨孤及行年及作品繫年再補正》（上、下），《南陽師範學院學報》（社
　　　　 會科學版）2007年第2、第4期。
〔註108〕 金晶《獨孤及研究》，黑龍江大學博士論文，2014年。
〔註109〕 尚永亮師《20世紀以來劉禹錫研究綜述——以生平、作品及文集的文獻學考
　　　　 索爲中心》，《文獻》2009年第2期。
〔註110〕 王靜《尒朱氏墓誌所見隋唐帝國形成中尒朱家族浮沉》，南京大學碩士論文，
　　　　 2014年；黎鏡明《北魏尒朱家族專題研究》，陝西師範大學碩士論文，2015年。
〔註111〕 余靜《唐代河南元氏家族研究》，首都師範大學碩士論文，2005年。
〔註112〕 張金龍先生主要論文有《北魏孝文帝用人政策略論》，《蘭州大學學報》1990
　　　　 年第4期；《論北魏孝文帝的改革思想》，《許昌師專學報》1995年第2期；《儒
　　　　 家經典：北魏孝文帝思想的理論源泉》，《東嶽輪從》2011年第1期；《北魏
　　　　 孝文帝如何選賢任能》，《人民論壇》2017年第12期。這些文章部分收入其
　　　　 《北魏政治與制度論稿》一書，甘肅教育出版社，2003年。王永平先生主要
　　　　 論文有《略論北魏孝文帝之文化修養及其表現與影響》，《史學集刊》2009年
　　　　 第3期；《論北魏孝文帝任用南士及其對南朝文化之汲引》，《探索與學習》2009

綜述〔註113〕，張曉宇也有詳細的學術史回顧〔註114〕。元積之研究，尚永亮師
有專門綜論〔註115〕，茲不贅述。

　　北魏時期與拓跋氏（元氏）同爲宗室的「宗族十姓」，一些家族在入唐以後
依然保持著顯赫的勢利。長孫氏家族，北朝隋唐時期多有顯赫人物，王欣曾對
其世系有過校訂〔註116〕。隨著新出石刻墓誌的大量出土，一些碩士學位論文選
擇了北朝隋唐時期長孫家族研究作爲整體研究對象〔註117〕。單個長孫氏家族人
物的研究，主要集中在長孫皇后、長孫無忌等人身上。另外如達奚氏家族，也
因爲新出墓誌，將整個家族歷史、人物串聯起來，有論者已經作了梳理〔註118〕。

　　河南于氏也是鮮卑著姓，王化昆對中古時期于氏家族主要人物、事蹟作
了概述，並對對史籍中有關于氏家族的記載提出了一系列的質疑〔註119〕。文
章借助新出墓誌材料，重新校訂了于氏家族世系。對于氏家族全盤的討論，
還有張衛東的論文〔註120〕，以及一些學位論文〔註121〕。河南于氏家族雖然沒
有文學大家，但在文學領域一直很活躍，沈文凡、孟祥娟對河南于氏家族在
文學上可圈可點的 28 位人物作了簡要的考述，包括各人主要生平事蹟、文學
活動、文學作品〔註122〕。文章對於新出墓誌的使用，使得該文在信息的擴展
和準確性上大大增色。

　　　年第 5 期；《北魏孝文帝崇佛之表現及其對佛教義學之倡導》，《學習與探索》
　　　2010 年第 1 期。相關研究被整合寫入其新著《遷洛元魏皇族與士族社會文化
　　　史論》，中國社會科學出版社，2017 年。

〔註113〕彭小樂《元結研究述評》，《衡陽師範學院學報》2014 年第 2 期。

〔註114〕張曉宇《元結研究》，河北大學博士論文，2014 年。

〔註115〕尚永亮師《元積百年研究綜述》，《學術交流》2004 年第 4 期。

〔註116〕王欣《〈新唐書·宰相世系表〉長孫氏世系考》，《北朝研究》1989 年第 1 期
　　　（創刊號）。

〔註117〕徐鳳霞《唐代長孫家族研究》，陝西師範大碩士論文，2004 年；常婧《北魏
　　　至隋唐長孫家族漢化過程分析》，陝西師範大學碩士論文，2007 年。

〔註118〕鄭衛、鄭霞、吳健華《洛陽出土的達奚氏後裔墓誌述略及其家族人物鉤沉》，
　　　《洛陽考古》2017 年第 2 期。

〔註119〕王化昆《北朝隋唐河洛大族于氏的幾個問題》，《洛陽工學院學報》2002 年第
　　　3 期。

〔註120〕張衛東《北朝隋唐于氏家族研究》，《福建論壇》（人文社會科學版）2010 年
　　　第 8 期。

〔註121〕如劉凡《北魏時期于氏家族研究》，吉林大學碩士論文，2013 年；張曉永《種
　　　族、姓氏與地域：中古于氏家族研究》，陝西師範大學碩士論文，2015 年。

〔註122〕沈文凡、孟祥娟《唐代河南于氏家族文學緝考》，《古籍整理研究學刊》2010
　　　年第 2 期。

竇氏家族爲北朝隋唐時期政治、文化等方面都十分顯要的鮮卑族裔，而且世系十分清晰。竇氏家族出土墓誌非常多，單個的研究多是以墓誌爲中心的考釋。竇氏家族文學的研究以中唐竇叔向及五子爲中心，如尹占華、雷恩海、田玉芳、劉興超等學者都曾專門撰文討論〔註123〕，相關的學位論文亦不少〔註124〕。

入主中原較早、漢化較深的慕容氏，在十六國、北朝時期不僅建立過自己的政權，而且在其他政權集團中也非常活躍。北朝時期慕容氏的興起、政權建立過程、與其他政權的關係，有李海葉、高然、任豔豔等人有概括的研究〔註125〕。陳勇對前燕慕容氏世系作過詳細的考證〔註126〕。余靜利用正史和出土墓誌資料，考察了隋唐時期慕容氏家族世系、婚姻仕宦、遷徙過程、教育與文學、衰落的原因等問題〔註127〕。源出慕容氏的豆盧氏家族，姜波有一篇長文，對當時可見豆盧氏有關的碑誌史料作了比較全面的梳理，對豆盧氏世系作了釐清，製作了豆盧氏年表，在此基礎上對於豆盧氏在北朝隋唐時期的發展脈絡和興衰過程以及相關的問題都作了詳盡的考察，是胡姓家族個案研究的典範作品〔註128〕。

其他一些重要的鮮卑家族的個案研究，代表性的成果有郭峰對源氏家族的研究〔註129〕，李鴻賓對賀拔氏家族的研究〔註130〕。

漢魏以來，一些與鮮卑關係密切的部族如烏丸、高車、柔然等，在內遷

〔註123〕 尹占華的《五竇及其詩論略》，《新疆大學學報》2005年第9期。雷恩海、田玉芳《「五竇」交遊考》，《文獻》2007年第4期。劉興超《〈唐才子傳校箋〉之〈五竇傳校箋〉辨正》，《文學遺產》2010年第1期。

〔註124〕 田玉芳《五竇及其詩歌研究》西北師範大學中國古代文學碩士論文，2006；倪輝《中唐扶風竇氏文學家族研究》，浙江大學古代文學碩士論文，2009。余禮所《中唐五竇家族與詩歌研究》華東師範大學中國古代文學碩士論文，2009；王新立《唐代竇氏文學家族交遊與創作研究》，陝西理工學院中國古代文學與文化碩士論文，2012年。

〔註125〕 李海葉《北魏時期的慕容鮮卑》，《寧夏大學學報》（人文社會科學版）2009年第3期。任豔豔《慕容氏與北朝社會研究》，山西大學魏晉南北朝史碩士論文，2006年。高然《五燕史研究》，西北大學專門史博士論文，2010年。

〔註126〕 陳勇《前燕慕容氏世系考》，《民族研究》2010年第5期。

〔註127〕 余靜《唐代慕容氏家族研究》，《國學研究》第15卷，北京大學出版社，2005年，第93～117頁。

〔註128〕 姜波《豆盧氏世系及其漢化——以墓碑、墓誌爲線索》，《考古學報》2002年第3期。

〔註129〕 郭鋒《北朝隋唐源氏家族研究——一個少數族漢化士族家族門第的歷史榮衰》，《中國社會經濟史研究》2002年第3期。

〔註130〕 李鴻賓《唐賀拔亮家族漢化取徑之研究——〈賀拔亮墓誌〉諸問題》，《唐研究》第十七卷，北京大學出版社，2011年，第455～480頁。

之後的族裔改漢姓，被納入到《魏書‧官氏志》中，是廣義上的鮮卑族人。
烏丸王氏，早在魏晉時期已經十分活躍，南北朝隋唐之際延續不斷，其中王
神念家族最爲顯赫，王珪、王涯都曾入相。萬方、陶敏對王珪家族之占籍和
世系作了深入的考證〔註131〕。和慶鋒對於王神念、王涯的烏丸族屬提出了質
疑，並利用出土墓誌對烏丸王氏世系作了進一步的補正〔註132〕。

　　河南房氏，本出於高車屋引氏，北齊隋唐時期都有顯宦，唐代房融、房
琯父子先後入相，房春豔的論文有總體的概述〔註133〕，但該文未分房氏胡、
漢兩個源流而逕自考察房氏家風、婚姻、經濟等問題，有「鞭長莫及」之嫌。
張海豔的論文在一定程度上作了糾正〔註134〕。又源出高車的斛斯氏，謝琛在
姚薇元先生的基礎上，對於斛斯氏之族源提出了新的看法，又據傳世文獻和
九方斛斯氏有關墓誌，對北朝隋唐時期斛斯人物作了梳理〔註135〕。

　　中古時期翟氏家族，既有胡族之源，也有漢姓之源。陳菊霞對此有充實
的研究〔註136〕。其書以敦煌翟氏爲中心，主要論述了敦煌翟氏來源、地域分
佈、婚宦和名人事蹟考、佛教信仰等。其中釐清了敦煌翟氏的主要三個來源：
早期匈奴、丁零部落後裔，北朝時期隴西丁零翟氏後裔，隋唐時期的粟特翟
氏。這對於我們認識中古時期翟氏有重要的意義。作爲地域胡姓研究的案例，
也具有開拓意義。

（二）西域胡姓

　　西域胡姓家族的研究，起步較早、起點很高。馮承鈞〔註137〕、桑原騭藏
〔註138〕、向達〔註139〕等學者的論文已經成爲經典，其中尤其以向達之文對於

〔註131〕萬方、陶敏《王燾家世里籍生平新考》，《山東中醫學院學報》1988年第3期。
〔註132〕和慶鋒《隋唐太原王氏的變遷與影響》，上海師範大學博士論文，2013年。
〔註133〕房春豔《中古房氏家族研究》，陝西師範大學碩士論文，2007年。
〔註134〕張海豔《唐代碑誌所見非漢民族房兆家族人物考訂》，《長江師範學院學報》
　　　　2017年第4期。
〔註135〕謝琛《北朝隋唐斛斯之象族研究》，中央民族大學碩士論文，2013年。
〔註136〕陳菊霞：《敦煌翟氏研究》，民族出版社，2012年。
〔註137〕馮承鈞《唐代化華蕃胡考》，《東方雜誌》1930年第27卷第17期，後收入《西
　　　　域南海史地考證論著匯輯》，中華書局，1957年，第129～157頁。
〔註138〕桑原騭藏《隋唐時代西域歸化人考》，原載《內藤博士還曆記念支那學論叢》，
　　　　1926年。王桐齡譯，分別刊於《師大月刊》1935年第22期、1936年第26、27
　　　　期。另外還有一個何健民譯本《隋唐時代西域人華化考》，分別刊於《武漢大學文
　　　　哲季刊》1936年第5卷第2號、第3號、第4號。中華書局1939年出有單行本。
〔註139〕向達《唐代長安與西域文明》，《燕京學報》1933年專號，收入同名著作，三
　　　　聯書店，1957年。

西域胡人研究影響爲深遠。隨著中亞地區古文書之發現、敦煌吐魯番文書之整理、中原地區粟特胡人墓誌之新出、墓葬考古之發掘，粟特研究已成爲國內外顯學。其中推波助瀾的事件是太原、長安地區虞弘、安伽、史君等胡人墓葬的考古發掘，爲民族、宗教、藝術等領域的粟特研究提供了第一手的資料。2004 年 4 月法國科研中心中國文明研究組及東方與西方考古研究組、北京大學中國古代史研究中心、法國遠東學院北京中心和國家圖書館善本特藏部合作舉辦的「粟特人在中國——歷史、考古、語言的新探索」國際會議，是對二十世紀以來粟特研究新成果的集中展示〔註 140〕，產生了非常大的影響。這次會議衍生的另一個成果就是國家圖書館善本特藏部對於粟特文獻、碑銘、文物以圖錄的形式所作的綜合性展覽結集爲〔註 141〕，是研究粟特的基本史料彙集。隨著近十年中，粟特胡姓家族墓誌的大量出土，「粟特熱」持續發酵，已超越以往對匈奴、鮮卑等族群研究的熱度。2014 年，第二屆絲綢之路國際學術研討會又以「粟特人在中國：考古發現與出土文獻的新印證」爲主題，將粟特研究推向新的局面〔註 142〕。在這一潮流中，湧現出一批粟特研究的大家、名家和經典著作，如榮新江先生及其粟特研究論著，涉及到入華粟特胡人之不同層面〔註 143〕。其他一些關於入華粟特胡人的研究著作，還有陳海濤、劉惠琴〔註 144〕、韓香〔註 145〕、畢波〔註 146〕、王睿〔註 147〕等。唐代長安、洛陽，是粟特胡人最集中的地區之一，也是出土墓誌彙集之所，因而相當多的粟特胡姓家族研究是以這兩個地方爲中心展開的。另外，唐代影響

〔註 140〕 榮新江、華瀾、張志清主編：《粟特人在中國——歷史、考古、語言的新探索》，中華書局，2005 年。

〔註 141〕 榮新江、張志清主編：《從撒馬爾干到長安——粟特人在中國的文化遺跡》，北京圖書館出版社，2004 年。

〔註 142〕 相關論文已結集爲《粟特人在中國：考古發現與出土文獻的新印證》，科學出版社，2016 年。

〔註 143〕 榮新江先生關於粟特胡人研究的兩部著作：《中古中國與外來文明》，三聯書店 2001 年初版，至 2014 年又出修訂本，除了中古粟特胡人聚落以及胡人與政治關係諸論文之外，還包括三夷教以及中外關係史有關論著的評論。《中古中國與粟特文明》，三聯書店 2014 年初版，是榮新江先生關於粟特研究新舊論文的彙集。

〔註 144〕 陳海濤、劉惠琴：《來自文明十字路口的民族——唐代入華粟特人研究》，商務印書館，2006 年。

〔註 145〕 韓香：《隋唐長安與中亞文明》，中國社會科學出版社，2006 年。

〔註 146〕 畢波：《中古中國的粟特胡人：以長安爲中心》，中國人民大學出版社，2011 年。

〔註 147〕 王睿：《唐代粟特人華化問題述論》，社會科學文獻出版社，2016 年。

非常大的一個粟特胡姓群體是「六州胡」，這一群體因康待賓之叛亂以及六州
胡大首領安菩墓誌的出土而聞名，張廣達、周偉洲等先生曾對此作過詳細的
考察〔註 148〕。另外，自陳寅恪對唐代後期河北地區胡化之論斷以來，關於河
北區域之胡姓家族，亦爲研究之重心，而以粟特後裔爲中心。榮新江進一步
推論，安史之亂後河北地區成爲粟特胡人之新家園〔註 149〕。李鴻賓在其基礎
上，從米文辯墓誌出發，對唐代河北地區粟特胡人的著地過程作了進一步分
析〔註 150〕。河北地區的專史研究，多將粟特胡人家族納入論述，如馮金忠《唐
代河北藩鎮研究》〔註 151〕，馮金忠、陳瑞青《河北古代少數民族史》〔註 152〕。
高文文的博士論文對此作了深入而全面的分析〔註 153〕。

　　粟特胡人的信仰問題，研究多是從個案切入。榮新江先生以唐代波斯人李素
和其妻卑失氏墓誌爲中心對唐代波斯景教徒家族進行過深入的剖析〔註 154〕。葛
承雍先生承襲了這一研究思路，以米繼芬墓誌爲中心對這一景教信仰家族作了拓
展研究〔註 155〕。張小貴則以史世爽家族爲中心，考察了唐宋時期粟特胡人史氏
家族的祆教傳授變遷情況〔註 156〕。近年新出之花獻及夫人安氏墓誌，亦揭露了
其家族的景教信仰，毛陽光〔註 157〕、吳昶興〔註 158〕等學者就此展開了較多討論。

〔註 148〕 張廣達《唐代六胡州等地的昭武九姓》，《北京大學學報》（哲學社會科學版）
　　　　　1986 年第 2 期；周偉洲《唐代代六胡州與「康待賓之亂」》，《民族研究》1988
　　　　　年第 3 期。
〔註 149〕 榮新江：《安史之亂後粟特胡人的動向》，《暨南史學》第二輯，暨南大學出版
　　　　　社，2003 年，第 102～123 頁。
〔註 150〕 李鴻賓《墓誌銘映印下的唐朝河北粟特人地著化問題——以米文辯墓誌爲核
　　　　　心》，《暨南史學》第九輯，暨南大學出版社，2014 年，第 83～94 頁。
〔註 151〕 馮金忠：《唐代河北藩鎮研究》，科學出版社，2012 年。
〔註 152〕 馮金忠、陳瑞青：《河北古代少數民族史》，民族出版社，2014 年。
〔註 153〕 高文文《唐河北藩鎮粟特後裔漢化研究——以墓誌材料爲中心》，中央民族大
　　　　　學博士論文，2012 年。
〔註 154〕 榮新江《一個入仕唐朝的波斯景教家族》，《伊朗學在中國論文集》第 2 集，
　　　　　北京大學出版社，1998 年，收入《中古中國與外來文明》（修定版），三聯書
　　　　　店，2014 年，第 210～228 頁。
〔註 155〕 葛承雍《唐代長安一個粟特家庭的景教信仰》，《歷史研究》2001 年第 3 期。
〔註 156〕 張小貴《唐宋祆祠廟祝的漢化——以史世爽家族爲中心的考察》，《中山大學
　　　　　學報》（社會科學版）2005 年第 3 期，收入《中古華化祆教考述》，文物出版
　　　　　社，2010 年，第 39～58 頁。
〔註 157〕 毛陽光《洛陽新出土唐代景教徒花獻及其妻安氏墓誌初探》，《西域研究》2014
　　　　　年第 2 期。
〔註 158〕 吳昶興：《眞常之道：唐代基督教歷史與文獻研究》，臺灣基督教文藝出版社，
　　　　　2015 年 6 月。

　　單個粟特胡姓家族的個案研究，主要集中於安、康、石、何、史、米等比較大或比較顯著的粟特胡姓家族。吳玉貴先生對涼州粟特胡人安氏家族的研究具有代表性〔註159〕。單個人物的研究則以安祿山爲焦點，國內外有關的小傳已有多種〔註160〕，相關的單篇研究論文也非常多。沈睿文《安祿山服散考》〔註161〕，從史載安祿山長瘡病疽、目昏不見物及性情暴躁三個症狀，推測這是安祿山長期服散失節的結果，從而揭開出身粟特、本信祆教的安祿山與道教的關係，再結合醫學、善書、厭勝、賜浴華清池等情節，進一步將這一聯繫緊密化，其觀點多發人所未發，是安祿山研究個案中的典型。

　　除了粟特胡姓家族，其他西域胡姓家族也有不少個案研究。蔡鴻生先生曾對唐代穆姓胡人作過探索性研究〔註162〕，其後王學林的碩士論文對北朝隋唐時期穆氏家族進行了概括性研究〔註163〕。王騰對西域羅氏家族的研究具有頗有開創性〔註164〕，其長文根據歷代姓氏書、敦煌吐魯番文書、出土墓誌、史傳，對西域羅氏人物作了詳盡的收錄，在此基礎上分析了西域羅氏之職業分佈、社會階層、婚姻關係及族源。隨著洛陽地區支氏家族墓誌的陸續出土，月氏胡支氏家族的成爲學者關注的話題，有馬小鶴、柏曉斌〔註165〕、董延壽、趙振華〔註166〕、毛陽光〔註167〕、張葳〔註168〕等學者先後撰文展開過研究。還有一些學位論文也以此爲中心〔註169〕。西域胡姓白氏，因爲唐代大詩人白

〔註159〕吳玉貴《涼州粟特胡人安氏家族研究》，《唐研究》第三卷，北京大學出版社，1997年，第295～337頁。

〔註160〕如崔明德、任士英著《安祿山》，文津出版社，1994年；牛致功著《安祿山史思明評傳》，三秦出版社，2000年；藤善眞澄著《安祿山——皇帝寶座的覬覦者》，中西書局，2017年。

〔註161〕沈睿文：《安祿山服散考》，上海古籍出版社，2015年。

〔註162〕蔡鴻生《唐代社會的穆姓胡客》，《中國史研究》2005年增刊。

〔註163〕王學林《北朝至隋唐時期穆氏家族研究》，湖南師範大學碩士論文，2011年。

〔註164〕王騰《隋唐五代西域羅氏流寓中國與敦煌羅氏家族研究》，《敦煌歸義軍史專題研究三編》，甘肅文化出版社，2005年，第634～692頁。

〔註165〕馬小鶴、柏曉斌《隋唐時代洛陽華化月支胡初探》，《中國文化研究集刊》第3輯，復旦大學出版社，1986年，第144～160頁。

〔註166〕董延壽、趙振華《唐代支謨及其家族墓誌研究》，《洛陽大學學報》2006年第1期。

〔註167〕毛陽光《一支洛陽月氏胡人家族的漢化經歷——以《支彥墓誌》與《支敬倫墓誌》爲中心》，《華夏考古》2010年第4期。

〔註168〕張葳《唐支訥家族遷葬洛陽事考——一個小月氏胡人家族的官僚化歷程》，《民族研究》2012年第5期。

〔註169〕支靜：《小月氏歷史考述》，陝西師範大學碩士論文，2010年。魏樂樂《兩漢迄唐徙居內地月氏人研究》，西北大學碩士論文，2010年。

居易家族的緣故，成爲文史研究關注的話題。白居易家族是否出於龜茲白氏，是學界爭議的焦點所在，早在二十世紀三十年代，馮承鈞、向達就此問題已作過反覆論辯〔註170〕，而至今亦難以定讞。西域胡姓尉遲氏，在軍事、文化、藝術等領域都有文人，因而亦爲研究所關注，殷晴〔註171〕，趙和平〔註172〕等學者曾對其族源作過考訂。余靜對隋唐五代時期的尉遲氏家族整體情況有過概論〔註173〕。尉遲氏家族的個案研究集中於尉遲敬德〔註174〕。尉遲敬德由武將演變爲建築家、門神等形象，也成研究的熱衷的問題，如馮金忠〔註175〕、蔚秀〔註176〕都曾以此爲中心進行過闡釋。焉耆王族龍氏，是一支與粟特胡人關係密切的西域胡人，榮新江〔註177〕、陸慶夫〔註178〕、黃盛璋〔註179〕、陸離〔註180〕等學者都曾撰文作過專門研究。印度族裔瞿曇氏，唐代有瞿曇羅、瞿曇悉達、瞿曇謙及瞿曇晏祖孫四代爲官於唐朝太史、司天機構，爲著名的天文學世家，張慧民對此有系統的研究〔註181〕。

（三）突厥、回鶻、吐蕃、契丹、三韓等族裔

唐代陸續內附之突厥、回紇、吐蕃、契丹、奚、三韓等族裔，一些發展

〔註170〕詳馮承鈞《中亞新發現的五種語言與支白安康尉遲五姓之關係》、向達《論龜茲白姓》、馮承鈞《再說龜茲白姓》諸文，收入馮承鈞《西域南海史地考證論著匯輯》，第158～175頁。

〔註171〕殷晴《于闐尉遲王家世系考述》，《新疆社會科學》1983年第2期。

〔註172〕趙和平《于闐尉遲氏源出鮮卑考——中古尉遲氏研究之》（一、二），分別刊於《敦煌吐魯番研究》2015年第1期，《敦煌研究》2014年第3期。

〔註173〕余靜《隋唐五代時期的尉遲氏》，《唐史論叢》第九輯，三秦出版社，2007年，第41～56頁。

〔註174〕如張靜《尉遲敬德及其家族探——以墓誌爲基礎》，《南陽工學院學報》，2014年第5期。

〔註175〕馮金忠《從赳赳武夫到修寺善士：華北民間尉遲敬德形象之嬗變》，《中華文化論壇》2010年第1期。

〔註176〕蔚秀《尉遲敬德形象傳播微探》，山西師範大學碩士論文，2010年。

〔註177〕榮新江《龍家考》，《中亞學刊》第4輯，北京大學出版社，1995年，第144～160頁。

〔註178〕陸慶夫《從焉耆龍王到河西龍家——龍部落遷徙考》，《敦煌研究》1997年第2期。

〔註179〕黃盛璋《敦煌漢文與于闐文書中之龍家及其相關問題》，《西域研究》1996年第1期。

〔註180〕陸離《關於唐宋時期龍家部族的幾個問題》，《西域研究》2012年第2期。

〔註181〕張惠民《唐代瞿曇家族的天文曆算活動及其成就》，《陝西師大學報》（自然科學版）1994年第2期。

成爲成爲著名的家族，活躍於唐代政治、軍事等領域，尤其以「蕃將」群體而著稱，前面綜合研究中所述關於蕃將的研究已多有涉及。對唐代突厥蕃將群體的研究，有翟夢娜的碩士論文〔註182〕。個案研究，如突厥阿史那氏，有阿史那忠家族、阿史那彌射家族，早期突厥學學者如沙畹、岑仲勉等曾對這些家族的族源、譜系、事蹟做過考察，接續他們的工作並深化的研究還有薛宗正〔註183〕、吳玉貴〔註184〕、尤李〔註185〕等等。新出墓誌對這些問題多有補正價值，王義康〔註186〕、湯燕〔註187〕相繼撰文對墓誌中所見唐代突厥族裔阿史那氏世系進行了深入研究。一些隸屬於突厥的部族，唐代內遷之後也形成了重要家族，如董春林所研究的唐代契苾家族〔註188〕，張玉瑋所研究的唐代渾氏家族〔註189〕。唐代內遷回鶻族裔家族化現象比較罕見，僕固氏是比較重要的一支。近年來又僕固氏墓誌出土，楊富學先生據此對這一家族有過研究〔註190〕。2012年新出之回鶻王子葛啜墓誌，一度曾引發研究的熱潮，《唐研究》第十九卷爲此設立了《葛啜墓誌》爲研究專欄〔註191〕。唐代內遷吐蕃族裔中，論氏家族尤爲顯赫，陳國燦先生曾對論氏家族及其淵源作過探索〔註192〕，

〔註182〕 翟夢娜《唐代突厥蕃將群體研究》，西北大學碩士論文，2016年。

〔註183〕 薛宗正《阿史那彌射生平析疑》，《民族研究》1985年第1期；《突厥可汗譜系新考》，《新疆大學學報》（哲學社會科學版）1998年第4期。

〔註184〕 吳玉貴《阿史那彌射考》，《民族研究》1988年第3期。

〔註185〕 尤李《阿史那思摩家族考辨》，《中國邊疆民族研究》第四輯，中央民族大學出版社，2011年，第13～34頁。

〔註186〕 王義康《突厥世系新證——唐代墓誌所見突厥世系》，《民族研究》2010年第5期。

〔註187〕 湯燕《新出唐史善應、史崇禮父子墓誌及突厥早期世系》，《唐研究》第十九卷，北京大學出版社，2013年，第569～587頁。

〔註188〕 董春林《唐代契苾家族研究》，湘潭大學碩士論文，2008年。

〔註189〕 張玉瑋《鐵勒渾部與唐代渾氏家族世系》，《文博》2005年第6期；又《蕃將世家：唐代渾氏家族現象研究》，《鹽城工學院學報》（社會科學版）2005年第4期。

〔註190〕 楊富學《唐代僕固部世系考——以蒙古國新出僕固氏墓誌銘爲中心》，《西域研究》2012年第1期。

〔註191〕 該專欄收錄的文章包括：芮跋辭、吳國聖《西安新發現唐代葛啜王子古突厥魯尼文墓誌之解讀研究》，成吉思《葛啜墓誌突厥文銘文的釋讀》，羅新《葛啜的家世》，王小甫《則可汗與車毗尸特勤》吳玉貴《回鶻「天親可汗以上子孫」入唐考》，朱玉麒《葛啜墓誌作者崔述考略》，胡鴻《回鶻葛啜王子葬地張杜原考》。

〔註192〕 陳國燦《唐代的論氏家族及其淵源》，《中國史研究》1987年第2期。

楊作山對涼州論氏家族事蹟也有進一步研究〔註193〕。唐代契丹族裔有李光弼家族，《新唐書宰相世系表》「三公李氏」條專門列「柳城李氏」傳其譜系，其家族的研究焦點即李光弼。馬馳先生有李光弼傳，最爲詳備〔註194〕。另一位著名內附契丹人李楷洛也有專文研究〔註195〕。

　　晚唐時期新起的沙陀、党項胡姓族裔，在胡姓家族研究中也佔有重要地位，其中大多進入五代、宋時期，故此不再論列。

　　唐代內附胡姓家族的另一個重要群體是新羅、高麗、百濟族裔。羅振玉在光緒三年（1877）曾編校《唐代海東藩閥志存》〔註196〕，收錄唐代高麗、百濟遺民泉男生、扶餘隆、高慈、泉獻誠、泉男產、泉毖、高震七方墓誌，每篇都作了簡要的考訂，這是較早關注唐代三韓遺民的著作。建國以來，隨著更多唐代三韓遺民墓誌的出土，有關研究進一步勃興，如李健超〔註197〕、趙超〔註198〕等學者較早撰文介紹。集中的研究有姜清波《在唐三韓人研究》〔註199〕，苗威《高句麗移民研究》〔註200〕，拜根興《唐代高麗百濟移民研究——以西安洛陽出土墓誌爲中心》〔註201〕。中國出土高麗、百濟移民墓誌，也引發了韓國學者的關注，卞麟錫〔註202〕、尹龍九〔註203〕，閔賡三〔註204〕等學者都曾撰文介紹討論。關於三韓移民和族裔的個案研究，主要也是圍繞新出墓誌展開。如杜文玉對高麗泉氏家族的研究〔註205〕，張全民〔註206〕、拜

〔註193〕楊作山《涼州論氏家族事蹟考》，《西北第二民族學院學報》（哲學社會科學版）2006年第3期。

〔註194〕馬馳：《李光弼》，陝西師範大學出版社，1996年。

〔註195〕姜臘梅《唐代契丹將領李楷固考論》，東北師範大學碩士論文，2014年。

〔註196〕收入《羅振玉學術論著集》第六集，上海古籍出版社，2010年。

〔註197〕李健超《陝西新發現的高句麗人、新羅人遺跡》，《考古與文物》1999年6期。

〔註198〕趙超《唐代墓誌中所見的高句麗與百濟人士》，收入《揖芬集——張政烺先生九十華誕紀念文集》，社會科學文獻出版社，2002年，第485～494頁。

〔註199〕姜清波：《入唐三韓人研究》，暨南大學出版社，2010年。

〔註200〕苗威：《高句麗移民研究》，吉林大學出版社，2011年。

〔註201〕拜根興：《唐代高麗百濟移民研究——以西安洛陽出土墓誌爲中心》，中國社會科學出版社，2012年。

〔註202〕卞麟錫：《唐長安的新羅史蹟》，韓國亞細亞文化出版社，2000年。

〔註203〕尹龍九《中國出土的一些韓國古代遺民資料探討》，《韓國古代史研究》總第32輯，2003年。

〔註204〕閔賡三《新出土的高句麗遺民高質墓誌》，《新羅史學報》總第9輯，2007年。

〔註205〕杜文玉《唐代泉氏家族研究》，《渭南師範學院學報》2002年第3期。

〔註206〕張全民《新出唐百濟移民禰氏家族墓誌考略》，《唐史論叢》2012年第1期。

根興〔註207〕、寧三福〔註208〕對百濟彌氏家族的研究等。唐代內遷中國的日本族裔並不多，遣唐使《井眞成墓誌》的出土曾引發學界的廣泛討論，唯其與我們關注的家族問題無關，相關研究茲不贅述。

第三節　研究思路

從前面的概述中可以看出，有關領域對於胡姓家族的研究已取得了非常豐碩的成果，進一步的研究只能在此基礎上推進。爲了更貼近歷史的溫度，在本文中，我們一方面以胡漢之間爲分野，力求在紛繁複雜的歷史進程中勾畫出一些線索；另一方面，又希望以共同體作爲串聯，將各種歷史要素關聯到一起，完成我們對於胡姓家族研究的總體拼圖。而綜合有關前人研究，族源、地域、文化三大問題，是大多研究者所共同關注的，也是胡漢之間與共同體分、合兩個維度依託的主體，所以我們也以此三大板塊來構建胡姓家族研究的模型。在上面這一宏觀的模塊之下，我們再安排相應的章節，從總體概述和個案研究等方面，不斷鞏固整體模型。在此將各板塊之主要結構原理及相互之間的關係，闡釋如下。

一、胡漢分野

胡、漢視域或者說胡、漢問題，是理解中古文化總體特徵的鑰匙，也是胡姓家族研究立論的起點。十六國北朝以來之胡漢體制，自不待言；隋唐時代承南北朝胡、漢關係融合之大勢，通常以爲先前的民族問題（矛盾）已退居次要位置，然深層次上族群關係的整合，實爲長期之事業。陳寅恪曾在提出一段公案：

> 李唐一族之所以崛興，蓋取塞外野蠻精悍之血，注入中原文化頹廢之軀，舊染既除，新機重啓，擴大恢張，遂能別創空前之世局。故欲通解李唐一代三百年之全史，其民族問題實爲最要政治關鍵。
> 〔註209〕

〔註207〕 拜根興《唐代百濟移民禰氏家族墓誌相關問題研究》，《當代韓國》2012年第2期。

〔註208〕 寧三福《入唐百濟遺民活動探析》，延邊大學碩士論文，2016年。

〔註209〕 陳寅恪《李唐氏族之推測後記》，收入《金明館叢稿二編》，三聯書店，2001年，第344頁。

在《唐代政治史述論稿》開篇，他也指出種族與文化二端爲李唐史事關鍵之所在。陳氏行文中之「種族」或「氏族」，即今日所謂民族、族群關係，但具體所指則非當日華夏邊緣之突厥、回紇、契丹等部，而是北朝民族之遺留問題，亦即族裔問題。換言之，陳氏將北朝胡漢關係順延到唐代，作爲一個整體來考察，至於其論唐代民族關係（國際關係），則爲另一事〔註210〕，這是今人研究應當予以分清的。當然，胡、漢問題，不僅是「人」的問題，還推及制度、文化等領域。韓國學者朴漢濟，將北朝隋唐時期的文化體制演變，概括爲一種「胡漢體制」：

> 所謂胡漢體制，是掌握自五胡入華至隋唐時代的歷史發展潮流所需的研究方法，它不是單純指狹義的政治體制或制度，而是廣義的包括政治體制及制度在內，乃至胡漢民族在同一地區及統治體制內共存，並形成一個文化體制，由衝突，反目至融合，最終走向共存之路的歷史過程，即包括以胡漢問題爲中心發生的所有的社會現象。換言之，筆者認爲構成這個歷史時期的最基本的部分是胡漢關係，漢族文化與胡族文化經過不斷融合，最終形成既非單純漢族的，也不是胡族的新文化，即經創造綜合了的第三種形態的文化。這是這一歷史時期產生的一種特殊的歷史現象。〔註211〕

朴氏的理論顯然可以看到陳寅恪以及日本學者的影子。其系列論文，從王權政治、均田制、對外關係、城郭制度、賜姓改姓等各個角度展開了對於「胡漢體制」的思考，可以折射出胡、漢視角在中古文化中的貫通意義〔註212〕。

胡漢之間，並不是刻意區分出來的，而是中古歷史的內在邏輯，凡制度、婚姻、宗教、文化等諸端，都有胡、漢淵源之差異或胡、漢人群之分別。陳寅恪在《隋唐制度淵源考略》中已多處指出隋唐制度中出於鮮卑諸胡者。日

〔註210〕陳寅恪曾教誨學生如何研究唐史說：「對於唐史，則一般皆以爲與外族無關，固大謬不然。因唐代與外國、外族之交接最爲頻繁，不僅限於武力之征伐與宗教之傳播，唐代內政亦受外民族之決定性的影響。故須以現代國際觀念來看唐史，此爲空間的觀念。」見陳寅恪《講義及雜稿》附錄石泉、李涵聽課筆記，三聯書店，2001年，第495頁。

〔註211〕（韓）朴漢濟《西魏北周時代胡姓再行與胡漢體制》，《文史哲》1993年第3期。

〔註212〕關於朴漢濟「胡漢體制」的評論，詳周偉洲《「胡漢體制」與「僑舊體制」論——評朴漢濟教授關於魏晉南北朝隋唐史研究的新體系》一文，《中國史研究》1997年第1期。

本學者山崎宏曾注意到北周與隋代官僚中漢人家族與非漢人家族的比例：其中北周三省官員，漢人只占 33%，其餘為非漢人（胡姓家族）；隋代三省官員則漢人占到 88%。隋代六部官員中，漢人占 67%，少數民族只占到 25%，還有 8% 無法辨別族屬〔註 213〕。崔瑞德主編的《劍橋中國隋唐史》在此基礎上進一步考察了隋代六部尚書中漢人、非漢人的比例問題：

> 在六部的四十六名尚書中，65.2% 的人出身於漢族家庭，28.2% 出身於非漢族家庭。他們之中的四十二人是北魏（十三人）和北周（二十九人）官員的子孫。只有三人有北齊的經歷，他們都在民部，負責帝國的稅收和土地分配。工部的非漢人比率最高，占部的尚書人數的 45.5%。這一情況可以用某些非漢族家庭中鮮明的建築工藝的創新傳統來解釋。第二個高比率的部為兵部，非漢族民族的尚武傳統可以說明他們在部內的勢力。前面談過的六部中最為重要的吏部只有 12.5% 的非漢族尚書。〔註 214〕

直到唐代，工部尚書這一職位依然活躍著出身胡姓家族的人物，據衛麗統計：唐代 113 位工部尚書：前期 27 人，其中出於胡姓者有屈突通、閻立德、閻立本、獨孤懷恩 4 人，占 15%；中期 36 人，出於胡姓者有于休烈、于頎、于岫、劉公濟、王思禮、趙國珍（黔中人），占 17%；後期 50 人，只有曹確、于派疑似胡姓，占 4%。總體而言，胡姓占 12%〔註 215〕。可見唐代前期、中期，工部尚書這一職位一定程度上還延續了隋代的「胡漢體制」。雖然衛麗之論文並沒有從胡、漢之分來考察工部尚書的問題，但這一情況卻是存在的。

又如唐代的對外使節，胡姓家族亦佔據重要位置。單就出土墓碑中所見者，如《元武壽墓誌》：「貞觀十四年，右衛長上校尉。其年奉敕差充西蕃絕域使。……至十九年方來返命。」〔註 216〕《斛斯政則墓誌》：「（貞觀）十七年，奉使吐谷渾，渾人越自湟渚，朝宗貫渭之度；公即祗奉綸言，宣勞羅川之域。」《安元壽墓誌》：「後奉恩敕，遣公充使西域，冊拜東羅可汗。皇華遠邁，聲

〔註 213〕 山崎宏《隋代官僚的性質》，《東京大學文學部紀要》，1956 年第 6 輯。有關論點評述見金應熙《國外關於中國古代史的研究述評》，內蒙古人民出版社，1994 年，第 288～289 頁。

〔註 214〕 崔瑞德主編：《劍橋中國隋唐史》，中國社會科學出版社，1990 年，第 84～85 頁。

〔註 215〕 衛麗：《唐代工部尚書研究》，中國科學技術出版社，2017 年。

〔註 216〕 胡戟、榮新江編：《大唐西市博物館藏墓誌》北京大學出版社，2012 年，第 598 頁。

浹於殊荒；天節高麾，威加於絕域。」〔註217〕《和守陽墓誌》：「遷承雲府果
毅都尉，冊立突騎施可汗使。時突厥美君德性明敏，素量弘深，遺數百金，
願因結託。君以爲臣無境外之交，固辭不受。又是突厥益奇之。」〔註218〕《契
苾通墓誌》：「暨升朝序，拜右衛將軍兼御史中丞，宣諭突厥使。時部落□貳，
不安土疆。邊帥莫能懷柔。上命公招撫之，虜還故居。」〔註219〕歸義軍中也
有胡姓使節，《渾子盈邈眞贊》：「公明閑禮則，傳戒音得順君情；美舌甜唇，
譯蕃語羌渾歡美。東南奉使，突厥見者而趨迎；西北輸忠，南山聞之而獻頓。」
〔註220〕唐代後期，宦官爲使節，亦有出身胡姓者，如《似先義逸墓誌》：「元
和初，選爲內養。長慶中，送太和主降北蕃，至安北府，以勞得朝散大夫。
遷內僕局令。南蠻入侵成都，公銜命而撫之。」〔註221〕而且其族人似先翰亦
爲鴻臚外卿。胡姓家族人物擔任使節，有多方面的原因。比如昭武九姓胡人，
在中古時期是胡漢各政權中非常活躍的使節群體，這與他們的語言優勢、中
轉貿易形成的網絡關係有關〔註222〕。而唐代不少使節出於北朝鮮卑等部胡姓
後裔，則用上面的條件無法解釋。其實在北朝少數民族政權中，出使周邊國
家（民族）也一般爲胡姓人物，所以唐代的情況有其淵源，或者說明唐代胡、
漢之間還保持某種「文化遺傳」。

　　類似的情況，在唐代軍隊、內廷等領域中還廣泛存在。中古時期職業、
階層等方面顯示出的「胡、漢之分」，有其深刻的文化淵源。班茂燊以唐代非
漢人侍從和奴隸群體爲例說明：「也許是遵循了其內亞和近東祖先們的做法，
唐朝君王和將軍們都使用外國奴隸和奴隸身份的人做貼身保鏢。初唐時期的
帝王還有大量非漢人的侍從和內務官員，他們之間過從甚密，超越了正式的

〔註217〕吳鋼主編：《全唐文補遺》第一輯，三秦出版社，1994 年，第 67 頁。
〔註218〕吳鋼主編：《全唐文補遺》第一輯，三秦出版社，1994 年，第 158 頁。
〔註219〕吳鋼主編：《全唐文補遺》第一輯，三秦出版社，1994 年，第 358 頁。
〔註220〕吳鋼主編：《全唐文補遺》第九輯，三秦出版社，2007 年，第 298 頁。
〔註221〕吳鋼主編：《全唐文補遺》第七輯，三秦出版社，2000 年，第 125 頁。
〔註222〕有關唐代外交使節中的「譯語人」研究，頗與胡姓家族相關，參考李方《唐
　　　　西州的譯語人》（《文物》1994 年第 2 期）；韓香《唐代長安譯語人》（《史學
　　　　月刊》2003 年第 1 期）；趙貞《唐代對外交往中的譯官》（《南都學壇》2005
　　　　年第 6 期），朱麗娜《唐代絲綢之路上的譯語人》（《民族史研究》2013 年）。
　　　　香港嶺南大學龍惠珠（Rachel Lung）教授有《中國古代的譯語人》(Interpreters
　　　　in Early Imperial China，John Benjamins Publishing Company，2011)。參見唐
　　　　芳：《篳路藍縷，以啓山林——〈中國古代的譯語人〉評介》，《中國翻譯》2012
　　　　年第 5 期。

官僚關係。這些保鏢和侍從與君王之間建立起的這種已經私人化但仍屬於從屬地位的關係，在內亞和近東地區有很深的文化淵源，並且幫助君王在這些地區的非漢人心中建立起了威信。」〔註223〕在內亞研究日益深入的背景下，胡漢之間深層的文化特徵差異以及群體身份的不同，將不斷找到其合理性理據。我們的研究在一定程度上是宣揚胡姓家族爲「主體性」，也是基於這樣的理據。

二、共同體

在胡漢之間我們強調的是一種「分」的視角，而「合」的層面更值得我們重視。在早期的歷史、民族、社會、文化研究中，胡漢之間的關係多被概括爲漢化或民族融合，但這種表述存在明顯的漏洞和缺陷，所以新興的學術範式已逐漸用「共同體」這一概念來替代。「共同體」（community）一詞的譯文本源於日語漢字，主要運用於哲學、政治學、社會學、人類學等學科，但已廣泛溢出到其他社會科學領域。據有關研究，對共同體的定義超過九十多種，而多是採用「模糊」界定法。據傑拉德·德蘭蒂（Gerard Delanty）的說法：

> 共同體一直建立在種族、宗教、階級或政治的基礎上。它們也許是大型的，也許是小型的；維繫它們的附屬關係也許是「淡薄的」（thin），也許是「深厚的」（thick）；它們也許以地方爲基礎，也許是在全球層面上被組織起來；它們與現存秩序之間的關係也許是積極性的，也許是顛覆性的；它們也許是傳統的、現代的，甚至是後現代的；它們也許趨於反動，也許趨於進步。〔註224〕

無論多麼模糊，圍繞人群的共同地域、相互聯繫被視爲共同體的核心或者穩定的要素。而將共同體模式移植到中古時期的胡、漢結群方式，也有其合理性。中國社會、歷史學界對於「共同體」概念的使用，深受日本學者的影響，這從詞源上即可看出。而日本學者「共同體」理論的討論，也經歷了戰前、戰後不同時期的變遷。谷川道雄的「豪族共同體」理論，最爲中國學界所熟知，而這一理論即源於對二戰後日本學界有關中國社會形態、階級關係論斷

〔註223〕（美）班茂燊著，耿協峰譯：《唐代中國的族群認同》，人民出版社，2017年，第163頁。

〔註224〕轉引自李義天《共同體：內涵、意義與限度》，載李義天主編《共同體與政治團結》，社會科學文獻出版社，2011年，第4頁。

的反撥，尤其是他強調貴族精神倫理在維繫共同體中的意義，相對於以階級分析方法爲中心的歷史研究是一個重大的突破，引發了廣泛的討論〔註225〕。馬彪將谷川道雄的共同體理論概括如下：

> 他的「共同體」概念，大體有廣狹兩義：狹義是指豪族集團，即「豪族共同體」；廣義包括「氏族共同體」、「村落共同體」、「地域共同體」、「民族共同體」、「國家共同體」等等。總之，凡是以人群劃分的社會組織都可以稱爲「共同體」。〔註226〕

比如從北魏胡族國家或者少數民族政權，逐漸蛻變爲隋唐貴族國家，本質上就是胡、漢共同體形成的過程。谷川道雄在《隋唐帝國形成史論》中說：

> 部族共同體與貴族領導的鄉黨共同體這兩個世界還肩負著一項重要課題，即克服漢代世界帝國在結構上存在的矛盾。這兩個各自有著運行軌道的世界相互影響，最終產生了一個新世界——新貴族主義國家。作爲其完成形態的唐朝世界帝國同時具備了克服漢代世界帝國的最終形態，而胡漢兩個共同體則構成了從漢代到唐代這一巨大歷史運動軌跡的兩條基線。〔註227〕

在《中古中世社會與共同體》中，他又指出：

> 隋唐帝國是一個由胡漢兩族的共同體社會經相互滲透、合成，共同建設的新貴族主義國家。這是中世共同體的結晶，就其意義而言，恰恰意味著中世國家的完成。而直接形成這一完成體的原型，即是西魏、北周。〔註228〕

胡漢一體化或者胡漢共同體的形成，直接的影響即是「到隋唐時代，種族區別已不再成爲政治問題。」但在種族、地域、文化等領域中胡、漢之間的「鴻溝」或者胡、漢之別，依然遺存，有待唐代社會慢慢消化，這即是各種胡化共同體具體凝聚的過程，也是本文族源、地域、文化三個板塊展開的背景。

〔註225〕 有關谷川道雄「共同體」理論的評述，參考李濟滄《論谷川道雄的中國史研究》，《中國史研究》2005 年第 2 期；祁建民《戰後日本對華觀念的變遷與「共同體」理論》，《抗日戰爭研究》2014 年第 2 期。

〔註226〕 馬彪《超越戰後日本中國史學模式的谷川史學》，《中國史研究動態》2001 年第 2 期。

〔註227〕 （日）谷川道雄著，李濟滄譯：《隋唐帝國形成史論》，中華書局，2011 年，第 12 頁。

〔註228〕 （日）谷川道雄著，馬彪譯：《中國中世社會與共同體》，中華書局，2002 年，第 105～106 頁。

　　日本學者也曾提出過以家族為核心的「家族共同體」理論來描述中國社會形態，但谷川道雄已指出其缺陷〔註229〕，所以我們也並不參考其說法。但作為胡、漢關係的直接承擔者，家族可以折射出胡、漢之間的多個側面，其本身也就成為了一個小型的共同體形態，因而在本文中，我們的敘述以胡姓家族來展開。

　　共同體的想法貫穿於本文的敘述之中。我們試著在胡漢之間，尋找那些構成共同體的諸要素，建立胡漢之間的聯繫，來完成民族融合的替代敘事。在總體上我們將中古社會視為一個大的、複雜的胡漢共同體，這是一個基本判斷。在次一級的宏觀層面，我們又會從族源、地域、文化三個不同形態的共同體來剖析胡、漢融合的問題。而在微觀的層面，比如一個街區，一個村落，我們同樣強調其共同體形態。

三、族源、地域與文化

　　在本文中，我們將以族源、地域和文化三個板塊呈現中古時期胡姓家族的整體形態。之所以選擇這三個板塊，一方面是基於對有關胡姓家族研究的提煉，另一方面也是筆者努力關注的領域以及希望能夠建構起來的研究範型，而這三者之間內在的邏輯聯繫，也在一定程度上支持了筆者的判斷。

（一）族源

　　無論民族「客觀論」還是「主觀論」〔註230〕，都非常重視族源的意義。在前者看來，族源是種族、語言、地域、經濟、風俗文化等客觀特徵的集合體，馬長壽先生說：

> 　　民族共同體的起源和遷徙都是民族史上的重要課題。只有把這
> 些課題弄清楚了，諸部族部落的同源異流和異源合流的歷史始能得
> 到合理的解決。異源合流的問題就是諸共同體的融合問題，所以共
> 同體的遷移又會引起諸部族部落的融合。〔註231〕

〔註229〕 參見谷川道雄《試論中國古代社會的基本構造》，《中國社會歷史評論》第四輯，商務印書館 2002 年，第 12 頁。

〔註230〕 關於民族「主觀論」與「客觀論」的說法，參見王明珂《華夏邊緣：歷史記憶與族群認同》（增訂本）第一章「當代社會人類學族群理論」中對於國內外族群理論的評述。

〔註231〕 馬長壽：《烏桓與鮮卑》，上海人民出版社，1962 年，第 25 頁。

而在「主觀論」者看來，族源是一種記憶和認同，可以「選擇」，可以「修改」，也隨著時間和族群關係而變遷，王明珂先生說：

　　　　在民族史邊緣研究中，族源資料是理解一個族群的本質或觀察族群認同變遷的最好指標。……族源傳說，反映一個民族的虛擬起源記憶，由這種起源記憶，我們能探索歷史上某地區人群的族群認同及其認同變遷。……人類以共同族群來凝聚認同，而認同變遷又由改變族源來完成。因此強調、修正或虛構一個族源歷史，對於任何人群都非常重要。以此而言，每一個民族史的溯源研究，無論是對本民族還是其他民族溯源，本身即成爲一個族群「起源記憶」的修正版，因此也成爲我們探討族群認同與變遷的材料。〔註232〕

就中古民族問題而言，「客觀」的族源研究固然重要，然「主觀論」之重要性亦不容忽視。客觀的族源研究，主要著眼於民族的早期歷史，而族源地爲一重要內容，比如嘎仙洞的發現，破解了鮮卑族源多年懸而未決的謎題。但《魏書》有關鮮卑族源的記載中已包含神話的因素，非客觀論者所能解決，而必須求諸歷史記憶、認同變遷的觀點。而在族群關係演變的深化時期，族源更容易被作爲一種主觀性很強的「敘事要素」而使用，這在胡姓家族的族源敘事中有鮮明的體現，這即是本文第一章中所要討論的問題。胡姓家族的族源，並不僅僅包含自己的「民族成分」（或姓氏來源），還融合了家族對於自身歷史的建構，包括家族榮耀的傳統或祖先，家族的譜系，家族的地理標記等等。馬馳論仕唐蕃將之漢化，曾舉出篡改地望、族望、變易蕃姓蕃名諸端〔註233〕，筆者將之概括爲族源神話、姓源神話、譜系建構與郡望攀附四種類型。在胡姓家族的族源敘事中，這四者並不是單獨出現，而是被整合到一起，構成一個完整的敘事意義。

　　陳寅恪很早就發現了族源對於凝聚胡漢群體所具有的「精神」意義，其論宇文泰的關隴本位政策：

　　　　宇文泰率領少數西邊之胡人及胡化漢族割據關隴一隅之地，欲與財富兵強之山東高氏及神州正朔所在之江左蕭氏共成一鼎峙之局，而其物質及精神二者力量之憑藉，俱遠不如其東南二敵，故必

〔註232〕 王明珂：《華夏邊緣：歷史記憶與族群認同》（增訂本），浙江人民出版社，2013年，第52～54頁。

〔註233〕 馬馳《論仕唐蕃人之漢化》，《唐史論叢》第七輯，陝西師範大學出版社，1998年，第155～180頁。

別覓一途徑，融合其所割據關隴區域內之鮮卑六鎮民族，及其他胡漢土著之人爲一不可分離之集團，匪獨物質上應處同一利害之環境，即精神上亦必具同出一淵源之信仰，同受一文化之薰習，始能內安反側，外禦強鄰。而精神文化方面尤爲融合複雜民族之要道。在此以前，秦苻堅、魏孝文皆知此意者，但秦魏俱欲以魏晉以來之漢化能罩全部複雜民族，故不得不亟於南侵，非取得神州文化正統所在之江東而代之不可，其事既不能成，僅餘一宇文泰之新途徑而已。此新途徑即就其割據之土依附古昔，稱爲漢化發源之地（魏孝文之遷都洛陽，意亦如此，惟不及宇文泰之徹底，故仍不忘南侵也），不復以山東江左爲漢化之中心也，其詳具於拙著《隋唐制度淵源略論稿》，茲不贅論。此宇文泰之新途徑今姑假名之爲「關中本位政策」，即凡屬於兵制之府兵制及屬於官制之周官皆是其事。其改易隨賀拔岳等西邊有功漢將之山東郡望爲關內郡望，別撰譜牒，紀其所承，又以諸將功高者繼塞外鮮卑部落之後，亦是施行「關中本位政策」之例證，如欲解決李唐氏族問題當於此中求之也。〔註234〕

陳寅恪所謂「精神文化方面尤爲融合複雜民族之要道」，即以族源、譜系、地域的整合爲內容。陳寅恪將宇文泰改易氏族之過程分爲兩段：

第一階段則改易西邊關隴漢人中之山東郡望爲關內郡望，以斷絕其鄉土之思，並附會其家世與六鎮有關，即李熙留家武川之例，以鞏固其六鎮團體之情感。……第二階段即西魏恭帝元年詔以諸將之有功者繼承鮮卑三十六大部落及九十九小部落之後，凡改胡姓諸將所統之兵卒亦從其主將之胡姓，徑取鮮卑部落之制以治軍，此即府兵制初期之主旨。

此經過修改的關內郡望（發跡地），武川淵源（祖源地），以及部落遺制（族群關係），即是重建的胡、漢姓家族族源。其中，武川在重新凝聚胡、漢族源意識中意義更大。趙翼論「周隋唐皆出自武川」云：「周、隋、唐三代之祖皆出於武川。……區區一彈丸之地，出三代帝王，周幅員尚小，隋、唐則大一統者，共三百餘年，豈非王氣所聚，碩大繁滋也哉。」〔註235〕韓昇先生也將「武川英豪」作爲一個眞實的存在，認爲這裡形成了移民社會的特質：

〔註234〕陳寅恪：《唐代政治史述論稿》，三聯書店，2001年，第198～199頁。
〔註235〕趙翼著，王樹民校證：《廿十二史箚記校證》（訂補本），中華書局，1984年，第319頁。

　　　　不同民族的人員從四面八方彙集在這裡，共同的外敵使他們無
　　暇計較種族的差異，同舟共濟才有生路。無形之中，民族的鴻溝在逐
　　漸地被掩埋。塞外的生活，養成他們豪邁而樸素的氣質，教育的不足，
　　反而不會造成文化上的對立和歧視，使得他們更加容易結合起來，由
　　此組成相對均質的嶄新的邊鎮移民社會，成爲他們共同擁有的第二故
　　鄉，哪怕走到天涯海角，都縈繞於心中，眷念不已。〔註236〕
但其實陳寅恪的原意，楊隋、李唐並非出自六鎮〔註237〕，換言之，陳寅恪認
爲武川是宇文泰建構起來的「故鄉」，這其實形成了一個「想像的」地域共同
體，在這一「同鄉意識」維繫下形成的「武川幫」，後世被視爲王者所聚，因
而忘記了其本來的族源。在後文中，我們會介紹日本學者關於「同鄉傳說」
在民族認同中的意義，宇文泰通過修改郡望和族源地，一定程度上就做到了
這一點。宇文泰所改易氏族之成果，經過周、隋之反復，唐代承其業，但就
族源而言，已是胡、漢渾然的局面。

　　北朝隋唐時期，通過重建共同地域意識而凝聚新的族源，「河南洛陽人」
和「代人」比「武川幫」更爲普遍。「代人」初期是以鮮卑爲中心的北族群體
的稱呼，因爲從北魏建國號爲「代」，並活動於平城爲中心的代地，這是用地
域意識代替部族意識的第一步。北魏遷都洛陽以後，「河南洛陽人」成爲新的
地域共同代表，被官方確定下來。但直至隋唐時期，「代人」之稱依然廣泛使
用於正史、譜牒以及碑誌文獻中，而且一些本來已遷徙河南的胡姓家族，也
維持著「代人」之稱。日本學者松下憲一認爲：

　　　　唐代自認出身爲「代人」，是爲了證明自己的家族在漠北時代
　　就是與北魏拓跋部同爲「世爲部落大人」的部落首長出身那樣，證
　　明是與北魏統治集團「代人」相連的正宗家世這一事實。……（《元
　　和姓纂》所記「代人」）表示的不是本籍地，而是表明「世爲部落大
　　人」「世爲部落酋帥」。……（官撰族譜所記「代人」）意味著國家承
　　認了出身爲「代人」。〔註238〕

〔註236〕　韓昇：《隋文帝傳》，人民出版社，1998年，第39頁。
〔註237〕　在《陳寅恪魏晉南北朝史講演錄》第十七篇中，他也認爲楊隋、李唐並非出
　　　　　自六鎮。參考雷豔紅《陳寅恪「關隴集團」說評析》，《廈門大學學報》（哲學
　　　　　社會科學版）2002年第1期。
〔註238〕　（日）松下憲一《北朝隋唐時代史料中的「代人」》，載《魏晉南北朝史研究：
　　　　　回顧與探索——中國魏晉南北朝史學會第九屆年會論文集》，湖北教育出版
　　　　　社，2009年，第331～332頁。

這一觀點是否可信，姑且不論。若換一個角度，「代人」與「河南洛陽人」，其實都是北朝胡姓家族種族或族源的另一種代稱，而「代人」的種族意義更為明顯。史傳與官方譜牒是族源偽冒較不嚴重的文本，其中維持「代人」，其實正是暗示其真實族源。而碑誌等私人文獻，則多用「河南洛陽」，隱蔽真實族源地的企圖更為明顯，但二者同為用「重建」的共同體地域意識代替原先的族源共同地意識，並不能據此以為這些「代人」或「河南洛陽人」都有其先世的族源或遷徙依據。

　　族源對於胡漢共同體的形成也具有重要意義。通過胡漢族源的整合，凝聚到「共同祖先」之下，形成新的民族認同，這是中古時期民族關係的新內容，在此前並沒有出現強大的內附的族群，足以構成影響漢人族源修改的「他者」，在後面我們會以「黃帝」認同形成的過程為例來分析。而通過姓氏淵源的整合，以及譜系的重新整理，胡姓家族的祖先變成一個漢人，他們也擁有了漢人一樣「榮耀的歷史」，無論這是出於漢人「遺忘」胡姓家族種族出身的動機還是胡姓家族的自願，胡、漢被緊密地聯繫在一起，從這一角度而言，族源共同體得以成立。

（二）地域

　　地域（地方）是家族活動展開的空間依託，而在胡漢共同體社會中，地域胡漢關係的融合以一種「潛流」的形態流行，這是宏觀民族融合研究易忽略之處。中國社會的地域包容度，向來是一個敏感的話題，地域歧視、地方保護，是歷久彌新的話題。何況在胡、漢語境中，外來族裔「非我族類」、「客家」的身份，更容易成為被排斥的因素。大詩人李白的父親以「客」為名，成為其家族西域出身的重要嫌疑；普通的胡姓家族，要融入漢人地方社會，又該是如何，無疑是一個令人困惑而又著迷的問題。但另一方面我們也應該看到，中古時期的各種文獻，並沒有出現深刻的地方胡、漢矛盾，漢人與土著的身份排斥外來族裔的例子也並不多見，正如瀨川昌久所說：

> 香港新界地區陸上農村確實存在本地和客家兩種集團範疇，從語言不同和通婚的例子也可知，在某種程度上二者維持了各自的社會圈。但是，在局部地區兩者雜居、親密共居，發生兩者之間認同感情轉換的事例也不足為怪。在地域社會內部，親屬關係、村落共同體、職業、廟宇的信仰等對在此生活的居民來說都是很重要、很現實的存在，本地——客家的區分只不過是這些要素中的一部分。

雖然在某些場合下它會被人們刻意強調，但是過分強調兩者之間的族群界定則是沒有必要的。我們之所以會陷入這種假象的「陷阱」之中，可以說是因爲民族學家或者人類學家的職業病所致。〔註239〕我們前文已經強調，胡、漢之間不能刻意區別，但也不能無視，土著與客家之間的關係，也是這樣，然而在更高級的「地域共同體」精神觀照下，族群的差別被雜居接觸、共同的地方事務、信仰情感等因素連接起來，這種「同而不同」的狀態，爲多樣文化的自由，提供了安全的庇護，是共同體的重要精神。

　　國內外有關地域共同體的範型很多，比如冀朝鼎的「水利共同體」，林美容的「祭祀圈、信仰圈」，施堅雅的「基層市場社區」，但各自的內部結構和功能互有不同〔註240〕。中國本土的地域文化研究範式，以陳寅恪「地域與學術」關係論影響最爲深遠，其通常的表述方式即「家世遺傳與地域薰習」，此外還有「地域薰習，家世遺傳」，「人事與地勢之關係」，「地域環境與學說思想關係」等說法，俱見於《天師道與濱海地域之關係》一文。關於家族與地域的結合，陳氏在《隋唐制度淵源略論稿》中從不同的視角作了具體的說明，以河隴區域文化而言：

　　　　蓋自漢代學校制度廢弛，博士傳授之風氣止息以後，學術中心移於家族，而家族復限於地域，故魏、晉、南北朝之學術、宗教皆與家族、地域兩點不可分離。河隴一隅所以經歷東漢末、西晉、北朝長久之亂世而能保存漢代中原之學術者，不外前文所言家世與地域之二點，易言之，即公立學校之淪廢，學術之中心移於豪族，太學博士之傳授變爲家人父子之世業，所謂南北朝之家學者是也。又學術之傳授既移於家族，則京邑與學術之關係不似前此之重要。〔註241〕

又論及北魏孝文太和以前定刑律：

　　　　議定刑律諸人之家世、學術、鄉里環境可以注意而略論之者，首爲崔宏、浩父子，此二人乃北魏漢人士族代表及中原學術中心也。

〔註239〕（日）瀨川昌久著，河合洋尚、姜娜譯：《客家——華南漢族的族群性及其邊界》，社會科學文獻出版社，2013年，第53～54頁。

〔註240〕諸地域共同體理論的評述，參考魯西奇《「畫圈圈」與「走出圈圈」——關於「地域共同體」研究理路的評論與思考》，《人文國際》第四輯，廈門大學出版社，2011年，第142～157頁。

〔註241〕陳寅恪：《隋唐制度淵源略論稿》，三聯書店，2001年，第20～23頁。

> 其家世所傳留者實漢及魏晉之舊物。……當日士族最重禮法。禮律
> 古代本爲混通之學，而當時之學術多是家世遺傳，故崔氏父子之通
> 漢律自不足怪。……魏太武神䴥四年九月壬申詔征諸人如范陽盧
> 玄、勃海高允、廣平游雅等皆當日漢人中士族領袖，其詔書稱之爲
> 「賢儁之冑，冠冕州邦」。夫所謂「賢儁之冑」者，即具備鄙説所謂
> 家世傳留之學術之第一條件；所謂「冠冕州邦」者，即具備鄙説所
> 謂地方環境薰習之第二條件。〔註242〕

「家世遺傳」，強調文化的傳承與延續；「地域薰習」強調地方文化的交互影響，這是地域共同體的精髓所在。陳寅恪的地域薰習範式，並不強爲區別胡漢，而強調胡漢文化統一於地域文化之中，這隱含著胡漢共同體的意義。

在歷史地理學領域，也有文化區、地域共同體的傳統。安介生曾對「秦晉地域共同體」有過一個經典的案例分析，他提到：

> 從歷史地理學的角度探討「地域共同體」的關鍵，在於揭示不
> 同地域之間共同性、相似性以及聯繫性，當共同性、相似性與聯繫
> 性達到一種高度之後，我們就可以認定地域共同體的存在。〔註243〕

他將先秦至北宋秦晉之間地域關係上升爲共同體的過程，以一種「鉸合」機制來概括。而這一機制「涉及歷史淵源、地域毗鄰、交通往來、政區建置、人口遷移以及由之衍生而出的文化共同性等等多種複雜的因素」。而在地域共同體研究中，族群、民族文化等要素尚未被充分考察，民族融合在地域層面是如何進行的，尤其是其中的一些微觀層面，還有待推進。安介生在其《山西移民史》一書中，也注意到北方民族在山西的融合情況，但主要是歷時層面的、宏觀的史實條列，至於共時層面、微觀情境的描述則較少。

中古時期民族大遷徙的歷史，就是一個個胡、漢家族地方化的過程。在宏觀民族融合中他們可能只是瀚海微瀾，但如果放大來看，其中包孕著豐富的色調。陳連慶先生對庫莫奚族「屈突氏」的遷徙歷史的勾勒可以作爲一個經典例子：

> 屈突氏實出於庫莫奚。庫莫奚族，原爲宇文別種，慕容皝擊破
> 宇文氏後，徙其民五萬餘家於昌黎，屈突氏亦隨之定居昌黎。此爲

〔註242〕陳寅恪：《隋唐制度淵源略論稿》，三聯書店，2001年，第115～116頁。
〔註243〕安介生《略論先秦至北宋秦晉地域共同體的形成及其「鉸合」機制》，《人文雜誌》2010年第1期。

屈突氏第一次遷徙；苻堅滅前燕，徙慕容暐及王公以下並諸鮮卑四
萬户於長安，屈突氏大約亦在其中，此爲第二遷；慕容氏自長安東
歸，屈遵仕於慕容永，永敗入後燕爲博陵令，北魏南伐降魏，此爲
屈突氏第三遷。……前後五十餘年間，屈突氏由松漠之間內徙昌黎，
未幾又西徙長安，東歸長子，輾轉至博陵，最後來代北。其顛沛流
離、艱難困苦之情可以想見。但此非屈突氏一家事情，實際乃華北
漢族爲首各族人民之普遍情況。〔註244〕

在遷徙中，胡、漢家族通過共同的地域聯繫，重塑了「我族」的邊界，消化
了種族差異帶來的問題，凝聚爲地域共同體形態。

　　就胡姓家族地方化的進程而言，一般包括下面的階段：首先是聚居，但這
種聚居開始的時候可能並不同於漢人的同姓聚居，而更可能爲同族（比如同一
部族）的聚居。這種聚居自然是爲了作爲一個整體與土著漢人相衡，在一些極
端情況下，還可能演變爲對抗。通常，「客民」的身份是很容易標記的。在北朝
隋唐時期已出現了一些胡姓姓氏村落，這是胡姓家族聚居的直接反映。而胡漢
關係之下，一些防禦機構也是常見的，寨、堡、圍牆等建築，有族群邊際之功
能，中古時期的塢壁即如此，而一些塢壁即是少數部族所構建，直至唐代還有
一些少數部族以聚落形態存在。但聚居的形態很難維持，因爲對外的聯姻、共
同的地方事務（比如水利灌溉）、商業交往、信仰傳播（宗教、祠祀）等聯繫，
加上外力（如國家體制的介入）和偶然因素（疾病、天災等）的促使，族群邊
界被逐漸打破，胡漢之間結成某種合作關係，這便是初級的「鄉里共同體」。隨
著聯繫的緊密，更深入的地方融合開始出現，其標誌就是胡姓家族地方精英的
出現，他們與更高層的地方或中央政府形成聯繫，又通過「雙家制」維持與地
方社會的聯繫，並且反哺地方文化。胡姓家族地方化進程的最後階段，是地方
認同的形成。鄉里意識、同鄉觀念、地方依戀等情感，賦予了胡姓家族一種「根
性」，徹底擺脫了「客」或者「外來」的身份。相應地，地方社會也以另一種方
式重新接納這些新的「土著」，比如通過地方性文本（金石碑銘、地理方志、祠
祀典章、文學作品、傳說故事等）重新書寫這些胡姓家族的歷史記憶，強化他
們與地方的聯繫。這是以胡姓家族爲中心的地域胡漢共同體形成模式，在後文
中我們將以會稽康希銑家族爲案例來作具體分析。

〔註244〕陳連慶：《中國古代少數民族姓氏研究——魏晉南北朝民族姓氏研究》，吉林
　　　　文史出版社，1993年，第152～153。

但在多數情況下，處於漢人地方社會的胡姓家族，沒有形成與漢人對等的主體地位，像會稽康氏那樣顯著的例子畢竟是少數，地方共同體更多呈現為以漢人為主導的「漢胡共同體」。在這種模式下，胡姓家族作為一種背景性的因素，對地方漢人家族的文化選擇以及家族特徵，以及地方共同體的形成有何影響，是我們關注的問題。出土文獻為勾勒地方社會的微觀形態提供了依據，在此背景下，一些學者嘗試從新的視角考察地方社會結構。張乃翥結合龍門區系的石刻與歷史文獻，提出了「區系文化群落」這一概念，意圖「復原龍門地區中古時期的文化生態——尤其是這一地區的文化群落體系」。其編撰的《龍門區系石刻文萃》體現了這一思路：

> 本文以作者二十年來田野考古所獲石刻資料為主體，結合相關歷史文獻與金石著錄的記載，對龍門石窟及其周圍地帶中古時期人文情態作了全景式復原。行文中，作者從文化生態學角度出發，對上述遺產資料進行了內容範式的理性歸納，進而以此資料系統為脈絡，指出龍門地區中古一代曾經存在過諸如政治、軍事、交通、水文、民族、鄉俗、居墅、林園、館驛、宿止、寺廟、造像、幢塔、墓葬、祭奠、祈雨、施捨、觀遊、聚會、行樂、文學等等一系列繽紛多姿的萬象世界。……中古時代的龍門地區，曾經有過一個以信仰意識為連結紐帶的區系文化群落的存在。〔註245〕

其「文化生態學」（Cultural Ecology）以及信仰意識中心區系文化等提法，可以看到過往地域共同體的影子，而作者有意將「民族」納入其中，無疑是很有啟發意義的。龍門地區是胡姓家族萃集之所，這裡留下了他們大量的文化痕跡，在與漢人的互動中，形成特別的地域共同。

中古時期京邑是胡姓家族活動的中心，這是一個特殊地方化過程，並不能用上面的規律和階段來概括，但京邑同樣具有構成胡、漢共同體的條件。以唐代兩京里坊的胡、漢家族宅第分佈為例，胡姓家族一方面保持一定程度的聚居（可能淵源族群早期的安置），另一方面又在「社區」（某一街區或片區）範圍內通過信仰中心（佛寺、道觀等），婚姻、政治等聯繫，與周邊漢人家族保持聯繫。這種小範圍內密切的胡漢聯繫，讓我們看到了「鄉里共同體」

〔註245〕張乃翥《龍門區系石刻文萃》序言「中古時期龍門地區區系文化群落探驪」，國家圖書館出版社，2011年，第1～3頁。

中的形態。在後文中，我們將以竇氏家族、康希銑家族、徐浩家族與侯莫陳
氏家族的例子，說明這一情況。

（三）文化

晚唐文人有所謂「華心」論者，其代表即陳黯《華心》與程晏《內夷檄》
二文，此今人論唐代民族認同所常引，用陳寅恪的轉換說法，「漢人與胡人之
分別，在北朝時代文化較血統尤爲重要。凡漢化之人即目爲漢人，胡華之人
即目爲胡人，其血統如何，在所不論」〔註 246〕。陳氏於此再三致意，視爲妙
論，實即脫胎唐人「華心」論〔註 247〕。陳氏其所謂的「文化」是一個很寬泛
的概念，但如果對比「華心」說，則其核心有兩層意思：一爲學說標準，是
依漢人典章，還是從種族遺風；二爲行爲標準，是躬行禮法還是悖逆妄爲。
陳氏「文化決定論」雖然精闢，但也存在以胡化、漢化一刀切的傾向。胡化、
漢化並非單純的「文化表象」能判定。比如烏丸王珪家族，漢化程度很高，
隋代已有大儒王頍。但以儒學著稱的唐初名臣王珪，卻因「不營私廟」，違背
禮法，爲世所笑，這是單純的漢化或者胡化不能解決的。逯耀東曾指出：

> 事實上，即使那些進入長城的邊疆民族，最後放棄自己原來享
> 有的文化傳統，完全融合於漢文化之中，其歷程也往往是非常轉折
> 與艱辛的。因爲文化接觸與融合的因素非常複雜，往往在接觸與融
> 合的過程中，一旦遭遇挫折與阻礙，必須經過不斷地再學習、再適
> 應、再調整之後才能完成。而且不論融合或被融合的雙方，都必須
> 付出很高的代價，甚至被融合的民族完全放棄自身的文化傳統，但
> 仍然有某些文化的因子，無法完全被融合而殘留下來。這些殘留下

〔註 246〕陳寅恪：《唐代政治史述論稿》，三聯書店，2001 年，第 200 頁。
〔註 247〕陳寅恪在《唐代政治史述論稿》中還提到：「今試檢《新唐書》之《藩鎮傳》，
　　　　並取其他有關諸傳之人其活動範圍在河朔或河朔以外者以相參考，則發現二
　　　　點：一爲其人之民族本是胡類，而非漢族；一爲其人之民族雖爲漢族，而久
　　　　居河朔，漸染胡化，與胡人不異。前者屬於種族，後者屬於文化。」《隋唐制
　　　　度淵源略論稿·禮儀》：「源氏雖出河西戎類，然其家世深染漢化，源懷之參
　　　　議律令尤可注意，觀高阿那肱之斥源師爲漢兒一事，可證北朝胡漢之分，不
　　　　在種族，而在文化，其事彰彰甚明，實爲論史之關要，故略附著鄙意於此，
　　　　當詳悉別論之。」又論「都城建築」：「總而言之，全部北朝史中凡關於胡漢
　　　　之問題，實一胡化漢化之問題，而非胡種漢種之問題，當時之所謂胡人漢人，
　　　　大抵以胡化漢化而不以胡種漢種爲分別，即文化之關係較重而種族之關係較
　　　　輕，所謂有教無類者是也。」《元白詩箋證稿》附論「白樂天之先祖及後嗣」
　　　　中說：「種族之分，多繫於其人所受之文化，而不在其所承之血統。」

的文化因子往往在被吸取後，經過轉變成為一種新的文化成分；不

僅豐富了漢文化的內容，也增強了漢文化的活動力量。〔註248〕

這種觀點即注意到了文化融合的複雜性。陳寅恪對於劉蛻「名教之家」而累世無「菽水之禮」，宇文泰「陽附《周禮》經典之文，陰適關隴胡漢現狀之實」這種表裏不一的文化現象，已多有揭發，而他之所以在胡、漢問題上如此「絕斷」，主因即是胡化、漢化問題確為「關鍵」之所在，故不得已堅持之，但這絲毫不影響此論的經典性。文化本身是一個複雜體，不像地域共同體那樣邊界明確。為了考察這種複雜性，在後文中，我們將以王珪家族為例，詳細剖析民族文化因子在其家族中的殘餘及影響。同時，我們還將以西域胡人何妥為例，詳細剖析其在南北文化濡染之下學術思想的豐富色系，以及種族文化淵源賦予他身上的獨特氣質。

還需要注意的是，陳氏論說胡化、漢化問題，不僅有共時層面的比較，尤其關注歷時的胡、漢文化演進和反復。他對於河北地區的胡化問題的考察，即將線索拉得很長，從北魏早年內附敕勒部族，到河北地區敕勒後裔為鎮戍屯兵營戶，再到隋末唐初之「山東豪傑」為一條線索；東北地區部族內遷，以及經隋末喪亂、東突厥敗亡及突厥之復興各階段中亞胡人遷徙河北，為又一線索；河北漢人士族如李栖筠者受其影響發生文化「變質」，又為一線索。這些歷時、共時的線索交織在一起，構成複雜的文化關係網絡。在共時層面，文化往往表現為一種突變的力量，但從延續性的角度而言，「突變」是發生在量變的基礎上。比如河南于氏，從于謹以來，三、四代之後已儼然大儒，這無疑是突變；但仔細考察，在于謹後代中，儒學以及其他學問的積累很早就開始，而且其傳承延續不斷，至中唐時期于敖，尚以「文史之家」著稱。在後文中，我們將以河南于氏家族為案例，對其胡姓家族文化習得過程作全程的分析。

「文化決定論」更深層的意義還在於，文化能超越種族之界限，將胡、漢家族聯繫在一起。這可從裴行儉家族之婚姻來說明。據張說《裴行儉碑》：

> 公元夫人河南陸氏，兵部侍郎爽之女也。陸氏卒，繼室以華陽
> 夫人庫狄氏，有妊姒之德，班左之才。聖后臨朝，召入宮闈，拜為
> 御正。中宗踐祚，歸養私門，歲時致禮。媧后補天，進參十亂；少

〔註248〕逯耀東：《從平城到洛陽——拓跋魏文化轉變的歷程》，中華書局，2006年，導言第3頁。

康嗣復，退協三從。晉朝公卿，列拜虞譚之母；《周官音注》，近同
韋逞之家。皇上臨極，旁求陰政，再降綸言，將留內輔。夫人深戒
榮滿，遠悟眞筌，固辭贏德，超謝塵俗。每讀信行禪師《集錄》，永
期尊奉。開元五年四月二日，歸眞京邑；其年八月，遷窆於終南山
鴟鳴堆信行禪師靈塔之後。古不合葬，魂無不之，成遺志也。長子
參玄，……次子延休，……次子慶遠，……季子光庭。〔註249〕

裴行儉家族爲北朝隋唐的全國性高門大族，而前後所娶之陸氏、庫狄氏，皆
爲胡姓，若按照唐代一般門第婚俗而言，極不合理。但若考慮到裴氏、陸氏、
庫狄氏家族與佛教之關係，則豁然可通。據王端撰《陸據墓誌》（天寶十四年）：
「公又深崇釋典，嘗受法於大照禪師，跡雖混於縉紳，心每存乎妙域。屬壙
之際，命葬龍門，邇禪林也。」〔註250〕陸據即陸爽曾孫，深信佛法。庫狄氏
家族與佛教的關係，釋法琳《辯正論》卷四「十代奉佛篇」下載「齊太宰章
武王庫狄千秋（猛毅恭順）」，此庫狄千秋，即庫狄干。北齊武定三年，庫狄
干爲定州刺史期間，曾於今河北唐縣縣城北的黑山和峪山峽谷之中造佛教石
窟，其摩崖碑刻和造像尚存，庫狄干自稱佛弟子〔註251〕，其信佛無疑。又據
《庫狄回洛墓誌》：

> 王諱洛，字回洛，朔州部落人也。大□（酋）長公之孫，小酋
> 長公之子。……以大寧二年二月薨於鄴，窆於晉陽大法寺。〔註252〕

〔註249〕熊飛：《張說集校注》，中華書局，2013年，第724頁。按此文有不同的版本，
　　　　尤其「長子參玄」，盧向前先生列出八個版本，還有「長孫參玄」以及參玄前
　　　　無長孫、長子說，此關乎裴行儉家族之世系及婚姻問題，盧向前先生認爲，
　　　　庫狄氏先婚裴行儉長子裴貞隱，隱早卒，庫狄氏遂再婚裴行儉，此種翁媳婚
　　　　爲胡化婚姻之代表。詳前引《唐代胡化婚姻關係試論——兼論突厥世系》。

〔註250〕吳鋼主編：《全唐文補遺》千唐誌齋新藏專輯，三秦出版社，2006年，第235
　　　　～236頁。

〔註251〕孫鋼《河北唐縣「賽思顛窟」》，《文物春秋》1998年第1期。按該文釋文多闕，
　　　　據薛香芹，苑永濤主編《唐縣文物志》可補：「夫大覺凝寫非回不敢沖□處慕靡
　　　　造不克是以佛弟子使持節都督定州諸軍事、驃騎大將軍、開府□同三司太保太
　　　　傅恒定二州刺史六州大都督第一領民酋長廣平郡開國庫狄干莅任出清化民齊七
　　　　子以年春有嵐□陽不雨民又□嗟盈於道路公慈矜百姓不忍聞之知望都縣界遊山
　　　　之上有泉名酋水神而可感躬自發心並也練僧至水求願立齋行道冥感抵靈降雨滋
　　　　流合境□千里蒙潤時無□報見北山南面極石有相即敬造石窟中置慕容像建名賽
　　　　思顛與天地同體恒此□果。……」河北美術出版社，2006年，第63頁。

〔註252〕王克林《北齊庫狄迴洛墓》，《考古學報》1979年第3期；王天麻《北齊庫狄
　　　　回洛夫婦墓誌點注》，《文物季刊》1993年第1期。

庫狄洛先葬晉陽大法寺，與其信佛有關。又據《大唐洛州別駕大將軍崔公妻庫狄夫人（眞相）墓誌銘》：

> 夫人諱眞相，恒州代郡人也。祖干，齊太尉公、太宰、章武王。考洛，驃騎將軍、和州刺史。……夫人武德六年（623）六月歲次癸未六月乙巳朔二日景午，卒於洛州廨舍，時年五十有九。〔註253〕

墓誌雖不載庫狄夫人信佛痕跡，但其名諱「眞相」爲佛教語彙，其間關係亦可知。庫狄夫人之父庫狄洛，是否就是上面墓誌中的庫狄迴洛呢？有研究者認爲：

> 考庫狄眞相卒於武德六年（623年），年五十九，推其生於河清三年（564年），據庫狄迴洛墓誌，當時庫狄迴洛已經過世兩年，且墓誌與本傳中均未載庫狄迴洛出任過和州刺史，所以庫狄眞相墓誌中所提到的庫狄洛，應當不是此處亦名洛的庫狄迴洛。〔註254〕

這兩點還不足以確證庫狄眞相之父庫狄洛不是前面墓誌中的庫狄迴洛。年齡相差的問題，計算有出入是正常的。至於官曆的問題，天保十年五月十七庫狄迴洛妾尉氏墓誌題云「特進驃騎大將軍開府儀同三司前朔州刺史御史中臣庫狄氏尉郡君墓誌銘」，可見庫狄迴洛確爲驃騎將軍。王克林先生在發掘報告中已指出，「北齊時州郡縣稱謂重複，即在原地名上，每多冠以東、西、南、北以資區別。誌文中頗多此例。」當時也有寄治的情況。唐初山西、河北郡縣變動亦大，武德至貞觀中有東和州、北和州，〔註255〕不排除庫狄迴洛之後代已不能辨清的情況。總之，庫狄氏家族與佛教之關係值得注意。從裴行儉碑中可知，其妻庫狄氏爲三階教教徒，而裴氏家族與三階教之密切聯繫已爲學者所證明〔註256〕。另外，據《大唐太常協律郎裴公故妻賀蘭氏墓誌銘並序》：

〔註253〕 吳鋼主編：《全唐文補遺》第四輯，三秦出版社，1997年，第289頁。

〔註254〕 劉丹《徐顯秀墓誌、渾狄迴洛夫婦墓誌校釋——兼論北齊政治中的「胡漢」問題》，南京大學2011年碩士論文，第27頁。

〔註255〕 《舊唐書》卷三十九《地理志》：「隰州，下，隋龍泉郡。武德元年，改爲隰州，領隰川、溫泉、大寧、石樓四縣。二年，置總管府，領隰、中、昌、南汾、東和、西德六州。三年，又置北溫州屬焉。貞觀元年，省中、昌、西德、北溫四州，又以廢昌州蒲縣來屬，仍督隰、南汾、東和三州。三年，廢都督府。……（石州）臨泉，隋太和縣。武德三年，置北和州，改太和縣爲臨泉縣。貞觀三年，省北和州，縣屬石州。……（邢州）南和，漢縣，後周置南和郡，隋廢州爲縣。武德元年，置和州。四年州廢，縣屬邢州。」

〔註256〕 參見日本學者愛宕元《唐代河東聞喜裴氏與佛教信仰：中眷裴之三階教信仰爲中心》，收入吉川忠夫編《唐代之宗教》，朋友書店，2000年。

　　夫人賀蘭氏，曾祖虔，隨上柱國；祖靜，皇朝左千牛；父元悊，
潞州司士，並宏翰深識，布聲於代。夫人即協律之姑女也。……洎
大漸，移寢於濟法寺之方丈，蓋攘衰也。粤翌日奄臻其凶，春秋四
十有四，即開元四年十二月十日至十九日，遷殯於鷗鳴堈，實陪信
行禪師之塔禮也。〔註257〕

此賀蘭氏，爲匈奴胡姓，其夫裴公據學者考爲裴慶遠〔註258〕，爲裴行儉子，
庫狄氏之所（若據盧向前先生之說，庫狄氏先婚行儉長子貞隱，隱早卒，又
婚行儉，生參玄、延休、慶遠、光庭），其陪信行禪師之塔，亦隨其母。而賀
蘭氏之母又爲裴慶遠之姑（疑爲裴行儉女）。即便裴行儉沒有行翁媳婚，單從
其家族與諸胡姓家族之聯姻看，已呈現濃重的「胡化」傾向，而究其原因，
佛教信仰要爲其中的黏和劑。進一步言之，裴行儉早年從政西域，其後又奉
使波斯王子泥涅師歸國兼安撫大食使，其所選拔之人如黨金毗、李多祚、黑
齒常之亦爲胡蕃。裴光庭在玄宗封禪時諫言招徠突厥、諸蕃之國，後爲鴻臚
少卿。從中我們可以窺見裴行儉家族文化史與「胡」的密切關係，而其家族
也是一個微型的胡漢共同體。

　　本文中，我們還將以北朝隋唐時期侯莫陳氏家族與佛教的關係爲例，來
說明宗教因素在貫通家族文化，影響胡、漢家族文化選擇的意義，藉此說明
在胡姓家族的文化演進過程中，一些穩定的因素所起到的重要意義。

（四）族源、地域、文化三者之邏輯關係

　　族源、地域、文化三者各自所表現出的形態和產生的影響是不同的。族源
主要表現爲一種思想、觀念、信仰等方面的認同力量，是一種既主觀亦客觀的
形態，比如血緣上的認同是客觀的，構擬世系認同則是主觀的。地域融合主要
表現爲一種空間形態的聚合、整合力量，其進程緩慢而不著痕跡，是最容易被
忽略的一種力量。文化則更多表現爲一種「突變」的形態，充當改變種族認同
觀念、地域融合進程的「催化劑」。這三種共同體之間也是一種互爲融合的形態，
比如族群認同依託地域發生（北朝胡姓改姓依託河南姓望），地域融合借助文化
突變實現（會稽康氏），文化突變改變族群認同即地域融合進程等等。

〔註257〕周紹良主編：《唐代墓誌彙編》，上海古籍出版社，1992年，第1184頁。

〔註258〕愛宕元《唐代河東聞喜裴氏與佛教信仰：中眷裴之三階教信仰爲中心》，吉川
　　　　忠夫編《唐代之宗教》，朋友書店，2000年。又參見周徵松《魏晉隋唐間的
　　　　河東裴氏》，山西教育出版社，2000年。

如果將族源、地域、文化三者的中心定為「認同關係」或者「凝聚關係」，那麼這種關係也表現為兩種形態：共同體形態與非共同體形態。而這兩種形態皆因族源、地域、文化三者之間認同力量的向、離而改變。在共同體形態中，族源、地域和文化都指向認同中心，表現出強大的凝聚力：族源上認同共同的祖先，建構胡漢一體的譜系，稀釋「非我族類」的形象；地域上接納「外來者」，胡漢雜居，共同參與地方事務；文化上相互學習，相互影響。在非共同體形態中，族源、地域與文化三者都離散於認同中心，三者之實際聯繫變成一種懸浮、不穩定的結構：族源上尊奉本族「固有」的祖先，建構「非我族類」的他者想像；地域上以族群單位聚居，排斥「外來者」，奉行地方保護主義；文化上固守本族傳統，拒絕學習他族。

北朝以來至唐的民族關係可概言之為一胡漢共同體。這一共同體的形成和維繫，一直遵循著三條路線。其一是族源認同關係，主要內容是胡漢互動中形成的民族認同，筆者將此過程概括為一「族源共同體」。其二是地域社會關係，主要內容是入華胡姓家族從朔漠到中原，由異族而土著的地方化過程，可概括為一「地域共同體」。其三是文化關係，即胡姓家族通過學習漢人文化，完成了文化身份的轉型，這一關係可概言之「文化共同體」。整個胡漢共同體的演進過程在不同階段有不同的表現，三個具體共同體的維度發展趨勢和程度也有差別。筆者將之大致分為三個時段：第一段即魏晉北朝時期，是民族關係的新興期與活躍期，亦即胡姓家族的肇始期，可視為胡漢共同體之萌芽期。第二段從隋至唐中葉，是前一個時期民族關係的調整期與消化期，亦是唐代內附族群的活躍期，可視為胡漢共同體的完成期。第三段即唐代後期，北朝以來入華族群進入轉型期或沈寂，而唐代內附族群開始進入新的調整，可視為胡漢共同體的轉型期。這好像是一條河流，隨著不同支流的匯入，在上中下游呈現出不同的狀態。

上編　胡姓家族綜合研究

第一章　中古胡姓家族族源敘事與民族認同

　　族源追溯是人類共同的社會心理，共享族源是族群存在的重要依據。中國古代社會在與周邊民族的交往過程中，曾經「假借」族源，利用漢文化強大的書寫傳統，一次次將華夏邊緣納入華夏共同歷史記憶之中，最終凝定為「炎黃子孫」的民族認同模式。而在歷史上，這一過程卻多是依賴各種族源敘事文本得以呈現的。中古時期出現了大量與胡姓家族有關的族源敘事文本。這些文本一方面反映了胡姓家族自身的特點，另一方面展示了其民族認同變遷的鮮活狀態。值得注意的是，在這些族源敘事文本中，還存在一種模式化的情形，由此映像出漢民族文化心理的深層結構性特徵。為此，我們擬以此時段外來族群為主體，對其族源敘事和認同變遷予詳細考察，以期在前人基礎上，獲得對傳統民族認同之發展、形成的新的理解。

第一節　胡姓家族族源敘事的基本類型及其淵源

　　族源敘事在漢文獻中有很悠久的傳統。《詩經》中已有典範的族源敘事文本，如《大雅·生民》：

　　　　厥初生民，時維姜嫄。生民如何？克禋克祀，以弗無子。

　　　　履帝武敏歆，攸介攸止。載震載夙，載生載育，時維后稷。

　〔註1〕

〔註 1〕程俊英、蔣見元：《詩經注析》，中華書局，1991 年，第 800 頁。

《生民》常常被作爲中國古典敘事詩的典範，而其本質是周民族的族源神話。
《離騷》開篇即云：「帝高陽之苗裔兮，朕皇考曰伯庸。」這是屈原家族的族
源。族源敘事經過《史記》等經典著作的傳播，不斷典範化。族源敘事一般
即是祖先得姓、遷徙、榮耀的敘事。但祖先的層次卻有多種，遠祖、近祖、
得姓始祖、始遷祖、宗主（小宗五世而遷）等等。《晉書·姚弋仲載記》載：

> 姚弋仲，南安赤亭羌人。其先有虞氏之苗裔。禹封舜少子於西
> 戎，世爲羌酋。其後燒當雄於洮罕之間，七世孫塡虞，漢中元末寇
> 擾西州，爲楊盧侯馬武所敗，徙出塞。虞九世孫遷那率種人內附，
> 漢朝嘉之，假冠軍將軍、西羌校尉、歸順王，處之於南安之赤亭。
> 〔註2〕

這裡的族源有多個層次：遠祖爲虞舜，舜少子；近祖則有燒當、塡虞、遷那
等。又如後梁龍德元年吳澄撰《雷景從墓誌》：

> 洎乎軒轅，錫姓分派，雷氏之族，遞於六國。魏朝上臺掌武說
> 爲元祖，後嗣延及六代孫，爲唐初武德六十二功臣中共建國功臣球，
> 爲上祖。自說皆封馮翊郡公，同州宗黨至今不絕。球祖因襲逐番部，
> 出靜塞垣，於彼創永安鎮，任之主首，留禦邊侯，官任監門衛大將
> 軍。球有的子鍾，紹父勳績，官任峽州牧，兼亞相，遷至潁上薨。
> 胤及五代孫，皆榮門榮戟，位列朝班，□因世祖驅戎，公乃生於振
> 武，公即說相太尉眞苗裔焉。〔註3〕

同州馮翊雷氏出於羌人，這一族源敘事完整的記錄了雷景從家族得姓、分派、
遷徙的過程，是比較典型的族源敘事。

中古時期，北方民族大量湧入中原，民族關係騶緊，針對入華胡姓家族
產生了大量的族源敘事文本，有漢人創作的，也有非漢人創作的。這些文本
出現在正史四夷傳、民族志、人物傳記等文獻中，而碑誌和譜牒則是族源敘
事文本的淵藪。一般碑誌開頭介紹墓主族源時會有一段簡要的敘事，在銘文
中也會以韻文形式來回應。譜牒中，比如《元和姓纂》，在列姓之下，先有一
段受氏之由，這往往即族源敘事，這是不少譜牒的敘事規範。

〔註2〕《晉書》卷一百十六，中華書局，1974年，第2959頁。
〔註3〕拓本見趙君平、趙文成編：《河洛墓刻拾零》，北京圖書館出版社，2007年，
第654頁；錄文參見周阿根：《五代墓誌匯考》，黃山書社，2011年，第101
頁。

　　從內容上看，胡姓家族的族源敘事，與漢人家族有明顯的區別。胡姓家族族源敘事有一些穩定的敘事模式〔註4〕，具體而言，可以分爲以下一些類型。

一、居邊、封邊型

　　這一類型往往以黃帝作爲族源〔註5〕：黃帝子孫，居（或封）於華夏邊緣，成爲當地胡姓家族祖先。如《奚眞墓誌》（正光四年）：「其先蓋肇侯軒轅，作蕃幽都，分柯皇魏，世庇瓊蔭，綿弈部民，代匡王政」〔註6〕。又《和邃墓誌》（孝昌三年）：「其先軒黃之苗裔，爰自伊虞，世襲纓笏，式族命三朝，亦分符九甸。因食所采，故世居玄拜。」〔註7〕奚眞、和邃皆爲鮮卑人，「作蕃」、「分符」、「食采」，皆是分封。沒有明確說分封者，如《安伽墓誌》（大象元年）：「其先黃帝之苗裔，分族因居命氏。」〔註8〕又如《俾失十囊墓誌》（開元二十七年）：

　　　　昔者軒轅黃帝有子二十五人，或內列諸華，或外分荒服。其有作政西土，觀光北闕，藩屛天子，欽慕國章。〔註9〕

杜確撰《李元諒墓誌》（貞元十年）：

　　　　其先安息王之冑也。軒轅氏廿五子在四夷者，此其一焉。立國傳祚，歷祀綿遠，及歸中土，猶宅西陲。〔註10〕

史志中也有這樣的敘事類型。如《晉書·慕容廆載記》：

　　　　慕容廆字弈洛瑰，昌黎棘城鮮卑人也。其先有熊氏之苗裔，世居北夷，邑於紫蒙之野，號曰東胡。〔註11〕

〔註4〕 王明珂先生的研究發現漢人歷史文獻在整合華夏邊緣族群歷史記憶時，常見一種「根基歷史敘事規範，也就是模式化敘事情節」，即「英雄徙邊記」。這一敘事模式在正史中被廣泛複製於邊緣族群的歷史敘述中。參見其《英雄祖先與兄弟民族》（中華書局，2009年）及新增訂之《華夏邊緣：歷史記憶與族群認同》。「英雄徙邊記」是宏觀上的敘事規範，具體敘事變體是豐富多樣的。

〔註5〕 也有其他族源，如《呼延章墓誌》：「其先出自帝顓頊，有裔孫封於鮮卑山，控弦百萬，世雄漠北，與國遷徙，宅於河南。」見吳鋼主編：《全唐文補遺》第二輯，三秦出版社，1995年，第350頁。

〔註6〕 趙超編：《漢魏南北朝墓誌彙編》，天津古籍出版社，1992年，第142頁。

〔註7〕 趙超編：《漢魏南北朝墓誌彙編》，天津古籍出版社，1992年，第207頁。

〔註8〕 羅新、葉煒：《新出魏晉南北朝墓誌疏證》（修訂本），中華書局，2017年，第291～292頁。

〔註9〕 吳鋼主編：《全唐文補遺》第五輯，三秦出版社，1998年，第368頁。

〔註10〕 吳鋼主編：《全唐文補遺》第三輯，三秦出版社，1996年，第128頁。

〔註11〕 《晉書》卷一百八，中華書局，1974年，第2803頁。

居邊型一類族源敘事，有歷史和現實的淵源。中國古代四夷觀念萌芽很早。華夏邊緣民族的起源問題，一直困擾著漢民族。爲四夷尋得一個存在的合理性解釋，漢人做了很多嘗試。比如《史記·匈奴列傳》謂匈奴「其先祖夏后氏之苗裔也，曰淳維」〔註12〕；《後漢書·西羌傳》以西羌「出自三苗，姜姓之別」〔註13〕；上引《晉書·姚弋仲載記》以羌爲「有虞氏之苗裔，禹封舜少子於西戎，世爲羌酋」。這些族源的追敘伴隨著一連串的「造神運動」，生成不同系統的族源神話。經自然和人爲的選擇，眾多族源敘事文本最終凝固於黃帝，這是中華民族認同趨一的表現。所以凝固爲黃帝，主要是因爲黃帝在古史（傳說時代）中，被描述爲諸帝王世系的起點。至於黃帝子孫受氏之由，地理分佈及其世系分支的表述，則經《帝系》、《世本》、《五帝本紀》等經典文本不斷「建構」而凝固下來，並得以傳承。

從敘事文本來看，胡姓家族居邊型族源敘事直接淵源於古代經典中「或在中國，或在夷狄」的敘事模式。《國語·鄭語》史伯對桓公語云：

> 妘姓鄔、鄶、路、偪陽，曹姓鄒、莒，皆爲采衛，或在王室，
> 或在夷、狄，莫之數也。而又無令聞，必不興矣。〔註14〕

史伯此論是回答桓公「王室多故，余懼及焉，其何所可以逃死」的問題時提及的。其述當時夷夏錯居、諸夏興衰的背景，正是居邊敘事的注腳。《史記》將這一敘事模式典範化，如《秦本紀》謂：

> 秦之先，帝顓頊之苗裔孫曰女修。女修織，玄鳥隕卵，女修吞之，生子大業。大業取少典之子，曰女華。女華生大費，與禹平水土。已成，帝錫玄圭。禹受曰：「非予能成，亦大費爲輔。」帝舜曰：「咨爾費，贊禹功，其賜爾皂遊。爾後嗣將大出。」乃妻之姚姓之玉女。大費拜受，佐舜調馴鳥獸，鳥獸多馴服，是爲柏翳。舜賜姓

〔註12〕《史記》卷一百一十，中華書局，1959年，第2879頁。後人將匈奴的族源具體化，《索隱》引張晏曰：「淳維以殷時奔北邊」。又引樂產《括地譜》云：「夏桀無道，湯放之鳴條，三年而死。其子獯粥妻桀之眾妾，避居北野，隨畜移徙，中國謂之匈奴。」匈奴族源遂被「合理化」爲一個漢人的祖先（夏桀之子獯粥），避居華夏邊緣（北野），成爲當地民族的祖先（匈奴）。越往後，對族源的敘事越具有典範性。

〔註13〕《後漢書》卷八十七，中華書局，1965年，第2869頁。

〔註14〕徐元誥撰，王樹民、沈長雲點校：《國語集解》（修訂本），中華書局，2002年，第468頁。

　　　　嬴氏。大費生子二人：一曰大廉，實鳥俗氏；二曰若木，實費氏。

　　　　其玄孫曰費昌，子孫或在中國，或在夷狄。〔註15〕

這是一個完整的秦人族源敘事。「或在中華，或在夷狄」的說法，在《史記》其他地方也反覆出現〔註16〕，尤其是成爲「世家」文本的一種書寫體式，如《魏世家》：

　　　　魏之先，畢公高之後也。畢公高與周同姓。武王之伐紂，而高

　　　封於畢，於是爲畢姓。其後絕封，爲庶人，或在中國，或在夷狄。

　　　　其苗裔曰畢萬，事晉獻公。〔註17〕

《史記》的這一敘事典範被後世正史傳承下來，如《魏書·序記》敘鮮卑的族源：

　　　　昔黃帝有子二十五人，或内列諸華，或外分荒服。昌意少子，

　　　受封北土，國有大鮮卑山，因以爲號。〔註18〕

對比《元溫墓誌銘》（開元三年）：

　　　　昔黃帝有子廿五人，或内列諸華，或外藩荒服。昌意少子受封

　　　北土。分國鎮撫，納聘西陵。立號鮮山，降居弱水。後遷廣漢，徙

　　　邑幽都。天女降靈，聖武合乾坤之德；神人感夢，孝文齊日月之明。

　　　　分十姓於宗枝，光榮後葉；定四海之高族，演派洪源。〔註19〕

可以明顯看出後者是前者的模仿。而這一「受封」型族源敘事還出現於其他元氏家族墓誌中〔註20〕，而更值得注意的是，還出現在拓跋宗室姓氏之中，如《丘協墓誌》：「君諱協，字會，河南人也。黃帝之遠胄。其先昌意爲君，建都代北，暨孝文嗣曆，號魏河南。爰逮獻皇，昆季有七，其弟六者，字丘

〔註15〕　《史記》卷五，中華書局，1959年，第173〜174頁。

〔註16〕　如《史記》卷二十六《曆書》：「幽、厲之後，周室微，陪臣執政，史不記時，
　　　　君不告朔，故疇人子弟分散，或在諸夏，或在夷狄，是以其禨祥廢而不統。」

〔註17〕　《史記》卷四十四，中華書局，1959年，第1835頁。

〔註18〕　《魏書》卷一，中華書局，1974年，第1頁。

〔註19〕　吳鋼主編：《全唐文補遺》第七輯，三秦出版社，2000年，第356頁。

〔註20〕　其他如《元素墓誌》：「其先軒轅昌意之後也。自黃神命子，即王幽都；帝
　　　　女降嬪，封於北嶽。雖刻木爲政，窺巢紀時。以其人居無恒，屬厭沙漠，乃
　　　　南邊平城，始國爲魏。至孝文帝受禪，服衰冕，都洛陽，改姓元氏，於今三
　　　　百廿四年，今爲河南洛陽人。」（吳鋼主編《全唐文補遺》第二輯，三秦出版
　　　　社，1995年，第435頁。）《元雲墓誌》：「其先黃帝子昌意少子，受封北土，
　　　　又拓跋爲氏。洎孝文膺曆，龍躍在天，以太和廿年改爲元氏。」（吳磐軍、劉
　　　　德彪《唐代元雲墓誌淺說》，《文物春秋》2010年第6期。）

乃敦。因字命宗，遂爲丘氏。」〔註21〕《達奚珣墓誌》云：「黃帝生昌意，昌意少子封於北土，至後魏獻帝分王，子弟各賜姓爲十族，因而氏焉。」〔註22〕作爲鮮卑（拓跋部）這一較大族群單位的族源，與具體胡姓家族的族源敘事，在一定程度上表現出的「同構性」，這說明族源敘事具有一種穩定性。

二、避地、沒蕃型

避地型或沒蕃型族源敘事一般模式是：一個漢人祖先因爲避難、避亂等原因而進入華夏邊緣。避地強調過程，沒蕃強調結果。

陳寅恪先生很早就發現了史籍中非漢族避亂改姓的書寫模式，他曾以党項種氏爲例來作說明：

> 种世衡世守延安之地，依通志所言，世衡之叔父爲种放。放爲洛陽人，自是不誤。但有可疑者，通志言种氏本作仲氏，出仲山甫之後，如避難改爲种等語，當是本於种氏家譜。自六朝以來，外族往往喜稱出於中國名人之後，如沈炳震《唐書宰相世系表訂訛》一書，苟取後漢書、三國志、晉書等證之，其訛舛立見。避亂改姓之說尤多，不再詳舉例證。鄙意仲氏之作种氏，實與党項不做黨項同例，蓋所以表示原非漢族之義。〔註23〕

避地、避亂這一族源敘事類型，在胡漢兩個群體中都普遍存在，但漢人家族之敘事多爲史實，胡姓家族則多爲攀附。胡姓家族這一類型族源中的漢人祖先，通常是眞實歷史人物，但也有虛擬性的，如《集古錄》卷五《隋鉗耳君清德頌》（大業六年）：「本周王子晉之後，避地西戎，世爲君長，因以地爲姓。」〔註24〕鉗耳氏本羌人，攀附周王子晉，帶有「仙化」色彩。以具體歷史人物爲祖先者，如《獨孤藏墓誌》（宣政元年）：「本姓劉，漢景帝之裔，赤眉之亂，流寓隴陰，因改爲獨孤氏。」〔註25〕但事實上獨孤氏本匈奴族裔屠各種，獨孤、屠各一聲之轉，其改姓當在劉漢立國之後，孝文帝太和改姓

〔註21〕趙力光主編：《西安碑林博物館新藏墓誌彙編》，線裝書局，2007 年，第 182 ～183 頁。

〔註22〕趙菲菲《唐達奚珣夫婦墓誌考釋》，載《洛陽考古》2015 年第 1 期。

〔註23〕陳寅恪《李德裕貶死年月及歸葬傳說辨證》，《金明館叢稿二編》，三聯書店，第 54～55 頁。

〔註24〕歐陽修：《集古錄跋尾》，人民美術出版社，2010 年，第 112 頁。

〔註25〕羅新、葉煒：《新出魏晉南北朝墓誌疏證》（修訂本），中華書局，2017 年，第 279 頁。

之前〔註 26〕。《魏書·官氏志》所謂「獨孤氏後改爲劉氏」，不過承認早前的結果。與之相類，匈奴劉淵自稱劉氏，建漢趙政權，稱漢王，也是通過選擇族源完成了身份轉型。此一姓氏改動，意在附會劉漢王室，由此成爲不少獨孤氏家族族源敘事的典範。

對於胡姓家族而言，不少避地型或沒蕃型族源敘事本質是一種攀附，其中有複雜的歷史和認同因緣。比如上引獨孤氏選擇漢景帝之裔孫爲祖，強調在赤眉之亂中流寓隴陰，因此時宗室人物播遷成爲可能，而世系嫁接可以操作。又如《晉書·呂光載記》：「呂光字世明，略陽氐人也。其先呂文和，漢文帝初，自沛避難徙焉，世爲酋豪。」〔註 27〕呂光本略陽氐人，其族源攀附呂文和（即漢高祖呂后之父），顯然經過了一番「改造」。漢文帝初年，對諸呂有一番清洗，將呂光的族源嫁接到這一動亂時期，帶有很大的隱蔽性。又如《元和姓纂》卷四河南潘氏下引潘神威家狀云：「十四代祖魏尚書僕射。子孫因晉亂沒蕃，遂居代北。」〔註 28〕河南潘氏本鮮卑破多羅氏改，而攀附曹魏時之潘勖。這種通過世系嫁接而「成爲漢人」的模式，既是胡姓家族歸化漢人的理想做法，也是漢人同化胡姓家族，將之納入共同祖先記憶的現實需要。

避地沒蕃型族源敘事，淵源於古代「避難入邊」傳說，其文本典範則是漢晉以來「箕子奔朝」與「太伯亡吳」故事〔註 29〕。箕子入朝的故事有多個版本，要言之則不外封邊與避地兩種。箕子奔朝故事，後世不斷演變，成爲朝鮮民族的族源，也影響了朝鮮族源敘事的其他類型，如《史記·朝鮮列傳》將朝鮮王室的族源，歸結爲衛滿「亡命」出塞居朝鮮。這種「當代」情境，其實包裹著避地型族源敘事的內核。吳太伯的故事，見於《周本紀》：

〔註 26〕　姚薇元：《北朝胡姓考》（修訂本），中華書局，2007 年，第 48 頁。
〔註 27〕　《晉書》卷一百二十二，中華書局，1974 年，第 3053 頁。按：漢高祖呂后之父，《史記·高祖本紀》司馬貞《索引》引崔浩説：「史失其名，但舉姓而言公。」又引《漢書舊儀》云：「呂公，汝南新蔡人」。又引《相經》云：「魏人呂公，名文，字叔平」也。所謂呂文，疑「文」爲「公」之形訛，而「和」字衍。若非是，也只能説明呂光的族源傳説參照呂后家族的歷史做了「改造」。
〔註 28〕　林寶撰，岑仲勉校記，郁賢皓、陶敏整理，孫望審訂：《元和姓纂》卷四，中華書局，1994 年，第 515 頁。
〔註 29〕　王明珂在《英雄祖先與兄弟民族》一書中提出了一種「英雄祖先歷史」敘事類型，在「英雄祖先歷史心性」之下，華夏不只是相信自身源於一個「英雄祖先」，也常認爲華夏邊緣人群爲華夏「英雄祖先」後裔，如此造成一個可擴張的華夏邊緣。「英雄徙邊記」即是這一「心性」敘事模式，而「箕子王朝」和「太伯奔吳」的故事，其典範敘事文本。

　　　　古公有長子曰太伯，次曰虞仲。太姜生少子季歷。季歷娶太任，
　　皆賢婦人，生昌，有聖瑞。古公曰：「我世當有興者，其在昌乎？」
　　長子太伯、虞仲知古公欲立季歷以傳昌，乃二人亡如荊蠻。文身斷
　　髮，以讓季歷。〔註30〕

太伯在後世被認爲是吳國的祖先。這一「避地」故事發生的背景不是動亂、
亡國等負面的、被動的情形，而是主動的讓國亡奔，帶有明顯的「道德主義」
傾向。這也影響了胡姓家族族源的道德敘事，如柳芳《源光乘墓誌》（天寶六
載）：

　　　　昔元魏紹於天，南遷於代。胤子讓其國，西據於涼。大王小侯，
　　初傳荒服，析珪擔爵，（疑闕一字）畢中州。故太尉隴西宣王貴於代
　　京，太武謂之曰：與朕同源。因以錫姓。〔註31〕

源氏本河西禿髮氏之裔，魏太武帝時賜姓源氏。南涼禿髮氏與拓跋氏同出鮮
卑，但各自建立對抗政權。誌文中加入「讓國」的道德理想。柳芳其人，爲
著名譜牒學家，對源氏族源本的「改造」，從一個側面可以看出族源敘事模式
的深層影響。又如閭丘均撰《王仁求碑》：

　　　　夫神有所服謂之威，名有所宗謂之德。威非大者，則不能以
　　率服；德非厚者，則不能以獨宗。是故靈鳳騰絕於雲氣，附從眾
　　鳥；猛虎眈踞於山林，震恐百獸：豈其綷飾毛羽，以求嘉類之殊；
　　磨利爪牙，以取雄群之勢。蓋云材力所素出，苞象所自全，固其
　　然也。抑聞赭汗明珠，多從於西域；異物奇玩，必致於南州。期
　　於服用法駕，充光內府，千金是資，萬乘爲器者，何必顧池隍而
　　先貴，黜幽荒而靡錄哉？君諱仁求，安寧郡人也。其胄出於太原，
　　因遷播而在焉，十有餘世。氏族之系，肇命王子，著顯之美，旅
　　高汾晉。若忠節義氣，相繽於家風；佐代經時。曆書於史筆。故
　　知今古，無及其詳。昔有夏之衰，棄稷不務，至乎不窋，用失其
　　官，自竄於戎狄之間，莫思於先君之業。守以敦篤，奉以忠信，
　　奕世載德，不忝前人，擬之其倫，庶以匹合，清懿有矚，所居必
　　聞。而太伯逃吳，文身之風既習；少卿降虜，氈幕之化無違。夫

〔註30〕 《史記》卷四，中華書局，1959年，第115頁。
〔註31〕 吳鋼主編：《全唐文補遺》第一輯，三秦出版社，1994年，第165頁。

豈厭好典文，甘心樸野，事有與適，安土恒尚其宜；時或可從，

愛禮禮必同其欲。〔註32〕

據樊綽《雲南志》載：「渠斂趙，大族有王、楊、李、趙四姓，皆白蠻也。」王仁求即出身白蠻的豪酋，閻丘均自然很清楚，但是他爲王仁求家族精心設計了一個源出太原王氏「播遷」至於邊州的族源，並引用不窋竄戎、太伯逃吳、少卿降虜等典故，這反而「越描越黑」。又如常旨《爨子華墓誌》（貞元二年）：

其先河東汾陰人。赤精失馭，謠屬當塗。黃旗遂興，禪上銜璧。

泊鍾會叛亂死，鄧艾忠俎，十二代祖遐左遷是邦。世豪南夏，繁枝

固本，而一十四郡宗之，若鱗介之有龜龍，羽毛之有麟鳳。〔註33〕

前引《爨龍顏碑》爲封邊型族源敘事，此處則轉變爲避地型（「左遷」），由此可見族源敘事結構類型的遷移，但卻都是指向爨氏非「華夏族類」的本質。

　　避地、沒蕃型族源敘事的現實背景則是民族關係中的人口流動現象。異族入華、四裔部族內附，固然是人口遷徙的主流，但漢人避地、入蕃也是題中之義。李陵沒匈奴即是經典的例子。李陵沒蕃的故事還成爲不少胡姓家族族源敘事的藍本〔註34〕。如《隋書·李穆傳》云：「自云隴西成紀人，漢騎都尉陵之後也。陵沒匈奴，子孫代居北狄，其後隨魏南遷，復歸汧、隴。」〔註35〕

〔註32〕　《全唐文》卷二百九十七收此文，闕字較多，陳尚君先生據孫太初《雲南古代石刻叢考》補字重錄，詳陳尚君輯校：《全唐文補編》，中華書局，2005年，第283～284頁。

〔註33〕　吳鋼主編：《全唐文補遺》第八輯，三秦出版社，2005年，第94～95頁。

〔註34〕　按，據劉知幾《史通》卷十七《雜說中》：「崔浩諂事狄君，曲爲邪說，稱拓跋之祖本李陵之胄，當時眾議相斥，事遂不行。或有竊其書以渡江者，沈約撰《宋書索虜傳》，仍傳伯淵所述。凡此諸妄，其流甚多。」據此，北朝胡姓託李陵之後，似發軔於崔浩。

〔註35〕　《隋書》卷三十七，中華書局，1973年，第1115頁。姚薇元先疑李穆爲高車泣伏利（即叱李）氏（《北朝胡姓考》，中華書局，2007年，第323頁。）其他以李陵爲族源的例子，如《宋書》卷九十五《索虜傳》：「索頭虜姓託跋氏，其先漢將李陵後也。」北周《李賢墓誌銘》：「公諱賢，字賢和，原州平高人，本性李，漢將陵之後也。」（羅豐《李賢夫婦墓誌考略》，《美術研究》1985年第4期。）羅豐先生已考李賢爲鮮卑人。沈亞之《李氏墓誌》：「夫人之先爲都尉，出居延，力戰且陷，遂與其部居胡中爲貴落。」李氏爲李光弼孫女，本契丹人。關於中古時期胡姓家族與李陵之關係，參見溫海清《北魏、北周、唐時期追祖李陵現象述——以「拓跋鮮卑係李陵之後」爲中心》（《民族研究》2007年第3期）。李陵的故事，還成爲其他一些改姓李氏的家族所援引。據《李承範墓誌》：「公諱承範，字演，隴西成紀人也。漢有前將軍，與衛霍同事，功略蓋代。其子敢，亦著義烈。敢子陵，以步卒五千，直度胡漢，矢盡救絕，

漢人避地入蕃的情境，如《資治通鑑》載隋末唐初，「時中國人避亂者多入突厥，突厥強盛，東自契丹、室韋，西盡吐谷渾、高昌，諸國皆臣之。」〔註36〕這種當下情境，一定程度上也契合了胡姓家族避地、沒蕃型族源敘事。

三、因官、出使型

因官、出使型族源敘事，以祖先因做官或奉使而徙居某地。如《爨龍顏碑》：

> 君諱龍顏，字仕德，建寧同樂縣人。其先世則少昊顓頊之玄冑，才子祝融之眇胤也。清源流而不滯，深根固而不傾。夏后之盛，敷陳五教，勳隆九土，純化布於千古，仁功播於萬祀。故乃耀輝西嶽，霸王郢楚。子文銘德於春秋，斑朗紹縱於季葉。陽九運否，蟬蛻河東，逍遙中原。斑彪刪定漢記，斑固述修道訓。爰暨漢末，采邑於爨，因氏族焉。姻婭媾於公族，振纓蕃乎王室。〔註37〕

有關爨氏之族源，爭議頗多，但如果從族源敘事而言，這無疑是一個因官徙於邊州的案例。又如《宇文業墓誌》（建德元年）：「君諱業，字始業。本姓岐，燕州代郡人。蓋軒轅之臣、岐伯之後。其源出自岐巖，或因官賜邑而遂遷焉。」〔註38〕又如《何摩訶墓誌》（調露二年）：「其先東海郯人，因官遂居姑臧太平之鄉。」〔註39〕《米文辯墓誌》（大中三年）：「米氏源流，裔分三水，因官食

陷於匈奴。漢收其家，單于妻女，故陵之胤嗣，在於北方。公之祖宗，則其後也。逮至元魏，始歸中華。會丙殿前，因以賜姓。及大唐定本，復爲李氏焉。」（齊運通編：《洛陽新獲七朝墓誌》，中華書局，2012年，第190頁。）《元和姓纂》卷七丙姓條「北海朱虛縣」望下載：「魏有丞相微士丙原，字根矩，裔孫後周信州總管丙明。丙明生粲，唐監門大將軍、應國公，高祖與之有舊，以姓犯諱，賜姓李氏」。此賜姓之說亦爲《舊唐書》卷九十八《李元紘傳》所承。而在墓誌中則爲另外一個版本。《古今姓氏書辯證》丙姓條載：「齊大夫邴歜。又李陵裔孫，自匈奴歸魏，見於丙殿，賜姓丙氏。」這一族源即來自李承範墓誌所載族源。疑李承範家族先世之丙氏，本出自胡族，故有此族源敘事。關於李陵與胡姓家族族源之關係，有關研究參見崔明德《李陵·拓跋氏·黠戛斯——兼論漢唐時期北方少數民族的尋根現象和認同心態》（《煙台大學學報》1995年第1期），溫海清《北魏、北周、唐時期追祖李陵現象述論——以「拓跋鮮卑係李陵之後」爲中心》（《民族研究》2007年第3期）等文。

〔註36〕 《資治通鑑》卷一百八十五，中華書局，1956年，第5792頁。

〔註37〕 陸增祥：《八瓊室金石補正》，文物出版社，1985年，第55頁。有關異文詳孫太初《雲南古代石刻叢考》，文物出版社，1983年，第13～14頁。

〔註38〕 趙力光主編：《西安碑林博物館新藏墓誌續編》，陝西師範大學出版社，2014年，第13頁。

〔註39〕 吳鋼主編：《全唐文補遺》第二輯，三秦出版社，1995年，第276頁。

茱，胤起河東。」〔註40〕何摩訶、米文辯皆爲入華粟特胡人，因官之說，或
爲附會。又如沙門悟眞撰《翟家碑》：

> 起自陶唐之後，封子丹仲爲翟城侯，因而氏焉。其後柯分葉散，
> 壁（原注：當作壁）去珠移，一支從宦於流沙，子孫因家，遂爲燉
> 煌人。〔註41〕

敦煌翟氏本爲胡姓〔註42〕，但其部族在華戎交匯之所，長期漢化，蔚爲敦煌
大族。此處稱陶唐之後，以子丹仲爲受氏之始，再以因官遷徙作爲居敦煌之
由，是一個比較完整的族源敘事。

因出使而徙居的例子，如《史多墓誌》（開元七年）：

> 公諱多，字北勒，西域人也。建土鹿塞，代貴龍庭，交贄往來，
> 公其後也。曾祖達官，本蕃城主。自天縱知，神朗宏達。不由文字，
> 晤晤古今。率彼附容，遠欽皇化。祖昧嫡襲，不墜忠貞。父日，夙
> 使玉關，作鎮金塞。乃禮遣長子，削衽來庭，公之是也。〔註43〕

史多家族爲西域胡人，這是入使。出使的例子，如《新唐書·宰相世系表》「河
南房氏」載：

> 晉初有房乾，本出清河，使北虜，留而不遣，虜俗謂「房」爲
> 「屋引」，因改爲屋引氏。乾子孫隨魏南遷，復爲房氏。〔註44〕

河南房氏，本爲高車貴族屋引氏，孝文帝改爲房氏，因而攀附漢人著姓清河
房氏，而且這一過程發生很早，《房寶子誌銘》（顯慶五年）稱「漢司空房植
之後」〔註45〕。房乾出使之說，是比較後起的，未見於《宰相世系表》之外

〔註40〕吳鋼主編：《全唐文補遺》第九輯，三秦出版社，2007年，第408頁。

〔註41〕吳鋼主編：《全唐文補遺》第九輯，三秦出版社，2007年，第331頁。

〔註42〕關於翟氏的族屬，學者多以爲春秋時之北狄，漢晉時期之丁零，南北朝時爲
高車或敕勒，唐代爲回紇、回鶻，源流不斷，前後相承，參見陳連慶《中國
古代少數民族姓氏研究——魏晉南北朝民族姓氏研究》，吉林文史出版社，
1993年，第172～174頁；陳菊霞《敦煌翟氏研究》，民族出版社，2012年。
但出土墓誌中多見翟氏與粟特胡姓通婚，所以有學者懷疑「翟姓是與粟特關
係十分密切的胡人，甚至可能是我們現在尚不清楚的一支粟特胡人」（榮新江
《北朝隋唐粟特人之遷徙及其聚落補考》，《歐亞學刊》第六輯，第165頁。
收入《中古中國與粟特文明》，三聯書店，2014年，第23頁。）

〔註43〕毛陽光、余扶危主編：《洛陽流散唐代墓誌彙編》，國家圖書館出版社，2013
年，第189頁。

〔註44〕《新唐書》卷七十一下，中華書局，1975年，第2399頁。

〔註45〕吳鋼主編：《全唐文補遺》第六輯，三秦出版社，1999年，第284～285頁。

的其他文獻，這與上文所述避地、沒蕃型族源敘事中的世系嫁接同出一轍，也具有隱蔽性。

儘管因官、出使型族源敘事存在世系攀附的情況，但也不能遽斷爲僞託。因官、出使往往隱含著某種眞實。如楊炯《曹通神道碑》：「其先沛國譙人也。近代因官，遂居於瓜州之長樂縣，故今爲縣人焉。」〔註46〕曹通疑爲粟特後裔。瓜州常樂，爲漢唐時期西域胡人入華聚落的分佈地區〔註47〕，曹通居此當屬可能。但謂其因官從譙郡徙瓜州，則當屬臆會，蓋譙郡爲漢人曹姓之郡望也。又《史道德墓誌》（開成三年）：

> 其先建康飛橋人事（疑作氏）。原夫金方列界，控絕地之長城；五斗分墟，抗垂天之大昴。稜威邊鄙，挺秀河湟。盟會蕃酋，西窮月竁之野；疏瀾太史，東朝日域之溟。於是族茂中原，名流函夏。正辭直道，史魚謇諤於衛朝；補闕拾遺，史丹翼亮於漢代。……遠祖因官來徙平高，其後子孫家焉。〔註48〕

史道德本爲粟特胡人。墓誌中「金方」、「大昴」、「河湟」、「月竁」等詞，正是其源自西域的影射。又如《史索岩墓誌》（顯慶三年）：「建康飛橋人也，其先從宦，因家原州。」〔註49〕建康史氏，本爲漢人史氏姓望，《元和姓纂》即載有建康史苞世系。但此二墓誌所謂「建康」則爲前涼張駿所置之郡，即今甘肅高臺縣。其地本在西域胡人入華路線上，與江南之建康（今南京）原不相關。史道德等粟特胡人稱建康人，正是攀附漢人建康史氏而具有迷惑性的案例。但他們「因官」徙於平高、原州，則不一定爲虛。史射勿、史索岩、史訶耽、史鐵棍、史道德等人的墓誌出土於寧夏固原南郊隋唐墓地〔註50〕，這一墓葬群顯示當地確有粟特人聚落。

上面的例子說明，因官、出使型族源敘事，本身接近於歷史眞實，是歷史敘事的一種形態，只是其中還夾帶著「因官」、「出使」這種模式化的虛構敘事結構，而顯示出與其他類型族源敘事的共性特徵。

〔註46〕《全唐文》卷一百九十四，中華書局，1983年，第1961頁。

〔註47〕參考榮新江《北朝隋唐粟特人之遷徙及其聚落》一文中有關研究。收入《中古中國與外來文明》，三聯書店，2014年，第34～105頁。

〔註48〕吳鋼主編：《全唐文補遺》第四輯，三秦出版社，1997年，第376～377頁。

〔註49〕吳鋼主編：《全唐文補遺》第七輯，三秦出版社，2000年，第260頁。其妻安氏墓誌同時出土，史索岩爲粟特胡人。

〔註50〕羅豐編著：《固原南郊隋唐墓地》，文物出版社，1996年。

　　歷史上古代民族交往中的異族入華仕宦和使節往還現象，是因官、出使型族源敘事的直接史源。漢代以來，漢族政權與周邊民族交往，常互派使節。以商貿爲目的的遣使貢獻，以及爲政治目的的質子，也是使節的變型。《資治通鑒》貞元三年七月條下載：

> 初，河、隴既沒於吐蕃，自天寶以來，安西、北庭奏事及西域使人在長安者，歸路既絕，人馬皆仰給於鴻臚，禮賓委府、縣供之，於度支受直。度支不時付直，長安市肆不勝其弊。李泌知胡客留長安久者，或四十餘年，皆有妻子，買田宅，舉質取利，安居不欲歸，命檢括胡客有田宅者停其給。凡得四千人。〔註51〕

西域使人入華，滯留長安，娶妻生子，這種歷史現實，在不少胡姓家族的族源敘事中得到了回應。如《石崇俊墓誌》（貞元十三年）：「府君以曾門奉使，至自西域，寄家於秦，今爲張掖郡人也。祖諱寧芬，本國大首領散將軍。」〔註52〕石崇俊爲粟特人，其曾祖「奉使」入華，或有可能。

　　與入使相對還有出使。前引《宰相世系表》房乾出使北虜，留而不遣，成爲屋引氏之說，雖然不可考，但其歷史情境卻是存在的。南北朝時期，常見南北互派使節被扣留的情況，如北魏時朱長生、於提出使高車，被扣留三年才放還；陳朝王瑜、袁憲出使北齊，被囚四年方南歸。唐代對外使節如崔倫、呂溫亦曾被扣留吐蕃。至於貞元三年震驚宇內的「平涼劫盟」事件：「判官韓弇、監軍宋鳳朝死之。渾瑊與判官鄭叔矩路泌，掌書記袁同直，列將扶餘準、馬寧、孟日華、李至言、樂演明、范澄、馬弇，中人劉延邕、俱文珍、李朝清等六十人皆被執，士死者五百，生獲者千餘人。」〔註53〕至元和四年，白居易代皇帝所草制誥仍重申其事：「曩者鄭叔矩、路泌因平涼盟會沒落蕃中，比知叔矩已亡，路泌見在，念茲存沒，每用惻然。今既約以通和，路泌合令歸國，叔矩體骨亦合送還。」〔註54〕從貞元三年（787）至元和四年（809），路泌已沒蕃中二十三年，鄭叔矩更客死蕃中。這種深刻社會記憶得以各種方

〔註51〕　《資治通鑒》卷二百三十二，中華書局，1956年，第7492～7493頁。
〔註52〕　吳鋼主編：《全唐文補遺》第四輯，三秦出版社，1997年，第472頁。又《何文哲墓誌》（長慶四年）：「公本何國王玍之五代孫，前祖以永徽初款塞來質，附於王庭。」（吳鋼主編《全唐文補遺》第一輯，三秦出版社，1994年，第282頁）。何文哲本爲昭武九姓何國人。墓誌言五代祖何玍以款塞之事，或爲虛構，但當時確有此情形。
〔註53〕　《新唐書》卷二百一十六下《吐蕃傳》，中華書局，1975年，第6096頁。
〔註54〕　朱金城：《白居易集箋校》，上海古籍出版社，1988年，第3211頁。

式記錄下來。而緒論中我們已經指出，從北朝時期以來，胡姓家族（人物）就是外交使節的重要群體，胡姓家族出使型族源敘事，或許正是歷史現實和記憶的另一種表達。

因官型族源敘事，也是雙向的：胡人仕華與漢人仕胡。前者是主流，是被漢文化推崇的；後者是特例，往往被排斥。比如李陵沒薯仕匈奴與蘇武持節不降胡，後世評論判然不同。胡人入仕中華，在歷史上有兩個經典範本：由余入秦與日磾仕漢。有意思的是，這兩個典故常常一起出現在胡姓家族的族源敘事文本中。如許敬宗撰《尉遲敬德碑》（顯慶四年）：「由余去危，斥蓻鶺而作霸；日磾受顧，光珥貂而累華」，〔註55〕即將二者關聯使用。又如《王景曜墓誌》（開元二十三年）：

> 觀夫由余入秦，日磾仕漢，楚才晉用，自古稱美。其有才類昔
> 賢、用同往彥者，則我王府君其人矣。公諱景曜，字明遠，其先太
> 原人。昔當晉末，鵝出於池，公之遠祖，避難海東；洎乎唐初，龍
> 飛在天，公之父焉，投化歸本，亦由李陵之在匈奴，還作匈奴之族；
> 蘇武之歸於漢，即爲漢代之臣。〔註56〕

王景曜家族當爲高麗人，自稱太原王氏，晉末避難海東，唐初歸化。這本是避地型族源敘事，但王景曜歸化而仕唐，故用了由余、日磾、李陵、蘇武諸人的典故。

歷代王朝對入華部族，多採取羈縻政策；而對於入仕異族，多就地安置。這種「部落酋長——地方官員」的轉變，也是胡姓家族因官型族源敘事的另一種現實對照。如權德輿撰《張茂昭墓誌》：「其先燕人。九代祖奇，北齊右北平太守，因封其地，代襲王爵，違難出疆，雄於北方。曾祖遜，乙失活部落刺史。」〔註57〕張茂昭爲張孝忠子，本契丹人，其祖先爲乙失活酋長。《新唐書》張孝忠本傳云其父謐，開元中提眾納款，授鴻臚卿。可見其家族受封於唐，爲唐藩臣。《張茂昭墓誌》以張奇爲九代祖，姑且不論是否屬實，即就「右北平太守」、「乙失活部落刺史」之封爵言，顯然是契丹部族羈縻於漢王朝的一種對應；而「違難出疆，雄於北方」之說，則是契丹與唐關係交惡的一種寫照。

〔註55〕 《全唐文》卷一百五十二，中華書局，1983 年，第 1554 頁。
〔註56〕 吳鋼主編：《全唐文補遺》第二輯，三秦出版社，1995 年，第 505 頁。
〔註57〕 權德輿撰、郭廣偉校：《權德輿詩文集》，上海古籍出版社，2008 年，第 322 頁。

以上所述三種族源敘事富有典範性和穩定性。居邊、封邊型敘事，族源和世系追溯至黃帝、顓頊等傳說人物，神話、傳說色彩強；因官、出使型敘事，接近普通的歷史敘事，甚至直接就是歷史眞實，世系起點或在一個家族範圍內，或在當代。相比之下，避地、沒蕃型敘事，族源多爲攀附性質的隱蔽的祖先，世系的嫁接尤爲巧妙，介於虛實之間。

第二節　胡姓家族族源敘事的結構性特徵及其淵源

結構性是文化的內在特徵，是思維和認知的穩定模式。中國文化的深層結構有很多，比如陰陽五行、天人合一等等。這些文化結構如同人體的骨架，支撐著作爲血肉的各種文化機能的正常運行。胡姓家族族源敘事，也遵循著一定的結構性特徵。我們這裡所說的「結構性」，並不是敘事文本的順序性，也不是內容、形式二分下的文本形式特徵，而是從敘事文本中抽繹出來的一種內核，它對敘事文本的整體走向發揮著一種規範、制約作用。

一、「放逐──回歸」與迴環結構

胡姓家族族源敘事一般遵循以下模式：一個漢人祖先，因爲某種原因進入華夏邊緣，成爲某胡姓家族的先祖；其後裔回到華夏，自稱爲漢人。這是一個具有迴環特徵的敘事結構。上節所引《王景曜墓誌》即一典型的「避地──歸來」的族源敘事。但從胡姓家族族源敘事的文本來看，通常只顯現「出走」（即居邊、封邊、避地、沒蕃、因官、出使，來到四裔）的敘事，而「歸來」的情境則是隱含的，因爲胡姓家族族源敘事預設的情境就是「成爲華夏」，所以「歸來」的敘事往往是自明的，而其方式則是雙向的：「出走」華夏邊緣的祖先，其裔孫回到華夏自稱漢人；漢人重建這些「出走」祖先的族源，賦予其後裔漢人的身份。這種迴環、回歸結構模式，根植於華夏文化觀念，廣泛存在於神話、傳說和歷史敘事中。

胡姓家族族源敘事的迴環特徵，淵源於古代「放逐與回歸」神話傳說，而這一類神話傳說一開始便與民族關係相連。放逐神話傳說中有一種類型：一個華夏人物，因爲某種原因被放逐到華夏邊緣，成爲當地的祖先，如堯流四凶的故事。早期的四凶神話，尚無四夷觀念。在《史記》中，明確將共工等四凶流放的地方跟四夷聯繫起來。四凶從華夏入四夷，成爲四夷之族源，

這在不少四夷民族神話中得到了傳承。如《後漢書・西羌傳》：「西羌之本，出自三苗，姜姓之別也。其國近南嶽，及舜流四凶，徙之三危，河關之西南，羌地是也。」隨著華夏的邊界擴張，從華夏「放逐」或「離開」的族源會成爲四夷與華夏聯繫的環節而被「重拾」或「回憶」起來，成爲「本爲華夏」的合法性歷史記憶，從而完成一種「回歸」的敘事。這種由「放逐」而「回歸」的結構性敘事，在《史記》中還有經典的文本。《史記・周本紀》中記載了周民族早期歷史中「不窋竄戎狄」的傳說：

> 不窋末年，夏后氏政衰，去稷不務。不窋以失其官而奔戎狄之間。……（公劉立）雖在戎狄之間，復修后稷之業，務耕種，行地宜，自漆、沮度渭，取材用。……（古公亶父立）復修后稷、公劉之業，積德行義，國人皆戴之。薰育、戎狄攻之，欲得財物，予之。……於是古公乃貶戎狄之俗，而營築城郭室屋，而邑別居之。〔註58〕

「不窋竄戎狄」，實質是「避地、沒蕃型族源敘事」。周人與西戎關係密切，「姜嫄」爲后稷之母，姬姓與姜姓保持通婚，暗示了其「本爲戎狄」的性質。但在典範的敘事中，這段歷史被「改造」爲周人「教化」戎狄，成爲華夏的敘事〔註59〕。前文曾論述過的「箕子奔朝」和「太伯亡吳」敘事類型，同樣是這種迴環結構。如前文所引《王仁求墓誌》等文本，這些迴環結構的「典故」在胡姓家族的族源敘事中多被引用作爲「聲稱」華夏的依據。

　　值得注意的是，與胡姓家族族源敘事相類，在上古棄逐文化中，也存在大量棄子、逐臣的敘事文本，其中呈現出一條清晰的「拋棄──救助──回歸」發展主線，諸如神話傳說中的后稷、后羿、徐偃王、東明、朱蒙，以及歷史記載中的伯奇、宜臼、重耳等，都經歷過被棄和回歸的過程，由此展示出恒定的結構性敘事特徵。〔註60〕這種「回歸」模式，與胡姓家族族源敘事中「漢──胡──漢」的身份、空間「回歸」，在形式上是同構

〔註58〕《史記》卷四，中華書局，1959年，第112～114頁。

〔註59〕王明珂從族群邊界的角度分析此材料，認爲這是周人「族群自我意識」（ethnic self-awareness）與「異族意識」（the sense of otherness）相伴而生的結果：「周人以農業、定居、愛好和平（或以德服人）來劃定他們與另一些人（戎狄）的族群邊界。因此，無論這個族源傳說中有幾分歷史真實，它的主要意義都在於：一群人以此『族源歷史』作爲集體記憶來凝聚本群體。」詳其《華夏邊緣：歷史記憶與族群認同》（增訂本），浙江人民出版社，2013年，第147頁。

〔註60〕參見尚永亮師《棄逐與回歸──上古棄逐文學與文化導論》（《學術研究》2014年第4期）等系列論文。

二、「降居」與分支結構

　　世系敘事是中國文化的一個顯著特徵。華夏民族特重世系，且有悠遠的記錄歷史，文字世系的記錄可以追溯到商周時代甲骨和青銅銘器上的家譜〔註61〕。華夏早期先祖的世系敘事中，有一種很特別的線性分支類型，是適應多世系枝派的需要產生的。五帝的世系敘述可以作爲一個代表〔註62〕，如《大戴禮記》之《帝系》篇：

　　　　（Ⅰ）少典產軒轅，是爲黃帝。黃帝產玄囂，玄囂產蟜極，蟜極產高辛，是爲帝嚳。帝嚳產放勳，是爲帝堯。黃帝產昌意，昌意產高陽，是爲帝顓頊。顓頊產窮蟬，窮蟬產敬康，敬康產句芒，句芒產蟜牛，蟜牛產瞽叟，瞽叟產重華，是爲帝舜，及產象敖。顓頊產鯀，鯀產文命，是爲禹。

　　　　（Ⅱ）黃帝居軒轅之丘，娶於西陵氏之子，謂之嫘祖氏，產青陽及昌意。青陽降居泜水，昌意降居若水。昌意娶於蜀山氏，蜀山氏之子謂之昌濮氏，產顓頊。顓頊娶於滕隍氏，滕隍氏奔之子謂之女祿氏，產老童。老童娶於竭水氏，竭水氏之子謂之高緺氏，產重、黎及吳回。〔註63〕

《帝系》的文本爲拼合而成，前人已有論述。有學者注意到了其中存在多種敘事體例〔註64〕。在上引文中，類型（Ⅰ）中的世系是單系的，「某某產某某」；類型（Ⅱ）是分支的，一般是「娶某某，產某某」。在後面這一世系類型中，有青陽和昌意「降居」的現象，正可以概括這一世系的特點。單系世系是一種「純正性」世系敘事，當是後起的觀念。在宗法時代，這一觀念的直接表現形態就是宗子繼承制。分支世系的特點是包容夫妻和父子兩重關係，實質上是一種世系的縱、橫擴展。妻有正、妾之分，子有嫡、庶之別。《帝系》中固然還沒有表現出這種區分，但無疑啓發了後世世系分支敘事。張光直先生

〔註61〕　王鶴鳴：《中國家譜通論》，上海古籍出版社，2011年，第44~47頁。
〔註62〕　關於五帝的說法有多種。《史記正義》云：「太史公依《世本》、《大戴禮》，以黃帝、顓頊、帝嚳、唐堯、虞舜爲五帝。譙周、應劭、宋均皆同。而孔安國《尚書序》，皇甫謐《帝王世紀》，孫氏注《世本》，並以伏犧、神農、黃帝爲三皇，少昊、顓頊、高辛、唐、虞爲五帝。」從後世傳播言，《史記》的說法占主流。
〔註63〕　孔廣森：《大戴禮記補注》，中華書局，2013年，第136~138頁。
〔註64〕　參見錢杭：《宗族的世系學研究》，復旦大學出版社，2011年，第72~80頁有關論述。

《商王廟號新考》中曾提到《帝系》中世系「一分爲二」的現象，即王位自上代傳到下代時，繼承的系統分爲二支，二支各再分二，這與殷王世系中一世只一直系而直系記其配偶相似〔註 65〕。從後世的發展而言，分支敘事無疑是中國古代世系書寫的主流，而且融爲國人的一種深層的觀念。

我們關注的是，世系分支結構或者「降居」敘事，如何影響到古代民族（族群）族源和胡姓家族族源敘事。分支世系的結構，本質是「嫡——別（庶）」、「正統——旁系」、「邦國——采邑」、「姓——氏」的二元結構。從世系發展的觀點來看，隨著時間的推移，世系在縱、橫兩個方向擴展，相應的現實是封國、采邑、宗族的發展，人口規模的擴大。與此一過程相伴的，必然是「正統——旁系」、「中心——邊緣」的變遷。

「青陽降居泜水，昌意降居若水」，古今學者多將之坐實，以青陽、昌意的封地在蜀中，爲蜀地民族的族源。並從考古、民族史料中尋找證據〔註 66〕。其實，拋開實證的層面，「降居」本身是世系分化的一種映像。「華夏——四夷」的結構與世系分支同構。換言之，用世系分支的觀點，可以爲「華夏——四夷」的存在尋得合理性解釋。如前節所述「居邊、封邊型族源敘事」，就是一種分支敘事結構下的產物。蜀人早已假借昌意來作爲族源神話。《華陽國志》卷三載：

> 蜀之爲國，肇於人皇，與巴同囿。至黃帝，爲其子昌意娶蜀山
> 氏女，生子高陽，是爲帝嚳。封其支庶於蜀，世爲侯伯。歷夏、商、
> 周。武王伐紂，蜀與焉。其地東接於巴，南接於越，北與秦分，西
> 奄峨嶓，地稱天府，原曰華陽。〔註 67〕

這是典型的族源敘事中的分封說。無論其眞實性如何，青陽、昌意降居的傳說，確是一個模式化敘事：黃帝的兩個世系枝派，「降居」到黃帝活動區的邊

〔註 65〕張光直：《中國青銅時代》，三聯書店，2013 年，第 204～205 頁。

〔註 66〕古人的觀點，如《史記索引》：「帝子爲諸侯，降居江水。江水、若水皆在蜀，即所封國也。」今人的觀點，如尤中認爲，黃帝族的一部分人口，曾經居住在今四川西南的雅礱江和金沙江流域一帶，他的證據正是青陽和昌意的傳說（《先秦時期的西南民族》，《西南民族歷史研究集刊》1982 年第 3 集，第 1～22 頁。）又彭邦本認爲：從雅礱江尤其是其支流安寧河流域的考古資料中尋找到來自西北高原地區的文化因素，推論史前時代黃河上游地區與該地區的文化聯繫。（《「昌意降居若水」與川西地區的顓頊傳說》，《地方文化研究輯刊》第 7 輯，四川大學出版社，2014 年，第 8～14 頁。）

〔註 67〕常璩著，任乃強注：《華陽國志校補圖注》，上海古籍出版社，1987 年，第 113 頁。

緣，並且與當地的部族發生聯繫（通婚），其子孫後來成爲華夏邊緣的部族。
這一敘事模式跟我們所說的胡姓家族族源敘事的模式完全吻合，可以看做世
系分支結構敘事下的文本。而且在後世的胡姓家族族源敘事中，確實也存在
「引用」降居敘事的族源文本，除了前文所引《元溫墓誌》中「昌意少子受
封北土。分國鎮攝，納聘西陵。立號鮮山，降居弱水」這種「直接引用」之
外，還有如北周大成元年《尉遲運墓誌》：

> 公諱運，字烏戈撥，河南洛陽人。軒轅誕聖，則垂衣服冕；昌
> 意秉德，則降居藏用。洪源泚彌，九河注而不窮；深柢輪囷，十日
> 棲而愈茂。始祖吐利，封尉遲國。君從魏聖武南遷，因以國命氏。

〔註68〕

尉遲氏本西域于闐國（即墓誌中「尉遲國」）王姓，《魏書·官氏志》載「西
方尉遲氏，後改爲尉氏」。北周時複姓尉遲。墓誌中昌意降居之說，就是攀附
黃帝之子昌意之後。又如顯慶六年《隋邊城公尒朱休碑》：「西周錫瑞，王季
之穆惟親；東魯宗盟，儀父之名斯貴。暨乎岐峰落構，姬水分流，降居尒朱
之川，遂以爲氏。」〔註69〕這進一步證明「降居」敘事在民族關係中的結構
性意義。總之，世系分支結構或「降居敘事」所蘊含的古代世系觀念，是建
構華夏中心和邊緣族群互動過程的結構性因素。

三、「服制」與層遞結構

古代的胡漢觀念與夷夏觀念是密切相關的，換言之，這是民族意識與國
家、天下、世界觀念的關係。所以關注胡姓家族族源敘事的結構性，不能不
提及古代夷夏觀念中的結構性敘事。「服制」是中國古代夷夏觀念的重要內
容，是古代思想家對於天下體系中夷夏分佈的一種理想化設計，因而今人多
將之作爲天下觀的材料進行研究〔註70〕。古代文獻中關於服制存在多個體
系。有「五服」說，如《尚書·禹貢》：

> 五百里甸服：百里賦納總，二百里納銍，三百里納秸服，四百
> 里粟，五百里米。五百里侯服：百里采，二百里男邦，三百里諸侯。

〔註68〕　羅新、葉煒：《新出魏晉南北朝墓誌疏證》（修訂本），中華書局，2017年，第
287頁。

〔註69〕　吳鋼主編：《全唐文補遺》第六輯，三秦出版社，1999年，第230～232頁。

〔註70〕　參見日本學者渡辺信一郎：《中國古代的王權與天下秩序》，中華書局，2008
年。

> 五百里綏服：三百里揆文教，二百里奮武衛。五百里要服：三百里
> 夷，二百里蔡。五百里荒服：三百里蠻，二百里流。東漸於海，西
> 被於流沙，朔南暨聲教，訖於四海，禹錫玄圭，告厥成功。〔註71〕

有「九服」說，如《周禮·夏官》「職方氏」下云：

> 職方氏掌天下之圖，以掌天下之地。辨其邦國、都鄙、四夷、
> 八蠻、七閩、九貉、五戎、六狄之人民，與其財用、九穀、六畜之
> 數要，周知其利害。……乃辨九服之邦國，方千里曰王畿，其外方
> 五百里曰侯服，又其外方五百里曰甸服，又其外方五百里曰男服，
> 又其外方五百里曰采服，又其外方五百里曰衛服，又其外方五百里
> 曰蠻服，又其外方五百里曰夷服，又其外方五百里曰鎮服，又其外
> 方五百里曰藩服。〔註72〕

「九服」說以「九畿」說相應。此外還有「六服」說。無論哪一種「服制」，
都是一種層遞的結構，本身包含了「中心（王畿）——邊緣（服）」推進的模
式。古人將這一層遞結構設爲固定值，以五百里爲單位向外擴展，於是形成
不同內涵的天下觀。但實際上，「服制」總是在伸縮。

　　從歷史上看，「服制」的主要意義不在其空間容量，而在於一種秩序等差，
這就是設計制度者所關心之封爵、歲貢、祭祀、朝覲等問題。但「服制」本
身又是一種夷夏格局的設計。《國語·周語》上云：「夫先王之制：邦內甸服，
邦外侯服。」〔註73〕這種內外之分，明確將蠻夷戎狄視爲「邦外」，爲服制之
邊緣，而後世對於「服」的理解正是指向夷夏之別，而非設計者本身的意圖。
漢人設計的「服制」是以王畿（統治集團）爲中心，但換一個角度思考，在
異民族建立的政權中，卻會反過來，這就是元代所謂「內北國而外中國」的
現象。從政治意義而言，「服制」下形成的「內臣——外臣」結構，是漢民族
處理民族關係的理想模式，這突出變現爲「編戶齊民」與「聲教所及」兩種
政治模式的存在。「聲教所及」一直是傳統中國政治的理想。從歷史上看，就
算是統一王朝，其拓土開疆也是有極限的，但如果施之以「聲教」，則可以突
破政治疆域，將政治空間「無限」擴大，即「世界主義」。

〔註71〕 孔穎達：《尚書正義》，上海古籍出版社，2007 年，第 249～247 頁。
〔註72〕 孫詒讓撰，王文錦、陳玉霞點校：《周禮正義》，中華書局，2013 年，第 2636
　　　　～2684 頁。
〔註73〕 徐元誥撰，王樹民、沈長雲點校：《國語集解》（修訂本），中華書局，2002
　　　　年，第 6～7 頁。

「荒服」觀念在民族關係和胡姓家族族源敘事中廣泛存在。除了前引《俾失十囊墓誌》《源光乘墓誌》等之外，又如貞觀廿三年《阿史那摸末墓誌》：「漠北人也。蓋大禹之後焉。夏政陵夷，世居荒服。奄宅金威之地，旁羈珠闕之民。距月支以開疆，指天街以分域。」〔註74〕胡姓家族族源敘事將一個進入華夏邊緣的胡人祖先聲索爲華夏，正是因爲在漢人的天下觀中，夷狄本爲華夏政治空間的組成部分（「聲教所及」的領域），而四夷、四方等地域性概念與族群的混同，正體現了天下觀之下政治空間的包容性。無論居邊、沒蕃、分封、出使、避地，皆是「天下」中發生的，在內臣與外臣之間徘徊。這正是「子孫或在中國，或在夷狄」結構爲四夷之存在提供的合法性依據。「歸來的後裔」，不過是從「聲教所及」轉變爲「政教所及」的編戶齊民。從這一意義上講，「服制」或者說「內外之際」這種敘事結構性。

四、結構性族源敘事與胡姓家族的族屬判斷

前面介紹了史傳以及碑誌等文獻中常見的胡姓家族族源敘事模式，借助這些結構化的敘事模式，也可以反推胡姓家族的族屬。比如北齊高氏之族屬，爭議很大，我們試看其族源敘事《北齊書・神武帝紀》

> 齊高祖神武皇帝，姓高名歡，字賀六渾，渤海蓨人也。六世祖隱，晉玄菟太守。隱生慶，慶生泰，泰生湖，三世仕慕容氏。及慕容寶敗，國亂，湖率眾歸魏，爲右將軍。湖生四子，第三子謐，仕魏，位至侍御史，坐法徙居懷朔鎮。謐生皇考樹，性通率，不事家業。住居白道南，數有赤光紫氣之異，鄰人以爲怪，勸徙居以避之。皇考曰：「安知非吉？」居之自若。及神武生而皇妣韓氏殂，養於同產姊婿鎮獄隊尉景家。神武既累世北邊，故習其俗，遂同鮮卑。〔註75〕

《北齊書・神武紀》早佚，此爲據《北史》所補者。高歡家族世系最爭議的人物就出現在高謐身上，而高謐「坐法徙居懷朔鎮」，這正是「徙邊型」族源敘事的典範例子。這既爲高歡找到一個榮耀的祖先，也爲其習俗「同鮮卑」找到了合理的解釋。繆鉞先生有一段話，深中肯綮：

> 蓋高湖、高謐乃渤海高氏，入仕魏朝，高謐或本無子嗣，高歡乃塞上鮮卑或漢人久居塞上而鮮卑化者，既貴之後，僞造世系，冒

〔註74〕 吳鋼主編：《全唐文補遺》第三輯，三秦出版社，1996年，第345頁。
〔註75〕 《北齊書》卷一，中華書局，1972年，第1頁。

認高謐爲祖，謂其父樹生爲謐之長子，以附於渤海高氏之名族。魏收於齊文宣帝天保中修《魏書》，即據此僞託之世系寫入。然高謐仕宦中朝，其子孫何以遠居懷朔。（魏懷朔鎮在今包頭東北固陽一帶，距魏都平城約六七百華里。）高氏初造世系時，未思及此蠧漏，其後蓋又加以彌縫，謂高謐坐法，徙居懷朔。李延壽修《北史》，據較後出之史料，採入此事。至於樹生生年即高謐卒年，高氏僞造世系時蓋未曾細加推算，故漫謂樹生爲高謐「長子」。此一點之疏漏，遂使治史者於千載之下猶能發其覆也。高歡貧賤，本係事實，樹生官爵，亦出僞造，此又顯明易知，無待詳論者矣。〔註76〕

從世系嫁接的角度而言，正是因爲高謐這裡出現了斷層，高歡（或者高歡的謀臣）才找到了「空子」，但百密一疏，被後人發覆〔註77〕。

詩人李白的族屬，是困擾學界的一個難題。關於李白家世，有兩份最重要史料，一是李陽冰《草堂集序》：

李白，字太白，隴西成紀人，涼武昭王暠九世孫。蟬聯珪組，世爲顯著。中葉非罪，謫居條支，易姓與名。然自窮蟬至舜，五世爲庶，累世不大曜，亦可歎焉。神龍之始，逃歸於蜀，復指李樹而

〔註76〕 繆鉞《東魏北齊政治上漢人與鮮卑之衝突》，載《冰繭庵讀史存稿》，《繆鉞全集》第一卷，河北教育出版社，2004年，第291頁。

〔註77〕 2005年洛陽偃師府店鎮出土高樹生及妻韓期姬墓誌，石藏洛陽師範學院河洛古代石刻藝術館。高樹生墓誌題「魏故使持節侍中太師假黃鉞錄尚書事都督冀相滄瀛殷定六州中外諸軍事大將軍冀州刺史勃海高王墓誌銘」，正文前附載祖高湖、祖母慕容氏，父高謐、母叔孫氏，長子高歡，妻婁氏，次子高永寶，妻元氏諸人職官及譜系。高樹生夫婦同葬於永熙二年四月廿七日，遠在魏收修《魏書》之前，王連龍先生認爲：「綜而觀之，《魏書》高氏史傳多與《高樹生墓誌》相印證，雖有潤色及溢美，仍不失爲信史。《魏書》所載高湖—高謐—高樹生—高歡的高氏世系，可成定論。」參《北魏高樹生及妻韓期姬墓誌考》，《文物》2014年第2期。姑且不論高樹生墓誌中諸多「情節」之疑實及石刻之眞偽，單就高樹生墓誌提供的高歡家族早期譜系而言，也難稱「確鑿」證據：高歡家族僞造譜系，並不待魏收之時；魏收之書取家狀、譜牒入史，亦爲今人所熟知，「以碑證史」，只不過是「循環互證」而已。謂此碑能爲高氏世系「定論」，只能是保守的意見，有待更多證據。又興和二年高歡姊《魏太保尉公妻常山郡君墓誌銘》載：祖安平，使持節、侍中、太尉公，都督青徐齊濟兗五（中闕）大將軍、青州刺史；父樹生，使持節、假黃鉞、侍中、錄尚書事、都督（中闕）六州中外諸軍事、冀州刺史；弟歡，使持節、侍中、都督中外諸軍事、大丞相、勃海（後闕）。詳趙耀輝《東魏〈高妻斤墓誌〉簡述》，《青少年書法》2013年第5期。此「安平」或爲高謐之字。

生伯陽。驚姜之夕，長庚入夢，故生而名白，以太白字之。世稱太
白之精，得之矣。〔註78〕

二是范傳正《唐左拾遺翰林學士李公新墓碑並序》：

> 公名白，字太白，其先隴西成紀人。絕嗣之家，難求譜牒。公
> 之孫女搜於箱篋中，得公之亡子伯禽手疏十數行，紙壞字缺，不能
> 詳備，約而計之，涼武昭王九代孫也。隋末多難，一房被竄於碎葉，
> 流離散落，隱易姓名，故自國朝已來，漏於屬籍。神龍初，潛還廣
> 漢，因僑為郡人。父客，以逋其邑，遂以客為名，高臥雲林，不求
> 祿仕。公之生也，先府君指天枝以復姓，先夫人夢長庚而告祥，名
> 之與字，咸所取象。〔註79〕

學者對於其中的細節已經多有爭論，而從族源敘事而言，兩份史料都是典型
的「避地——回歸」的迴環型族源敘事，這是李白家世與胡姓有關重大嫌疑
的旁證。再如員半千家族的族源，《元和姓纂》載：

> 《前涼錄》，安夷人員平，金城人員敞，大夏人員倉景。唐史
> 部郎中員嘉靜，華陰人。蓋其後也。
>
> 【平涼】水部郎中員半千，狀云本姓劉氏，彭城綏輿里人。宋
> 宗室營陵侯劉遵考；子起部郎凝之，後宋亡，因背劉事魏太武，以
> 忠諫比伍員，改姓員氏，賜名懷遠，官至荊州刺史。遠六代孫半千，
> 唐右諭德、陝州刺史。自隋末由居臨汾。〔註80〕

員半千家族的族源是一個典型的「避地型」敘事，再加上改姓和郡望攀附之
說，這正是是族性家族世系建構的結構性敘事。其實《姓纂》所云「宋亡，
因背劉事魏太武」，岑仲勉先生固已質疑。新出土墓誌，進一步證明員氏實為
胡姓。羅新、葉煒利用新出《員標墓誌》，結合傳統文獻考釋：

> 員氏當為魏晉十六國時期由西東遷到達陰槃的少數部族的酋
> 長，故得用於石趙時期。……員半千這一支，很可能經歷了改造姓
> 族譜系的過程，即把宗姓淵源從胡族改為華夏舊族。〔註81〕

〔註78〕 李白著，王琦注：《李太白全集》卷三十一，中華書局，1999 年，第 1443 頁。
〔註79〕 李白著，王琦注：《李太白全集》卷三十一，中華書局，1999 年，第 1462 頁。
〔註80〕 林寶撰，岑仲勉校記，郁賢皓、陶敏整理，孫望審訂：《元和姓纂》卷三，中
　　　　華書局，1994 年，第 380 頁。文字據岑校。
〔註81〕 羅新、葉煒：《新出魏晉南北朝墓誌疏證》，中華書局，2017 年，第 55～57
　　　　頁。

員半千之事蹟，經過筆記小說、史傳的傳播，儼然是漢人舊儒，尤其王義方稱之「五百年一賢」，因改名半千之說，留下了美譽。殊不知，這種「顯著」的漢化的「表象」，隱藏著一個胡姓家族世系建構的敘事結構。再如苑咸家族的族源，據苑咸之孫苑論所撰《苑咸墓誌》（元和六年）：

> 公諱咸，字咸，其先帝嚳之後。武丁子名文，封於宛葉間，因以得姓。五代祖禮，仕周為振威將軍，鎮守邊徼，因家馬邑，今為馬邑善陽人也。生隨奮武將軍，從師護邊，為突厥所掠。至貞觀元年，率麾下將士萬餘人轉戰南歸。太宗嘉之，封上柱國、芮國公，累遷左金吾衛大將軍、安撫等州諸軍事、安州刺史，食實封三千戶，謚曰忠，諱君璋，公之高祖也。〔註82〕

元和七年成書的《元和姓纂》據「狀」所載苑氏姓源與《苑咸墓誌》相同，疑即苑咸家狀，而這一姓源（族源）可能即是苑咸家族的「自我宣稱」。苑咸高祖苑君璋，在兩《唐書》中有傳，雖然未云其族源，但與墓誌中所載同為「沒蕃型」敘事。又從其生平事蹟觀之，其家世極有可能出於胡族。苑咸有一事可值得注意，即其通曉梵語，王維有《苑舍人能書梵字兼達梵音皆曲盡其妙戲為之贈》詩，可能與其家世信奉佛教有關。據墓誌所云：「公於西方教深，入總持祕密之行，齊榮辱是非之觀，又不可得而窺也。夫人汝陰令諒之第二女，學兼內外，識洞玄微，教授甥姪，頗有達者。晚歲尤精禪理，究無生學。……三女……次曰廣果，為比丘尼，行高釋門，知名江左。」可見苑咸家族為佛教世家，疑亦與其家世出於胡族有關。

總之，胡姓家族族源敘事具有非常穩定的敘事規範，這是自古以來民族關係敘事文本積累的結果。結構本身具有意義，儘管其中的人、事可能千變萬化，但其表達的觀念卻是相同的，這是我們在考察胡姓家族族屬的時候應該注意的問題。

第三節　胡姓家族族源敘事與民族認同

胡姓家族族源敘事的結構性，根植於中國古代文化的深層結構中，其本質是一種文化觀念的折射。與之相關，這種敘事結構最終所要達成的目的，乃是獲得世人認可的正宗族源，以為自我當下身份的合法性、正統性尋得依

〔註82〕吳鋼主編：《全唐文補遺》第九輯，三秦出版社，2007年，第390頁。

據。於是，建基於族源敍事的民族認同，便成爲胡姓家族較爲共通的心理特徵，也爲其「成爲華夏」的努力開闢了一條便捷的通道。

一、獲得華夏族源與成爲華夏的合法性

　　族群起源傳說，是維繫族群邊界的重要認同因素。在很多族群關係中，都可以看到利用族源神話（傳說）來凝聚族群或區別族群的案例。瀨川昌久研究中國華南地區「本地」和「客家」的遷徙傳說與同一民系認同感之間關係，這樣說道：

> 祖先的原住地和遷移經由地等是與子孫現在的身份直接相關的重要問題。正如牧野所說，這是與周圍的同盟者形成「同鄉觀念」等連帶意識的重要基礎。同時，特別是在漢族居住地邊緣地帶的華南地區，這已成爲將自己的來歷與中華文明的中心地連接起來、主張正統漢族後裔身份的最明確的依據之一。〔註83〕

遷徙傳說本身不一定等同於「歷史眞實」，但重要的是其維繫子孫們的身份意識。華南地區的客家和本地（土著），利用遷徙傳說來聯繫中華文明的中心，維繫各自的正統性，這跟胡姓家族利用族源神話（本質也是一種遷徙傳說）來「宣稱」自己本爲華夏的心理是同樣的；不同的是客家和本地各自的遷徙傳說指向的是族群邊界（離），而胡姓家族指向的是族群認同（合）。利用中原起源傳承（廣義上的華夏起源）來保證「外來者」相對於「土著」的正統性或者合法性訴求，似乎是中國不少民族族源（主要是遷徙傳說）敍事的特點。瀨川昌久書中提到雲南民家（白族）的南京起源，廣西部分壯族的山東起源，各地苗族的江西起源說，部分瑤族的南京起源和江西起源，畬族的廣東省潮州鳳凰山傳等傳說。相比今日所見的不同族群或民系的遷徙傳說，中古時期的胡姓家族族源敍事就是那一時期的族群起源、遷移傳說，最能體現當時民族認同的背景。從北朝以來，胡姓家族族源就有一種「神話敍事」或「讖緯敍事」的傾向。以元魏宗室爲例，如《元欽墓誌》（永安元年）：

> 君諱欽，字思若，河南洛陽人也。恭宗景穆皇帝之孫，陽平哀王之季子也。長源與積石分流，崇峰共升極齊峻。丹書寫其深玄，綠圖窮其妙跡。固以備諸篆素，磐於金石者矣。……銘曰：綿邈帝

〔註83〕　（日）瀨川昌久著，河合洋尚、姜娜譯：《客家——華南漢族的族群性及其邊界》，社會科學文獻出版社，2013年，第129頁。

始，杳眇皇初，跡潛綠帙，名隱丹書。金道移運，水德應符，赫哉大魏，勃矣其敷。〔註84〕

類似的文本非常多。元魏本出鮮卑而稱黃帝之後，爲了使這一族源得到一種合法性認證，當時從上到下都有人爲的「整合」。上引文中，「丹書」、「綠圖」等神物神跡，即所謂河圖洛書，代表族群淵源的神性驗證；「篆素」「金石」，作爲歷史傳承的權威記錄，共同指向其身係黃帝之後的合法性存在。何德章先生從北朝胡姓墓誌的敘事中發現了僞託望族和冒襲先祖的現象，他認爲這與胡姓家族的民族認同有關：

以華夏始祖爲族源或將族源追溯至華夏民族起源時期，這是十六國北朝少數民族政權的統治者爲獲得中原人心普遍採用的辦法。……北族出身者僞託中原名族，冒引華夏名人爲先祖，反映了他們進人中原後，面對一個有著悠久歷史與深厚文明的民族，心理上的不自信與趨同，這正是促使他們漢化的一種內在動力。史書中的說法，是一種政治宣傳，而墓誌中的記述，則是誌主或其後人心理上的認可。當進入中原的少數族人認同於華夏，或雖沒有忘記從邊地遷人中原的歷史，心理上卻仍然自認爲是華夏裔孫時，歷史上的少數族人漢化或華化的過程才算眞正完成。〔註85〕

現在我們所見的中古時期胡姓家族族源文本，多爲漢人（或者漢語）書寫，主要反映的是漢人的意識。北魏拓跋皇室追祖黃帝，即漢人的傑作。據《魏書・衛操傳》載：

衛操，字德元，代人也。少通俠，有才略。晉征北將軍衛瓘以操爲牙門將，數使於國，頗自結附。始祖崩後，與從子雄及其宗室鄉親姬澹等十數人，同來歸國，說桓穆二帝招納晉人，於是晉人附者稍眾。桓帝嘉之，以爲輔相，任以國事。及劉淵、石勒之亂，勸桓帝匡助晉氏。東瀛公司馬騰聞而善之，表加將號。稍遷至右將軍，封定襄侯。桓帝崩後，操立碑於大邗城南，以頌功德，云：「魏，軒轅之苗裔。」〔註86〕

〔註84〕 趙超編：《漢魏南北朝墓誌彙編》，天津古籍出版社，1992 年，第 249～251 頁。

〔註85〕 何德章《僞託望族與冒襲先祖——以北族人墓誌爲中心》，《魏晉南北朝隋唐史資料》第 17 輯，武漢大學出版社，2000 年，第 142 頁。

〔註86〕 《魏書》卷二十三，中華書局，1974 年，第 599 頁。按，校勘記引錢大昕《廿二史考異》卷三八：「此《傳》載衛操所立碑……惜爲史臣改竄，失其本眞。篇首云：『魏軒轅之苗裔。』考其時未有魏號，以文意度之當云『鮮卑拓跋氏』也。」

這段史料雖然存在改竄，但以拓跋氏出軒轅黃帝之後則無疑。這一說法出自漢人衛操之手筆，後來成爲鮮卑系胡姓家族攀附黃帝族的重要淵源。

當然，在族源聲稱和訴求上，胡姓家族也有他們自己的「聲音」。例如獨孤乘爲其父獨孤炫所作墓誌：

> 其先漢之裔胄。及大盜亂常，神器中絕，全身避地，保姓□山。□□□殊方，而代有貴位。……銘曰：明明我祖，國自於漢。百六之極，狂童叛換。裔胄超然，□飛朔邊。〔註87〕

這可以說是獨孤家族的「自我族源宣稱」，但依然是結構性敘事的類型。可見就書寫主體而言，並沒有表現出本質的差異。需要注意的是，不同書寫主體所蘊含的認同心態存在微妙差異。從漢人角度看，對於進入中原的「非我族類」，要使其同化，便要尋得使之安頓的理由，於是假借族源神話，爲「外來者」建立一種與華夏之間的聯繫。其中包含漢人的文化「優越性」，帶有某種「話語霸權」，亦即他們爲外來者「創造」了一個族源。從胡人角度看，胡姓家族據此尋得一個榮耀的先祖，或在敻遠的歷史中找到一個族源，對於家族融入漢人共同體社會，有百利而無一害，所以他們也樂於接受漢人「創造」的族源。

漢人創造的族源神話，既是面對外來者的，也是面對漢人的，因爲漢人在生產這一族源神話的同時，也成爲該神話的消費者，但是這種消費有多個層級。對於統治階層而言，他們傾向於強化這一族源敘事的權威性，以調和多源族群社會中的民族認同，增強民族凝聚力。一個經典的案例是唐代統治集團在鮮卑族源問題上的做法。由於跟鮮卑血統的密切關係，當時指出李唐出於鮮卑者大有人在〔註88〕。「種族主義」的萌芽引發了統治集團的警惕，由此形成控制歷史編纂，爲自己的族源找到合法性依據的「再造歷史」運動。同時，爲了消解民族矛盾，唐代統治集團在編纂歷史時，對北朝胡姓的族源也作了整合。不少出於朔漠的「今朝冠冕」獲得了一個漢人名家的祖先，並且在世系上也得到一種延續性證明，前引《周書·竇熾傳》即爲一例。

〔註87〕 吳鋼主編：《全唐文補遺》第一輯，三秦出版社，1994 年，第 137 頁。另外的例子如本爲羌人的雷景中爲其從兄雷諷所撰墓誌，自稱「其先軒轅之後」（吳鋼主編《全唐文補遺》第二輯，三秦出版社，1995 年，第 56 頁。）

〔註88〕 如《隋唐嘉話》載單雄信曾呼李元吉爲「胡兒」；彥悰《唐護法沙門法琳別傳》亦載法琳答太宗云：「拓拔達闍，唐言李氏；陛下之李，斯即其苗，非柱下隴西之流也。」

總之，族源神話的生產和消費，儘管存在書寫主體的不同和消費群體的層級，但都是爲「成爲華夏」或「本爲華夏」尋得存在的合法性依據，這是民族認同的重要步驟。

二、碑誌中的五帝族源與認同變遷

從前面我們所引的例子可以看到，中古時期，碑誌是族源敘事最爲集中的文體，而且具有相對的「私人性」，是研究這一歷史時期認同心理的第一手資料。「五帝」是中古時期胡漢族源追溯最集中的群體，代表了胡漢祖先（世系）認同的整體面貌。爲此，我們以中古時期碑誌文獻的胡漢「五帝」族源敘事文本爲中心，將族源敘事擴大到整個胡漢人群，來考察此一時段民族認同的相關問題和特點。

考察漢代到唐代碑誌中的族源敘事，可以看出族源選擇在多元中漸趨穩定。「多元」，意謂無論胡漢，都有多種族源選擇，三皇、五帝之外，其他商周始祖、近代名宦、部落豪酋、外國君長，皆可能成爲族源（祖源），由此呈現出華夏認同體系的多元性。「漸趨穩定」，就是族源選擇在多元中趨向統一，「黃帝」成爲族源的最多選項。上述這一總體特徵是依據漢唐時期碑誌文獻中族源敘事文本數量統計的結果。具體而言，各個時期還略有不同，胡漢之間也不同，如下面二表所示。

表2：漢魏晉南北朝隋碑誌中五帝族源敘事文本數量分佈

	黃帝		顓頊		帝嚳		堯		舜		禹		少昊		炎帝		總數
	胡	漢	胡	漢	胡	漢	胡	漢	胡	漢	胡	漢	胡	漢	胡	漢	
漢魏南朝		4	1	6		2		5		5		1		1		2	27
北朝	41	18	3	12	4	1	2	1	2		5			3	4	10	106
隋	4	2	2	2		2	1	2								1	19
總數	45	24	6	20	8	1	10		2	9	5	1		4	4	13	152
	69		26		8		11		11		6		4		17		

（注：表中資料據《全上古三代秦漢三國六朝文》《漢碑集釋》《魏晉南北朝墓誌彙編》及《新出魏晉南北朝墓誌疏證》。）

表3：唐代碑誌中五帝族源敘事文本數量分佈

	黃帝		顓頊		帝嚳		堯		舜		禹		少昊		炎帝		總數
	胡	漢	胡	漢	胡	漢	胡	漢	胡	漢	胡	漢	胡	漢	胡	漢	
初唐	21	111	5	48	1	37	4	29	3	24	8	2	2	15	4	31	345
盛唐	13	46	1	28		5		24		24	5			5	4	23	178
中唐	4	23		13		4		10		11	1	2		2		14	85
晚唐	2	29	2	20	1	5		16		9		4	1	1	1	16	107
總數	40	209	8	109	2	51	5	79	3	68	14	8	3	23	9	84	715
	249		117		53		84		71		22		26		93		

（注：表中資料來自《全唐文》《唐文拾遺》《唐文續拾》《唐代墓誌彙編》及《唐代墓誌彙編續集》。）

通觀二表，可以得出以下基本認識：

其一，**就五帝族源的總體分佈而言，黃帝族源遙遙領先**。整個漢唐時期，五帝族源文本數量共 867 例，黃帝族源文本以 318 例佔據絕對優勢，比例達 37%。此下依次為：顓頊 143 例，占 16%；炎帝 110 例，占 13%；堯 95 例，占 11%；舜 82 例，占 9%；帝嚳 61 例，占 7%；少昊 30 例，禹 28 例，各占 3%。這一比例數據充分說明：以黃帝為中心的族源認同已趨於穩定。值得注意的是，炎帝族源文本數量雖然低於顓頊，但所佔的比例已經上升到一個比較高的位置，這或許是「炎黃」認同發端的表現。武后問張說之語：「諸儒言氏族皆本炎黃之裔，則上古乃無百姓乎？」〔註 89〕炎黃並稱，正反應了當時的認同背景。在傳世文獻中，若剔除重複，「黃炎」二帝並稱，先秦 2 例，漢唐 6 例；「炎黃」「炎軒」並稱，則先秦未見，漢唐有 14 例。在出土文獻中，北朝時期墓誌只有黃帝和顓頊並稱〔註 90〕，而少見與炎帝並稱者。這些跡象表明炎帝認同尚未穩定，其為民間普遍接受還在此後。

其二，**就發展時段而言，黃帝族源在數量上有一個漸趨升高的過程**。漢魏時期，碑誌中未見胡姓家族五帝族源〔註 91〕，而且黃帝族源在這個時期也

〔註89〕《新唐書》卷一百二十五，中華書局，1975 年，第 4404 頁。

〔註90〕如《若干雲墓誌》（宣政元年）：「崇基盤峻，靈源攸遠，軒頊之餘，渙乎史冊。」《宇文瓘墓誌》（建德六年）：「若乃電影含星，軒轅所以誕聖；蜺光繞月，顓頊於是降靈。」

〔註91〕這或許可以從文體本身、胡漢人口結構來解釋。漢魏時期墓碑初興，相比此後其他時代，這一時期墓碑文獻數量還是顯得單薄。較早出現的胡姓人物碑誌是太康十三年的《晉護羌校尉彭祈碑》，彭祈為盧水胡人，碑中稱「其先出自顓頊」。

沒有顯現。顓頊和舜是此期族源的首選（各5例），其次是堯（4例）。這說明此時漢民族的族源選擇是多樣化的，尚未達成某些共識。到了北朝，黃帝族源驟然增加，高達59例，遠遠超出其他族源。這樣一個發展態勢，到了唐代一直延續，且在總數量上又有大幅提升，共達249例。其中初唐最多，為132例；盛唐次之，為59例；中、晚唐依次為27、31例。由此可見，黃帝族源成為胡、漢族源的首選發軔於北朝，這是一個關鍵時期，它對後來唐代的黃帝認同發生了直接影響；而初、盛唐，則是承接北朝並將黃帝認同進一步推進的重要階段。

其三，就五帝族源的胡、漢分佈而言，黃帝在北朝胡姓家族敘事文本中獲得集中認同，並得以持續發展。整個漢唐時期，胡姓黃帝族源文本共85例，占整個時期總數（867）的10%。具體而言，在北朝至隋這一時段，胡姓黃帝族源的數量高達45例，占此期總數（125例）的36%，占此期胡、漢同一族源總數（69例）的65%，其比例遠超漢姓家族。到了唐代，這個比例有所下降，在總數中占6%，在胡、漢兩類同一族源總數（249）中占16%。其所以出現這種情況，與此期漢姓家族所存碑誌數量（631例）遠遠多於胡姓家族（84例）有關。若僅從胡姓家族黃帝族源敘事文本的具體數量看，相比起北朝至隋時段，初盛唐時期仍然維持著一個較高的發展狀態。〔註92〕同時，這種情況也從側面說明：胡姓家族普遍的黃帝認同，在一定程度上刺激並促進了漢姓家族的同一認同傾向，並使其通過大量的碑誌文本呈現出來。關於此點，後文還將重點闡述。

既然如上所述，黃帝族源在總體分佈、發展時段及其在胡、漢二族的具體分佈中，都處於領先和持續發展的狀態，而北朝則是其「突變」時段，那麼，北朝時期黃帝族源的這種特殊性，便是深可關注的文化現象了。對此，我們試從下面兩個角度加以解釋。

首先，北朝時期黃帝族源在胡姓家族中興起，可以視為北朝胡姓「急於成為華夏」之認同心理的一種表現。族源選擇是族群邊界的重要標記，北朝時期黃帝族源的興起，實肇始於北魏王室。前面提到西晉末年衛曾為拓跋氏設計過「軒轅之苗裔」的族源，但當時在拓跋鮮卑部族中並沒有產生影響，這與當時拓跋部興起初期的背景有關。或者說，拓跋鮮卑當時不存在「急於

〔註92〕 由於據以統計的胡、漢家族敘事文本數量高達8倍的差距，故由此得出的比例，遠不足以說明問題，所可依重者，乃是胡姓家族文本數量與前代亦即北朝至隋時段之比照。

成爲華夏」的身份焦慮。但到了孝文帝遷洛之後，則完全不同了。《資治通鑒》載太和二十年孝文帝改定姓族事云：

> （正月）魏主下詔，以爲：「北人謂土爲拓，后爲跋。魏之先出於黃帝，以土德王，故爲拓跋氏。夫土者，黃中之色，萬物之元也；宜改姓元氏。」……眾議以薛氏爲河東茂族。帝曰：「薛氏，蜀也，豈可入郡姓！」直閤薛宗起執戟在殿下，出次對曰：「臣之先人，漢末仕蜀，二世復歸河東，今六世相襲，非蜀人也。伏以陛下黃帝之胤，受封北土，豈可亦謂之胡邪！今不預郡姓，何以生爲！」〔註93〕

鮮卑王室拓跋氏改元氏，以黃帝爲族源，出自統治階級的意志。薛宗起情急之下的言論，正好反映了鮮卑王室攀附黃帝族源的認同心理。從現存文獻看，當時民間的族源敘事亦受此影響而產生，是一個「自上而下」的過程〔註94〕。但種種跡象顯示，胡姓家族攀附漢人族源，並非出自強制，也不是被征服者的「屈辱」。大量北朝胡姓人物放棄本族群的族源而選擇漢人黃帝族源，這無疑是一種「順應」的心理。前文曾引述瀨川昌久對華南地區客家和本地的「遷移傳說」的研究，他特別指出這種傳說在傳承中所體現的認同意義：

> 少數民族接受祖先同鄉傳說意味著他們承認中華文明的絕對優勢並將它放置在自我認同感的核心部分，這是他們漢化過程中的重要指標，是主動對中華文明表示歸順的標誌。這種傳說在漢化程度高的少數民族等處於中華文明周邊的人們之間和地點尤爲興盛，其原因在於這些處於周邊位置的人們更渴望確立可以與尚未漢化的同胞以及歧視他們的漢族移居者相抗衡的新的認同感。〔註95〕

〔註93〕《資治通鑒》卷一百四十，中華書局，1956年，第4393～4395頁。

〔註94〕今所見北朝胡姓家族墓誌文獻中，以五帝爲族源者皆在孝文帝太和二十年改姓族之後。較早的爲正始四年《元緒墓誌》：「開基軒符，造業魏曆；資羽鳳今，啟鱗龍昔。」直接以黃帝作爲族源的墓誌敘事，較早見於永平三年《魏故寧陵公主墓誌》：「遙源遠系，肇自軒皇；維遼及筆，弈聖重光。」（趙超編：《漢魏南北朝墓誌彙編》，天津古籍出版社，1992年，第53、57頁）皆在改定姓族十年以後，且此二人均爲王室成員。可見北魏王室的黃帝族源敘事，在官方確定之後，傳播尚有一段時間。黃帝及五帝族源傳播到其他胡姓家族，亦如此。

〔註95〕（日）瀨川昌久著，河合洋尚、姜娜譯：《客家——華南漢族的族群性及其邊界》，社會科學文獻出版社，2013年，第151頁。

中國南方各地少數民族的「祖先同鄉」傳說，其實正是胡姓家族族源傳說的變體。而通過祖先同鄉傳說（族源傳說）來增強成爲中華民族（華夏）的認同感，古今是同一的。維繫族群意識的共同祖先並不一定必須是眞實的人物，只要持有這種看法的人們相信，同時也使得其他人相信，他們就能構成一個族群。我們現在看到的大量胡姓家族族源文本，是在漢人手中寫定的，正是這一觀點的注腳。

其次，北朝時期大量呈現於胡姓家族的黃帝族源，對當時乃至此後的黃帝認同具有不可忽視的推動作用。從碑誌文獻看，漢魏時期黃帝族源認同並不明顯；只是到了北朝，黃帝才開始非常集中地成爲胡漢兩家的共同族源。這種現象，引發我們的一個推測：北朝以後黃帝認同的凝聚，是否緣於胡漢雜糅背景下胡姓家族的「倒逼」作用？在民族認同中，「他者」具有重要的意義。費孝通先生在論述「漢人」的產生過程時曾說道：

> 民族名稱的一般規律是從「他稱」轉爲「自稱」。生活在一個共同社區之內的人，如果不和外界接觸不會自覺地認同。民族是一個具有共同生活方式的人們共同體，必須和「非我族類」的外人接觸才發生民族的認同，也就是所謂民族意識，所以有一個從自在到自覺的過程。〔註96〕

從漢魏以來，華夏中心與邊緣的互動極爲活躍，大量的外來族群進入華夏；對應的，也有大量華夏人物來到邊緣族群中：這是眾多結構性族源敘事文本產生的現實背景。在此背景下，華夏認同需要一個更具影響力、更富包容性的族源代表，來統合帝國內部多元的族群結構。而黃帝，無論從歷史層面還是現實層面，都成了胡漢家族族源認同的首選。北朝時期黃帝族源的形成，是一個雙向過程：一方面漢人面對大量異族入華的格局，需要一個共同族源來凝聚「我族意識」，以區別異族，於是早期漢人的多元族源開始向「黃帝」靠攏；另一方面，以鮮卑宗室爲首的入華異族，通過攀附漢人「黃帝」祖先，標舉正統，以合乎邏輯地成爲漢人。這兩個過程的合力，共同將黃帝推向華夏民族共同族源的地位。而胡姓家族在其中則分明扮演了一個「倒逼」的角色，尤其是北魏鮮卑宗室，他們對黃帝族源的選擇，直指源頭，眼界頗高，這對族群凝聚到一個共同祖先之下具有重要的意義。值得注意的是，前引沒

〔註96〕 費孝通《中華民族的多元一體格局》，《北京大學學報》（哲學社會科學版）1989年第4期。

蕃型族源敘事有崔浩以「拓跋之祖本李陵之冑」之說，這是北魏皇室最初採
納的族源傳說，而此說其後被放棄〔註97〕，轉以黃帝爲族源（李陵族源還一
「殘留」傳在一些胡姓家族的族源敘事中），這也從側面證明「黃帝」族源作
爲「共祖」的意義。

　　到了唐代，統一帝國承南北朝多族群複雜關係，民族認同的一個主要任
務便是消除胡漢之別，強化帝國凝聚力，因而，以黃帝爲中心的華夏民族認
同得以繼續發展和鞏固。一個顯見的事實是，黃帝族源的文本數量胡多於漢
的局面，到唐代反了過來，變成胡少漢多，這正說明胡姓家族的「倒逼」作
用已得到了相當程度的實現，也就是說，此前較爲分散的、多元的漢姓族源
認同，因胡姓家族大規模地「搶佔祖先」的行動，受到刺激和影響，而開始
集中地向黃帝靠攏，並湧現出大量以黃帝族源爲旨歸的敘事文本。當然，胡
姓家族黃帝族源對漢人黃帝族源的「競爭」依然存在，這可以從黃帝族源文
本數量的胡、漢比例差距看出。初唐時期，黃帝族源文本 132 例，胡姓占 16%，
漢人占 84%；盛唐時期，胡、漢比例分別是 22% 對 78%；中唐時期時期爲 15%
對 85%；晚唐時期爲 6% 對 94%。可見到從初唐到盛唐，胡姓家族在黃帝族源
中的比例一度還有提高。必要的「胡漢競爭」，對於維繫黃帝族源的地位是有
意義的。到了中晚唐以後，漢人黃帝族源已經遠遠超過胡姓家族，這正是胡
姓家族成爲華夏的結果。

　　認同共同體的形成，除了共享族源這一要素外，還有賴於其他認同因子
的整合，也有賴於統治集團、文人、普通百姓等各群體對認同要素的「生產
和消費」。從整個胡漢共同體形成的進程而言，各影響因子在唐代的意義不
同。以郡望攀附爲例，胡姓家族的郡望攀附從北朝時期已經開始，到了唐代
更爲氾濫。劉知幾的批評最爲激烈，他說：

　　　　且自世重高門，人輕寒族，競以姓望所出，邑里相矜。若仲遠
　　之尋鄭玄，先云汝南應劭；文舉之對曹操，自謂魯國孔融是也。爰

〔註97〕北魏皇室族源宣稱從李陵到黃帝的變遷，姜望來認爲與崔浩、寇謙之改革天
　　　　師道附會皇權有關，「崔浩爲拓跋鮮卑『安排』之祖先李陵在寇謙之道教改革
　　　　中被強烈暗示爲老君玄孫、寇謙之師李譜文，即共同將拓跋先祖塑造爲道
　　　　教經典與傳授系統中據有特殊地位之神仙。」而隨著寇謙之逝世及崔浩國史
　　　　之獄被誅，道教國家宗教的地位結束，基於道教傳授道統的李陵族源說也被
　　　　放棄，詳其論文《崔浩所謂「拓跋之祖本李陵之冑」試釋》，《唐研究》第十
　　　　八卷，北京大學出版社，2012 年，第 127～144 頁。

及近古,其言多僞。至於碑頌所勒,茅土定名,虛引他邦,冒爲己邑。
若乃稱袁則飾之陳郡,言杜則繫之京邑,姓卯金者咸曰彭城,氏禾女
者皆云鉅鹿。(原注:今有姓邴者、姓弘者,以犯國諱,皆改爲李氏,
如書其邑里,必云隴西、趙郡。夫以假姓猶且如斯,則眞姓者斷可知
矣。今西域胡人,多有姓明及卑者,如加五等爵,或稱平原公,或號
東平子,爲明氏出於平原,卑氏出於東平故也。夫邊夷雜種,尚竊美
名,則諸夏士流,固無慚德也。) 在諸史傳,多與同風。(原注:如
《隋史牛弘傳》云:「安定鶉觚人也,本姓尞氏。」至於它篇所引,
皆謂之隴西牛弘。《唐史謝偃傳》云:「本姓庫汗氏。」續謂之陳郡謝
偃,並其類也。) 此乃尋流俗之常談,忘著書之舊體矣。〔註98〕

劉知幾特別點出「西域胡人」及謝偃的例子,可見他對胡姓家族的郡望攀附
現象是很清楚的。中古時期胡、漢家族的郡望攀附行爲,也可用分析胡姓家
族黃帝族源「倒逼」作用時的互動觀點來解釋。南北朝以來士籍的僞冒和郡
望趨一的現象,可以視爲華夏民族認同趨一的表現:一方面,五胡亂華,伴
隨的民族大遷徙,打破了漢人穩固的地理空間意識(以地繫族,安土重遷),
漢人需要一個「想像的」共同地域來維繫「我族」意識,於是僑置郡縣、同
姓聯宗、互稱郡望的現象滋生。另一方面,本無郡望觀念的入華胡姓家族,
通過改姓和世系嫁接,攀附一個漢人家族世系而成爲漢人,同時連帶攀附漢
人郡望,形成「想像的」共同地域集團,孝文帝改姓族,代北胡姓統稱河南
人,即是一典型例證。這兩股大潮的合流,推動了「想像共同地域」(虛化的
郡望)形成,而其直接表現就是郡望的趨一。古今學者多從其他角度來批評
郡望攀附,而忽略了它的認同意義〔註99〕。岑仲勉先生論宋代以後郡望趨一
的現象,以爲其漸在唐。這約與黃帝族源認同漸趨一致的過程連響而進。

三、唐代胡漢共同體的形成

經過孝文帝改革到唐中葉兩個半世紀的民族關係整合,北朝胡姓家族「成
爲華夏」的過程可以說基本完成。一個表徵就是,五帝爲代表的族源文本數

〔註98〕 劉知幾撰,浦起龍釋,王煦華整理:《史通通釋》卷五《內篇·邑里》,上海
古籍出版社,2009 年,第 134 頁。
〔註99〕 此處將郡望攀附作爲認同因子,而不是作爲地域社會共同體的因子,是因爲
胡姓家族的郡望多爲「刻意」攀附的,是一種想像的地域。但胡姓家族的郡
望也有從地域社會發育而來者,如粟特後裔會稽康氏。

量（北朝至隋 125 例，初唐 345 例，盛唐 178 例，中唐 85 例，晚唐 107 例），
經歷北朝至唐初的持續增長之後，到了盛唐以後開始減少，尤其在中唐時期，
形成了一個「銳減期」。而且唐中葉以後，胡姓家族族源敘事越來越「歷史化」，
胡漢之別的「特徵」越來越不明顯。這說明隨著民族認同的趨一，以某種族
源來強調「我族」的身份已經不再必要，同爲漢人在此語境下是自明的。深
層次的民族融合過程轉向族源之外的其他領域〔註100〕。另外一個重要的表徵
就是：唐代三次官方大修氏族志，皆在唐代前期，這從側面也反映了華夏民
族認同共同體建構的階段性完成。要之，本爲漢人祖先的黃帝族源，經過胡
姓家族的「倒逼」，引發漢人的「自我意識」，從而開始了華夏民族認同共同
體的重建，隨著黃帝族源敘事文本的傳播，最終形成胡漢民族共享族源，凝
聚到華夏民族認同之下，這一過程在唐代中葉以後初步完成。

　　胡姓家族族源敘事，以其特殊的內容和結構特徵，成爲中古時期民族敘
事的一個特殊現象。我們必須承認，在漢人的族源敘事中，也存在我們前文
所說的居邊、避地、因官諸模式。但是，漢人的族源敘事並不具備上述類型
的典範性；更重要的是，胡姓家族族源敘事所體現出的一種「神話」性質，
與漢人族源敘事的「歷史」性質不同。我們也要看到，胡姓家族族源敘事的
結構特徵根植於漢文化深層結構。但是這些結構性特徵的經典文本，多發生
於民族關係或民族問題相關的情境之中，是華夏民族觀念的濃縮，這在《史
記》中周、秦、越等民族關係的敘事中可以得到明證。胡姓家族族源敘事的
特殊性主要在於它所體現的民族認同意義，這在漢人族源敘事中是不可能出
現的。

　　人類學的研究以族源（本質是一種祖先記憶）作爲一個重要的認同指標。
胡姓家族放棄本民族的祖先而選擇漢人族源，其本質是一種漢化過程。而不
爲我們所知的是，恰好是胡姓家族對漢人族源的攀附，強化了漢人的族群「自
我意識」，從而促成了胡漢共同體中「黃帝」作爲共同族源的出現，奠定了中
華民族今日「炎黃子孫」之認同局面。與族源過程同步進行的其他認同過程，
如改姓賜姓、郡望攀附、世系嫁接等，同樣以一種交互作用，在胡漢之間形

〔註100〕　中晚唐以後，族源敘事文本中較少對傳說時代遠祖的追溯，而多轉向本朝家
　　　　　族的描述，尤其是「祖德」「冠冕」的敘事。這是胡姓家族漢化深入，胡漢差
　　　　　別消失的表現。至五代宋初，胡漢語境發生質的變化。關於唐代胡漢之爭與
　　　　　宋代華夷之辨主題和本質的差異，詳鄧小南《論五代宋初胡漢語境的消解》
　　　　　（《文史哲》2005 年第 5 期）有關論述。

成族群關係的調整，最終整合到唐代統一帝國內部民族關係之中，凝聚爲漢胡漸趨一體的「唐人」。上述認同過程，發軔於北魏，完成於唐中葉。從「五胡亂華」以來的民族關係調整，至此方可謂初步結束。而唐代新的民族關係，以及新內附民族，相應的認同過程變遷，則又循著上述認同過程，不斷推進。

　　中華民族共同體的形成，經歷了幾個重要的歷史時期。春秋戰國時期，夷狄交侵，不絕如縷，這種民族格局促使散居的中原民族以華夏共稱來區別四夷，形成了早期界劃相對嚴格的華夏民族；秦漢以後直至唐代，隨著北方民族政權的建立，華夏與北方民族的關係加深，胡漢融合的局面亟需一個包容性更廣、更強的認同模式來統合，以黃帝爲中心的族源在胡漢互動中走向前臺，凝聚爲中華民族黃帝族源的基本形態；唐代大一統的民族格局在宋代以後再次被南北民族政權的對立所取代，不同於唐型文化的開放和包容，宋以後華夏文化轉型，歷史上曾形成的類似「漢人」「唐人」的概念，至此以後再沒有出現〔註101〕。民族認同轉向帝國內部認同關係的深化整合。唐中葉以後，中國經濟重心的南移，以及人口的南遷，將黃帝爲中心的華夏民族族源傳播到南方。明清時期人口流動的加速，放大了這個過程，「同祖先傳說」傳播到南方、西南等廣闊地域，而且爲當地少數民族所接受。近代以來，隨著列強的侵略以及近代民族知識的傳播，「國族運動」興起：一方面是以西方的民族知識重新認定、識別國內各民族；另一方面是以中華民族、華夏民族或炎黃子孫的共稱來凝聚我族意識，對抗列強。中華民族共同體至此基本確立。就此而言，中華民族今日的認同共同體，正是歷史上這種民族認同不斷推進的結果。

〔註101〕按，漢人、唐人概念使用範圍的「超越性」從下面三個例子可以看出：《元史》卷二百八《外夷·日本》載至元十八年元軍征日本，敗卒於閭逃歸云：「餘二三萬爲其（日本人）虜去。九日，至八角島，盡殺蒙古、高麗、漢人，謂新附軍爲唐人，不殺而奴之。」《明史》卷三百二十四《外國傳·眞臘》：「唐人者，諸番呼華人之稱也。凡海外諸國盡然。」王士禛《池北偶談》卷二十一「漢人唐人秦人」條云：「昔予在禮部，見四譯進貢之使，或謂中國爲漢人，或曰唐人。謂唐人者如荷蘭、暹羅諸國，蓋自唐始通中國，故相沿云爾。馬永卿引《西域傳》言：『秦人我丐若馬。』注謂中國人爲秦人，各以通中國時爲稱，古今不易也。」

第二章　中古胡姓家族譜系建構與族群認同

　　華夏民族特重譜系，且有悠遠的記錄歷史，文字世系的記錄可以追溯到商代甲骨和青銅銘器上的家譜〔註 1〕，而世系書更是互綿不絕。世系是維繫共同體社會最基本的鏈條之一，也是凝集家族、族群或民族記憶的重要線索〔註 2〕。而世系偽冒、改易也伴隨著漢文化歷程。唐代統治集團李氏的世系改易，爲唐史之一段公案，已經由陳寅恪先生發覆，而其發凡起例尤爲重要：「世系改易之歷程，實不限於李唐皇室一族，凡多數北朝、隋唐統治階級之家，亦莫不如是，斯實中國中古史上一大問題，亦史學中千載待發而未發之覆。」〔註 3〕李唐皇室之族屬姑且不論，陳寅恪所提問題及提供之方法，對唐代胡姓家族的世系問題頗有啓發。世系改易之問題，在胡姓家族中尤爲迫切。漢人之世系改易，或爲攀附門第，而胡姓家族之世系嫁接，則尚有消除族性身份、規避種族偏見的內涵，因而具有民族認同的意義。漢文化主體，面對爲數頗多的胡姓，也試圖「收編」和「改造」胡姓族群，將其納入漢文化共同歷史記憶之中。這個雙向過程，共通之處就是利用世系建構。這裡所謂的世系建構，專指胡姓家族攀附漢人的世系改易行爲。

〔註 1〕 王鶴鳴：《中國家譜通論》，上海古籍出版社，2011 年，第 44～47 頁。
〔註 2〕 世系是漢文化本土概念，也是定義宗族的核心要素。本文所用世系概念，涵納族群（民族）記憶、姓氏源流、血緣共同體、地域共同體等多個維度，是「建構的」或「開放的」，作爲胡姓家族共同體建構的題中之義而存在，並不擴展到漢人。
〔註 3〕 陳寅恪：《唐代政治史述論稿》，三聯書店，2001 年，第 197 頁。

在關於胡姓家族族源敘事的研究中，我們亦使用譜系或世系的概念，那是就其廣義而言。廣義的世系或者世系群，包含族源敘事、姓源、世系分支為一整體。但在具體的文本中，各部分有時會缺損。本節我們將注意力集中到具體的、狹義的世系文本。我們主要關注的是這些世系文本形成的過程，其出現的歷史情境及其背後蘊含的認同意義。

第一節　譜系建構的一般規律和形態

一、譜系重建

民族志顯示，不同民族記錄祖先譜系的方式多種多樣。中古時期入華胡姓家族，經歷了從朔漠到中原，從蒙昧到文明的過程，文字記載之部族早期歷史多有闕疑，其部族、家族的譜系更是無跡可尋。但入華既久，薰習漢人之傳統，他們也開始編製本族、本宗之譜系，而對於闕疑時代則採取重建之策略。

譜系重建，即本無某段世系而完全或部分地重建該段世系。這種方式常常和族源的攀附相聯繫。族源攀附和譜系重建往往還有一些參照點，共同構成世代的序位。《魏書》關於鮮卑早期世系之重建即為一典型例子。《魏書·序紀》載：

> 昔黃帝有子二十五人，或內列諸華，或外分荒服，昌意少子，
> 受封北土，國有大鮮卑山，因以為號。其後世為君長，統幽都之北，
> 廣漠之野，畜牧遷徙，射獵為業，淳樸為俗，簡易為化，不為文字，
> 刻木紀契而已，世事遠近，人相傳授，如史官之紀錄焉。黃帝以土
> 德王，北俗謂土為托，謂后為跋，故以為氏。其裔始均，入仕堯世，
> 逐女魃於弱水之北，民賴其勤，帝舜嘉之，命為田祖。爰歷三代，
> 以及秦漢，獯鬻、獫狁、山戎、匈奴之屬，累代殘暴，作害中州，
> 而始均之裔，不交南夏，是以載籍無聞焉。積六十七世，至成皇帝
> 諱毛立。聰明武略，遠近所推，統國三十六，大姓九十九，威振北
> 方，莫不率服。〔註4〕

鮮卑族源攀附黃帝及其封邊的結構性敘事，我們已經在前節中作了考察。北魏成帝毛之前的「六十七世」遠古世系，是根據漢人史籍中所記載的古帝世

〔註 4〕《魏書》卷一，中華書局，1974 年，第 1 頁。

系，經過大致推算建立起來的〔註5〕。在黃帝和昌意之後的世系在漢人文獻中
是清楚的（如《帝系》《五帝本紀》中的記載），但鮮卑世系未採納，這是一
種有意的「規避」。鮮卑的這一段歷史，被視爲淳樸的游牧時代。鮮卑世系之
起點「始均」爲堯舜時人物，其爲「田祖」的情節，是從游牧文明到農耕文
明的暗示。堯舜禹爲三代理想社會的領袖，將世系的起點定在這個時代，其
意義是很明顯的。堯舜之前的世系，只是在漢人認同上有一個相對的序位；
而此後的世系，在漢人史籍中有絕對年代。至於鮮卑遠古世系的終點「毛」（亦
即近古世系的起點），卜弼德以爲是匈奴單于冒頓的比擬，是很有啓發的：不
但說明世系重建有其淵源和參照系，而且反應了鮮卑在族源上「潛在」的匈
奴認同（或是漢人認爲鮮卑有如此認同）。總之，鮮卑世系正是在鮮卑主觀認
同與漢人文獻記錄、史籍書寫結構以及思維中重建起來的「想像世系」。正如
學者所言：

> 　　這一重構帶有明顯的漢化色彩，因爲它顯示將拓跋部的先世史
> 「嫁接」到中原古史的言説框架內的強烈傾向。從此種視角去分析
> 《序紀》記載的拓跋先世史，就很容易發現，它的第一段只能是在
> 後來依託著中原古史重新構擬出來的。因而所謂「始均」，很可能就
> 是把漢語「始君」的鮮卑語譯音再度回譯到漢語文獻時所採取的音
> 寫形式。〔註6〕

鮮卑早期歷史或者源頭世系是漢人「典範歷史」加鮮卑「口述歷史「的混合。
黃帝、昌意、始均、毛這一些世系點，是漢人「知識」的「鮮卑化」，既符合
漢人文字歷史的傳統，也符合鮮卑融入華夏的目的，這是雙向的需要。同突
厥等其他民族的神話、傳說相比，鮮卑在族源上攀附黃帝，在世系上依照漢
人古史「重建」，其直接的影響就是本族歷史的「闕失」。這是鮮卑深於漢化

〔註5〕鮮卑早期世系六十七世之説，卜弼德以舜的時間爲紀元前大約 2210 年上
　　　下；而以「毛」爲匈奴單于冒頓之虛構，按照「標準年代學」，至舜時之「始
　　　均」至「毛」，相隔 2010 年，按三十年爲一世計，正好六十七世。而姚大力
　　　先生則認爲北魏遠古世系所依據的「標準年代學」爲魏晉南北朝時期人們認
　　　同的《漢書·律曆志》中的版本（《論拓跋鮮卑部的早期歷史——讀〈魏書·
　　　序紀〉》《復旦學報》（社會科學版）2005 年第 2 期。）無論哪一種「標準年代
　　　學」，都是一種世系重建。

〔註6〕姚大力：《論拓跋鮮卑部的早期歷史——讀〈魏書·序紀〉》，《復旦學報》（社
　　　會科學版），2005 年第 2 期，收入《北方民族史十論》，廣西師範大學出版，
　　　2007 年，第 5 頁。

的結果，但似乎也因中古前期的民族歷史敘事有關。在《史記》至《魏書》之間的史籍，慣常從漢人神話、傳說和早期歷史中為外族尋找「族源」，世系敘事亦遵循漢人模式。至唐人所編南北朝史籍，北方民族族源始多神話，這或許是民族「自覺」在歷史書寫中的一種反射？

　　一般的胡姓家族，族源和世系建構遵照其民族（族群）的敘事結構。還有一些胡姓家族的世系重建，則顯得更為「激進」，例如侯景家族的世序，《梁書・侯景傳》載：

> 侯景，字萬景，朔方人，或云雁門人。（侯景受禪）其左僕射
> 王偉請立七廟。景曰：「何謂為七廟？」偉曰：「天子祭七世祖考，
> 故置七廟。」並請七世之諱，敕太常具祭祀之禮。景曰：「前世吾不
> 復憶，惟阿爺名標。」眾聞咸竊笑之。景黨有知景祖名周者，自外
> 悉是王偉製其名位，以漢司徒侯霸為始祖，晉徵士侯瑾為七世祖。
> 於是追尊其祖周為大丞相，父標為元皇帝。〔註7〕

侯景本為羯胡（姚薇元考），不記祖宗世系，更不諳漢人廟制，其世系為王偉「重建」，這是一種赤裸裸的作偽方式。陳寅恪先生曾說：

> 昔侯景稱帝，七世廟諱，父祖之外，皆王偉追造，天下後世傳
> 為笑談。豈知李唐自述先世之名字亦與此相類乎？夫侯漢李唐俱出
> 自六鎮，（侯氏懷朔鎮人，李氏武川鎮人。）雖其後榮辱懸絕，不可
> 並言，但祖宗名字皆經改造，則正復相同。〔註8〕

中古時期，譜學盛行，近祖世系的偽冒往往涉很大的風險，侯景就是一個例子，故為後世所笑。但如李唐世系之改易，則有很強的隱蔽性，且憑藉官方的「庇護」〔註9〕，遂能使千載後人不悟。

〔註7〕《梁書》卷五十六，中華書局，1973年，第833，859～860頁。

〔註8〕陳寅恪：《李唐氏族志推測》，載《金明館叢稿二編》，三聯書店，2001年，第326頁。

〔註9〕陳寅恪曾懷疑唐代官方是否有意刪除了有關其家族世系的文獻，或者通過壓力使類似記載記載無法傳播。在《李唐氏族之推測》「李重耳南奔之說似後人所偽造」條下有專門的說明：「寅恪則並疑凡李重耳南奔之事，載在唐修晉書涼武昭王傳、北史序傳、兩唐書高祖紀、新唐書宗室世系表等者，皆依據唐室自述宗系之言，原非真實史蹟。乃由後人修改傅會李初古拔被禽入宋後復歸魏之事而成。兼以李重耳之奔宋，與李寶之歸魏，互相對映也。」（《金明館叢稿二編》，第330頁。）在《李唐武周先世事蹟雜考》又提到：「李延壽書柳元景傳所據本即《宋書柳元景傳》。而李書奏聞之際，或行世之時，忽發覺李初拔古即當代皇室之祖先，故急遽抽削，以避忌諱，而事出倉卒，自不

二、世系嫁接

世系嫁接是廣泛存在於胡姓家族世序鏈條中的一種現象，越是晚出、越是精密的世系尤其如此。這其中包括「斷層世系」和「無縫世系」兩種嫁接方式。

（一）斷層世系

斷層世系是胡姓家族將近祖攀附到某個具體的漢人（包括「構擬」的人物），但中間有一段空缺。比如《康達墓誌》稱「十六代祖西華國君，東漢永平中遣子仰入侍，求爲屬國。」〔註 10〕《史善法墓誌》稱「肆拾三代祖霸，並□□□□大夫。三拾捌（代）祖良，後漢征南將軍。」〔註 11〕而實際上二人都爲粟特後裔。

世系斷層廣泛出現於胡姓家族世系敘事，無論是否可以通過「標準年代學」或者其他方式計算出斷層的世數，這種斷層在世系敘述者而言，代表一種對家族歷史的理解和認同。如白居易家族的世系敘事，是文學史上爭議的話題，但如果從世系斷層的角度來看，其中存在共通之處。白居易《故鞏縣令白府君事狀》中云：

> 白氏羋姓，楚公族也。楚熊居太子建奔鄭，建之子勝居於吳、楚間，號白公，因氏焉。楚殺白公，其子奔秦，代爲名將，乙丙已降是也。裔孫曰起，有大功於秦，封武安君，後非其罪，賜死杜郵，秦人憐之，立祠廟於咸陽，至今存焉。及始皇思武安之功，封其子仲於太原，子孫因家焉，故今爲太原人。自武安以下，凡二十七代，至府君高祖諱建，北齊五兵尚書，贈司空。〔註 12〕

關於這段世系，陳振孫《白文公年譜》曾辨其「牴捂」，顧炎武亦指問題：「按白乙丙見於僖之三十三年，白公之死則哀之十六年，後白乙丙一百四十八年。曾謂樂天而不考古一至此哉！」〔註 13〕顧炎武之批評誠爲一針見血，但白氏

及重修，無復暇詳改，遂留此疵病。」（《金明館叢稿二編》，第 311 頁。）《讀通志柳元景沈攸之傳書後》「頗疑雜糅沈李二書即出於鄭氏之手，殆以李唐多所刪削故取沈書以補之歟？」（金明館叢稿二編，第 359 頁。陳寅恪論李唐氏族四篇文章中，亦談到唐代官方對涉及皇室族源史料的處理問題。）

〔註 10〕吳鋼主編：《全唐文補遺》第五輯，三秦出版社，1998 年，第 140 頁。
〔註 11〕吳鋼主編：《全唐文補遺》第五輯，三秦出版社，1998 年，第 270 頁。
〔註 12〕朱金城：《白居易集箋校》，上海古籍出版社，1988 年，第 2832 頁。
〔註 13〕顧炎武著，張京華注解：《日知錄校釋》卷二十四，嶽麓書社，2011 年，第 907 頁。

卻絕非「不考古」。按白起卒秦昭王五十年（前 257 年），白建生卒不詳，但至北齊建國（550 年），則計 807 年，按照三十年一代，正好是白居易所說的二十七代。這實在是「考古」至深所致，但卻不是客觀史實。因為三十年一代，只是理想的狀態，真正的世系演進往往更複雜。所以這種斷層世系越是「精確」，其為偽託和重建的痕跡就越明顯，在歷時較長的世序斷層中尤如此。胡姓家族族源的選擇或攀附，決定了他們世系斷層的設計。除了以白起為遠祖而以白建為近祖，白氏世系還有其他版本，如高璩撰《白敏中墓誌》云：

> 白氏受姓於楚，本公子勝理白邑，有大功德，民懷之，推為白公。其後徙居秦，實生武安君，太史公有傳，遂為望族。元魏初，因陽邑侯包為太原太守，子孫因家焉，逮今為太原人也。〔註14〕

這裡將近祖追溯到北魏時太原太守白包。而《宰相世系表》「白氏」世系亦云：

> 武安君起，賜死杜郵，始皇思其功，封其子仲於太原，故子孫世為太原人。二十三世孫後魏太原太守邕，邕五世孫建。〔註15〕

此世系中之太原太守白邕，當即白包〔註16〕。按，白敏中墓誌雖千年之後才出幽冥，但其作者高璩時為翰林學士承旨，後貴為宰相，其文章流傳當世之可能極大。否則《宰相世系表》作者當不至與之暗合。若非此，則可能在白敏中墓誌之前已白邕（或白包）其人之史料。頗疑白包為後魏時白氏之名人，所以被傳為白居易家族世系中之參照點，而《宰相世系表》進而將其進一步「標準化」。白居易「二十七代」之說，《宰相世系表》分為兩段：白起二十三世至白邕（白包），邕又五世至白建，兩個斷層合二十八世，（出去本身）湊合白居易之數。這又是一種「精確」的世系斷層。又如《白敬宗墓誌》載：

> 其先太原晉陽人。顓頊帝之後。帝之裔曰起。起為秦將，封武安君，有功於秦，與立祠。將軍二十代孫，府君七代祖建。〔註17〕

白敬宗高祖白溫，曾白若鏞，祖白季論，父白公濟，為白居易族侄。此志書於乾符六年，明顯是承襲了白居易的世系敘事。但誌中卻將將白居易白起至白建「二十七代」之世系推算改為二十代，究竟是碑刻誤漏七，還是故意將二十七拆為二十和七？無論如何，同一家族之世系斷層，卻有矛盾如此。這

〔註14〕 吳鋼主編：《全唐文補遺》第三輯，三秦出版社，1996 年，第 244 頁。

〔註15〕 《新唐書》卷七十五下，中華書局，1975 年，第 3412 頁。

〔註16〕 疑「邕」字涉《北齊書》卷四十邕、白建傳，「世稱唐、白」而訛。唐邕亦太原人。而將白邕「設計」為太原太守，亦漏出馬腳。

〔註17〕 吳鋼主編：《全唐文補遺》第一輯，三秦出版社，1994 年，第 413 頁。

種據於不同「標準年代」版本或者世序敘述者的主觀認同而設計世系斷層，在白氏人物中還有其他版本，如《白羨言墓誌》云：

> 昔天命祝融，制有於楚。泊王熊居太子生勝，避地於吳，錫號白
> 公，爰命氏矣。勝孫起，適秦爲良將，爵武安君。始皇踐祚，封太原
> 侯，今爲爲太原人。後十五葉生建，仕齊爲中書令，贈司空公。〔註18〕

此誌作於開元二十三年。誌文所設計之白起至白建的世系斷層爲「十五葉」。更有意思的是，白羨言子白慶先墓誌亦被發現，其墓誌稍在其父前〔註19〕，其中云：「君諱慶先，太原祁人。秦將武安王起廿七代孫。嘉猷□謀，備於舊史。」〔註20〕同一家族父子之間的墓誌竟有如此差別：白起至白慶先爲二十七代，而白起至白建爲十五葉，是白建至白慶先爲十二代。自北齊至開元間不過兩百年，十二代之數，未免可笑。

總之，雖然白居易所設計之二十七代最爲「精確」，但跟以上其他推算相比，內涵卻是同樣的，而無誰眞誰假的差別。諸如種種世系斷層之設計，倘若引爲眞實則大謬矣。白羨言婚河南賀若氏，從其家風來看，其爲胡人的可能性極大。今日爭議白居易究竟是胡人還是漢人，莫衷一是。但我們從其世系敘事的種種跡象中可以看出，懷疑其爲胡人者固有原因，證明其爲漢人則難以坐實。

（二）無縫世系

胡姓家族無縫世系一般是較爲晚出的世系類型。這種世系將譜系嫁接到一個譜系悠遠的漢人祖先（遠祖），往後聯繫不斷，毫無破綻，最典型的莫過於《新唐書・宰相世系表》將竇賓所代表的鮮卑竇氏世系連接到竇統所承襲的漢人世系鏈，後文中我們會單獨作分析。無縫世系嫁接，不僅出現於「胡—漢」世系中，還出現在「胡—胡」世系中。至於是否有「漢—胡」世系，即漢人家族將世系嫁接到胡姓家族中，筆者尚未見到相關案例。下面以前兩種無縫世系爲例說明。

〔註18〕吳鋼主編：《全唐文補遺》第二輯，三秦出版社，1995 年，第 507 頁。
〔註19〕白羨言卒先天二年，開元二十三年與夫人合葬，誌云此前仲子白慶先、季子白嗣先已先卒。白慶先墓誌不詳卒年，但云充「御史大夫、兼幽州府長史張守珪」判官，「今年二月廿二日，使差給熟奚糧，奚判遇害」。則當在開元二十一年。又其葬在其卒年七月二日卜葬於河南縣平樂鄉原先塋，而白羨言墓誌云開元廿三年八月十九日奉府君夫人神安厝於平樂原，非同葬可知。
〔註20〕吳鋼主編：《全唐文補遺》第七輯，三秦出版社，2000 年，第 383 頁。

1、「胡─漢」無縫世系

胡姓家族將世系嫁接到一個漢人名望之家，形成一條完整的世系鏈條，這是比較常見的。下面我們以《宰相世系表》所載薛氏世系爲例來分析：

> （前略）廣德生饒，長沙太守。饒生願，爲淮陽太守，因徙居焉。生方丘，字夫子。方丘生漢，字公子，後漢千乘太守。漢生彪，字輔國，司徒祭酒。彪生侍御史安期，安期生中山相修，修生馬邑都尉山塗，山塗生山陽太守固，固生龍丘令文伯，文伯生東海相衍，衍生兗州別駕蘭，爲曹操所殺。子永，字茂長，從蜀先主入蜀，爲蜀郡太守。永生齊，字夷甫，巴、蜀二郡太守，蜀亡，率户五千降魏，拜光祿大夫，徙河東汾陰，世號蜀薛。二子：懿、始。懿字元伯，一名奉，北地太守，襲鄠陵侯。三子：恢、雕、興。恢一名開，河東太守，號「北祖」；雕號「南祖」；興，「西祖」。
>
> 西祖興，字季達，晉河東太守、安邑莊公。三子：紀、清、濤。濤字伯略，中書監，襲安邑忠惠公，與北祖、南祖分統部眾，世號「三薛都統」。〔註21〕

《宰相世系表》中薛氏世系連續無縫，毫無破綻。其中的「突變」處是薛永從劉備入蜀事，以及薛永子薛齊在蜀後降魏徙居汾陰而稱「蜀薛」事。從族源敘事的結構模式看，這是典型的「迴環」型敘事結構。此世系中多人在史籍中無載，今人多致疑〔註22〕。陳寅恪考魏收以「蜀」爲江東領域內一民族之名，由此提出一段公案：

> 寅恪案，蜀薛之自以爲薛廣德後裔，疑與拓拔魏之自稱源出黃帝，同爲可笑之附託，固不足深論。即爲蜀漢薛永之子孫一事，恐亦有問題。總之，當時世人皆知二族之實爲蜀，爲鮮卑，而非華夏高門，則無可解免也。〔註23〕

〔註21〕 《新唐書》卷七十三下，中華書局，1975 年，第 2990，3001 頁。

〔註22〕 上引世系，爭議頗大，不信從如劉淑芬認爲：「由於蜀薛是非漢民族，他們擠身於著姓之後，便捏造自己的家系……」（《北魏時期的河東蜀薛》，收入邢義田等主編《家族與社會》，中國大百科全書出版社，2005 年，第 261 頁。）也有學者以爲眞實歷史。如毛漢光先生《中國中古政治史論》第三篇《晉隋之際河東地區與河東大族》，第四、五節對河東薛氏及其與河東族群關係的分析，將薛永之後的世系作爲眞實歷史分析。（上海書店出版社，2002 年，第121～126 頁。）另外還有一種調和的說法，見林宗閱《試論河東「蜀薛」的淵源問題》（《早期中國史研究》第一卷，2009 年，第 45～61 頁。）

〔註23〕 陳寅恪：《金明館叢稿初編》，三聯書店，2001 年，第 84 頁。

此後補充、辯難陳氏之說者頗多，但對於薛氏世系中的問題，卻多未辨析。陳寅恪此說所據之材料如下。《北史·薛辯傳附薛聰傳》載：

> 帝曾與朝臣論海內姓地人物，戲謂聰曰：「世人謂卿諸薛是蜀人，定是蜀人不？」聰對曰：「臣遠祖廣德，世仕漢朝，時人呼為漢。臣九世祖永，隨劉備入蜀，時人呼為蜀。臣今事陛下，是虜非蜀也。」帝撫掌笑曰：「卿幸可自明非蜀，何乃遂復苦朕。」聰因投戟而出。帝曰：「薛監醉耳。」其見知如此。〔註24〕

此事《資治通鑑》記在齊建武三年（北魏太和二十年）正月孝文帝詔改姓族之後，云：

> 眾議以薛氏為河東茂族。帝曰：「薛氏，蜀也，豈可入郡姓！」直閣薛宗起執戟在殿下，出次對曰：「臣之先人，漢末仕蜀，二世復歸河東，今六世相襲，非蜀人也。伏以陛下黃帝之胤，受封北土，豈可亦謂之胡邪！今不預郡姓，何以生為！」乃碎戟於地。帝徐曰：「然則朕甲、卿乙乎？」乃入郡姓，仍曰：「卿非『宗起』，乃『起宗』也！」〔註25〕

《通鑑考異》引《北史》上文謂其史源為元行沖《後魏國典》。按《魏書》薛辯傳附薛聰傳極其簡略，並無「蜀薛」之爭事；《北史》和《後魏國典》史源為何，已難考知。薛聰當即薛宗起，但《北史》及《後魏國典》傳寫不同，《通鑑》取後者而棄前者，為何？對比兩個版本，一個不同是：薛聰云九世祖永入蜀；薛宗起只是說先人仕蜀，二世復歸河東，至今六世。這兩種說法殊途同歸，只是《後魏國典》省略了薛廣德、薛永等世系參照點，沒有坐實。還有有一個不同之處是：薛聰對孝文帝說「是虜非蜀」；薛宗起云孝文帝「豈可亦謂之胡」，前為肯定、污蔑性的言辭，後者為否定、中性的言辭〔註26〕。元行沖本傳謂「行沖以本族出於後魏，而未有編年之史，乃撰《魏典》三十卷」〔註27〕，其書本

〔註24〕《北史》卷三十六，中華書局，1974年，第1333頁。

〔註25〕《資治通鑑》卷一百四十，中華書局，1956年，第4395頁。

〔註26〕按：薛氏被稱為「胡」，南北朝時期尚有其他例子。《太平御覽》卷第二百四十九「職官部」四十七引《後秦記》云：「姚襄遣參軍薛瓚使桓溫，溫以『胡』戲瓚。瓚曰：『在北曰狐，居南曰貉，何所問也。』」此薛瓚與薛辯家族的關係不詳，《資治通鑑》卷九十九永和八年（352）三月條下載姚襄以「以太原王亮為長史，天水尹赤為司馬，太原薛瓚、略陽權翼為參軍」，即此人。此「太原」之稱或與河東薛氏有關？

〔註27〕《舊唐書》本傳：「初魏明帝時，河西柳谷瑞石有牛繼馬後之象，魏收舊史以為晉元帝是牛氏之子，冒姓司馬，以應石文。行沖推尋事蹟，以後魏昭成帝

爲祖先正名，自然對自己的族屬有所諱。實則其材料可能即取自《北史》而潤飾者，《通鑑》從之失考。據《唐會要》卷六十三，元行沖編撰《魏典》在景龍三年十二月，其時西祖薛氏依附太平公主，在朝廷中勢力極盛。元行沖書中對於薛氏家族的族屬，自然不敢直書其事，況且其事連帶自己祖先的問題。

　　薛聰所言世系是否可靠呢？北朝薛氏人物，史傳中所載，以《魏書·薛辯傳》爲早而詳，其云：

> 薛辯，字允白。其先自蜀徙於河東之汾陰，因家焉。祖陶（《北史》作濤），與薛祖、薛落等分統部眾，故世號三薛。父強，復代領部落，而祖、落子孫微劣，強遂總攝三營。〔註28〕

《宰相世系表》中有「三薛都統」爲北祖薛恢（開）、南祖薛雕與西祖薛興子薛濤，亦「分統部眾」。從薛聰到薛永的世系如下：薛永（入蜀）—薛齊（徙河陰）—薛懿—薛興（西祖）—薛濤（薛陶）—薛強—薛辯—薛謹—薛瑚—薛聰。不計薛聰，正好爲九世。這究竟是驗證了史實還是迎合了一種世系建構？正史、地方志、金石文獻多載薛強以後人事，而薛陶以上諸人則未見。要解開此世系之謎題，薛永以下薛強之前諸人爲重要節點。據《魏書》、《北史》，薛陶、薛祖、薛落等分統部眾；至薛強，復代領部落。這種部眾、部落，在十六國北朝時期通常是指少數部族，或爲薛氏從蜀中帶到汾陰之宗人、部曲。薛強仕姚興爲鎮東將軍，入爲尚書；子辯復襲統其營，爲姚興尚書郎、建威將軍、河北太守。皆爲依託地方軍事職務，有很強家族、部族武裝特點。但《宰相世系表》對「薛懿—薛興（西祖）—薛濤（薛陶）」這段世系的敘事，卻是一種典型的「官爵本位」：

> 懿字符伯，一名奉，北地太守，襲鄗陵侯。三子：恢、雕、興。恢一名開，河東太守，號「北祖」；雕號「南祖」；興，「西祖」。……西祖興，字季達，晉河東太守、安邑莊公（《北史》作晉尚書右僕射、冀州刺史、安邑公）。三子：紇、清、濤。濤字伯略，中書監（《北史》載爲梁州刺史）。

《魏書》《北史》，都據家狀譜牒而成，其中僞冒的情況不少。《魏書》尚未記載薛興其人，亦只載薛陶（濤）與薛祖、薛落分統部眾號「三薛」之事，而

名犍，繼晉受命，考校謠讖，著論以明之。」可見元行沖編此書，有爲祖先「正名」的意圖。其書今不傳，《通鑑》有引文。
〔註28〕《魏書》卷四十二，中華書局，1974年，第941頁。

至《北史》則詳記薛興、薛濤（陶）官爵，這本身已透露出後代譜牒「層累」的痕跡，至《宰相世系表》時，踵事增華更難計其數。姑且不論薛興為晉尚書右僕射而史籍略無記載，就表中薛陶官爵與統領部眾的特點亦不符。薛懿、薛恢、薛興為北地太守和河東太守的官位，很可能是為附會薛氏種族及地方特點而設計。雖然北朝時期，薛氏官員在河東本籍任用者有二十例之多〔註29〕，然在晉世恐不至於薛恢、薛興兄弟連任本籍太守，這很可能是其薛氏三祖相繼統領地方部眾的一種「構想」，為後世「精心」附會反而露出馬腳者。

蜀薛內遷河東的時間很早，所以其譜系建構的時間很長，文本層累很豐富，今日來辨析、還原，已非易事。《宰相世系表中》薛氏譜系雖「毫無破綻」，但其出於嫁接偽冒，則可能極大。除筆者前文之分析外，尚有其他證據。有學者提出：

> 首先證明「蜀薛」乃兗州薛氏之後的關鍵環節，即所謂兗州別駕薛蘭子孫薛永、薛齊仕於蜀漢一事，完全不見於任何記載。……其次，兗州薛氏是一個詩禮相傳的家族。薛廣德、薛漢、薛蘭等人都是一代名儒或名士。而自稱其後人的河東薛氏，直至北魏初年，仍絕少長於學術文化的人士。其成員多為武勇粗豪之人，「服章言論，與寒細不異」。前後家風判若雲泥。……因此我們可以基本認定，上述河東薛氏的家世源流是偽託的。其目的同當時的許多家族一樣，是為了高自標榜，抬高門第。……河東薛氏當為原蜀中某少數族的一支，於魏晉之際，遷徙到河東地區。〔註30〕

總之，薛氏為從蜀遷汾陰之少數部族，此後憑藉其武力強宗，逐漸發展成為地方重要勢力。正因為其種族為外來，故其世系亦不同於裴、柳等土著之完整有序。薛氏將世系嫁接到薛永，正可以彌補其「非土著」之問題。故在這一問題上，薛聰不惜冒著「苦」孝文帝之大不韙，至於「投戟而出」，就為證明自己祖先是從中原入蜀又回到中原的漢人，而非「蜀」。考慮到河東地區華戎交錯的現實背景〔註31〕，「蜀薛」如果不能從族源或者世系上尋找到一

〔註29〕 詳毛漢光引日本學者窪添慶文之說，《中國中古政治史論》，上海書店出版社，2002 年，第 131 頁。

〔註30〕 許蓉生、林成西《河東薛氏研究——兩晉南北朝時期地方豪強的發展道路》，《西南民族大學學報》（人文社科版），2004 年第 11 期。

〔註31〕 毛漢光據嚴耕望《佛藏中所見之稽胡地理分佈區》一書的提示，提出「汾河南線」一概念，作為中古時期胡漢民族居民分界線。而薛氏與裴氏為抗拒胡

個「合理性」，勢必會在地方資源的競爭以及三大勢力之博弈中處於下風，薛
聰與孝文帝之爭，正是因爲評定「郡姓」導出的。蓋「郡姓」關乎家族在經
濟、政治、文化等資源分配中的地位。現實中，蜀薛與河東裴氏、柳氏，尚
未見（種族）衝突之跡象，亦可從族群邊界的角度解釋。「汾河南線」一代爲
中古時期胡漢民族的重要分界線，其北以胡人爲主，其南則爲漢人文化區。
河東薛氏、裴氏處於此分界線之前線，有共同抵禦外族侵入之需要。「蜀薛」
之種族問題被更嚴重、更爲現實的種族問題所「削弱」。或者說，漢人寧亦樂
於接受薛氏之「漢人」身份，以期獲得其武力上幫助，共禦外敵。這反映了
族群認同的主觀性。河東薛氏從族源和世系上對自己的種族作出調整，正是
在這樣的族群認同語境中得以實現的。就今日所見薛氏世系而言，可確定者
當至薛興始，此前則極有可能爲嫁接或「僞造」。而這一完整之世系，或淵源
於唐代中後期薛氏家狀等文獻，《宰相世系表》不過承舊文而已。《新唐書·
藝文志》譜牒類載《薛氏家譜》一卷，頗疑《表》中完整無缺的世系，正是
出自此家譜。

　　同姓「胡—漢」之間的無縫世系嫁接，有時非常隱秘，通過胡、漢士人
的傳播，凝固成爲一種強大的「事實」，這爲胡姓家族帶來了莫大的「文化紅
利」。更有極端者，則爲跨姓族的「胡—漢」世系嫁接。《新唐書·宰相世系
表》表中榮陽鄭氏北祖房載家族完整的譜系，其中有「鄭幼儒—鄭岩」一支
如下：

　　　幼儒，後魏侍中—敬道，開州刺史—正則，復州刺史—德淹—

　　行諶，薩寶果毅—琰，歷城主簿—岩，京兆少尹〔註32〕

鄭行諶官爲「薩寶果毅」，這引起了學者的注意。雖然「薩寶」一名的原始涵
義尚有爭議，但其與粟特胡人密切相關則無疑，北朝隋唐時期所見擔任薩寶
者，皆出身胡人。鄭行諶既擔任薩寶屬官，則其出身就可疑。鄭岩家族出土
有關墓誌多方，其中天寶十一載張均撰《鄭岩墓誌》云：「君六代祖盤陀，當
後魏練次名宗，尤推北祖之盛。」大和六年侄鄭居中撰《鄭鈷墓誌》：「逮元
魏表次族氏，自九代祖號盤陀公，甲冠天下，標爲著姓。」「盤陀」爲胡語，

族南移河東的重要力量，薛氏面臨之壓力尤大，故薛氏主支一直保持著豪強
性格。(《中國中古政治史論》第三篇《晉隋之際河東地區與河東大族》，第五
節「河東北境胡漢之居民結構——汾河南線」， 第105～136頁。)
〔註32〕《新唐書》卷七十五上，中華書局，1975年，第3293～3306頁。

多見於粟特胡人名，而罕見於漢人名字。又開成二年高鍇撰《鄭居中墓誌》云其子名「石胡」，此亦常見粟特胡人名。鄭岩之六代祖爲粟特胡名「盤陀」，其玄孫又有胡名「石胡」，其祖復爲粟特薩寶屬官，則其家世出身與粟特胡人之關係至密可見〔註33〕。而眞正的問題在於：鄭岩一系是如何攀附到滎陽鄭氏譜系中的？具體又是嫁接到哪一支？趙振華先生：

> 上表幼儒爲「後魏侍中」。敬道官「開州刺史」，看來身處改朝換代之後，盤陀約與之平輩。正則有七子，新表排列有序：孝謨、孝徹、德峰、德秀、德挺、德本、德淹沒。那麼，末子德淹就應當是盤陀利用過繼給他姓收養的手段使之納入鄭氏世系的第一人，被正式載入鄭氏家譜。換言之，盤陀之孫輩利用鄭氏舊牒續纂新譜時，將以德淹爲首的漢名世系植入其中而不能載胡風顯著的祖、父名諱，於是隱去了粟特來歷，搖身一變而成爲世族士人，享受封建帝國賦予的政治特權。……一般說來，過繼（過房）是無子而以兄弟或同宗之子爲後嗣，而正則卻是已經有子還收認無血緣關係的異國異族人之後爲子了。進入唐國的外來民族以一種過繼方式改變郡望姓氏，以與漢族通婚的方式逐漸消逝自身的特徵，融入混血龐雜的漢民族。〔註34〕

按趙先生這一論述多爲推測之辭，但對於考察胡漢世系嫁接問題卻具有重要的參考價值。在「漢—胡」譜系嫁接中，「過繼」說是否有案例，尚需要推尋，但這種跨姓族的世系嫁接，通過冒姓而攀附的情況則較爲普遍，比如獨孤楷本姓李氏，而冒獨孤信家族之姓；元載本姓景（據《元和姓纂》），而冒元氏；安祿山本姓康，其母改嫁安延偃，隨冒安姓。唐代晚期盛行的「養子」現象，也都冒主家之姓。倘若鄭岩之祖先確實爲粟特胡人，則其冒滎陽鄭氏最顯房支「北祖房」，其間經歷的複雜認同過程和特殊的手段可想而知。鄭岩之妻即張說之女，撰誌者張均之妹；而鄭岩之子鄭泌，又娶張均之弟張垍女，成姑

〔註33〕相關的資料和研究，詳參下面三文：趙振華《唐代少府監鄭岩及其粟特人祖先》，《中國國家博物館館刊》2012 年第 5 期，又《唐代湘鄉縣令鄭鈷及其八代祖盤陁——再論唐代少府監鄭岩及其粟特人祖先》，《唐研究》第 19 卷，北京大學出版社，2013 年，第 590～592 頁：李建華《唐少府監鄭岩乃粟特後裔考——以鄭岩家族墓誌爲中心》，《敦煌學輯刊》2015 年第 3 期。
〔註34〕趙振華《唐代湘鄉縣令鄭鈷及其八代祖盤陁——再論唐代少府監鄭岩及其粟特人祖先》，第 598～599 頁。

舅婚之禮。《舊唐書‧李憕傳》載張說以女婚鄭岩時，相士劉行「舉薦」之事
〔註35〕，這蒙上了後人精心設計的嫌疑。此外，鄭氏家族其他墓誌可見的婚
族，皆爲當時著望，這也爲其家世平添了「榮耀」的資本，而究其成功之淵
源，則在於精妙的譜系嫁接〔註36〕。

2、「胡—胡」無縫世系

　　一個胡姓家族將家族世系嫁接到另一個同姓胡姓家族，本來沒有什麼奇
怪，因爲同出一個部族，似乎沒有必要這種「嚴格」的區分。但對於一些支
系較多，興衰程度不一的胡姓家族，各支系之間相互攀附，也有內在的合理
性。下面以鮮卑于氏爲例來說明。鮮卑于氏本出万紐于氏，又作勿紐于。據
《金石錄》「後周延壽公碑跋」云：

〔註35〕據《舊唐書》卷一百八十七下：「（憕）開元初爲咸陽尉。時張說自紫微令、
　　　　燕國公出爲相州刺史、河北按察使，有洺州劉行善相人，說問：『察案後誰貴
　　　　達？』行乃稱憕及臨河尉鄭岩。說以女妻岩，妹婿陰行眞女妻於憕。……
　　　　憕豐於產業，伊川膏腴，水陸上田，修竹茂樹，自城及闕口，別業相望，與
　　　　吏部侍郎李彭年皆有地癖。鄭岩，天寶中仕至絳郡太守，入爲少府監，田產
　　　　亞於憕。」這裡還提到鄭岩的田產僅亞於李憕，說明也擁有龐大的田產。而
　　　　粟特胡人以善於經商、置業著稱，鄭岩有如此多田產，或出於其祖業耶？或
　　　　其其家族在地方有強大之宗族耶？
〔註36〕按，鄭岩家族出身粟特目前只有「盤陀」、「薩寶果毅」、「石胡」三個比較顯
　　　　著的證據，李建華據「石胡」一名，將鄭岩家族的族源具體指爲昭武九姓石
　　　　國胡。但其中的疑實還不少。首先，在胡漢文化交互影響的情況下，或者胡
　　　　化較爲顯著的家族，「盤陀」是否可能出現在漢人之名中？倘若「盤陀」正是
　　　　如此「不堪」的胡名，那爲什麼張均、鄭居中還要將之寫入墓誌，而不是直
　　　　接用漢化之名？其次，《鄭鈷墓誌》稱「九代祖號盤陀公」，則盤陀究竟屬人
　　　　名還是封爵名，抑或一種特殊的稱呼，尚待推敲。其三，鄭居中子「石胡」，
　　　　李建華文生認爲「胡」極少見於漢人名。與鄭居中墓誌同出而撰文時間在後
　　　　的妻崔氏墓誌中，其子作「鶯」。李文認爲「石胡」不是小名，而與「鶯」同
　　　　爲正名，前文胡名，後爲漢名。但其實作小名並無不可，而且唐代人名中以
　　　　胡、蠻相稱實亦普遍。敦煌、吐魯番文書中常見「胡」「虜」用於胡、蕃之名。
　　　　如麴氏高昌延昌十四年康虜奴母、康虜奴及妻竺買婢墓表（《新獲吐魯番出土
　　　　文獻》，第380～381頁）；光啓二年《吳綬夫人崔氏墓誌》載其子「次曰波斯」
　　　　（吳鋼主編《全唐文補遺》第一輯，三秦出版社，1994年，第427頁。）蓋
　　　　吳綬夫婦生活於揚州，死葬於此，而揚州爲波斯商胡所聚居之所，故漢人取
　　　　名亦有「胡化」者。又《太平廣記》卷二百五十二「顧夐」條引《北夢瑣言》
　　　　載僞蜀時有陳波斯、羅蠻子等名。可見「以族爲名」在漢人名字中常見，胡
　　　　名不能確定胡人。其四，「薩寶果毅」一官，史籍不見其他案例，是否有訛誤
　　　　不說，即便確實如此，漢人充當的薩寶府屬官的可能是否存在也是值得探討
　　　　的。姑且附此待考。

于家有洛拔子烈碑，述其世系甚詳，云遠祖之在幽州，世有部
落。陰山之北，有山號万紐于者，公之奕葉居其原趾，遂以爲姓。
暨高祖孝文皇帝時，始賜姓爲于氏焉。〔註37〕

可見万紐于氏之得名乃以山爲氏，這是多數北朝部族的通例。當然，鮮卑于
氏也有一種最普遍的攀附漢人于氏的做法，比如《宰相世系表》中的說法：

于氏出自姬姓。周武王第二子邘叔，子孫以國爲氏，其後去「邑」
爲于氏。其後自東海郯縣隨拓拔鄰徙代，改爲万紐于氏。後魏孝文
時復爲于氏。〔註38〕

對此，沈炳震已指出：

案拓跋鄰者，《魏書》序紀之獻皇帝也。爲始祖神元皇帝之祖。
神元即位在庚子，當曹魏文帝之黃初元年。則其祖拓跋鄰者在漢桓
靈時。其時拓跋氏緣何來至中國，而于氏得隨之徙代乎？且是時尚
居漢北，並未居代，栗磾本夷種無姓，因以其時稱勿紐于氏。故孝
文帝遷洛，從中國姓爲于氏耳。非于之改勿紐于而復爲于氏也。《表》
以于望東海，遂遷就爲于改万紐，而不覺其年世舛誤至此也。〔註39〕

沈炳震此說非常精妙地點出了《表》中河南于氏世系攀附漢人的繆誤。北朝
時期最早顯著的鮮卑于氏家族爲于栗磾，《魏書》卷二十三本傳詳傳其家族人
物。栗磾之子洛拔，傳云有六子：烈、敦、果、勁、須、文仁。《魏書·于勁
傳》又：「勁弟天恩，位內行長、遼西太守。卒，贈平東將軍、燕州刺史。天
恩子仁生，位太中大夫。仁生子安定，平原郡太守、高平郡都將。」〔註40〕
此爲于栗磾一系。

此外還有于提一系，其後代在隋唐時期大顯。據《周書·于謹傳》：

于謹字思敬，河南洛陽人也。小名巨彌。曾祖婆，魏懷荒鎮將。
祖安定，平涼郡守、高平鎮都將。父提，隴西郡守，荏平縣伯。保
定二年，以謹著勳，追贈使持節、柱國大將軍、太保、建平郡公。
〔註41〕

〔註37〕　趙明誠著，金文明校證：《金石錄校證》卷二十二，廣西師範大學出版，2005
年，第377頁。
〔註38〕　《新唐書》卷七十二下，中華書局，1975年，第2818頁。
〔註39〕　趙超：《新唐書宰相世系表集解》，中華書局，1998年，第409～410頁。
〔註40〕　《魏書》卷八十三下，中華書局，1974年，第1833頁。
〔註41〕　《周書》卷十五，中華書局，1971年，第243頁。

這裡並沒有直接說明于提、于謹與于栗磾一系有何關係。《北史·于栗磾傳》，將這兩系聯結起來：

> 勁弟天恩，位內行長、遼西太守。贈平東將軍、燕州刺史。天恩子仁生，位太中大夫。仁生子安定，平原郡太守、高平郡都將。安定子子提，隴西郡守、茂平縣伯。周保定二年，以子謹著勳，追贈太保、建平郡公。[註42]

排除一些職官、字形訛誤的問題，很顯然，「安定」這一人物起到了聯結兩系的作用。不少學者也信從這一「無縫」世系[註43]。但事實是否如此呢？今本《元和姓纂》作：「天恩生曾，尚書，生提。」顯然有闕。《新唐書·宰相世系表》作：「天恩，內行長、遼西太守，生太中大夫仁。仁生高平郡都將子安。子安生隴西郡守建平郡公子提。」《金石錄》「後周延壽公碑頌」跋尾又云：

> 《姓纂》及《唐書·宰相世系表》皆云，謹，洛拔五世孫也。以《後魏》及《周書》考之，洛拔以大安四年卒，年四十五。謹以正光四年為廣陽王元深長流參軍，年三十一。洛拔之卒，距謹之為參軍，蓋六十四年矣。洛拔既早世，不應六十四年已有五世孫年三十一也。以此知言謹為洛拔五世孫者，蓋未可信。又《周書》稱謹祖名安定，而《唐書·表》作子安，亦莫究其孰失也。[註44]

《表》誤以「仁」、「子安」為名，這是句讀的問題，很清楚。趙明誠所引《姓纂》之說，今本不載，岑仲勉引沈炳震「今孫本十虞于姓下並無此文」，評論說：

> 余按「謹，洛拔五世孫」者，只就其孕義推言之。不然，今《新表》亦無「此文」，寧得謂《新表》闕佚耶？沈氏之說，失諸太泥。惟依趙氏見本，則今《姓纂》天恩至謹只四世，顯有奪文。復考《金

[註42] 《北史》卷二十三，中華書局，1974年，第845頁。

[註43] 王化昆先生認為：南北朝隋唐時期，雙名者常單稱一字，于謹曾祖名諱或「仁生」或「婆」，祖諱或「安定」或「子安」，父諱或「子提」或「提」，可以從此解釋。參考其文《北朝隋唐河洛大族于氏的幾個問題》，《洛陽工學院學報》（社會科學版）2002年第3期。其他有關于氏家族的研究論文，如張衛東《北朝隋唐于氏家族研究》（《福建論壇》2010年第8期）亦以于栗磾與于謹為同一系。

[註44] 趙明誠著，金文明校證：《金石錄校證》，廣西師範大學出版，2005年，第377頁。

石錄》二《後魏太尉于烈碑》，景明四年立。《魏書》三一，烈爲洛
拔長子，卒景明二年，年六十五。由此以推，苟累世早熟，謹爲洛
拔五世孫，尚非絕對不能，然究有疑實耳。〔註45〕

岑氏以今本《姓纂》「天恩生曾，尚書，生提」之「曾」爲一人名，據此算出
于謹爲洛拔四世孫，也可謂「太泥」《姓纂》之文。岑氏既然持《宰相世系表》
爲據《姓纂》作之說，其實趙明誠所見《姓纂》與今《表》正好相合，說明
《姓纂》時代于氏家族的世系文本也是「無縫」的，而其淵源即爲《北史》。
中華書局本《北史・于栗磾傳》校勘記認爲：

> 《魏書于栗磾傳》無天恩事蹟。按《北史》天恩爲于勁弟，則
> 當爲孝文、宣式時人。其四世孫爲于謹，據謹傳，謹死於周或帝天
> 和三年，年七十六，則當生於魏孝文帝太和十七年，與天恩幾乎同
> 時，疑無是理。《周書》卷一五《于謹傳》不言其爲于栗磾子孫，《北
> 史》當是據于氏家傳，疑非事實。〔註46〕

根據校勘記的意見，其實基本可以否定于栗磾與于謹之間譜系的關係。張曉
永的研究認爲，于栗磾至于謹之間連續不斷的譜系是《北史》建構出來的，
其中如于謹祖「安定」之名，「既可能是同名之故，也可能是不同支脈之間的
世系竄亂」。據于謹侄《于寬墓誌》稱「恒州桑乾人」，于謹一系可能是出於
沒有南遷的代北万忸于氏旁系。他進一步認爲：「這種家族內部不同支脈之間
的隱性的流動，也正是中古時期士族社會保持活力的關鍵所在。」〔註47〕筆
者認爲他的這一說法是很有啓發的。其實于謹一系的譜系嫁接到于栗磾，不
是《北史》完成的，正如《北史》校勘記所說，當出於于氏家傳。「胡—胡」
之間的譜系攀附，種族因素自然不是主要的影響因素，這應該從文化的角度
來理解。《魏書・于栗磾傳》在于忠附傳中說「于氏自曾祖四世貴盛，一皇后，
四贈三公，領軍、尚書令，三開國公」〔註48〕，這種「榮耀」自然是來自「懷

〔註45〕 林寶撰，岑仲勉校記，郁賢皓、陶敏整理，孫望審訂：《元和姓纂》卷二，中
　　　　 華書局，1994年，第231～232頁。
〔註46〕 《北史》卷二十三，中華書局，1974年，第863頁。
〔註47〕 張曉永《種族、姓氏與地域——中古于氏家族研究》，陝西師範大學碩士論文，
　　　　 2015年，第63～65頁。
〔註48〕 《魏書・于勁傳》作：「自栗磾至勁，累世貴盛，一皇后，四贈公，三領軍，
　　　　 二尚書令，三開國公。」據《魏書・于栗磾傳》校勘記，《魏書・于勁傳》爲
　　　　 據《北史》補，《北史》誤將此節附如于勁傳中，實在于忠傳。文字可據《北
　　　　 史》校改，

荒鎮將」之後的于謹家族所希望攀附的，而天然的種族接近更爲這種攀附減少了阻力。另外，于謹本人也在致力於改變家族的文化身份，這從他與大儒唐瑾之密切關係，願「與之同姓，結爲兄弟」中可以看出。于栗磾一系在北朝積累的文化「形象」，自然是他也可以借用的資源。再進一步言之。即便于謹無暇整合家族的譜系，在隋唐之交，于謹之後人也可能「重建」家族譜系，而這有明確的旁證。據于邵《河南于氏家譜後序》：

> 邵高叔祖皇朝尚書左僕射侍中太子太師燕國定公諱志寧，博學多聞，徇忠秉直，爲秦十八學士。其左右庶子不道，嘗撰《諫苑》三十篇諷之。凡有文集若干卷於代，又述作之外，修集家譜，其受姓封邑，衣冠婚嫁，著之譜序，亦既備矣。歷一百七十餘年，家藏一本，人人遵守，未嘗失墜。〔註49〕

可見于志寧有編撰家譜的活動。于志寧本人參與了唐初北朝史書的編撰活動，《北史》雖然與之無關，但在大致相當之時間，而于志寧又有修譜之舉，頗疑即在其家譜中將譜系上溯至于栗磾，而李延壽《北史》又廣採譜牒、家狀，所以自然就會有了這樣的「無縫」世系。

世系僞冒一般發生在較遠的支系，而近祖的攀附則罕見，即如陳寅恪論高歡爲高湖之後：「遠祖可冒認，三代以內要冒認是不可能的。」〔註50〕但近來有研究者發現墓誌中從父輩起就開始攀附者，而且發生在「胡—胡」身上，即隋開皇二年《李和墓誌》〔註51〕。《周書》卷二十九（《北史》卷六十六）李和本傳云：「父僧養，以累世雄豪，善於統御，爲夏州酋長。」而《李和墓誌》則云：「祖儼，大將軍、秦河梁三州牧、河南王。父辨，鎮西大將軍、河州刺史、隴西公。」又新出李和孫《李安遠墓誌》（原名李譽，字安遠，以字行）：「曾祖僧養，隨贈使持節、大將軍、荊淮浙三州諸軍事、荊州刺史。……祖和，周司徒、蕭文公。……父廣達，隨柱國、成陽公。」據董剛博士考，《李和墓誌》中之李儼、李辯的職官模式即模擬活躍於前涼主張玄靚新立（355年）至北魏太祖天興二年（399年）平滑臺時期之河州氏族豪酋李儼、李辯父子。而據周隋時期之李和，據其墓誌則生於506年，絕不可能成爲李

〔註49〕《全唐文》卷四百二十八，中華書局，1983年，第4366頁。

〔註50〕萬繩楠輯：《陳寅恪魏晉南北朝史講演錄》，黃山書社，2000年，第293頁。

〔註51〕羅新、葉煒：《新出魏晉南北朝墓誌疏證》（修訂本），中華書局，2017年，第309頁。

辯之子〔註52〕。這種近祖的攀附，確實令人「震驚」。李和家族本爲夏州胡部或胡化豪酋，而攀附河州氏族豪酋，這其中當然有深層的「類似」。而有意思的是，《李和墓誌》中這一族世系嫁接文本，並未得到家族繼承，至遲到李安遠這裡得到「糾正」，這可能是譜系文本傳播中公、私「輿論監督」的效果。

三、聯宗與排行攀附

譜系建構的一個重要手段是通譜聯宗。通常以爲，通譜聯宗的典型形態在與宋代以後，但其實在中古時期已多見這種現象。顧炎武《日知錄》卷二十四「通譜」條云：

> 通譜同姓通族，見於史者，自晉以前未有。《晉書・石苞傳》：「曾孫樸沒於胡，石勒以與樸同姓，俱出河北，引樸爲宗室，特加優寵，位至司徒。」《南史・侯瑱傳》：「侯景以瑱與己同姓，託爲宗族，待之甚厚。」此以夷狄（又作「殊族」）而附中國也。……北人重同姓，多通譜系，南人則有比鄰而各自爲族者。……近日同姓通譜最爲濫雜，其實皆植黨營私，爲蠹國害民之事，宜嚴爲之禁。〔註53〕

顧炎武所舉例子甚多，而指出通譜中「夷狄而附中國」一種，可謂卓識。中古時期，聯宗現象在胡姓家族中發生的頻率頗高，這是值得注意的，說明胡姓家族對於聯宗或者認宗，有一種「迫切需要」。顧炎武提出南北通譜所尚不同，「北人重同姓」的現象，從民族關係而言亦爲通論。顧炎武之語當出自《南史》卷二十五《王懿傳》，其中云：「北土重同姓，並謂之骨肉，有遠來相投者，莫不竭力營贍。」《顏氏家訓》卷二《風操篇》中亦提到「河北士人，雖三二十世，猶呼爲從伯從叔」的現象。可見北方士族多遵循大宗世系原則。相配合的是，北朝譜學重於南朝〔註54〕。蓋北方民族關係緊張，而族群混血

〔註52〕　參考董剛《新見唐李譽墓誌綜考》（《浙江師範大學學報》（社會科學版）2015年第 6 期）有關之辨析，《李譽墓誌》亦出於此文。

〔註53〕　顧炎武著，張京華注解：《日知錄校釋》卷二十四，嶽麓書社，2011 年，第913～914 頁。

〔註54〕　陳直先生以《隋書經籍志》史部中所收錄南北朝二十七種家傳、譜牒所屬地區（郡望）爲例分析發現，其中屬於南朝地區者僅五家，其餘皆係北方大族。（《南北朝譜牒形式的發現和索隱》，《西北大學學報》1980 年第 3 期，第 48～53 頁。）陳直先生這種分析方法本身存在缺陷，而且所取的統計資料亦不準確。但北朝譜學（觀念）重於南朝卻是事實。因爲南遷北方士族，地方宗

程度高，所以族群邊際的變遷十分活躍。無論胡漢，都迫切需要通過聯宗、合族來凝聚宗族，強化宗族勢力。趙翼《陔餘叢考》卷三一「認族」條在顧炎武之基礎上又有所增補，其中一例：

> 《北史·唐瑾傳》：周文賜瑾姓宇文氏，燕公于謹白周文言：「瑾學行兼修，願與之同姓，結爲兄弟，庶子孫承其餘論，有益義方。」周文乃更賜瑾姓紐于氏，謹遂深相結納，敦長幼之序。此則非同姓而認族，實爲千古所未有。然于謹以其家法而欲師之，非後世依光附勢者之爲也。〔註55〕

于氏爲北魏勳臣「八姓」之一，且于謹已貴爲公，所謂「勳高望重，朝野所屬」，但卻「屈尊」與唐瑾同姓，結爲兄弟，這是何心理？今日看來，于謹此舉不可謂不高明。于謹家族雖爲勳貴，卻以騎射武力見用，未脫朔漠胡風；唐瑾爲一代儒者，「庶務草創，朝章國典，瑾並參之」。宇文泰明雖倡鮮卑化之舊制以適應關隴胡漢集團，但典章制度卻附《周禮》以復漢人古制。要言之，宇文泰之政策乃種族主義包裝下的文化主義。于謹顯然是領會了這層深刻的意圖。于謹與唐瑾結爲兄弟，正借其文化來擺脫家族的種族性〔註56〕。難怪宇文泰「歎異者久之」，而賜唐瑾万紐于氏（唐瑾前賜宇文氏）而不是改于謹之氏（還需要接著于謹家族鮮卑部族之軀殼）。于謹家族此後最顯之房

族群體破壞，譜牒保存亦不如北方士族那樣完整；北方士族餘存者少，且在外族統治之下，對於宗族凝聚的需要更爲迫切。南方保存了漢人文化之脈，而且門閥社會發育充分，譜學作爲選舉、婚宦的依據是從漢魏以來鄉選里舉、九品中正發源的；而北朝自孝文帝改定姓族，使用強制、法律手段推行，而且在評定等級之嚴方面超過了南朝。唐長孺先生以爲：「以朝廷的威權採取法律形式制定門閥序列，北魏孝文帝定士族是第一次。」（《魏晉南北朝史論拾遺》，中華書局，1983，第 91 頁）。沈括已經注意到這一現象，《夢溪筆談》卷二十四「雜志」目下云：「士人以氏族相高，雖從古有人，然未嘗著盛。自魏氏銓總人物，以氏族相高，亦未專任門地。唯四夷則全以氏族爲貴賤。……自後魏據中原，此俗遂盛行於中國，故有八氏、十姓、三十六族、九十二姓。……其俗至唐末方漸衰息。」

〔註55〕 趙翼：《陔餘叢考》，河北人民出版社，2003 年，第 617 頁。

〔註56〕 《北史》卷六十七本傳：「時燕公于謹，勳高望重，朝野所屬。白周文，言瑾學行兼修，願與之同姓，結爲兄弟，庶子孫承其餘論，有益義方。周文歎異者久之，更賜瑾姓万紐于氏。謹乃深相結納，敦長幼之序；瑾亦庭羅子孫，行弟姪之敬。」（《周書》卷三二本傳略同）。按，「結爲兄弟」之法，多見於古代文獻。陳寅恪考「結香火兄弟」之法蓋出突厥（《論唐高祖稱臣於突厥事》，載《寒柳堂集》，三聯出版社，2001 年，119～120 頁。）于謹欲與唐瑾同姓，結爲兄弟，或亦受突厥法影響耶？則是以崇漢文化之表，陰附胡文化之實？

支，皆由武入文，文史傳家〔註57〕，歷唐五代而不衰，實奠基於于謹。于謹與唐瑾「認族」的方式，並不通用於其他胡姓家族，這種方式當亦不改變家族世系結構，不同於明清時候聯宗伴隨的世系重建。但這無疑擴展了胡姓家族「虛擬世系」，觀唐瑾要求「庭羅子孫，行弟侄之敬」可見。

與通譜聯宗相關，凝聚宗族的一種方式是排行，即今日俗所言之字輩，這是宗族成員世系位置的標記。排行的存在，使得宗族在遷徙、分化、衰亡的情況下依然能保持共同體的架構。在「聯宗」或者「合族」的情形下，通過對排行的整合，亦可以達到「重建」宗族的目的。通常研究多關注宋代以後宗族社會中排行現象，事實上，中古時期排行已顯示出在聚族、聯宗方面的重要意義，只是由於譜牒文獻的闕失，對於這一現象的研究不夠充分。中古以前，漢人雙名者少，排行不顯〔註58〕；且譜學不嚴，排行、譜字亦無標記功能。中古以後，漢人取名中始興排行譜字。受其影響，入華異族取名亦模仿之。敦煌所出文書 S.5788，有《致兄書》一篇云：

> 謹咨仁兄，其《翟氏家譜》，口道將來，都不見之，是欺弟之便，知悉知悉。炫沼茸暎鄴總聊驪，已上八字，在何聲內，總捉不得。忘在師兄，是何字者，好與尋之發遣，不具，一一略走。〔註59〕

發信者索要《翟氏家譜》及問「炫沼茸暎鄴總聊驪」八字聲部事，當是爲取名，或是爲避諱（在中古禮法時代，家諱被嚴格遵循），可見當時人對於譜牒頗爲信從。當時譜牒中，是否如後世那樣，早早就排好了譜字，不能確知，但至少在一定代際中，譜字被傳承。下面房氏漢人清河、鮮卑河南兩望排行攀附爲例說明。

清河房氏

房　　熊────房彥詡────房玄瞻〔註60〕

〔註57〕 于謹九子，爲其後房分之始。其中最顯著者于志寧一系，貫穿唐五代歷史，出三宰相。《舊唐書》卷一百四十九《于休烈傳附于敬傳》：「以家世文史盛名」。

〔註58〕 顏之推已注意到當時取名中的排行現象。《顏氏家訓》卷三「勸學」條：「近世有人爲子製名：兄弟皆山傍立字，而有名峙者；兄弟皆手傍立字，而有名機者；兄弟皆水傍立字，而有名凝者。名儒碩學，此例甚多。若有知晉鍾之不調，一何可笑。」

〔註59〕 吳鋼主編：《全唐文補遺》第九輯，三秦出版社，2007年，第79頁。

〔註60〕 《房彥詡墓誌》：子房玄瞻。《房夷吾墓誌》，夷吾爲房彥詡子，但不以「玄」排行，疑「夷吾」爲其字。二誌見吳鋼主編《全唐文補遺》第七輯，三秦出版社，2000年，第240～241頁。

房彥謙──房玄齡
房彥詢
房彥式〔註61〕

河南房氏

房恭懿──房彥雲──房玄基
房玄靜

按：清河房氏爲漢人高門，而河南房氏爲高車貴族屋引氏所改。清河房氏，自房熊之後，分別有「彥」、「玄」字輩。姑且不論此排行是何時編訂，這兩個字輩既然固定適用於同輩多人名中（排行分化的情況也很多，同一輩可能有幾個排行，這是分房分化的結果；但有時是資料闕失和文獻舛訛的緣故，導致排行不顯或錯誤），必然是先前排好的。清河房氏房彥謙、房玄齡家族活動時間大致在房彥雲、房玄基之前。河南房氏「彥」、「玄」字輩，爲「攀附」前者之可能性極大。但是否有可能在此之前，房氏已有一種通譜，將漢、胡房氏共同納入一種譜系之中，從而編訂共同的排行呢？這種可能性是極低的。河南房氏見到清河房氏之譜牒，從而攀附其世系、排行的可能性倒是極大。

　　排行通過口頭或是譜牒傳播，實爲「世系原則」的遷移，這正是「通譜」的一種形式，而其深層的影響是家族文化的轉移。從政治、文化背景而言，清河房氏爲漢魏以來漢人高門，至唐初房玄齡時代更盛極一時，而河南房氏則尚未完成從胡到漢的種族、文化轉型，政治地位亦非常沒落（房謨北齊時爲侍中、吏部尚書，但入隋，其子房廣深無官爵；房恭懿也只是海州刺史；子房彥雲亦無官爵），在「崇今朝冠冕」的政治話語下，攀附顯貴清河房，自然是河南房氏提高家族社會地位的重要選擇。另外，在唐初胡漢之爭尚存的社會文化語境中，通過攀附排行，至少可以從世系上「蒙混過關」，遮蔽家族人物的種族身份，造成儼然漢人名家的錯覺。同時，通過族源修改、郡望攀附等一整套認同要素的整合〔註62〕，進一步家族淡化種族色彩，進入漢人認

〔註61〕　《房守仁墓誌》：曾祖房翼，祖房伯熊，清河內史；父房彥式，處士。見吳鋼主編《全唐文補遺》第七輯，三秦出版社，2000年，第242頁。

〔註62〕　河南房氏攀附清河望者，在唐永徽時期即已出現，或有更早者。永徽六年《房基墓誌》，本河南房氏而誌稱清河人，吳鋼主編《全唐文補遺》第六輯，三秦出版社，1999年，第247～248頁。

同共同體中〔註63〕。

　　值得注意的是，新出墓誌爲我們揭示了更多的房氏世系，其中可以看到郡望攀附的變遷。據聖曆二年《房逸墓誌》：房逸，字文傑，魏郡清河人；曾祖宣，隋鄭州滎陽縣丞；祖恭，隋定州司馬；考房策〔註64〕，處士；子玄之、玄則、興昌；孫琳〔註65〕。房逸聖曆元年（698）卒，其子房玄之等人生活時代當在房玄基、房玄靜稍後。永徽四年（653），房遺愛死，清河房氏勢力暫時衰落，房逸一家雖非房玄齡一支，但尚稱清河望，用「玄」字排行，可見清河房氏之文化影響尚存〔註66〕。至大曆十三年《房眾墓誌》，稱河南洛陽人，本家代北，徙居河南，曾祖文傑，貝州清河縣令；祖興昌，長沙郡長沙縣令；父曠曜，朝州朝陽縣令；子繼宗〔註67〕。此與房逸乃同一家族，二誌之世系正好接在一起。但前誌云魏郡清河，後誌云代北、河南，爲何同一家族而前後相異如此？蓋至清河房氏衰落之後，河南房氏有房融、房琯相繼入相，家勢勃興，而成著望〔註68〕，遂成同姓攀附所鍾。無論是復舊望還是改新望，要之，郡望攀附隨政治、文化之升沉而變遷則一也，種族身份之變換亦不出此範圍。房玄之兄弟，至房興昌已棄「玄」字排行（興昌在兄弟排行中最末，或爲小），或正反應了「排行」攀附之變遷。

　　胡姓家族世系重建、世系嫁接，可能導向聯宗或者合族，但這種嫁接行爲多爲傾向性的「虛擬」世系，其認同意義或者社會輿論作用更大，並不實際造成聯宗。排行攀附亦如此。限於材料，我們對於胡姓家族譜系與漢人的對比不能全面展開，眞正胡、漢聯宗的現象在中古時期或爲少數。

〔註63〕　值得注意的是，河南房氏家族雖然通過認同因子的整合，將家族的種族色彩淡化，但深層的文化精神卻並未完成蛻變。房融、房琯雖顯貴，但難稱文儒。至房琯子房孺復「狂疏傲慢，任情縱慾」、「取捨恣逸，不顧禮法」，爲當時所惡。顯然，房琯家族不能稱爲禮法世家。又史載房琯嗜琴，這種對於漢人典範文化的刻意修爲，或亦爲其「抵抗」族性文化色彩的一種表徵。

〔註64〕　唐代房氏有另外一個房策，見《房瑒墓誌》（吳鋼主編《全唐文補遺》第五輯，三秦出版社，1998年，第212～213頁），非同一人。

〔註65〕　吳鋼主編《全唐文補遺》第六輯，三秦出版社，1999年，第346～347頁。房逸清河本籍任用，其家族或出清河。

〔註66〕　房逸家族之先世不詳，爲清河房氏之可能更大。

〔註67〕　吳鋼主編《全唐文補遺》第六輯，三秦出版社，1999年，第462頁。

〔註68〕　據《北史》房謨本傳，「謨與子結婚盧氏，謨卒後，盧氏將改適他姓」，北朝時河南房氏之門第由此可見。

四、世系建構的原型

　　世系建構並非完全憑空捏造，而往往有一些原型人物，這些原型包孕著豐富的歷史、文化、族群心理。前述鮮卑遠古世系之起點「始均」，近古世系的起點「毛」，即是如此。即便在一般的世系嫁接中，嫁接原型的選擇，也是有學問的。比如張說撰《西節度副大使鄯州都督安公神道碑銘（並序）》

　　　　公諱忠敬，字某，武威人也。軒轅帝孫，降居弱水；安息王子，
　　　　以國爲姓。世高之遘漢季，自河南而適遼東；高陽之受魏封，由陰
　　　　山而宅涼土。高陽王同生尚書左僕射河澗公原晊眞，河澗生建節將
　　　　軍西平公纈從正，西平生龍驤將軍、黃門侍郎、廣宗侯薛晊徵。累
　　　　葉勳華，載與魏史。高祖何藏器，廣宗之子也，周開府儀同三司、
　　　　寧遠將軍、肅州刺史、張掖郡公；曾祖羅方大，隋開府儀同三司，
　　　　皇朝贈石州刺史、貴鄉公；祖興貴，右武候大將軍、涼州刺史，徙
　　　　封榮、涼、歸三國公；考文生，不仕涼。公皇運經綸，首平李軌，
　　　　大舉河湟之地，遠通城郭之國，寵錫蕃庶，冠絕等夷。水出渥窪之
　　　　神，文馬者二千乘；山得崆峒之武，朱輪者四十人。〔註69〕
安忠敬家族出於武威安氏；而安同爲北魏遼東胡人。二者之間的關係如何還有待考索，而就張說之文而言，則其中透露「消息」。據《魏書·安同傳》：

　　　　安同，遼東胡人也。其先祖曰世高，漢時以安息王侍子入洛。
　　　　歷魏至晉，避亂遼東，遂家焉。父屈，仕慕容暐，爲殿中郎將。……
　　　　（從征姚平）以謀功，賜爵北新侯。……世祖監國，臨朝聽政，以
　　　　同爲左輔。……世祖即位，進爵高陽公，拜光祿卿。……同長子屈，
　　　　太宗時典太倉事。……同在官明察，長於校練，家法修整，爲世所
　　　　稱。及在冀州，年老，頗殖財貨，大興寺塔，爲百姓所苦。神麚二
　　　　年卒。追贈高陽王，謚曰恭惠。

　　　　屈子陽烈，散騎侍郎，賜爵北新子。

　　　　屈弟原。……以功賜爵武原侯，加魯兵將軍。世祖即位，徵拜
　　　　駕部尚書。……遷尚書左僕射、河間公，加侍中、征南大將軍。

　　　　原弟頡，頡弟聰，爲內侍。聰弟蓬，爲龍驤將軍，給事黃門侍
　　　　郎，賜爵廣宗侯。原兄弟外節儉，而內實積聚，及誅後，籍其財至
　　　　數萬。

────────────

〔註69〕 熊飛：《張說集校注》卷十六，中華書局，2013年，第786～787頁。

頡，辯慧多策略，最有父風。太宗初，爲內侍長，令察舉百
僚。糾刺姦慝，無所迴避。嘗告其父陰事，太宗以爲忠，特親寵之。
〔註70〕

按，安同封高陽王，此爲中古粟特胡人安氏之最高封爵，這無疑是所有安氏
的「榮耀祖先」。張說也是巧妙利用了自己的「知識」，將安興貴家族與安同
家族聯繫上。汪篯先生已明察秋毫，發現其中的問題：

> 碑中之原晤眞即《魏書·安同傳》中之原，原以謀反伏誅，闔
> 門俱戮，其同産兄弟皆連坐，是不應有子孫顯於魏氏矣，此其一也。
> 傳載原弟頡拜建節將軍爵西平公，碑稱原晤眞子纈從正爲建節將軍
> 西平公；傳載頡弟蔭（按：本爲「蕯」）爲龍驤將軍給事黃門侍郎，
> 賜爵廣宗侯，碑稱纈從正子薛晤徵爲龍驤將軍黃門侍郎廣宗侯，官
> 爵一一相合，且纈與頡同音，薛與蔭形近，是碑中原晤眞之子纈從
> 正，纈從正之子薛晤徵，實即傳中原弟頡，頡弟蔭之化身，否則斷
> 不能如此巧合，此其二也。〔註71〕

汪篯先生指出張說碑文中人物的「化身」，實在是非常精彩的。吳玉貴先生在
此基礎上進一步對張說撰此碑之動機、此「僞碑」造成的不良影響以及安忠
敬家族的眞實世系作了考索，確證了張說此碑譜系的僞託性〔註72〕。回到張
說所處的情境：一方面安興貴家族的早期譜系（何藏器以前）不明；另一方
面安同家族被誅之後之世系不詳，其間的「空白」爲張說的想像提供了溫床。
但張說的想像力顯然很拙劣，他以何藏器爲原點往前追溯，直接將安同三子
改裝成爲安忠敬高祖以上三代，以便嫁接到安同，構成安同至安忠敬之間八
世之譜系。

世系建構中的原型人物，隨著時間的推移以及文本的層累，可能今天已
難以看出破綻，在那些不間斷的世系群中尤其如此。在後文中，我們還會以
獨孤及家族的譜學建構和鮮卑竇氏世系的胡漢整合爲案例來說明。

〔註70〕《魏書》卷三十，中華書局，1974年，第712～715頁。傳中云安同父屈，又
　　　　云長子屈，是其祖、孫同名。此爲胡人命名音譯之故，詳《魏書》校勘記。
〔註71〕唐長孺等編：《汪篯隋唐史論稿》，中國社會科學出版社，1984年，第275頁。
〔註72〕吳玉貴：《涼州粟特胡人安氏家族研究》，《唐研究》第三卷，北京大學出版社，
　　　　1997年，第295～337頁。

第二節　世系建構的文本類型及其傳播接受

世系對於血緣、親族結構的摹寫，往往只是一種「想像」而非事實，在文獻闕疑、族群關係複雜的語境中，世系隨著現實認同變遷而發生結構化變型，成爲一種工具性文本媒介。如此，世系文本也不再是譜牒中所載那樣，確定地向縱橫宗支中擴展，其依託的文本變爲開放的模式，其建構的過程也變成不斷闡釋和文本層累的過程。世系敘事或者世系文本的這種開放性，在漢人社會中，緣於聯宗或者其他凝聚宗族行爲而做出的世系調整；而在胡姓家族中，則外有一層種族與民族認同之需求：胡姓家族世系文本的建構及傳播過程，就是其漢化或「成爲漢人」的家族歷史。從歷史書寫的建構性特徵中，我們可以反推胡姓家族世序敘事的開放性。

一、世系文本的類型

中古時期入華胡姓家族欲完成其譜系建構，除少數那些有口述世系或其他世系形態依據者，主要依賴漢人所掌握的「知識」。當然，這個過程一定是雙向認同的。胡姓家族世系建構的文本類型很多，其中正史傳志最爲權威，其傳播亦最廣。史傳爲胡姓人物最基本的史料，除了族源有攀附的情況，較少世系僞冒問題。倘若有此問題，史傳也會以某種特殊的方式存疑（比如「自云」、「或曰」〔註73〕），所以後世僞託世系中，往往避開史傳，或者從中尋找世系斷裂的縫隙作文章。相比史傳，史志中的世序或譜系，則需要注意史源和其他問題。《史通·書志篇》云：

> 帝王苗裔，公侯子孫，餘慶所鍾，百世無絕。能言吾祖，郯子見師於孔公；不識其先，籍談取誚於姬後。故周撰《世本》，式辨諸宗；楚置三閭，實掌王族。逮於晚葉，譜學尤煩。用之於官，可以品藻士庶；施之於國，可以甄別華夷。自劉、曹受命，雍、豫爲宅，世胄相承，子孫蕃衍。及永嘉東渡，流寓揚、越；代氏南遷，革夷從夏。於是中朝江左，南北混淆；華壤邊民，虜漢相雜。隋有天下，文軌大同；江外、山東，人物殷湊。其間高門素族，非復一家；郡正州都，世掌其任。凡爲國史者，宜各撰《氏族志》，列於《百官》之下。〔註74〕

〔註73〕《北齊書》卷三七《魏收傳》：「群臣多言《魏史》不實，武成帝復敕更審，收又回換。《楊愔家傳》先云弘農華陰人，乃改『自云』弘農。」

〔註74〕劉知幾撰，浦起龍釋，王煦華整理：《史通通釋》卷三，上海古籍出版社，2009年，第68頁。

劉知幾明確提出以譜學辨華夷的看法，這是中古以來胡漢共同體社會中背景下的新功能，但在具體的操作中，此功能往往適得其反。《魏書·官氏志》爲北朝胡姓大全，是不少胡姓家族在族源、世系問題上最忌憚者，但在其傳播過程中，胡姓家族往往想辦法規避「種姓」標記。魏收本書中，也一概用新的漢姓蒙舊有胡姓，即爲明證。除《魏書》外，其他正史中並未採用《氏族志》的書寫體例，正是爲了「混合華夷」。

中古時期，譜牒與選舉、仕宦、婚姻相繫，所以官方嚴格控制譜牒修纂。唐長孺先生論南北朝士籍時說：

> 南北朝州郡籍上著錄爲士族的非常之多，其中不乏僞濫假冒之輩，所謂「中正賣望於下里」，北魏碑版中所列眾多「鄉望」、「士望」，有的就是這樣取得的。南朝被卻籍的士族數以千計，均由「兢行奸貨」改竄戶籍而得。他們在法律上被承認爲士族，卻並不能獲得社會的承認，也不能完全反應到姓氏書中。事實上現實中法律所承認爲士族的總比姓氏書中所記載的多得多。〔註75〕

可見官方姓氏書所持之士庶標準爲最嚴，入譜世系當然也最爲可靠。唐代官方前期三次大修氏族志，其中《貞觀氏族志》有一敦煌所出殘卷，可看做先前的一個綱領。其中提到本次氏族整理共八十五郡，合三百九十八姓（《貞觀氏族志》實收錄二百九十三姓，有所修改。）應當反映了貞觀時期氏族的基本情況。奏文殘卷末云：「其三百九十八姓之外又二千一百雜姓，非史籍所載，雖預三百九十八姓之限，而或媚官混雜，或從賤入良，營門雜戶，幕客商賈之類，雖有譜，亦不通，如有犯者，剔除籍。」〔註76〕未入錄的「二千一百雜姓」中，胡姓當占不小比例。但從殘卷中，我們也可以看到大量胡姓入譜，這是一個重要的信號：唐初官方譜牒已在試圖整合胡、漢結構。雖然官方《氏族志》中，胡姓家族所在何等、入譜之家族爲誰我們不得而知，但官方譜牒的本意無疑亦是爲限制胡姓家族郡望攀附及世系僞冒的氾濫。但卷帙浩繁的《氏族志》，並不利於傳播，其約束功能因而亦大打折扣。

官方對譜牒的審查，還可以從行狀這一譜牒文本類型看出。唐代達官卒後，一般由禮部相關人物主持進撰行狀，而行狀即爲神道碑、墓誌撰寫皆居

〔註75〕　唐長孺：《魏晉南北朝隋唐史三論》，中華書局，2011 年，第 370 頁。
〔註76〕　王仲犖：《𪩘華山館叢稿》，中華書局，1987 年，第 349 頁。

之爲本，如令狐綯《狄兼謨墓誌》載其子狄咸中託其撰誌，「因採公門吏竇監
察宣孟之狀，得其遺懿，係爲銘曰」，可見令狐綯撰誌實依據竇宣孟所撰行狀。
這種官方譜牒文本主要記載死者先世三代以及死者生平事蹟，一般不存在「僞
冒」的問題。但一般家族的家狀，則存在此種問題。《魏書·甄琛傳》在袁翻
論家狀之問題云：

> 今之行狀，皆出自其家，任其臣子自言君父之行，無復相是非
> 之事。臣子之欲光揚君父，但苦跡之不高、行之不美，是以極辭肆
> 意，無復限量。觀其狀也，則周孔聯鑣，伊顏接袵；論其諡也，雖
> 窮文盡武，周或加焉。然今之博士與古不同，唯知依其行狀，又先
> 問其家人之意，臣子所求，便爲議上，都不復斟酌與奪，商量是非。
> 致號諡之加，與泛階莫異，專以極美爲稱，無復貶降之名，禮官之
> 失，一至於此！〔註77〕

從袁翻所論可以推測，北朝時期行狀實出自自家之手而非官方控制，這與唐
代大相徑庭。袁朗所批評的家狀中誇大事實、不經揀擇的問題，正是因爲私
家撰寫、不經審查的緣故。劉知幾《史通》外篇「古今正史」條下云：

> 至長壽中，春官侍郎牛鳳及又斷自武德，終於弘道，撰爲《唐
> 書》百有十卷。鳳及以喑聾不才，而輒議一代大典，凡所撰錄，皆
> 素責私家行狀，而世人敘事，罕能自遠。或言皆比興，全類詠歌，
> 或語多鄙樸，實同文案，而總入編次，了無釐革。其有出自胸臆，
> 申其機杼，發言則嗤鄙怪誕，敘事則參差倒錯。故閱其篇第，豈謂
> 可觀；披其章句，不識所以。〔註78〕

劉知幾批評的是私家行狀在言辭、編次、議論、敘事方面的問題。儘管袁、
劉有上面的批評，但家狀確是世系文本最豐富的載體。《元和姓纂》中所記錄
的家族世系，很大一部分即來源於家狀。據統計，現在殘缺的十卷文字中，
單稱引「狀」者有如下一些：

〔註77〕《魏書》卷六十八，中華書局，1974年，第1516頁。
〔註78〕劉知幾撰，浦起龍釋，王煦華整理：《史通通釋》卷十二，上海古籍出版社，
　　　　2009年，第347頁。

表4：《元和姓纂》引狀情況

卷數	引狀姓氏	總數
卷一	京兆馮氏；舒城洪氏；東里氏（太始先賢狀）；淄川公孫氏；宗正氏；南康鍾氏；南安、京兆、代郡、河東龐氏；	10
卷二	天水雙氏；北海逢氏；瑕丘徐氏；濟陽、靈武回樂虞氏；江陵、齊郡歷城、長安于氏；	8
卷三	濮陽、龍門盧氏；陳留吳氏；趙郡蘇氏；高陽、成都、河間、清河齊氏；京兆陳氏、馮翊、武當陳氏；太原、齊郡、鄜州洛川、河內（武德狀？）秦氏；隴西狄道辛、金城辛氏；丹陽申氏；河南雲氏；平涼員氏；	21
卷四	是雲元；樂陵東光縣袁氏、京兆、河東、襄陽；濮陽爰氏；洛陽孫氏；昌黎棘成縣、河東、廣陵韓氏；譙國龍亢桓氏；馮翊、京兆、河南潘氏（潘威狀）；河東關氏；南昌顏氏；扶風平陵班氏；	17
卷五	樂陵皇甫氏；敦煌效谷縣令狐氏（兩次引狀）；廬陵曾氏；臨川、廬江、永安、河間文安縣、華陰、河東汾陰周氏；弘農、尉氏、譙郡劉氏；涇陽、安定、富平牛氏；丹徒、絳郡侯氏；廣陵、魏郡林氏；渭南任氏；廣樂陰氏；魏郡南郭氏；常山、廣平閻氏；河東廉氏；箝耳氏；	26
卷六	河東董氏；下博孔氏；京兆史氏；安陸、中山、太原許氏；京兆、馮翊呂氏；濮陽、洹水、安德、偃師、河東、齊郡杜氏；京兆祖氏；北平采氏；	16
卷七	陝郡河北縣、河東、長平趙氏；襄陽鮑氏；扶風茂陵、京兆、臨安馬氏；洛陽、廣平賈氏；濮陽柳氏；鄴郡內黃沈氏；	11
卷八	河內、敦煌氾氏；弘農、樂陵、河南宋氏；河東安邑縣衛氏；丹陽蔡氏；	7
卷九	能氏；魏郡斥丘、河東桑泉戴氏；武威段氏、中牟段氏；雲南段氏；安陽邵氏；浩氏；暢氏；河東敬氏；華陰甯氏；汝南廖氏；河南洛陽竇氏；	13
卷十	魏郡谷氏；沐氏；京兆樂氏；太原、漁陽畢氏；淮陰吉氏；師氏；館陶、諸郡郭氏；魏郡貴鄉霍氏；拓王氏；蜀郡柏氏；	12
總數	141	

　　今本《元和姓纂》為後人所輯，並不能完全反應原書的情況。殘存的十卷中，直接標明引用家狀者就有 141 姓，可見《姓纂》之史料淵源對家狀之倚重。在所引家狀中，可以確定為胡姓者如天水雙氏、河南雲氏、平涼員氏、是雲元、河南潘氏、箝耳氏、雲南段氏、河南竇氏、拓王氏等。儘管如此眾多的家狀難免泥沙俱下，但因為經過了一番官方的審查，《姓纂》此書並沒有嚴重的世系偽冒問題。而以《姓纂》為本的其他私家譜牒文本，經過「再闡釋」，則往往「變質」。

　　與家狀相似的一種文本是家傳，其主要流行時間為魏晉南北朝時期。《隋書・經籍志》雜傳類著錄家狀 29 種，章宗源補 21 種。其中胡姓家傳如：《周齊王家狀》一卷，姚最撰，齊王即北周宗室齊煬王宇文憲；《尒朱氏家傳》二

卷，王劭撰。家傳、家狀、家譜，雖同爲私家著述，但其中也有差別。據學者對比研究，「家傳中往往有人物活動的具體事蹟，而家譜則只是記述人物的婚宦、血脈。……晉宋以後的基本趨勢是雜傳減少，譜牒日盛；事蹟無聞，血脈清晰。」〔註79〕譜學文本形態的變化，跟門閥士族的演化進程相一致：從家傳向家譜的過渡，正是士族社會從封閉、凝固的向開放、衰微的表現。家傳一類文本中人物官爵、家族事蹟爲應人物品第、鄉選里舉而生，而家譜一類文獻中族源偽冒以及世系嫁接，則是士族社會階序被破壞之後的表現。就胡姓家族而言，世系文本形態的演變，則尚有民族融合一端。入唐以後胡姓家族的世系整合，主要發生在家狀、家傳、家譜之中。晚出的胡姓家族無縫世系（以《新唐書·宰相世系表》爲最甚），或多源於這類文本。前文述薛氏世系，自薛聰（或薛宗起）以薛永爲七世祖之說發軔，至《宰相世系表》建構起薛氏完整世系，其間的文本積累過程已不清楚（《元和姓纂》薛氏散佚），唯《新唐書·藝文志》著錄有《薛氏家譜》一卷爲一重要線索，此譜或爲薛氏世系形成之一關鍵文本。又《隋書·經籍志》史部譜牒類著錄了《何氏家傳》三卷，不著撰人；而《舊唐書》著錄《何妥家傳》二卷，《新唐書》從之。姚振宗考論云：

> 章氏《考證》：《後漢書·何敞傳》注引《何氏家傳》，載何比干爲丹陽都尉事。本始元年，自汝陰徙平陵，世爲名族。《三輔決錄》亦載此事。《魏志·劉劭傳》注引何楨事，題盧江《何氏家傳》。《唐志》有《何妥家傳》二卷。

> 案何妥，西城郫縣人，西城郡，隋屬梁州，其先或與平陵何氏、盧江何氏同族，有《周易講疏》，見經部易類。〔註80〕

按，家傳本爲漢魏以來興起的一種文體，盛於南朝。《隋書》所記家傳文獻，多爲漢魏南朝北時期，極少延至隋唐，況且何妥家族在當時並不顯著。兩《唐書》之《何妥家傳》，極有可能是後世附會早有的何氏家傳而作，一如世系嫁接的例子，而其出現可能與後來粟特何氏家族之興盛有關。據盧告撰《何弘敬墓誌》：

〔註79〕 胡寶國：《漢唐間史學的發展》，商務印書館，2003年，第156頁。

〔註80〕 姚振宗：《隋書經籍志考證》卷二十，王承略、劉心明主編：《二十五史藝文經籍志考補萃編》第15卷，清華大學出版社，2014年，第845頁。

> 公諱弘敬，字子肅，盧江人也。周唐叔虞之後，十代孫萬食采
> 於韓，封爲韓氏，至韓王安，爲秦所滅，子孫流散，吳音輕淺，呼韓
> 爲何，因以爲氏。漢時比干於公爲始祖。比干生嘉，爲盧江郡長史，
> 罷居濳縣南鄉臨貴里，遂以盧江爲郡望。至公九代祖妥，仕隋爲國子
> 祭酒、襄城公；文德輝赫，冠絕當時，厥後因稱襄城公房。〔註81〕

盧告的墓誌自然是依據何弘敬的家狀而來的。何弘敬家族本粟特後裔，何妥
亦爲粟特後裔（詳後文專論），但是二者的家族關係則存疑。何妥卒在開皇十
四年左右（594 年前後），距何弘敬卒時（865 年）計 270 餘年，按照 30 年一
世，正好 9 世。何弘敬稱何妥九代祖，可能是一個比較精心設計的「情節」，
是爲何弘敬找到一個「榮耀祖先」。入華粟特何氏之最早榮顯者即何妥家族，
而且何妥已經文儒化，更符合「文化決定論」下祖先攀附的最佳選擇。《舊唐
書》中出現了《何妥家傳》這一文本，可能就是何弘敬家族「再造」譜系的
結果：一方面將自己家族的譜系嫁接到何妥家族（可能還進一步連接到其他
漢人何氏之譜系），另一方面創造「襄城公房」，作爲家族的標記。這是胡姓
家族譜系文本層累的一個案例。

二、世系文本的傳播過程

　　世系文本創作的開始，往往也意味著傳播、接受的開始，其過程不能簡
單地割裂開，而且其間會發生交互影響：接受者的再度闡釋會產生新的世系
文本。如果以文本書寫類型而言，大致上世系創作過程主要發生於史志、譜
牒等典範文獻中，因爲這些「顯性」文本具有權威性或者影響力；而世系傳
播、接受和再闡釋，主要發生在家譜、碑誌等「隱性」、私人書寫中。這二者
之間的「互動」亦非常明顯：家譜、碑誌依據史傳記載「再度創作」家族世
系文本；史傳、史志反之亦採用家譜、碑誌的內容補充史源。《魏書》《南史》
《北史》都大量利用了家族譜牒。另外，一些本來處於「隱性」的世系文本，
因爲傳播媒介的因素，會成爲「顯性」文本，而影響世系建構。如李百藥《竇
軌碑》即如此。一方面，李百藥爲著名的文人，其文集或文章能廣泛傳頌，
由此形成影響力；另一方面，墓碑（神道碑）樹立於地上，具有明顯的「宣
揚」效果，也能產生很強的傳播效應。

〔註81〕吳鋼主編《全唐文補遺》第四輯，三秦出版社，1997 年，第 39 頁。

　　著名文人的作品，往往是胡姓家族世系建構的重要媒介，因爲這些文本往往能從「歷史」中爲他們尋找到「合理的祖先」，規避種族問題帶來的困擾。唐代紇干濬爲女撰墓誌云：

> 夫人其先本田氏，六國時有諱成稱王者，漢初有諱儋封於齊者。及周室遷都，雄據秦雍。干戈大試，戎馬生郊。豪傑乘時，英賢繼踵。十二代祖諱弘。事周有勳，策拜司空、襄蔡六州節度使，封雁門公，仍賜姓紇干氏。義城公庾開府信撰墓誌及神道碑，具述錫姓之由。《北史》《周書》，備敘勳烈。初，《官氏志》有紇干，與後魏同出於武川，孝文南遷洛陽，改爲干氏。逮周室之賜，則與彼殊途，實以司空才冠一時，盡忠王業。虜言「紇干」，夏言「依倚」，爲國家之依倚。厥後枝派日隆，代生賢畯。巨儒碩德，世世不乏。……
>
> 銘曰：齊國建祖，後周賜姓。累世封公，異代輝映。〔註82〕

庾信撰《紇干弘神道碑》云：「公諱弘，字廣略，原州長城縣人也。本姓田氏。」〔註83〕並對田氏之族源做了敘述。文中之紇干弘，本爲田弘，北周時賜姓紇干氏。其家族人物在《周書》《北史》《隋書》有傳，其子田仁恭，隋代已復本姓田氏。紇干濬本爲胡姓，非田氏之後，謂其女十二代祖爲田弘，且引庾信文及《北史》《周書》爲據，正是借助這些媒介對自己族源、世系作「重新闡釋」。更有意思的是，紇干濬很清楚《魏書·官氏志》對於自己家族種族問題的影響，所以特別指出「逮周室之賜，則與彼殊途」，強調自己的「紇干」爲賜姓，非本爲鮮卑。又對「紇干」之意做了重新闡釋。據西秦族源神話：

> 初自漠北，南入陰山，遇大蟲於路，狀如龜，大如陵阜，乃殺馬祭之，俄而不見，乃有一小兒在焉。乞伏部老父無子者，請養爲子，眾許之。老父忻然自以有所依憑，字曰紇干。紇干，華言依倚也。後因爲氏。〔註84〕

〔註82〕　吳鋼主編《全唐文補遺》第一輯，三秦出版社，1994年，第408頁。

〔註83〕　《紇干弘墓誌》原題名「大周使持節少師柱國大將軍大都督襄州總管襄州刺史故雁門公墓誌銘」，誌文云：「公諱弘，字廣略，原州長城郡長城縣人。本姓田氏，七族之貴，起於沙麓之崩；五世其昌，基於鳳凰之緜。」1996年出土於寧夏省固原縣城郊田弘墓，不題撰人。今據紇干濬之文，可知亦庾信所作。羅新、葉煒《新出魏晉南北朝墓誌疏證》，中華書局，2017年，第260～263頁。羅新等據誌文與碑文中文字之不同以爲神道碑與誌文可能並非一人所作，蓋未見紇干濬此文。）

〔註84〕　《古今姓氏書辯證》卷三七「紇干氏」引，江西人民出版社，2006年，第582頁。

《西秦錄》之文，紇干濬能見之，遂「斷章取義」，將紇干氏往正面意思解釋，完成自己家族本爲漢人的敘事。北朝胡姓多經過改姓、賜姓、復姓的過程，這往往成爲世系「漏洞」。史傳、文人文集等典範文本在傳播過程中，「漏洞」得以修復，遂衍生出新的世系文本。

碑刻這種形式，對於胡姓家族世系重建及傳播有特殊的意義。在中古時期，「鑴譜於石」本來就是一種很普遍的現象，陳爽對這一現象有過深入的研究〔註85〕。我們注意的是，碑刻在再造譜系中的作用。以《薛孝通貽後券》爲例，陳直先生曾引用此刻云：「北魏太昌元年刻，文十七行，每行十二字，公元一九二〇年，山西太原出土，其地址恐爲當日薛氏之祠堂。原石爲夏子欣所得，後不知售歸何人，外間知者絕少。」石刻原文如下：

> 大魏太昌元年□月十日，代郡刺史薛孝通，歷敘世代貽後券。
> 河東薛氏，爲世大家，漢晉以來，名才秀出，國史家乘，著顯光華者歷數百年。厥後競仕北朝，繁興未艾，今遠官代北，恐後之子孫不譜祖德，爲敘其世代以誌，亦當知清門顯德有所自也。五世祖名強字威明，汾陽侯，與王景略同志。桓溫署軍謀祭酒不就，符秦召亦卻仕。姚興爲光祿大夫，左戶尚書，四世名辯，字允白，仕姚氏河北太守，歸魏爲平西將軍。三世名湖字破胡，爲本州中從事，別駕，河東太守。二世名聰字延知，由侍書郎遷侍書御史，都督徐州刺史。〔註86〕

學者楊強認爲該石刻爲僞刻，其證據如下：

其一，石刻中提供的世系較之正史所載，闕薛辯與薛湖之間之薛謹一代；

其二，薛強汾陽侯的爵位史不載，且不符當時封爵習慣；

其三，石刻屢入「家乘」等宋元以後才有的詞彙。〔註87〕

楊氏的考辨是很有根據。對照石刻文字，多據正史薛辯家族人物而來，不足爲辯。但從世系文本傳播接受的角度而言，這一僞刻亦爲薛氏世系之衍生文本之一。其作僞的目的，與明清時期家譜序僞託唐宋名人所作是一樣的。若此石刻立於家廟，則其傳播效果更爲顯著。

〔註85〕陳爽：《出土墓誌所見中古譜牒研究》，學林出版社，2015年。

〔註86〕陳直《南北朝譜牒形式的發現和索隱》，《西北大學學報》（哲學社會科學版）1980年第3期，第50頁。

〔註87〕楊強《「薛孝通貽後券」辨僞》，《文博》2002年第3期，第64～66頁。

前文曾對白居易家族世系建構的過程作過分析，近年洛陽新出《楚王白勝遷神碑》，又提供了新的信息。關於該碑之眞偽，謝思煒傾向於認爲該碑爲偽刻。其提出的疑點：首先是該碑不見於歷代金石著錄和地方志；其次，碑無缺損、文字也清晰。內容上，文後所署時間有不合體例者，文句修辭有不符情境者等諸端。其初步結論是：

> 此碑不大可能是唐碑，也基本可以排除近人作偽的可能。由於碑文內容與道光十三年修《白氏宗譜》互見，初步判斷碑的製作當與《白氏宗譜》的修撰者有關。碑文作者應當對白居易的詩文比較熟悉，文史修養及寫作能力也在中等以上。但可能沒有讀過汪立名《白香山詩集》（附陳振孫《白文公年譜》）及顧炎武等人的著作，所據白集或是明馬元調刊本之類。〔註88〕

筆者注意到其中也存在一個有意思的世系斷層：

> 公諱勝，其先羋姓，楚公族也。……及周敬王四十一年七月，遣部將石乞襲殺子西於朝，劫惠王，踞郢都，立爲王。會葉子高救楚，公兵敗，殞於山，石乞葬之。其地無知者。公享年五十五。……
>
> 土人曰：公九世孫起拔郢，拜祖於此云云。

據此則白起爲白公勝九世孫。白起卒秦昭王五十年（前257年），至周敬王四十一（前479），以絕對世代計之約八世。這一世系斷層未見於其他世系文本中，而與道光十三年修《白氏宗譜》爲「互文」，可以想見後人試圖用掌握的「知識」重建白氏譜系的意圖，而「碑刻+宗譜」強化了這相關知識的權威性，其傳播所及，連今天的學者也受「蒙蔽」，其當時之影響可知。

其實攀附白居易者的譜系，在其逝後不久即已開始。天成四年牛渥撰《白全周墓誌》即云：「公諱全周，字普美，即唐禮部侍郎居易之後，因官流散，子孫異鄉焉。曾祖姚，祖姚（闕書），父文亮，皇不仕。姚京地宋氏。公世聯高望，累代門榮。父自河東樓蕃監盛族，萍泛聿來秦土。初遊銀郡，及與白婆村，娶宋氏焉。」〔註89〕研究者已經詳考此一系白氏與白居易家族無關。白全周疑亦出胡族，攀附白居易而非官勳爵更高的白敏中，一方面因爲白居易名聲的傳播影響，另一方面也隱含著「文化決定論」的心思，這是胡姓家

〔註88〕 謝思煒《洛陽所見白公勝碑眞偽辨疑》，《文獻》2009年第3期。

〔註89〕 杜建錄、鄧文韜、王富春《後唐定難軍節度押衙白全周墓誌考釋》，《寧夏社會科學》2015年第2期。

族更爲關注的問題。薛道衡、白居易，俱爲文學史上之人傑，而皆有此種族之「爭議」，古今無不以此爲憾，其族人更想方設法爲祖先尋找到「合法」的身份，由此不斷建構出不同版本否定世系文本，由此構成了豐富的傳播、接受層累。

各種譜系所依託的文本類型不同，其傳播範圍和影響也不同。不僅官方譜牒比較嚴格的把控和譜學家的實證主義能「去僞存眞」，社會輿論的反彈也是影響普通族源、譜系攀附的有效手段。《太平廣記》卷二百六十「嗤鄙」條引《啓顏錄》：

> 唐有姓房人，好矜門地，但有姓房爲官，必認云親屬。知識疾其如此，乃謂之曰：「豐邑公相（注：豐邑坊在上都，是凶肆，出方相也）是君何親？」曰：「是姓某乙再從伯父。」人大笑曰：「君既是方相侄兒，只堪嚇鬼。」〔註90〕

若按照上引字面意思，此則「笑話」難以理解，若改「豐邑公相」爲「豐邑方相」則豁然可通（「公」「方」形訛）。蓋用「房相」諧「方相」以折辱「姓房人」也。唐代房、方音同。武德中房相，房玄齡也；方相，則豐邑里中送喪表演之賤戶也。這種調笑方式說明攀附祖先在社會上引發的不滿。

世系文本作爲一種媒介，是維繫族群認同的重要手段。其傳播和接受，正是「想像共同體」邊界不斷遷移的表現。胡姓家族世系建構，是文本的創作、傳播以及反覆闡釋的過程：從一個具體人物出現開始，演變成一個斷層的世系，最後形成連續無縫的漫長世系鏈條；各種媒介參與了世系文本的傳播，而傳播過程亦不斷產生文本的層累；世系建構的過程伴隨著胡、漢族群認同的變遷。

〔註90〕《太平廣記》卷二百六十，中華書局，1961 年，第 2027 頁。按此事《兩京新記》西京「豐邑坊」條較詳：「南街西通延平門。此坊多假賃方相輛車送喪之具。武德中，有一人姓房，好自矜門閥，朝廷衣冠，皆認以爲近屬。有一人惡其如此，設便折之。先問周隋間房氏知名者，皆云是從祖從叔。次曰豐邑公相與公遠近，亦云是族叔。其人大笑曰：『公是方相侄兒，只可嚇鬼，何爲誑人！』自是大醜，遂無矜誑矣。」參見辛德勇：《兩京新記輯校》，三秦出版社，2006 年，第 66 頁。

第三節　胡姓家族譜系建構的族群認同意義

一、關於譜系建構的性質

在回答胡姓家族譜系建構的認同意義之前，首先要解決一個根基性的問題：我們如何看待譜系建構這種行爲，或者譜系文本的性質？這是從整體上理解譜牒一類文本的書寫體例、編撰原則、包含理念等問題的核心。中古時期完整的族譜非常罕見，大多以世系的形式依賴前文我們所舉文本類型而流傳，我們或許可以借助宋代以後，甚至近現代有關宗族、族譜的有關研究來解答上述問題。

關於世系、族譜的研究，有兩種不同的取向：一種是將之視爲眞實人物、家族歷史的記錄；另一種是視爲文本創作者主觀意識和當下情境的「想像」，或者一種歷史記憶的媒介。就當下的研究狀況而言，後者佔據主流，在人類學視域中尤其如此。較早關注中國宗族現象的英國人類學家莫里斯·弗里德曼，其研究注意到了族譜的問題。在《中國東南的宗族組織》一書中，他指出：

> 人類學家通常把族譜視爲個人與群體之間當前關係的敘述，其表述風格聲稱只與過去有關。在沒有文字記載的社會中，當前關係的結構和譜系引證的過去關係的結構之間沒有必要的差異。隨著當前關係的變化，過去的關係也隨之變化。然而，在中國社會，文字記載登場了，因此我們應該考慮到，識字和記載將刻板的印象引入了歷史，使它對於當前的影響很難做出回應。〔註91〕

漢人強大的歷史書寫傳統，對於歷史的影響確實是一個應該引起重視的話題。弗里德曼本人對於族譜持一種比較折衷的觀點：

> 我設想，總體而言，聲稱以繼嗣世系確定宗族奠基人及其所有繼嗣的族譜，可能是對歷史事件的完全可靠的敘述。族譜所記載的所有或幾乎所有的材料可能是確實的，儘管它可能省略了完整記錄已經包含的資料。有可能有些記錄的事實是想像的；然而，在很大程度上，爲了滿足當前的需要而對族譜所作的任何重要的再造，似乎爲一種學者式地注意族譜完整的謹慎態度所排除。〔註92〕

〔註91〕（英）莫里斯·弗里德曼著，劉曉春譯，王銘銘校：《中國東南的宗族組織》，上海人民出版社，2000 年，第 88 頁。

〔註92〕（英）莫里斯·弗里德曼著，劉曉春譯，王銘銘校：《中國東南的宗族組織》，上海人民出版社，2000 年，第 88～89 頁。

他傾向於認爲多數的族譜記載可能是眞實的，但同時他提出「滿足當前的需要」的問題對於族譜「再造」的影響，這與他所關注的宗族裂變單位內部不平衡問題相一致。儘管在此他否定了這種族譜「再造」擴大的可能性，但再其他語境下，他對族譜的「建構性「表現了通達的理解。比如在同姓聯宗的時候，修譜者可能會爲「譜系的眞空提供一個人物」：

　　　　在超宗族聯合所提供的譜系信息中，我們可能發現大量的材
　　料，說明歷史被操縱的方式，用以證明聯合以及當前利益的合理性。
　　〔註93〕

排除聯宗這種特殊的情境，漢人族譜隨著現實問題變化，這是弗里德曼折衷之後得出結論之一半：

　　　　當漢人的父系繼嗣用來控制地方社區的時候，正如我們已經看
　　到的，將產生譜系的合理性，而且譜系的合理性也發生變化。這種
　　合理性來自於考證，通常採取一種給人深刻印象的、做學問的方式，
　　因此，通過文人對事實的操縱，純粹口傳系統的可變性有時候似乎
　　在文字系統中也實現了。漢人沒有必要比博安南女生筆下的蒂芙人
　　更意識到「欺騙」和「虛假」。〔註94〕

弗里德曼關於譜系的看法根植於其宗族裂變的形式和功能的剖析基礎上，正因爲其鉅細無遺的工作，所以他並沒有一種絕然的觀點，而是謹慎地描述所見到的現象，折衷於是、非之間。然而，他的描述對我們理解譜牒這種家族書寫文本的特殊性極具啓發。弗里德曼「控制地方社區」的說法有多種現實的比附，揭示了譜牒文本發生變化的動因。漢人「做學問」式的譜系建構行爲，透過本文之前分析的世系文本，我們或許會感歎弗里德曼以異之眼做出的精準判斷。弗里德曼的是西方社會學中國研究的奠基者，同時也對國內的研究產生的深遠的影響。

　　人類學、社會學的視野中，族譜現象總是令人著迷的。劉志偉注意到明清族譜中攀附遠代世系的現象：

〔註93〕　（英）莫里斯·弗里德曼著，劉曉春譯，王銘銘校：《中國東南的宗族組織》，
　　　　上海人民出版社，2000年，第89頁。
〔註94〕　（英）莫里斯·弗里德曼著，劉曉春譯，王銘銘校：《中國東南的宗族組織》，
　　　　上海人民出版社，2000年，第90頁。弗里德曼引用博安南（Bohannan）夫人
　　　　的觀點：宗族組織也許只有在無文字社會比如尼日利亞的蒂芙人（Tiv）那裡還
　　　　存在著，她討論到，「或者可能存在於那些避免將它的制度以文字表述的地方」。

　　　　對於到清代已經在許多庶民百姓中普及開來的族譜編撰中，編
撰者已經不必要小心翼翼地作出這樣的區分，他們仿傚士大夫編撰
的體例，常常直接就把宋代以前的遠代祖先同近世祖先的系譜連接
了起來，甚至常常以各種手法，把原來並無清晰繼嗣線連接的單個
的遠代祖先也串聯起來，構成了能夠同近世始祖直接連接起來的遠
代世系。這種現象雖然在晚近才普遍起來，但普及速度非常快，而
且由於很多族譜的這一部分內容被編造得非常整齊，甚至天衣無
縫，成爲表達士大夫文化認同的一種歷史記憶方式，以致直到今天
竟更常被人們視作信史。治史之人當知其詭，惟以之窺探明清以來
世態風習之流變，斷不可用以爲古史考辨之證據。〔註95〕

明清以後的譜牒中，將宗族族源和早期世系與近代世系整合一起的做法，爲
唐代世系文本所常見。研究明清、近代宗族現象及譜牒書寫的學者，或許應
該將視野擴展到中古時期，從延續性的角度，可能會得出更通透的理解。然
而，歷史記憶的觀念引入，無疑對我們理解世系建構的性質打開了另一扇窗。
歷史記憶的觀念在神話、傳說、民間故事研究中被廣泛運用，不僅僅是因爲
它解開了神話、傳說形成的動力學問題，還因爲它突破了傳統歷史研究對「眞
實」的理解，正如學者所說那樣：

　　　　許多民間傳說和神話故事的具體情節或者人物都有可能是虛
構的，但是他們所表現出來的歷史情景與創作者和傳播者以及改編
者的心態、觀念卻是眞實存在的，而我們所要瞭解的正是這種記憶
得以存在流傳的歷史情境。從復原歷史的目的來說，由於民眾話語
權的缺失，解析民間傳說何以得到「傳說」，正是探尋民眾的歷史記
憶的一種較好途徑。〔註96〕

世系建構的性質亦可以從編纂者「心態」、「觀念」和「歷史情境」中得到解
釋。一些看似荒謬或者毋庸贅論的史實錯誤，或許應該引起我們的重視。另
外，從歷史記憶的觀點來看，譜牒中構擬的人物，也可以得到很好的解釋，
因爲其本質是後人對祖先的一種「想像」。

〔註95〕劉志偉：《明清族譜中的遠代世系》，《學術研究》2012 年第 1 期，第 90～97 頁。
〔註96〕萬建中：《民間文學引論》，北京大學出版社，2006 年，第 180 頁。

二、世系建構的認同意義

概括言之，胡姓家族的世系文本作爲一種媒介，是構成中古時期胡漢族群「想像共同體」的重要認同要素。

關於胡姓家族的世系建構，我們先要強調，所有這些胡姓家族的世系文本，少部分出自胡姓家族本身，絕大部分則出自漢人之手。這一區分代表著不同的認同意義。漢人爲何熱衷於爲胡姓家族建構一套完整的譜系，並將之與自己的祖先、族源聯繫在一起呢？歷史上，這種行爲產生很早，比如《史記》以匈奴爲夏后氏之裔。漢人熱衷於譜系建構，或者說有一種世系崇拜。在文獻中，我們時常可以看到長達幾十甚至上百世代的世系鏈條。漢人或者漢民族以世系作爲凝聚族群的核心模式，並將這種模式以宗法的形式凝固下來，共同維繫在一個譜系認同之下。在大宗世系模式下有所謂百世不祧之祖，通過廟制、祭祀等方式，愼終追遠，祖先的記憶得以傳承，而世系就是其文本化。明清以後，宗法的形式更加完善，以合族、收族爲目的的聯宗通譜，產生了一系列的大型世系文本，動輒上百世不斷，其意義已超過血緣共同體而向擬制世系過渡。漢人爲胡姓家族建構的世系亦可從這一角度理解。譜系意識是漢人區別異族或者收納異族的一種族群意識，是血緣共同體意識的一種變型。

研究中國社會史西方學者，有一個觀點認爲：宗族（氏族）現象的存在，是幾千來中國社會停滯的一個表現，而近代化並未讓這一血緣共同體消解。這就是所謂「停滯論」。中國社會內部，也不停掀起批判宗法社會的運動，比如五四運動以來的新文學，將此作爲一個批判主題。但經過長期的爭議和研究，中外學者逐漸放棄了這種論調；中國社會內部也漸漸開始冷靜思考宗族現象的存在（在一定程度上復興）問題。這些成果的出現，得益於人類學對於中國宗族社會（組織）的詳細剖析。宗族現象在其上千年的演變過程中，每個階段都呈現出不同的特徵，其本質其實是族群邊際變遷的結果。宗族作爲漢人結群的方式，是富於包容性的一種認同機制，而不簡單指向血緣團體（氏族集團）。從這一角度而言，漢人所建構的世系，是其族群認同變遷的文本形態。

另外，漢人爲胡姓家族所「創造」的世系，反應的是一種「話語霸權」，是漢人文化中心主義對四夷的一種「想像」。漢人以夷狄爲野蠻無文，「夷狄之有君，不如諸夏之無也（論語‧八佾）」；「夷狄無義」（《漢書》卷六）。漢人以禮樂文化來區別蠻夷，但又持一種「有教無類」的態度來調和蠻夷與文明的矛盾。陳寅恪云：「漢人與胡人之分別，在北朝時代文化較血統尤爲重

要。凡漢化之人即目爲漢人，胡華之人即目爲胡人，其血統如何，在所不論。」
〔註97〕漢人對於胡姓家族族源、世系的改造，就是一種「文化改造」。

　　從胡姓家族自身而言，世系建構的主要意義在於獲得一種「華夏」正統
性的身份或者合法性依據。選擇漢人族源，將世系嫁接到一個漢人祖先，是
從源和流兩個方面完成漢人身份轉變最簡單易行的辦法，也是漢人樂於接受
的一種方案。正統性對於族群邊界的影響，可以從胡漢政權關於「正朔」之
爭中看出。在民族關係複雜的情境中，族源、世系的正統性，或者優越性，
是爭取政治資源，實現政權利益最大化之有效途徑。高歡語云：「吳兒老翁蕭
衍者，專事衣冠禮樂，中原士大夫望之以爲正朔所在。」（《北齊書·杜弼傳》）
高歡的焦慮即與其種族相關。高氏世系之僞冒，較之其他胡姓家族有過之而
無不及，正是在這種心理下的產物。就小範圍而言，族群正統性對於爭取族
群資源分配之重要依據，前述薛氏世系的建構與河東族群關係即爲一例。

　　人類學、社會學家對於近代以來「客家」群體的研究，可作爲我們理解
胡姓家族世系建構中認同背景的參照。早期關注客家的學者羅香林，通過收
集客家族譜，從中梳理出客家與中原漢人聯繫，及其遷徙路線，這是將客家
族譜作爲歷史眞實。後起的學者，從族群認同、族群邊際的觀點來解釋客家
族譜中之族源、世系及遷徙傳說問題，將這些族譜作爲一種集體記憶來看待。
正如瀨川昌久所言：

> 明確祖先的原住地以及遷移路徑，這對漢族來說是與其身份根
> 基相關的重大事項。這不僅是追尋從祖先到自己的父系出身的連續
> 性，而且意味著可以明示自己與中華文明的關聯性並在歷史當中明
> 確自己的位置。但是，這並不意味著祖先的來歷是對過去的正確記
> 錄，其中包括「更多」的內容。即使它在形式上是用文字撰寫的族
> 譜，這一點也不會發生改變。它只能以編纂族譜的子孫們的自我意
> 識和歷史意識爲媒介寫出來。當然，新編纂的族譜也不全是創造或
> 者捏造，它多根據原有的墓碑、傳記以及現有的同姓族譜編寫而成。
> 可是，它還是編纂者根據自我意識、歷史意識進行取捨、或者重新
> 解釋後編寫出來的。〔註98〕

〔註97〕陳寅恪：《唐代政治史述論稿》，三聯書店，2001 年，第 200 頁。
〔註98〕（日）瀨川昌久著，河合洋尚、姜娜譯：《客家——華南漢族的族群性及其邊
　　　　界》，社會科學文獻出版社，2013 年，第 134 頁。

遷徙到南方的「客家」，通過對漢人祖先的追溯，以及連續世系文本的確認，藉此獲得「本為漢人」的身份，以及區別與土著的優越地位。而客家通過漢人身份的確立，又能凝聚同為「客」之其他外來族群，以對抗土著。歷史上，「客家」的形成，正是在與土著的資源競爭中（如大規模、長期的械鬥），不斷凝聚起來的。同時在「他者」的不斷「想像」中，其形象得以凝固。世系作為一種主觀性的、建構性很強的媒介，隨著認同變遷而調整。中古時期胡姓家族世系建構，當作如是觀。

三、兩組微觀視角──同姓胡漢之間的微妙關係

族群意識是很微妙的，而且隨情境變遷。下面我們提出兩組情境，來認識這一問題。關於胡姓家族如何看待胡、漢祖先的問題，一種情況我們必須提及，即胡姓家族或人物，是否知道自己的族源（或族屬），換言之，他們是否有本族的「族群意識」。比如唐代竇氏家族，是否知道自己本出自鮮卑紇豆陵氏呢？在正史傳志記錄猶在，而且譜學又發達的背景下，這似乎是肯定的。即便不知道自己具體的族源，但自己祖先來自邊裔當不至於無知。在這一假設下，我看到對於胡漢祖先的兩種微妙的心態。一種是承認且強化自己真實的祖先意識，如元行沖、元稹對鮮卑祖先「榮耀歷史」的書寫；另一種是弱化真實的祖先意識，而強化漢人祖先意識。這在竇氏家族身上表現得很明顯。例如下面這一例子，《舊唐書‧竇威傳》：

> 威奏議雍容，多引古為諭，高祖甚親重之，或引入臥內，常為膝席。又嘗謂曰：「昔周朝有八柱國之貴，吾與公家咸登此職。今我已為天子，公為內史令，本同末異，乃不平矣。」威謝曰：「臣家昔在漢朝，再為外戚，至於後魏，三處外家，陛下隆興，復出皇后。臣又階緣戚里，位忝鳳池，自惟叨濫，曉夕兢懼。」高祖笑曰：「比見關東人與崔、盧為婚，猶自矜伐，公代為帝戚，不亦貴乎！」〔註99〕

竇威將自己家族與漢代外戚竇氏聯繫上，唐高祖也默許這種聯繫。但這種言論中，帶有一種「刻意」色彩。換言之，鮮卑竇氏有意將自己家族與漢人竇氏聯繫在一起，而且通過世為「外戚」的表象，給人造成竇氏未曾中斷的感覺。這樣的例子在後面我們將要論述的何妥、謝觀等家族身上，都有體現。

〔註99〕　《舊唐書》卷六十一，中華書局，1975 年，第 2364～2365 頁。

（一）同姓「祖業聚集」

祖先、世系、郡望是比較不穩定的或者說富於流動性的聯繫，所以同姓胡漢之間偽冒祖先、嫁接世系、攀附郡望較容易發生，這從前文所舉房氏、高氏兩支之間的關係即如此。相比之下，胡漢之間最穩定的或者最不具流動性的區分標記，可能是祖業，比如祖塋。祖塋的變遷當然有多重原因，但是否有因為同姓之間攀附而變遷的情況呢？我們還是以漢人渤海高氏與鮮卑高歡家族為例說明。入唐以後，高歡係胡姓高氏之祖塋，有下面一些零星的資料：

（1）高士廉：貞觀廿一年陪葬昭陵〔註100〕；

（2）高審行：高士廉子，墓在京兆〔註101〕；

（3）高真行：高士廉子，垂拱元年葬伊川孝子原〔註102〕；

（4）高昱：高士廉子，永徽二年葬雍州醴泉縣安樂鄉里昭陵之側〔註103〕；

（5）高琔：高士廉孫，載初元年葬少陵原〔註104〕；

（6）高績：高士廉曾孫，載初元年葬先塋少陵原；〔註105〕

（7）高嶸：高士廉孫，開元十七年葬河南縣平樂鄉中原〔註106〕；

（8）高重：高士廉五世孫，會昌四年葬河南府伊陽縣〔註107〕；

（9）高元裕：高士廉六世孫，大中四年歸葬（闕一字）南府（闕二字）縣（闕二字）之南原〔註108〕；

〔註100〕《全唐文》卷一百五十二，中華書局，1983年，第1560頁。

〔註101〕陳思《寶刻叢編》卷八《唐滄州別駕高審行墓誌》引《京兆金石錄》。

〔註102〕趙君平、趙文成編：《河洛墓刻拾零》，北京圖書館出版社，2007年，第121頁。

〔註103〕胡戟、榮新江編：《大唐西市博物館藏墓誌》，北京大學出版社，2012年，第95頁。

〔註104〕《全唐文》卷二百十五，中華書局，1983年，第2179頁。

〔註105〕胡戟、榮新江編：《大唐西市博物館藏墓誌》，北京大學出版社，2012年，第267頁。

〔註106〕吳鋼主編：《全唐文補遺》第三輯，三秦出版社，1996年，第61頁。

〔註107〕陳思《寶刻叢編》卷四「河南伊陽縣」條下：唐檢校戶部尚書高重碑，任元裕撰，柳公權正書。會昌四年十月。按：伊陽在伊水上游，距離伊闕尚有距離，但伊陽、伊闕都有高氏葬地。

〔註108〕《全唐文》卷七百六十四，中華書局，1983年，第7945頁。《寶刻類編》卷四載大中七年十月立，在洛陽。《墨池編》卷六載高元裕碑，柳公權書，在伊闕。《中州金石記》卷三、《平津讀碑記》卷八亦載。

（10）高宗彝：高士廉五世孫，咸通十年葬河南府伊闕縣何晏鄉范
村〔註109〕；

從上面的九份墓誌看，除高士廉、高昱陪葬昭陵比較特殊之外，高士廉
之後葬地分化、變遷很大。與高士廉家族同出高歡系之另一高氏家族，亦有
下面墓誌材料：

（1）高囨（永徽四年）：曾祖高歸義，祖高普，父高瑗，歸葬北邙
原度墩村南三里〔註110〕；

（2）高欽德（天寶庚戌）：曾祖高瑗，葬洛陽縣清風里北邙洪原
〔註111〕；

（3）高遠望（天寶四載）：父高欽德，葬洛陽縣清風鄉北邙首原
〔註112〕；

從上面三方墓誌看，高瑗家族墓葬在唐前期還保持得比較緊密。下面再看高
祐系漢人高氏的墓葬信息：

（1）高隆基（長安二年）：父高敬言，窆洛州合宮縣平樂鄉邙山之
□□〔註113〕；

（2）高纘（長安三年）：父高敬言，葬洛陽北山張楊里〔註114〕；

（3）高憲（開元十五年）：祖高敬言，父高繼，權葬洛陽縣河陰鄉
邙山之原〔註115〕；

（4）高懲（開元十七年）：祖高敬言，父高光復，葬北邙先塋之南
原〔註116〕；

〔註109〕吳鋼主編：《全唐文補遺》第六輯，三秦出版社，1999 年，第 186～187 頁。
〔註110〕吳鋼主編：《全唐文補遺》第五輯，三秦出版社，1998 年，第 112 頁。《北齊
書》卷四，武定八年六月：又詔封宗室高岳為清河王，高隆之為平原王，高
歸彥為平秦王，高思宗為上洛王，高長弼為廣武王，高普為武興王，高子瑗
為平昌王，高顯國為襄樂王，高睿為趙郡王，高孝緒為脩城王。卷十四：秦
王歸彥，字仁英，神武族弟。武興王普，字德廣，歸彥兄歸義之子。
〔註111〕吳鋼主編：《全唐文補遺》第一輯，三秦出版社，1994 年，第 192 頁。
〔註112〕吳鋼主編：《全唐文補遺》第八輯，三秦出版社，2005 年，第 47～48 頁。按，
高欽德、高遠望父子墓誌皆徐察所撰，且為會葬，由此可知高欽德誌中天寶
庚戌歲葬之庚戌，當即天寶四年乙酉年之訛。蓋天寶中本無庚戌年。
〔註113〕吳鋼主編：《全唐文補遺》第一輯，三秦出版社，1994 年，第 82 頁。
〔註114〕吳鋼主編：《全唐文補遺》第八輯，三秦出版社，2005 年，第 10～11 頁。
〔註115〕吳鋼主編：《全唐文補遺》第六輯，三秦出版社，1999 年，第 47 頁。
〔註116〕吳鋼主編：《全唐文補遺》第二輯，三秦出版社，1995 年，第 484 頁。

（5）高慈（天寶十年）：祖高敬言，父高光復，葬河南縣□□鄉之
原〔註117〕；

此高祐系漢人的祖塋，在唐前期亦比較穩定。現在我們就要問爲何高士廉家
族一系的墓葬地會如此播遷？通常而言，祖塋作爲家族之祖業之一，是比較
穩定的。當然，隨著家族人口增殖、祖塋面積有限，發生祖塋遷徙的情況常
見，但往往不會遷越太遠。比如河南于氏，從于謹九子分房，各支人物顯隱
不同，但從現在所見墓誌及傳世文獻來看，無論哪一房支，幾乎都歸葬京兆
〔註118〕。其中三原爲最集中的祖塋，即劉禹錫《爲京兆李尹答于襄州第一書》
所云：「閣下以大墓世在三原，而去河南益遠，尚繫於數百年之外。」此外于
氏家墓還有白鹿原、神和原、畢原、高陽原、龍首原、見子原等，雖有所分
化，但皆在萬年、長安縣內。高士廉家族的墓地遷動情況，超出了一般的規
律。洛陽爲高歡家族勢力範圍，其祖塋不應在京兆，頗疑高士廉一代人物入
關中以後暫時以長安爲祖塋而已。至其後代漸漸遷回洛陽，一方面回到「本
土」，另一方面也與其「攀附」和「僞冒」的漢人高氏接近，強化自己家族本
爲「漢人高氏」之認同。早期內附胡族高氏高肇一系，即通過返葬於渤海鄰
近之地，「攀附」渤海高氏〔註119〕，可見這種同姓之間的「想像」地域認同感

〔註117〕 吳鋼主編：《全唐文補遺》第六輯，三秦出版社，1999年，第48頁。按，此
爲高慈與夫人范陽盧氏合葬墓誌。云高慈太極元年三月十四日終於濟陰之官
舍，春秋五十一。夫人范陽盧氏，故尚書左丞黃門侍郎第三女，開元七載七
月廿□日終於尚賢里私第，春秋五十四，天寶十載十一月五日合葬。嗣子館
陶縣丞高容。開元二十二年郎少微撰《高慈墓誌》，云高慈開元二十二年五月
六日卒尚賢里私第，年六十，遷葬邙山，參見齊運通編《洛陽新獲七朝墓誌》，
中華書局，2012年，第209頁。）天。寶十載十一月六日《高慈夫人盧氏墓
誌》，國子祭酒贈秦州都督盧瑀長女。盧氏天寶八載十一月十六日卒河南府氾
水縣私第，年六十四。天寶十載十一月六日合葬先塋，參見齊運通編《洛陽
新獲七朝墓誌》，中華書局，2012年，第260頁。《補遺》版高慈墓誌爲其與
夫人盧氏合葬墓誌，而《洛陽新獲七朝墓誌》高慈墓誌爲其本人墓誌，而高
慈夫人盧氏墓誌，爲高慈另一個夫人盧氏墓誌，合葬盧氏家族先塋而未合祔
高慈。三方墓誌中的高慈，祖父名諱皆同，當爲同一人。但三方墓誌中的信
息多有不合之處，疑其中有僞刻之文？或誤記？

〔註118〕 《于思□墓誌》，爲于謹五世孫，「權葬洛陽縣北邙原」，爲例外。但是權葬，非祖
塋。（吳鋼主編《全唐文補遺》第五輯，三秦出版社，1998年，第27頁。）另外，
《于嘉胤墓誌》，葬洛陽西南五里龍門之平原（趙君平編：《邙洛碑誌三百種》，中
華書局，2004年，第168頁）。于嘉胤出于寔一系，此爲例外，或亦權葬。

〔註119〕 早期高氏祖塋遷徙的情況，詳前引仇鹿鳴文的有關分析。關於高肇一支改造
郡望，歸葬渤海的努力，參見羅新、葉煒《高琨墓誌》疏證。《新出魏晉南北
朝墓誌疏證》（修訂本），中華書局，2017年，第71～73頁。

的強烈程度。當然，高士廉家族祖塋的變遷，或許還有其他原因。現在所見的史料未能提供一個完整的共時、歷時譜系，藉以全面對比。但「攀附」祖塋這一命題，要爲族群認同之重要問題。

（二）同姓「婚姻避諱」

同姓胡漢之間的關係，還可以從通婚的角度來考察。同姓不婚，爲古代漢人婚姻觀念中的絕對條律。如鄭樵《氏族略》序云：

> 姓可呼爲氏，氏不可呼爲姓。姓所以別婚姻，故有同姓、異姓、庶姓之別。氏同姓不同者，婚姻可通。姓同氏不同者，婚姻不可通。
> 三代之後，姓氏而二爲一，皆所以別婚姻，而以地望明貴賤。〔註120〕

中古時期，即便賜姓同姓者亦不能相婚。如《周書·宇文護傳》附叱羅協傳：「太祖賜姓宇文氏，協既受晉公護重委，冀得婚連帝室，乃求復舊姓叱氏，護爲奏請，高祖許之。」即是爲避同姓通婚而改回原姓之例。唐代關於「同姓爲婚」的定罪頗嚴。《唐律疏議·戶婚》載：「諸同姓爲婚者，各徒二年。緦麻以上，以奸論。」《疏》曰：

> 又如近代以來，特蒙賜姓，譜牒猶在，昭穆可知，今姓之與本枝，並不合共爲婚媾。其有複姓之類，一字或同，受氏既殊，元非禁限。……問曰：同姓爲婚者，各徒二年。未知同姓爲妾，合得何罪？答曰：「買妾不知其姓，則卜之。」取決於著龜，本防同姓。同姓之人，即嘗同祖，爲妻爲妾，亂法不殊。《戶令》云：「娶妾仍立婚契。」即驗妻、妾，俱名爲婚。依準禮、令，得罪無別。〔註121〕

其中注意到了「近代以來，特蒙賜姓」問題造成的混亂，《疏議》明確了賜姓（今姓）與本枝不能爲婚。但《唐律》並沒有規定賜姓之人與所賜之姓是否可以通婚，而從上文叱羅協的案例來看，這也是不允許的，唐代京兆獨孤氏也可以說明。《元和姓纂》京兆獨孤氏：

> 《隋書·獨孤楷傳》云，不知何許人，姓李氏，父屯，從齊神武戰於沙苑，敗，爲柱國獨孤信所擒，配爲士伍，賜姓獨孤氏，後居京兆。……琬，太僕卿，開元中上表請改姓李氏，名備。……穎生良佐、良弓、良器、良弼、良史、良儒。良史生瑋，進士，複姓李氏。

〔註120〕鄭樵著，王樹民點校：《通志二十略》，中華書局，1995 年，第 2 頁。
〔註121〕長孫無忌等撰，劉俊文點校：《唐律疏議》卷十四，中華書局，1983 年，第262 頁。

岑校：「獨孤穎，即代宗貞懿皇后之父，見《會要》三六大曆三年。是年良佐請複姓獨孤，故下文再有瑋請複姓李一事。」〔註122〕京兆獨孤氏本姓李，賜姓獨孤；開元中改回原姓李氏；大曆中為了與皇室通婚，改回獨孤；其後又改回李氏：其過程可謂「反覆無常」。據《新唐書·后妃傳》下：

> 代宗貞懿皇后獨孤氏，失其何所人。父穎，左威衛錄事參軍。
> 天寶中，帝為廣平王，時貴妃楊氏外家貴冠戚里，秘書少監崔峋妻
> 韓國夫人以其女女皇孫為妃。妃生子偲，所謂召王者。妃倚母家，
> 頗驕媚。諸楊誅，禮浸薄，及薨，後以妹豔進，居常專夜。王即位，
> 冊貴妃，生韓王迥、華陽公主。大曆十年薨，追號為皇后。〔註123〕

本段文字頗有不明者，而《舊唐書》獨孤皇后本傳亦未明言。頗疑代宗之幸獨孤后在其未改李氏之前，本為犯「名教」之事，其後始有改姓以避諱之舉。代宗皇帝大曆四年八月有敕：「名籍一家，輒請移改，詐冒規避，多出此流。自今已後，割貫改名，一切禁斷。」〔註124〕是針對當時改姓冒名情況提出的，疑跟獨孤家族改姓有關，而出土墓誌中也反覆記載獨孤氏改姓之事〔註125〕，可能都是因為避諱同姓婚姻之緣故而「諱飾」之舉。

《疏議》中「賜姓」的情況，其實包括了改姓的問題。比如鮮卑萬紐于氏改于氏，雖然改姓之後，萬紐于氏漸漸淡出人們的視野，但改姓氏並未消

〔註122〕林寶撰，岑仲勉校記，郁賢皓、陶敏整理，孫望審訂：《元和姓纂》卷十，中華書局，1994 年，第 1470～1471 頁。

〔註123〕《新唐書》卷七十七《后妃傳》下，中華書局，1975 年，第 3500 頁。《舊唐書》卷五十二載：「代宗貞懿皇后獨孤氏，父穎，左威衛錄事參軍，以后貴，贈工部尚書。后以美麗入宮，嬖幸專房，故長秋虛位，諸姬罕所進御。后始冊為貴妃，生韓王迥、華陽公主。」也沒有明確說代宗寵信獨孤妃的具體時間。

〔註124〕《唐會要》卷八十五「籍帳」條，中華書局，1955 年，第 1560 頁。

〔註125〕獨孤楷一系家族人物的墓誌，記載改姓事者，如天寶八載（749）《獨孤褘之夫人清河張氏墓誌》：本李氏，隋以後族賜姓，今以王室歸宗。（吳鋼主編《全唐文補遺》第五輯，三秦出版社，1998 年，第 383～384 頁。）貞元三年（787）黎迥《獨孤季膺墓誌銘》，本隴西李氏，隋文帝賜獨孤氏，皇唐玄宗時復舊，代宗時又歸所賜。（吳鋼主編《全唐文補遺》六輯，三秦出版社，1999 年，第 103 頁。）大和二年（828）崔師中《獨孤季膺與夫人合祔墓誌》：本姓李，隴西成紀人。……高祖楷，隋民部尚書，武陽公，以文帝獨孤后性多嫉忌，出入不常，屢以直諫。文帝高其功，與皇后為昆弟。洎國初復正姓，徙居長安，堂兄之子入侍宮闈。大曆中，代宗冊為后。於是錄隋故事，又錫姓獨孤。命氏之由，得之譜序云。（吳鋼主編：《全唐文補遺》第六輯，三秦出版社，1999 年，第 142～143 頁。）

失，且唐代確實出現過，如開元六年《處士劉德墓誌》〔註126〕，夫人万于氏，疑即万紐于之省。不少胡姓都存在這種本姓與改姓並行的局面，此亦屬於「今姓」與「本枝」的關係。我們從所見的文獻中，未發現有改漢之後的胡姓與原來的姓氏相婚之案例，亦未見同姓胡漢相婚，可見這姓氏的種族問題，唐人是很清楚的。

唐代確有胡姓同姓相婚的案例，但僅見於粟特胡人之間，如下面三例：《康武通墓誌》（咸亨三年）夫人唐氏，酒泉單王之胤（唐，當爲康）〔註127〕；《康富多墓銘》（神龍元年）夫人康氏〔註128〕；史恒撰《康夫人墓誌》（乾元三年），夫康府君〔註129〕。這三例都發生在粟特後裔康氏身上，而且時間跨度從唐初到唐中葉，可見這種族性文化保持之固性。唐人爲什麼能容忍這種情況的發生呢？一方可能是事發地點的特殊性，比如康富多墓銘發現於高昌；另一面方面可能與前文所說的「族群話語」有關，比如史恒撰康夫人墓誌。除此之外的情況，或難爲容忍，所以咸亨三年康武通墓誌中夫人康氏，即被改爲唐氏，並非偶然。

〔註126〕吳鋼主編：《全唐文補遺》第八輯，三秦出版社，2005年，第353頁。
〔註127〕吳鋼主編：《全唐文補遺》第二輯，三秦出版社，1995年，第243頁。
〔註128〕吳鋼主編：《全唐文補遺》第七輯，三秦出版社，2000年，第343頁。
〔註129〕吳鋼主編：《全唐文補遺》第三輯，三秦出版社，1996年，第107頁。

第三章 中古胡姓家族地域分化與地方社會

　　十六國北朝時期湧入中原的少數部族，經過不斷地遷徙、著籍，除了一些族群邊界非常明顯、內部文化非常穩定的部族（如粟特胡人），大部分到了唐代都融合到漢人地方社會中。而入唐以後陸續內遷的少數部族如突厥、回鶻各部，則又展開新的一輪遷徙和著籍化進程，最終也融合到漢人地方社會中。內遷少數部族融入漢人地方社會，看似沒有什麼深刻的變革，事實卻對地方文化產生了深遠影響，這就像鹽融入水一樣，雖然表面是沒有什麼變化，事實上水的味道卻變了。比如唐代河朔地區的胡化問題，爲唐代文史一大公案，陳寅恪從源流上鉤沉出北朝時期胡族營戶遷徙、唐初山東豪傑之興起、突厥敗亡及復興、安史之亂、藩鎮割據等相互聯繫之現象，從而揭示出河北地區胡化對於地方士族文化空間、地方與中央政治關係的多重影響。在《論李栖筠自趙徙衛事》中，他得出一結論：

　　　　凡與吾國鄰近游牧民族之行國，當其盛時，本部即本種，役屬多數其他民族之部落，即別部。至其衰時，則昔日本部所役屬之別部大抵分離獨立，轉而歸附中國，或進居邊境，漸入內地。於是中國乃大受其影響。〔註1〕

這就是陳寅恪「內亂與外患的連環性」理論的經典表述。連環性是一種重要的研究範型，既可以解釋宏觀歷史脈絡與民族關係之間的顯著關係，也可據之鉤沉看似風馬牛不相及的史實之間隱含的民族因緣，而這一理論模型對於地域文化、地方社會的變遷尤爲關鍵。

―――――――――

〔註 1〕陳寅恪：《金明館叢稿二編》，三聯書店，2001 年，第 5 頁。

討論胡姓家族的地方化進程以及地域融合的情況，必須首先釐清胡姓家族自身凝聚和分化的問題。胡姓家族進入漢人社會，原有的族群單位被打破，如何在「異域」文化中建立凝聚自身力量的新族群（家族、宗族），是一個基本的問題。通常探索胡姓家族，都是以族群單位來進行的，比如匈奴、鮮卑、烏丸；或者更小一級單位的部族、氏族單位，如拓跋部、侯莫陳氏、河南于氏等。然而在漢人文化語境中，家族或者宗族才是典範的族群形態。胡姓家族如何凝聚，這是我們應當討論的問題。因為胡姓家族的「宗族」現象非常罕見，更遑論像漢人那樣「累世同居」「煙火相連」的情境，所以中古時期宗族史、家族史的研究，多集中在漢人家族，而不重視胡姓家族。然而，這並不是說胡姓家族在地方社會中沒有一種類似漢人的凝聚機制。相反，從胡姓家族的例子中，我們可以看到一些「特殊」的地方社會形態。

第一節　胡姓家族的內部擴張與地域分化

一、胡姓家族的「房」

中古時期宗族（家族）出現的一個新的顯著特徵就是分房。分房是凝聚與分化兩種力量的結合，是討論宗族現象的絕佳視角；而分房往往又跟家族、宗族的地域分化相聯繫，因而是考察地方社會的重要視角。分房的概念，是基於「房」的。房的形成以父子關係為基準，錢杭認為：

> 在宗族結構上，「房」是處於「家」與「族」之間的一個要件；但只有當家庭聯結成的「族」發展為包括「房」在內的大型宗族時，「房」才具備中介的意義。在日常生活層面和世系的認定上，族內之人、族內之家的「族」，其實就是「房」。〔註2〕

因此，「分房」的形成條件自然是在一個大型宗族內部。「分房」對於宗族具有深刻的含義，常建華說：

> 宗祧的觀念可以產生分房，分房的不斷進行，累積成干支譜系，形成宗族，按照擴展的原則，一個房支也可能是一個宗族，宗祧及其分房形成了觀念性的繼嗣群體，也就是宗族。因此宗族的意

〔註 2〕錢杭：《中國宗族史研究入門》，復旦大學出版社，2009 年，第 47 頁。

義首先應該是結構性的，即從譜系的角度分析，其次又是功能性的，
即從促使合房收族的手段探討。〔註3〕

可見「分房」並不強調「血緣組織」，而更重視結構性和功能性。分房對於宗
族的功能性意義，並不局限於收族，還在於一種文化功能，這從是分房原則
中得到了印證。據馬新、齊濤的研究，中古時代的漢人（著姓）分房方式的
基本特徵：

第一，啓於始祖諸子間的分房。

第二，啓於始遷祖之分房。

第三，啓於宗姓中名人高門之分房。

第四，基於其他原因而分房者，如分居散處，亦可日漸成系，
各成一房。

以上所述，只是由分房現狀歸納的特性。實際上，何時分房、
如何分房並無一定規則，具有很強的隨意性。……因此，所謂的分房
只是相對的血緣宗支的劃分，並非規整的宗法血緣組織關係。〔註4〕

從上面的基本特徵可以看出，「分房」的文化功能性特徵是主要的，並不與宗
族原則（大宗、小宗）一致，也不一定以合族收族爲目的。

那在胡姓家族中，是否存在類似漢人的分房機制呢？關於這一問題，我
們首先要區分「族群」與「家族」（或宗族）兩個概念。史籍所載胡姓之「族」，
有指族群而不是家族者。如《南史·康絢傳》稱康穆有「鄉族三千餘家」，這
絕非康氏一族，當爲粟特胡人結合體，或者胡漢共同體。這種「族群」形態
的胡姓（胡人）集團，在北朝時期的例子是很多的，它們是如何演變成爲宗
族團體的，似乎並沒有人注意。在後文中，我們還會對藍田康氏作進一步的
探索。在藍田地區，唐代還存在康氏後裔，這可以肯定是一個家族團體；另
外，其他粟特胡姓村落遺跡，也從側面說明了藍田地區粟特族群在後來演變
成爲不同的家族。而且，在會稽康氏的探討中，我們也發現其與藍田康氏的
聯繫，可見遷徙對於胡姓家族聚落的形成具有的重要意義。

在中古時期，胡姓家族發展出龐大的宗族也是有案例的，其中最爲明顯
的自然是北魏宗室。雖然當時沒有「房」的概念，但《魏書》中就可以看到

〔註3〕　常建華：《中國文化通志·宗族志》，上海人民出版社，2010年，第166頁。
〔註4〕　馬新、齊濤《試論漢唐時代的宗姓與房分》，《中國史研究》2013年第1期。

有意「截斷」各系的例子〔註 5〕，《古今姓氏書辯證》正是從「房」的概念來理解北魏元氏諸系的：

> 初，什翼犍七子：一曰實君，二曰翰，三曰閼婆，四曰壽鳩，五曰紇根，六曰力眞，七曰窟咄。道武皇帝，窟咄子也，生明元皇帝嗣。嗣生太武皇帝燾。燾生景穆皇帝晃。景穆諸子，濬、新、成子、推、天錫、雲、楨、胡兒休，八房子孫聞於唐。濬，文成皇帝也。文成諸子，弘、長樂二房子孫聞於唐。弘，獻文皇帝也。獻文諸子，宏、幹、羽、勰四房。宏，孝文皇帝也，子七人：恂、恪、懷、愉、懌、悅。恪，宣武皇帝也。懷，廣平文穆王，生文懿王悌。悌生驃騎將軍、侍中贊。〔註6〕

但對比《魏書》，諸系中稱房者有景穆之後八房、文成諸子中兩房與獻文諸子中四房，這是與各系的世系發育密切相關的，對比《魏書》（《北史》）各傳可知。但是，隋唐時期元氏多徑稱昭成（什翼犍）之後，而罕言出自某一房，這是不同於漢人「分房」的地方。除了北魏宗室，其他胡姓家族世系發育比較充分者有于栗磾、陸俟等家族。陸氏家族世系，自陸俟之曾祖到陸俟之後共十二代，以及陸俟族弟陸宜及其後四代，這一龐大的家族世系，其中自然可能孕育著不同的「分房」，但卻並未如此。一個原因可能是入唐之後陸俟之後不顯，形成分房的條件發育不充分。入唐以後，胡姓家族房的發育始有案例。在傳世文獻中，較早以「房」爲家族支系的是河南于氏。于劭《河南于氏家譜後序》云：

> 今且從邵一房，自爲數例，有若九祖長房今太子少保譙國公頎，與邵同陞於朝，股肱四聖，爲國元老，邵之弟也。有若九祖第三房，今襄王府錄事參軍載，與邵同在京列，保家履道，爲宗室長，邵之兄也。各引才識子弟，參定其宜。從而審之，誰曰不可？又以子孫漸多，昭穆編次，紙幅有量，須變前規，亦《春秋》之新意也。

〔註 5〕 《魏書》卷十四《神元平文諸帝子孫》，卷十五《昭成子孫》，卷十六《道武七王》，卷十七《明元六王》，卷十八《太武五王》，卷十九上《景穆十二王》，卷十九中《景穆十二王》，卷十九下《景穆十二王》，卷二十《文成五王》，卷二十一上《獻文六王》，卷二十一下《獻文六王》，卷二十二《孝文五王》，都是各自敘述後代世系。

〔註 6〕 鄧名世撰，王力平點校：《古今姓氏書辯證》卷七，江西人民出版社，2006 年，第 103 頁。

今請每分房爲兩卷，其上卷自九祖某公至玄孫止；其下卷自父考及
身已降，迭相補注。即令部以皇考工部尚書爲下卷之首，此其例也。
且諸房昭穆既同，尋而繹之，可以明矣。後能代習家法，述作相因，
從子及孫，從孫及子，孫孫子子，興復宗祧，豈唯兩卷乎？將十部
而彌盛矣。其文公第四子安平公房、比建平公以上三房，衣冠人物
全少，今與文公第五子齊國公、文公第六子葉陽公、文公第七子平
恩公、文公等八子襄陽公、文公第九子桓州刺史並以六房，同爲一
卷。就中第五卷已下，子孫皆名位不楊，婚姻無地，湮沈斷絕，寂
爾無聞，但存舊卷而已。後有遇之者知之者，以時書之。其五祖、
九祖分今敘在三卷，並錄之於後。時貞元八年歲在壬申八月朔日，
金紫光祿大夫太子賓客上柱國襲恒山郡開國公于邵述。〔註7〕

于邵之文是唐代罕存的家譜序，而且其出現的時間還在《姓纂》之前，對
於保存唐代家譜的原始樣式有重要的意義，譜學研究已詳。于謹九子，是
爲河南于氏九房之分，岑仲勉對其九房有詳細的考證〔註8〕。于邵所編于氏
家譜，「其上卷自九祖某公至玄孫止；其下卷自父考及身已降，迭相補注」，
一般認爲這就是後世蘇、歐譜五世則遷的前身，這其實從側面反映了于氏
家族宗族發育程度之高。河南于氏九房，其顯者有有長房（于寔之後，于
頎所承者，有宰相于頔）；第二房（于翼之後，于邵所承者）；第三房（于
義之後，有宰相于志寧、于琮）。但後文中我們會看到，于氏家族雖然分爲
九房，但還是以長安爲中心凝聚在一起，具體而言，其家族祖業在高陵、
三原地區，這說明其家族的「分房」強調凝聚而弱化分化，這並不同於漢
人分房的普遍功能。

〔註7〕　《全唐文》卷四百二十八，中華書局，1983年，第4366頁。
〔註8〕　《元和姓纂四校記》：頎是寔後，寔居長也。又「有若九祖第三房今襄王府錄
　　　　事參軍載」，載雖不見姓纂及新表，以前後文核之，義後也。義居第三也。又
　　　　「其文公第四子安平公房，此建平公已上三房，衣冠人物全少，今與文公第
　　　　五子齊國公、文公第六子葉陽公、文公第七子平恩公、文公第八子襄陽、公
　　　　文公第九子桓州刺史並以六房，同爲一卷」，「此建平公」乃「比建平公」之
　　　　訛，勘諸《周書》，建平，義也；安平，禮也；齊國，智也。舊寫「華」字易
　　　　與「葉」子混，故秦之華陽君訛葉陽君，華陽，紹也；平恩，弼也；襄陽，
　　　　蘭也。蘭弟曠贈恒州刺史，宋諱恒，故轉爲桓，由是而知邵屬第二房，其先
　　　　祖翼也。《周書》所排行次，與《譜序》全合。故「禮」字應補於「寔、翼、
　　　　義」之下。新表以禮爲第八子者誤。

河南竇氏是中古時期另一大姓，也發展出來分房系統，但稍不同於河南于氏。《宰相世系表》「竇氏」條載：

> 岳，後周清河廣平二郡太守、神武郡公，與善、熾，子孫號爲「三祖」。

> 竇武之後又有竇敬遠，封西河公，居扶風平陵，孫善衡。

> 竇氏定著二房：一曰三祖房，二曰平陵房。宰相六人。三祖房有竇德玄、竇懷貞、竇抗、竇參、竇威；平陵房有竇易直。〔註9〕

今本《元和姓纂》爲輯本，竇氏只分「扶風」和「河南」兩望敘述，而並沒有分房，這可能是唐後期或宋初的觀念。從記載來看，漢人竇氏漢晉時期已發育出敦煌南竇祖、武威竇祖、隴右竇祖、武功扶風四大支系。但隨著竇武之難，漢人竇氏衰微，而同期胡姓竇氏興，在社會上全面取代了漢人竇氏。前面已經說過胡姓竇氏如何通過「世系嫁接」的方法完成與漢人竇氏之「結合」，形成連續不斷的世系。但後人真正承認的卻是從「三祖房」開始，這也說明竇氏的族源。「三祖房」並非地域房支，雖然在稱郡望時也攀附扶風，但事實上並沒有形成真正的地域聯繫。至於平陵房一系，《姓纂》附錄在「河南」望之後敘述，已暗示其出於胡姓竇氏。這一系出宰相竇易直以及中唐重要的文學家族「五竇」，但「平陵」也是攀附漢人竇氏古望，而非他們真實的地域聯繫，李浩先生已辨之〔註10〕。

除了河南于氏、河南竇氏這樣的大型胡姓宗族，其他一些小型的胡姓家族入唐代以後也發育出了新的房支。《元和姓纂》所載獨孤氏有「臨川王永業房」：

> 後魏本回紇之後，本姓劉氏，代居雲中，正五代孫冀，武安公；生永業，北齊司徒、臨川王，周大司寇、襄州總管；生子佳，周儀同，生義恭、義盛、義順。〔註11〕

此房即獨孤及家族，與獨孤信一系相區別。關於獨孤及家族的族源及世系構擬，在前文中我們已經作了交代。在獨孤及的文章中，並沒有提及臨川王房，這可能是《元和姓纂》所加，是有意做一種族群上的區別。獨孤信一系（房）的族源是：

〔註 9〕《新唐書》卷七十一下，中華書局，1975 年，第 2289～2333 頁。
〔註 10〕李浩《中唐竇叔向家族貫望新證》，載《唐代文學研究》第 7 輯，廣西師範大學出版社，1998 年，第 421～432 頁。
〔註 11〕林寶撰，岑仲勉校記，郁賢皓、陶敏整理，孫望審訂：《元和姓纂》卷十，中華書局，1994 年，第 1460～1461 頁。岑仲勉據《古今姓氏書辯證》補校。

> 其先本劉氏。後魏代北三十六部，有伏留屯，爲部大人，居雲
> 中，和平中，以貴大人子弟鎮武川，因家焉。伏留屯之後有俟尼，
> 生庫者，後魏司空。生信，大宗伯、衛國公；第二女唐元貞皇后，
> 生高祖。〔註12〕

《宰相世系表》中所載獨孤及家族族源，已是經過獨孤及「改編」的版本，
而《姓纂》所存獨孤氏兩系族源與地理之不同，表明了當時試圖用漢人「房」
的概念來說明區別胡姓家族內部差異。

在出土文獻中我們看到了唐代幾例胡姓家族稱「房」的記載，是彌足珍
貴的資料，但都出於晚唐時期。前引獨孤氏有「臨川王房」，即可在墓誌中得
到印證。據獨孤霖（署從父弟）《獨孤驤墓誌》（咸通二年）：

> 光武皇帝之子曰沛獻王，傳三世，至洛陽令。其孫渡遼將軍，
> 居獨孤山，因而命氏，以河南洛陽爲望。歷魏晉，始大拓拔氏之世，
> 繼有令人，名載國史。北齊司徒尚書令、封臨川郡王獨孤永業。由
> 是以臨川爲房首。〔註13〕

由此可見唐代獨孤氏分房不虛。獨孤霖所傳爲「自我宣稱」，但從《姓纂》的
記載來看，至遲在中唐時期獨孤氏已分房了。這兩系在唐代都保持了較爲顯
著的文化影響力，所以分房得以出現。又前引盧告撰《何弘敬墓誌》（咸通六
年）：

> 公諱弘敬，字子肅，盧江人也。……公九代祖妥，仕隋爲國子
> 祭酒、襄城公；文德輝赫，冠絕當時，厥後因稱襄城公房。〔註14〕

這裡提到以何妥爲始之「襄城公房」，可能是何弘敬家族有意「建構」的一個
譜系。又楊去甚爲其姨撰《劉思友夫人王氏墓誌》（乾符六年）：

> 夫人太原王氏，其命氏之源，帝胤仙宗，門華根濬，煥乎史策，
> 可得而言。後子孫居太原，其派有在祁邑者，又別爲祁房。夫人乃
> 祁之第二房。梁朝太尉公僧辯，於夫人即九代祖。隋禮部侍郎顒，
> 即八代祖。〔註15〕

〔註12〕　林寶撰，岑仲勉校記，郁賢皓、陶敏整理，孫望審訂：《元和姓纂》卷十，中
　　　　華書局，1994年，第1455頁。
〔註13〕　吳鋼主編：《全唐文補遺》第三輯，三秦出版社，1996年，第240頁。
〔註14〕　吳鋼主編：《全唐文補遺》第四輯，三秦出版社，1997年，第39頁。
〔註15〕　吳鋼主編：《全唐文補遺》第四輯，三秦出版社，1997年，第245～246頁。

又楊去甚撰《劉思友墓誌》也說：「府君之夫人太原王氏，去甚之姨也，祁縣第二房。軒裳閥閱，代為冠族。」〔註16〕唐代王氏的分房非常複雜，《古今姓氏書辯證》：

> 《元和姓纂》有居剡縣者曰東海王氏，秦州者曰天水王氏，同州者曰馮翊王氏，鄆州者曰東平王氏，萊州者曰東萊王氏，潭州者曰長沙王氏，山陽者曰堂邑王氏，又曰金城王氏，曰廣漢王氏，曰新蔡王氏，曰新野王氏，曰章武王氏，曰廣陵王氏，曰聊城王氏，曰長安王氏，曰高陵王氏，曰河內王氏，曰河間王氏曰，藍田王氏，曰上黨王氏，曰鄴郡王氏，曰廣平王氏，曰華陰王氏，曰樂陵王氏，凡新望二十四，及祁縣諸房，琅邪諸房，皆子晉後。〔註17〕

但「祁縣諸房」以後的內容是否《姓纂》之文則不詳。《宰相世系表》：王氏定著三房，一曰琅邪王氏，二曰太原王氏，三曰京兆王氏。其中太原王瓊四子：遵業、廣業、延業、季和，號「四房王氏」，其中大房王氏和第二房王氏世系存表。王僧辯家族出於烏丸王氏，本為胡姓，並非著房。《宰相世系表》列為「烏丸王氏」條：

> 霸長子殷，後漢中山太守，食邑祁縣。四世孫寔，三子：允、隗、懋。懋，後漢侍中、幽州刺史。六世孫光，後魏并州刺史。生同（《古今姓氏書辯正》作「景」），度支尚書、護烏丸校尉、廣陽侯，因號烏丸王氏。生神念。北齊亡，徙家萬年。〔註18〕

而《古今姓氏書辯證》列入「祁縣王氏」條，稱「唐時稱烏丸王氏，今避御嫌名，因改之」。《金石錄》烏丸僧修志跋尾引《姓纂》亦有「烏丸王氏」條，岑仲勉先生據之以為《姓纂》中有王氏有「烏丸」一望。但從《辯證》所引《姓纂》佚文和劉思友夫婦墓誌來看，烏丸王氏在唐代本屬祁縣王氏或祁縣房。倘若徑稱「烏丸王氏」，未免種族色彩過於濃厚。王僧辯家族自稱祁縣房，又稱是王霸之後，則為太原王氏之分支，但是卻獨立出「祁縣第二房」，則又略帶一帶「特殊」意義，可能是參考了太原王氏四房之分，這其實隱約反映出王僧辯家族世系「偽冒」的問題：在漢人太原王氏諸系中，其實很難安插來

〔註16〕 吳鋼主編：《全唐文補遺》第四輯，三秦出版社，1997年，第244～245頁。

〔註17〕 鄧名世撰，王力平點校：《古今姓氏書辯證》卷十四，江西人民出版社，2006年，第205～206頁。

〔註18〕 《新唐書》卷七十二中《宰相世系表二中》，中華書局，1975年，第2642～2643頁。

自外族的王僧辯家族，所以只能另取一房，以示區別。前面在談族源敘事時，曾提到一種一種徙邊結構，「祁縣第二房」可以說是這種結構性敘事的變體。

　　從上面對於胡姓家族分房的簡要介紹可以大致看出，不同於漢人分房「以地寄族」、「以人分房」，胡姓家族的分房並不是依託於地域分化和宗支分離原則，其分房其實是一種「非典型」形態。換言之，胡姓家族在宗族發育、譜系結構上其實多達不到分房的標準，但是他們卻產生了分房，這就成爲一種特殊的形態。韓愈撰《興元少尹房君墓誌》可以看出其中的一種「中間形態」：

> 房故爲官族，稱世有人。自太尉琯，以德行爲相，相玄宗肅宗，名聲益彰徹大行，世號其門爲「太尉家」。宗族子弟皆法象其賢。〔註19〕

在《房啓墓碣》中韓愈又云：「眞房太尉家子孫。」不稱「房」而稱「家」，這就是一種別致的說法。房琯家族出於高車屋引氏，在前文中我們曾討論過河南房氏與清河房氏之間隨著文化力量之升沉而相互攀附的現象，這是「分房」未發育成熟的一種體現，所以胡姓家族的「房」可能隱含著「攀附」漢人世系的一種策略。上面竇氏、烏丸王氏也是如此。韓愈稱「太尉家」可能是當時的說法，反映了時人對於胡姓家族不能稱「房」的一種眞實情況。我們從胡姓家族變體的「房」中，也窺見了胡姓家族在完成家族（宗族）自身的凝聚與地域社會的融合進程中所經歷的困難。胡三省注《通鑑》拓跋珪稱帝有一段著名的論說：

> 自符堅淮、淝之敗，至是十有四年矣，關、河之間，戎狄之長，更興迭僕，晉人視之，漠然不關乎其心。拓跋珪興而南、北之形定矣。南、北之形既定，卒之南爲北所併。嗚呼！自隋以後，名稱揚於時者，代北之子孫十居六七矣，氏族之辨，果何益哉！〔註20〕

今人皆以爲通論，但揆諸隋唐代之實，代北子孫能延續者非但未有十之六七，連十之一二也無。胡姓家族宗族的發育、地域的延展，較之漢人遠爲不如，苟能於中央政權中維繫僅存之權利，已爲難得。其「官僚」化程度愈高，其種族延續性則愈危。眞正能在漢人社會中挺然不倒者，必然注重文化身份的轉型與地域社會的融合，這即是我們研究胡姓家族地方化的意義所在。

〔註19〕馬其昶校注，馬茂元整理：《韓昌黎文集校注》，上海古籍出版社，1986年，第366頁。

〔註20〕《資治通鑑》卷一百八，中華書局，1956年，第3429頁。

二、胡姓家族郡望發育

郡望是中古初期興起又在中古末期式微的一個重要文化現象，它是維繫族群、文化、地域等諸共同體的一個重要標記。尤其在中古胡漢共同體社會中，郡望所具有的「族群」整合意義顯得更爲重要。前文以「想像的」地域共同體來概括胡姓家族的郡望攀附行爲，這些都「務虛」的研究，或者說注重的是「郡望」的文化功能、族群認同意義。在本節中，我們要換一個「務實」的視角，從郡望地理來考察胡姓家族的地域融合問題。

一般認爲華夏文化「安土重遷」，但其實「隨遇而安」、「以土爲斷」更能體現華夏歷史的「遷移」本質。東西南北之人、四夷荒服之族都成爲編戶齊民，這是華夏文化歷千年而能更新的一個重要特徵。章炳麟在《〈社會通詮〉商兌》中對此有一段經典的描述：

> 土斷之制，自古然矣。非特冠帶之國，互相親睦者然也。雖於夷狄亦然。春秋時，狐突、舅犯皆爲犬戎之族，而著籍晉國，稱爲名臣，則因而晉人之矣。趙盾有言，微君姬氏，則臣狄人也。然則使趙盾不反晉國，則雖以趙衰之子，而不得不狄人視之。及其歸晉，則因而晉人之矣。反之，吳出於周，越出於夏，皆帝王神聖之胄，而以遠竄蠻方，世用夷俗，《春秋》之書夫差句踐也，曾不得比於士伍，削其人之稱，而謂之吳與於越而已。若不以地著爲重者，則惟當問其祖宗爲何等？而安用是紛紛者爲。逮及七國以後，則宗法已不同昔，而地著復較往日爲彰明。近世遷徙之民，但令移居滿二十年而有田宅於遷所者，即許著籍。（惟東晉初年，僑置州郡，不隸遷所，其後亦用土斷之法。）其待外國之民也，則雖以南朝之矜重門地，而何妥以細腳胡人著籍郫縣，亦未聞有擯斥之者。乃至代北之族，金、元之族，當中國自治時，亦一切以編氓相視，如何其不地著耶？……要之，主宗法者，固不必與地著相違矣。〔註21〕

章氏之論是爲駁甄克思書中以爲宗法社會「重民而不地著」，「問其種族而不問其所居」之說。其辨華夏文化重「著籍」而不重「種族」，正是解釋胡姓家族融入地方社會的重要觀點。「著籍」是一種封閉性的地域融合概念，而「郡

〔註21〕《太炎文錄初編》，收入《章太炎全集》，上海人民出版社，2014 年，第 340～341 頁。

望」卻是帶有一種開放意義的文化融合觀念，但在古代二者又是緊密聯繫的。
岑仲勉《唐史餘瀋》卷四「唐史中望與貫」條中說：

> 就最初言之，郡望、籍貫，是一非二。歷世稍遠，支胤衍繁，
> 土地之限制，飢饉之驅迫，疾疫之蔓延，亂離之遷徙，遊宦之僑寄，
> 基於種種情狀，遂不能不各隨其便，散之四方，而望與貫漸分，然
> 人仍多自稱其望者，亦以明厥氏所從出也。延及六朝，門戶益重，
> 山東四姓、彭城三里，簪纓錦綴，蔚為故家。此風逮唐，仍而未革，
> 或久仕江南而望猶河北，或世居東魯而人曰隴西，於後世極糅錯之
> 奇，在當時本通行之習。後儒讀史，代易境遷，昧望、貫之兩通，
> 惟辯爭其一是。雖曰學貴多疑，要未免徒勞筆墨矣！〔註22〕

在中古時期，郡望與占籍（著籍、籍貫）很難區分。可以肯定的是，郡望的
產生一般是要經過地方士族、宗族發育的過程的，「偽造」郡望的情況是很少
見的。至於郡望「攀附」，也只能說明被攀附之族已發育出此郡望。從這一意
義上來看，郡望可以作為反映地方族群實際的重要資料。

郡望的前身是兩漢時期的地方著姓、大姓。至門閥制度的興起，郡望遂
成為這些地方著姓的代表。門閥的形成，本來是依靠強大地方宗族力量的，
唐長孺先生說：

> 門閥制度源於兩漢以來的地方大姓勢力，這種地方勢力是在宗
> 族鄉里基礎上發育滋長起來的，因而具有古老的農村結構根源。……
> 兩《漢書》中我們經常見到稱為某地大姓、著姓的。這一類宗族團
> 體以血緣為紐帶，內部關係十分緊密，勢力相當強大，因而由於他
> 們往往在某一郡具有特殊的勢力，又帶有很強的地方色彩。這種地
> 方性的宗族團體本來是與中央集權相對立的力量。西漢皇朝力圖抑
> 制大姓豪強，表明這一地方勢力的頑強存在。〔註23〕

郡望的產生本意是為了維繫地方士族權力，所以其興起與衰微與門閥士族社
會相始終。范兆飛說：

> 中古郡望的成立，源於兩個因素的有機結合：一是地域主義的
> 形成，二是家族主義的確立。魏晉之際華夏帝國崩潰，國家權威的
> 影響有所減弱，而象徵社會勢力的家族主義和地方主義卻呈現出分

〔註22〕 岑仲勉：《唐史餘瀋》，中華書局，2004 年，第 229 頁。
〔註23〕 唐長孺：《魏晉南北朝隋唐史三論》，中華書局，2011 年，第 40 頁。

庭抗禮之勢。郡望由此突破地域的概念，成爲士族門第的名片和護身符，其形成確立乃至式微濫用的歷史過程，見證了中古士族政治社會的成立和崩潰。〔註24〕

在郡望成立之階段，「地域」和「家族」是郡望的兩個維度，延伸及於對於地方社會、文化資源的「壟斷」，而且形成了維繫這一局面的各種「文本」，比如譜牒、譜誌。在郡望崩潰之際，郡望與著籍發生分離，郡望僅僅成爲一個符號，僞冒的現象嚴重，唐代劉知幾對此已洞若觀火。錢大昕《十駕齋養新錄》卷十二「郡望」條亦云：

> 自魏、晉以門第取士，單寒之家屏棄不齒，而士大夫始以郡望自矜。唐、宋重進士科，士皆投牒就試，無流品之分。而唐世猶尚氏族，奉敕第其甲乙，勒爲成書。五季之亂，譜牒散失。至宋而私譜盛行，朝廷不復過而問焉。士既貴顯，多寄居他鄉，不知有郡望者蓋五六百年矣。〔註25〕

士族郡望與著籍的分離是有一個過程的，而且視族群而異。在南北朝時期，南遷士族普遍失去了宗族基礎，與地方社會的聯繫自然減少；但北朝殘留的漢人士族，處於胡漢競爭的社會情境中，以凝聚宗族爲大事〔註26〕，由此形成南北不同的文化風氣，前引顧炎武說「北人重同姓，多通譜系，南人則有比鄰而各自爲族者」，即此之謂。由此也形成了郡望地理發育的分化，「分房」就是其結果之一。隋唐以來，隨著選舉權收歸中央，門閥士族與地方的聯繫被進一步破壞，對於皇權的依附進一步加強，演變成爲居於京城的「官僚」，

〔註24〕 范兆飛《中古郡望的成立與崩潰——以太原王氏的譜系塑造爲中心》，《廈門大學學報》（哲學社會科學版），2013 年第 5 期。

〔註25〕 錢大昕著，陳文和、孫顯軍校點：《十駕齋養新錄》卷十二，江蘇古籍出版社，2000，第 246 頁。

〔註26〕 唐長孺先生對於南北門閥的不同特點有概括的論述。南朝高門：當官而不任事，尤其鄙薄武職：喪失軍事統帥能力，喪失政治決策能力，政治點綴品：缺乏強大宗族基礎。北朝高門：強大宗族基礎，有能力組織武裝；在政治上積極參與，保持活力。北魏末年，北鎮大起義、尒朱氏之亂，漢族高門儘管遭到創傷，但他們在政治上社會上的優越地位沒有動搖，而以元氏爲首的宗室十姓和以穆氏爲首的鮮卑貴族八姓卻幾乎喪失了他們的一切，基本上在孝文帝苦心創立的新門閥序列中消失了。他們和南朝高門一樣，脫離了本鄉代京，脫離了他們源自部落的宗族，經不起沉重打擊。代之而起的是來自北族的新興軍事貴族。參見《魏晉南北朝隋唐史三論》，中華書局，2011 年，第165～168 頁。

故《通典‧選舉》說：「隋氏罷中正，選舉不本鄉曲，故里閭無豪族，井邑無衣冠，人不土著，萃處京畿。」士人萃聚兩京，郡望的維繫意義更爲微弱，毛漢光說：

> 士族多世居兩京，加以分分房支，漸與原籍隔離，遂失去地方性。譜牒成爲聯繫重要之物，而爲官吏是士族子弟追求的目標。是故唐代士族除居住於兩京以外，則有隨任官地而居者，造成「郡望」與「居住地」分離現象，郡望成爲銜頭。〔註27〕

從南北轉遷，到萃聚兩京，北朝以來的士族郡望與占籍發生了多重的「錯離」，舊的宗族、地域聯繫多已斬斷，那新的聯繫如何呢，這是值得考索的，這也是當下研究的主流，尤其是墓誌的大量出土，利用葬地信息考察士族新的地域聯繫，取得了很多的成果。在「郡望已死」的年代，從中似乎已不能發現什麼新的信息，但其實在隋唐時期新生的一系列「郡望」，還蘊含著一些爲被忽略的重要的信息有待開掘，其中胡姓家族郡望的問題就是題中之義。

胡姓家族在融入漢人社會的過程中，郡望除了成爲「認同攀附」的一種策略之外，是否具有地方社會意義呢，這是肯定的。以往對於胡姓家族的郡望或占籍研究，在宏觀和微觀的角度上都沒有太多的突破，隨著敦煌唐代姓氏書的出現，這一局面得以改寫。尤其是《貞觀氏族志》殘卷、《新集天下姓望氏族譜》等文書，記錄了唐代前、中、後期比較完備的郡姓資料，其中有大量的胡姓也被納入其中，可以作爲對比唐代前中後不同時期郡姓變遷的絕佳參照系。王仲犖先生對敦煌諸姓氏書郡姓殘卷有詳細的箋訂，他對於《新集天下姓望氏族譜》中姓望分佈解說道：

> 這個《新集天下姓望氏族譜》很完整，很全面，凡十道中記載了九道九十一郡七百七十七各姓氏和郡望。……在《新集天下姓望氏族譜》中，還湧現了許多新的郡姓，有些是魏晉南北朝史書上所未曾提到過的，他們的加入《新集天下姓望氏族譜》行列，說明新興的族望在開始抬頭，門閥士族獨佔的局面已經開始動搖。
>
> 代北的鮮卑姓氏，北魏孝文帝遷都洛陽後以河南爲其郡望，西魏北周都長安以京兆爲其郡望。在《新集天下姓望氏族譜》中，洛

〔註27〕 毛漢光：《中國中古社會史論》，上海書店出版社，2002 年，第 105 頁。

州河南郡郡姓中列有穆、獨孤、丘、祝、元、賀蘭、慕容、古、山、侯莫陳、宇文諸氏，可以證明他們都是漢族完全融合以後的鮮卑姓氏。同時他們也分居到河東道、河北道、河南道諸州居住，成爲當地的望族了，如澤州高平郡有獨孤氏，并州太原郡有尉遲氏，冀州渤海郡有赫連氏和紇干氏，許州潁川郡有豆盧氏，兗州太山郡有斛斯氏，徐州蘭陵郡有万俟氏，可見鮮卑族望不僅代居京兆、洛陽，而且分佈居住在大河南北了。

此外如羌族大姓，雍州京兆郡有夫蒙氏，同州馮翊郡有党氏、雷氏，襄州襄陽有茘非氏。又如淮南道舒州同安郡住有出自鐵勒九姓之一的僕固氏，江南道處州松陽郡住有出自五天竺的瞿曇氏，隴右道涼州武威郡住有出自昭武九姓的石氏、安氏。國內少數族和國外昭武九姓安氏、石氏以及天竺的瞿曇氏之類，分住在大河南北、大江南北、河西走廊，作爲唐王朝來看，「四海無外」，本來可以說是極普通的事情，不過這些族姓，被列爲著姓郡望，那就是說他們在所住地區，還擁有一定的經濟地位和政治地位、社會地位，他們有較高深的文化修養，可以說不是很簡單的事了。〔註28〕

王仲犖先生從《新集天下姓望氏族譜》中鮮卑姓氏、羌族大姓以及其他一些胡姓的姓望分佈中得出了這些胡姓在所住地區的關係，正是居於郡望發育早期（胡姓「新望」）與地方社會有緊密聯繫的看法。對於胡姓家族地域化的研究，往往苦於沒有一個很好的出發點，而王仲犖先生從胡姓郡望中找到了突破口。從胡姓郡望出發，可以作全面的、宏觀的考察，也可以就某一胡姓郡望的作案例研究。在本文之後，我們會以會稽康氏爲例，研究會稽康氏姓望形成、衰微的過程。在王仲犖先生之後，已經有更多的學者運用胡姓郡望來考察胡姓家族的地域分佈等問題，還有學者選取一些胡姓群體來作爲考察〔註29〕。但因爲「胡姓」的界定存在爭議，新望與舊望，漢人姓望與胡人姓望的夾纏，要從郡望來宏觀考察胡姓家族地方化的問題，困難重重。筆者受

〔註28〕 王仲犖《〈新集天下姓望氏族譜〉考釋》，收入《蠟華山館叢稿》，中華書局，1987年，第446～447頁。

〔註29〕 王春紅《從兩件敦煌文書看代北虜姓士族的地方化》，《湖州師範學院學報》，2009年第6期。該文選取了《貞觀氏族志殘卷》《新集天下姓望氏族譜》以及《太平寰宇記》三個文件中的「代北虜姓」爲例子作爲研究對象。

王仲犖先生以及其他研究者的啓發，試圖通過相對可靠的「界定」，來進一步推進胡姓家族地域分佈的研究。

　　首先，我們選取了匈奴胡姓、西域胡姓、鮮卑胡姓和羌姓這四大類別的胡姓群體，因爲他們基本上代表了中古時期最爲活躍的主要胡族，而且這四大群體的內附時間早，地方社會的發育程度較高，郡姓的代表性強。其次，我們在四大類別的胡姓中選取了各自比較有代表性的姓望，但這一選擇是難免問題重重的，尤其在精於姓氏學的角度而言，罕有某一姓氏可以說是「純粹的」胡姓。姑且不論一些漢人冒胡姓者（比如元載本爲景姓而冒元姓），不少看似典型的胡姓也可能有漢人的「傳統」，比如長孫氏，爲北魏宗室十姓之一，但《漢書・儒林傳》有長孫順，受業於王吉，可見其亦爲漢姓。另外，《元和姓纂》曾引梁賈執《姓氏英賢傳》云：「北海長孫氏，左王魚家後。」而《新集天下姓望氏族譜》正好北海樂安郡下就有長孫氏，這究竟算是胡姓郡望還是漢人郡望呢？但我們也不能因爲沒有「標準」的胡姓而因噎廢食。況且，胡姓家族爲了附會「漢人之實」，遷入漢人聚居區，攀附郡望的例子也是有的，比如渤海高氏的，這種「因虛入實」的情況也是需要注意的。此外，我們將資料對比的範圍從中古時期主要的姓氏郡望譜牒擴大到傳記和墓誌。姓氏書的史料是最爲權威的，能進入氏族志或公私譜牒的姓望，一般都是得到社會廣泛認可的，這在《貞觀氏族志》殘卷中已有說明，所以即便是《新集天下姓望氏族譜》之全備，其所著錄之姓望也是非常有限的。正史傳記中的姓望資料較之官私譜牒更爲寬鬆，而且多是記載籍貫，史念海先生有《兩〈唐書〉列傳人物本貫的地理分佈》一文〔註30〕，對於兩《唐書》列傳人物的籍貫分前後期（以安史之亂爲限）有詳細的考證，我們引述了其中資料，作爲胡姓家族籍貫分佈的一種參照。墓誌是郡望資料最爲豐富的所在，但也是最私人化、最爲寬鬆的郡望記載，一般認爲其中攀附的問題最爲嚴重，但也有眞實記錄家族占籍者，所以我們根據附錄《唐代胡姓家族墓誌》中的胡姓人物，對其中所載姓望或占籍作爲補充，據以對比胡姓家族姓望分佈的規律。在上面的基礎上，我們製成了《中古時期主要胡姓郡望分佈表》如下。

〔註30〕收入《史念海全集》第 4 卷，人民出版社，2013 年。

表5：中古時期重要胡姓郡望表

族類	胡姓	貞觀氏族志敦煌殘卷	新集天下姓望氏族譜	元和姓纂	太平寰宇記	兩《唐書》傳中人物本貫，帶（）者為後期	唐代墓誌中所見郡望和占籍，帶（）者為後期
匈奴胡姓	呼延		河南				河南；（內黃）；
	赫連	上黨	渤海				河南洛陽；太原祁縣
	賀蘭	河南	河南	河南	河南		河南洛陽；（汝州襄城縣）
	獨孤	河南	高平；河南	河南；京兆	河南；高平	長安縣；（洛陽縣）	河南洛陽；朔州；京兆
西域胡姓	康		會稽		東平	越州會稽（靈州）	詳下編第六章第一節會稽康氏郡望
	安		安定；武威	涼州	安定；武威	（營州柳城縣）；（涼州武威）	洛陽；河南新安；雍州長安；雍州盩厔；姑臧昌松；涼州武威；涼州姑臧；張掖；長沙；闐州宜祿；安定；上谷；太原；（雁門）；（東平郡）
	米		雍州京兆		澤州高平〔註31〕		雲安；（金城）（河東）
	魚	晉陽；	馮翊	下邽	晉陽		馮翊；（晉陽）
	白	南陽	（南陽）		南陽	汴州濬儀縣；（華州下邽縣）；（夏州朔方）；（并州太原縣）；（安西）	河南洛陽；太原；太原晉陽；太原祁縣；岐州郿縣；（同州韓城）；（夏州）
	支		京兆；邰陽；廣陵；彭城	瑯琊；西域			雍州京兆；京兆華原；洛州河南；洛州洛陽；陳留；酒泉；（京兆雲陽）（瑯琊）（南陽）
	尉遲	太原	太原	河南	太原	朔州善陽縣	河南洛陽
	瞿曇		松陽				（京兆）

〔註31〕 按，澤州高平當爲隴西高平之誤。據鄭樵《通志》卷二十六《氏族略》第二：「米氏，西域米國之人也，唐有供奉歌者米嘉榮。五代米至誠，望出隴西高平。」《古今姓氏書辯證》卷二十四：「米，西域米國胡人入中國者，因以爲姓。《唐藝文志》有米遂《明堂論》一篇。又回紇僕固部有米懷玉，爲達幹。又有供奉歌者米嘉榮及子米和郎。五代有沙陀部人米至誠，吳節度使，今望出隴西高平。」《萬姓統譜》亦云米氏望出隴西高平。

鮮卑系胡姓	元	樂安〔註32〕	河南	河南洛陽;太原〔註33〕;扶風		武功縣;河南縣;洛陽縣	河南洛陽;雁門;(壺關);(隴州汧源)
	長孫		(樂安)〔註34〕	洛陽;北海		長安縣	河南洛陽;雍州新豐;馮翊;
	宇文		河南	洛陽;濮陽(本費也頭氏);中山		萬年縣	燕州代郡;河南;雍州萬年;代郡武川;(濮陽)
	慕容		河南	昌黎			陰山;昌黎棘城;昌黎鮮卑;昌黎穀城;相州鄴城;趙郡象城;河南;河南登封;滎陽;(京兆長安)
	豆盧		潁川	昌棘城		萬年縣;(河南縣)	河南洛陽;昌黎徒河;
	斛斯		太山	河南			河南;京兆鄠縣
	紇干		渤海	河南			河南;鄴郡
	万俟		蘭陵	河南			河南京兆
	竇	河南	扶風	扶風;河南洛陽	鳳翔府扶風;河南府河南郡	京兆興平縣;貝州漳南縣;(京兆奉天縣);(河南縣);(揚州);(常州)	扶風;扶風平陵;洛州洛陽;(魏州朝城)
	于			東海;河南;京兆;江陵;齊郡歷城;長安	許州潁川;	高陵縣;(萬年縣);(河南縣);(蘇州吳縣)	恒州桑乾;河南;河陰河南;雍州高陵;京兆醴泉;京兆藍田;馮翊華池;東海;(青州樂安)(河內郡)
	穆	河南	河南	河南	河南府河南;	(懷州河內縣)	河南洛陽;廣平;隴西天水;
	房	清河	清河;河南;樂安	清河;河南	貝州清河;濮州濮陽;青州樂安	(河南縣)	河南;清河;齊郡益都縣;青州臨淄;京兆;齊郡;(上黨)

〔註32〕《太平寰宇記》作「亢」，亢亦姓，見《姓苑》。存疑。

〔註33〕《元和姓纂》引《南宮故事》云代居太原，著姓。

〔註34〕王仲犖箋證：「梁貫執《姓氏英賢傳》云：北海長孫氏，左王魚家後。《漢書·儒林傳》有長孫順，受業於王吉。」可見北海長孫氏，爲漢人姓氏。

羌姓	井	南陽；	扶風；南陽		鄧州南陽		
	党	馮翊	馮翊；華陰	同州馮翊		（馮翊）
	夫蒙	京兆	秦州天水（蒙氏〔註35〕）			（武威）
	荔非	襄陽				

注：

1、岑仲勉先生稱《貞觀氏族志》敦煌殘卷，王仲犖先生依繆荃孫說，稱爲《唐貞觀八年條舉氏族事件》，而《貞觀氏族志》是在此奏文的基礎上修成。

2、《新集天下姓望氏族譜》，唐耕耦先生認爲寫作於開元中期以後；華林甫先生認爲作於唐玄宗天寶初年之後，唐肅宗至德二載之前的十五年内；王仲犖先生考訂爲唐德宗時期的產物；毛漢光先生認爲撰於元和十五年至咸通十三年。

3、王仲犖先生認爲《太平寰宇記》反映的是唐後期的郡姓情況，但所載郡姓也有缺失，不能完全反應唐後期的郡姓全貌。

4、《元和姓纂》爲後人輯本，不能反映全貌，備錄作爲參照。

從上表中可以看出如下一些問題：

其一、不同族類的胡姓群體郡望發育程度不同

儘管匈奴胡姓、羌胡姓內附華夏的時間都比較早，但這兩大姓類的郡望資料比較少。即便在本表之外的其他一些這兩大族類的胡姓，也可以發現類似的情況。淵源於匈奴的胡姓，只有獨孤氏在隋唐時期尚能保持強勢的文化優勢，至於其他則早已式微。這也從側面說明，胡姓家族的地域發育和凝聚，並不是與時間成正比的。在漢人社會中，胡姓家族要發育出強大的家族，似乎總是一種遙不可及的理想。表中西域胡姓的占籍和郡望資料非常豐富，以安、康二氏爲例可以說明，這可能與粟特胡人行商與全國有關。在南北朝時期就可以看到在全國範圍内，沿海、沿邊地區粟特商胡的身影，這些商胡可能有著籍各地者，發育成爲地方姓望，會稽康氏就是一典型的案例。另外，西域胡姓郡望發育充分，可能於他們沒有經歷北魏太和改姓以及此後的復姓過程有關。西域胡姓郡望基本上是一種「自發」地生長，郡望和占籍之間的

〔註35〕 按：夫蒙氏爲羌中大姓，《通志·氏族略》引《姓纂》云「今同、蒲二州多此姓，或改爲憑。」岑仲勉據《通鑑》二一五天寶三載下胡注所引，謂改爲馬氏較可信，通志之憑，疑傳刻訛也。蒙氏雖爲舊姓，有蒙恬，但秦州地區本爲羌人聚居區，此「蒙」氏可能爲夫蒙之改，或傳寫之誤也。

統一程度高。相比之下，雖然鮮卑胡姓是中古時期最爲龐大的一類姓族（不少其他族類的姓氏也被編入鮮卑胡姓中，比如高車、柔然等），但大多數鮮卑胡姓並沒有發育出太多的郡望，主要是因爲代北胡姓經歷了太和改姓之後，基本上統一了郡望，其後周、隋時期復姓，分化出河南、京兆兩望。例外的如慕容氏，並沒有經歷改姓，所以發育出的郡望非常豐富。鮮卑郡望的統一，並不能說明這一大的族群結合體的地域化程度低，後面我們會用具體的案例來說明。

其二、各族類中的胡姓郡望發育有差異

在同一族類中，不同胡姓的郡望發育程度差別很大，比如同爲粟特胡姓，康氏、安氏的地方發育程度很高，但米氏（還有石氏、曹氏、何氏、史氏）卻很低。又如北魏宗室長孫氏、勳臣八姓之陸氏，除了河南周邊之外，沒有見到其他「新望」的發育。史料少當然是這一問題的一種解釋，但宗族的衰落可能才是最直接的原因。前面曾說過陸俟家族在北朝時期顯赫一時，但入唐之後卻罕有聞者，盛唐時期有陸據，爲陸俟之後，庶幾傳承一脈；近來有一些陸氏墓誌出土，但也未見顯宦。長孫氏的情況也大致類似，只是因爲其攀附帝戚，才得以延續，已完全演變成依附皇權的「官僚」了。在長安的周邊，有一些長孫氏的遺跡，可能是長孫氏地方發育的一種「衛星」形態，而其根還是在兩京。

其三、胡姓家族的姓望發育是一個漸進過程

根據學者們的研究，《貞觀氏族志》殘卷、《新集天下姓望氏族譜》的時間大致分別爲唐前期和中後期，而《元和姓纂》爲元和時期的作品，《太平寰宇記》反映的是唐末時期的姓望。因此從這一些文件中可以大致推測各個時期胡姓姓望。如果以《貞觀氏族志》殘卷中的胡姓郡望爲參照，可以發現，在《新集》和《姓纂》中不少胡姓郡望出現了從無到有，從一到多的演變，至《太平寰宇記》則達到了一種相對「穩定的平衡」。比如獨孤氏，《貞觀氏族志殘卷》只有河南一望，而《新集》有高平、河南兩望；《寰宇記》保持了這兩望。又如房氏，《殘卷》只有清河一望，當爲漢人之望；而《新集》有清河、河南、樂安三望，基本上是胡漢一體的。《寰宇記》維持清河和樂安兩望，但捨去了河南一望而增添濮陽一望，胡姓房氏已「無跡可尋」，達到了一個新的融合高度。所以通過歷時的郡望演變，大致可以認爲這是胡漢融合的結果。

在本文第一部分中，我們曾通過胡姓家族的族源敘述推測：北朝以來的胡漢共同體在唐前期得以形成，正是運用了胡姓家族郡望發育的歷時資料。當然，這一過程是很複雜的，微觀的情形還需要另外考察。另外，這些文件的時間的考訂本來就未有定論，各文件所代表的態度也不同，選取的標準自然差異很大，這種時間上的考察只能作爲一種推論。

歷時形態比較可靠的資料是墓誌，但在本表中我們無法再將墓誌作進一步的時間劃分，而且墓誌中某一郡望出現的時間，可能隨著新出的墓誌又將被推前，所以只能以現在所見墓誌中最早的郡望爲斷，大致以安史之亂爲前後期之限，作爲胡姓郡望發育歷時形態的一種參考。通過唐代墓誌中前後期郡望的變遷，可以更爲清晰地顯示唐代後期胡姓家族「新望」的發育形態，這與安史之亂後人口的播遷是一致的。

其四、胡姓家族打破了地域限制而分佈在全國各地

上表是以胡姓爲中心的地域分佈表，如果轉換成爲以唐代十道郡縣爲中心的胡姓分佈表，則可以看出胡姓家族在全國的分佈情況。王仲犖先生已經發現了胡姓跨越地域而分佈在大江南北的情況，比如襄州襄陽有羌人之姓荔非氏，淮南道舒州同安郡則住有出自鐵勒九姓之一的僕固氏，倘若這些情況屬實，那我們應該感喟胡姓家的強大遷徙能力和地域適應能力。通常而言，胡姓家族的地域擴散遵循距離上漸進的原則，比如從族居地向內地推進，或者從兩京向周邊推進，但還有很多時候是「跨越性」的遷徙，降附族群的安置上會造成此種情況。開元三年王晙上奏議突厥安置問題曰：

> 請至農隙，令朔方軍大陳兵，召酋豪，告以禍福，啗以金繒，且言南方麋鹿魚米之饒，並遷置淮右、河南寬鄉，給之程糧。雖一時之勞，然不二十年，漸服諸華，料以充兵，則皆勁卒。議者若謂降狄不可以南處，則高麗舊俘置沙漠之西，城傍編夷居青、徐之右，何獨降胡不可徙歟？[註36]

其提議即是將突厥安置於淮右、河南內地。其中提到高麗舊俘安置於「沙漠之西」的情況，在唐代也有別證，《唐六典》卷五「尚書兵部」條：「秦、成、岷、渭、河、蘭六州有高麗、羌兵。」這裡的高麗舊俘，可能是唐高宗平高麗時所內附者。王晙提到的「城傍編夷居青、徐之右」，可能也是高麗降附者，

史載「總章二年，徙高麗民三萬於江淮、山南。」(《新唐書·東夷·高麗》)
陳寅恪考唐初「山東豪傑」，多出於北魏時期之營戶，竇建德等人即此群體中
人，在安史之亂前後河北地區更成爲「戎狄之區」，而當地有不少胡姓郡望，
即與胡姓家族的遷入有關。

　　從時間上看，北朝以來的胡姓家族在安史之亂前，在南方形成郡望者還
是很罕見的。但到安史之亂後，則南方多見胡姓郡望，這是民族大遷徙的結
果。《嘉泰會稽志》卷十二載會稽縣東土鄉：「淳熙中，有發地得唐阿史那夫
人墓誌，稱葬會稽縣萬歲里。」卷十六「碑刻」中有：「《京兆阿史那夫人墓
誌》，會昌二年十二月山人陳儉述。石在府城。」突厥阿史那氏而葬會稽，這
是阿史那氏自唐初內遷之後又一次跨越性的遷徙。

　　郡望的產生是人口、經濟、行政多方面綜合的原因，郡望與占籍之間
關係密切，但一般都會經歷分合的過程。儘管南北朝以來，士籍僞冒的情
況十分氾濫，但「冒」的多，「僞」的少。欲有所「冒」，需先要有可「冒
者」。姓望也會發「生老病死」，新的郡望會不斷出現，而舊的姓望會不斷
消亡。姓望發育的完成需要傳播的作用，譜牒、碑誌、史傳等是常見的傳
播媒介。還有一個重要傳播途徑就是「封爵」。封爵是官方對姓望的「確證」，
又如通貨的流行一樣，得到官方保護。胡姓家族的姓望發育是胡姓家族地
域化進程的重要表徵。北朝以來內遷之胡姓，在孝文帝改革中以河南爲郡
望，是第一次「定籍」；其後因爲東西分裂，呈現河南、京兆兩望並行的局
面，到唐代前期大多胡姓還沒有發育出新的郡望。到唐代中後期，尤其是
在安史之亂後，族群大遷徙使得胡姓家族在更廣闊的華夏大地上占籍，於
是出於西域者定著江南，源於代北者播遷嶺表，來自東北高麗之人流落山
南。除了這種民族遷徙造成的「跨越式」地域融合，經過幾個世紀，胡姓
家族「漸進式」的地域融合也開花結果。胡姓新望的興起印證了其地域社
會發育的實況。在大江南北，胡漢郡望的交錯，形成一種「大雜居」的局
面，這是地域胡漢共同體形成的重要標誌，這一時期大致在唐代中期形成。
至中古末期姓望趨同，則是胡漢共同體走向更高程度統一的結果，胡漢邊
界至此已經泯除。

第二節　胡姓家族與地方社會——長安與洛陽

漢魏以來內遷胡姓家族，很大一部分成爲「編戶齊民」，在與漢人的共同生活中，完成了地方化的進程。而相當一部分則進入中央政府或各級官僚、軍隊，比如漢代內附的四夷部族酋長，封侯食邑，冠冕當朝，出現了像金日磾這樣的著名家族。直到唐代，京邑尤其是長安、洛陽兩京是內遷胡姓家族的主要聚居區。他們或因爲官宦、或因經商、或因科舉等等而在京邑或京邑周邊的「衛星城」中購置住宅。相對於基層社會的普通胡姓家族，京邑或官僚胡姓家族在政治、文化等各個方面要更爲活躍，留下的資料也更多，因而從京邑的視角來考察胡姓家族的地方化進程是可行而且必要的。

胡姓家族從朔漠到中原，本來不存在「鄉里」基礎，因而他們的中央化或官僚化並非依託於地方社會或宗族的，這與漢人士族相反。中古時期社會歷史的一個重要轉變就是漢人士族逐漸脫離鄉黨向中央靠攏，漸漸成爲「依附型」的官僚。關於這一轉變，毛漢光與韓昇兩位先生已經有透徹的研究。毛漢光以唐代十姓十三房大士族著支向兩京的遷徙爲例〔註37〕，而韓昇則對於士的「中央化」提出了具體的理論框架，他認爲：

> 士族大量遷入城市過程，貫穿於整個唐代。其間曾因爲「安史之亂」而一度扭曲方向，旋又回歸大勢，城市猶如巨大的吸盤，把鄉村社會的文化、政治精英源源不斷地吸引而去，徹底改變魏晉南北朝時代學術保存於民間的局面，確立城市對鄉村的文化優勢，「學而優仕」同時也成爲「學而優則入居城市」，留在鄉村者越來越受輕視。此人才流動之勢，後世亦不能改。〔註38〕

韓昇還提出判別士族以城市爲本兩個基本標準，其一是物質生活上是否依賴於從城市獲得的收入，其二是觀念上是否以城市爲根據，其中以死安葬之地至爲關鍵。此外，單個漢人士族家族的中央化或官僚化的研究也有不少，比如王靜對靖恭楊家之個案研究〔註39〕，是以長安里坊爲中心的研究。上述漢人士族中央化或城市化的研究視角，對於研究胡姓家族頗有啓發意義。

〔註37〕 毛漢光：《中國中古社會史論》，上海書店出版社，2002 年，頁第 234～333 頁。

〔註38〕 韓昇《南北朝隋唐士族向城市的遷徙與社會變遷》，《歷史研究》2003 年第 4 期。

〔註39〕 王靜《靖恭楊家——唐後期長安官僚家族之個案研究》，《唐研究》 第十一卷，北京大學出版社，2005 年，第 389～422 頁。

我們對於京邑胡姓家族的研究，主要是以兩京里坊爲中心，考察其聚居、散居的特點以及相關的文化意義。通過剖析胡姓家族兩京生活的各個方面，尋找到探索胡姓家族地方化進程的一些線索。這一研究視角當然是建立在前人的基礎之上的。當前兩京里坊、宅第、鄉里的研究的幾種視角：其一、對徐松《城坊考》資料的補定及考辨，這方面的成果最豐碩，但頗爲零碎。其二、結合出土資料與傳世文獻的論述，從宏觀視角來敘述都城規劃特徵、人口分佈規律、宅第變遷等問題。由於資料的不足，這種宏觀的勾勒往往顯得空洞，不能跳出「東貴西富」、「南虛北實」等套路。其三、結合考古資料和地理信息，繪製歷史地圖，然後綜合分析。這方面日本學者有開創之功，如平崗武夫編《長安與洛陽》，妹尾達彥等唐代長安官人分佈地圖等，影響頗大。但動態變遷的過程尚未得以體現。其四、宗教學、文化學、人類學等跨學科視角的研究。如榮新江對長安「甲第」象徵意義的研究，辛德勇對唐代都邑的鐘樓、鼓樓與佛道兩教關係的研究等，這是比較「通透」的研究，但數量較少。本文中，我們主要關注的是以唐代兩京爲中心的如下兩個方面的問題：其一是族群關係，其二是微觀聯繫。唐代兩京規劃的「胡漢體制」已經是學界研究的熱點問題，其實中古時期不少京邑的人口結構都存在「族群性」特徵，即胡姓家族的聚居效應。關於粟特胡姓的聚居研究已經取得了很多的成果，但北朝胡姓、唐代新內附胡姓的聚居並未引起注意。在微觀方面，宅第之間、宅第之內、更廣大的社區之間的聯繫缺失是可以進一步考索的問題。

一、兩京人口來源的族群性

洛陽、長安人口來源的族群性，主要是因爲外族的遷入而形成的，而洛陽、長安在漢唐之間曾多次作爲胡漢政權的都城，胡姓家族的集中程度又非一般城邑可比。從東漢到唐代，大規模的外族部族遷入長安和洛陽的情況不下十數次，移民史、人口史的研究已作了非常充分的勾勒〔註40〕，而零星的、小規模的遷徙則不計其數。北魏孝文帝遷都洛陽，隨之引發的大規模代北族群遷徙，《隋書·經籍志》云：「後魏遷洛，有八氏十姓，咸出帝族。又有三

〔註40〕 中古時期史載大規模少數部族移民的情況，長安地區可參考薛平拴《陝西歷史人口地理研究》，史念海先生指導陝西師範大學 2000 年博士論文；洛陽的情況詳萬劍雄先生《宋以前的洛陽和移民》，載《萬劍雄自選集》，廣西師範大學出版，1999 年，第 160～173 頁。

十六族，則諸國之從魏者；九十二姓，世爲部落大人者，並爲河南洛陽人。」這一鮮卑部族後裔是洛陽胡姓家族的主體。從東漢以來，長安及周邊就是氐、羌的集聚區；十六國時期的前秦、後秦，都以長安爲都，所以長安自然也就成了氐、羌等胡族聚集的地區。東、西魏分裂之後，一部分遷洛代北部族以及六鎮豪酋進入長安，進一步豐富了當地的族群色系，這在關中地區的造像記中鮮明的體現。

入唐代以後，以部族爲單位呈規模性遷入兩京的情況還時有發生，如貞觀四年李靖擊破突厥頡利，爲安置其歸降部落，太宗用溫彥博之策自幽州至靈州置順、祐、化、長四州都督府以處之，但當時「人居長安者近且萬家」(《貞觀政要》卷九「安邊」條)。又如貞觀十四年滅高昌，《慰撫高昌文武詔》：「其僞王以下及官人頭首等，朕欲親與相見，已命行軍發遣入京。」《舊唐書‧高昌傳》亦載：「麴智盛君臣及其豪右，皆徙中國。」唐代兩京之間人口之流動，也伴隨著族群的互動。據《唐會要》卷八十四「移戶」條載：「天授二年七月二十四日，徙關內雍、同、秦等七州戶數十萬，以實洛陽。」所指七州只有雍、同、秦三州，餘四州不詳，但可能皆在長安周邊。這些地區多爲胡漢雜居程度很高，比如同州、秦州的羌人。這些州縣的人口大規模徙洛陽，自然也將一部分胡姓家族帶入其中。

其他零星或者小股的外族遷入更是不絕如縷，其中一個群體是洛陽和長安胡姓家族的「常客」，那就是粟特胡人（或昭武九姓胡）。粟特胡人入華的時間頗早，因爲他們以從事商業活動爲主，「利之所在，無往不到」，所以他們的分佈地區非常廣，而洛陽、長安則爲中心。唐代以粟特胡人爲代表的商胡及使節群體，構成了兩地人口遷徙的最大變動因素。前引《資治通鑑》德宗貞元三年七月條下所載李泌清理滯留長安西域使節事，《新唐書‧王鍔傳》亦載，陳寅恪已指出其史源爲李繁《鄴侯家傳》。這些西域使節人數達四千餘人，有的滯留時間已超過四十餘年，「皆有妻子，買田宅」，「名田養子孫如編民」，與占籍當地的土著無異。這些胡人的遷入自然會改變當地的人口結構，還對社會文化產生深刻的影響。陳寅恪讀《東城老父傳》中長安地區的「胡風」，聯繫白居易《西涼伎》說：

> 當日西北胡人路絕思歸之悲苦，形於伎樂，盛行一時既如此，則西北胡人流滯不得歸者，其爲數之眾可以推知也。故貞元、元和之時長安胡服盛行，必與胡人僑寓之眾多有關。……至老人所謂北

胡，名義雖指回紇，實際則為西域胡人。蓋回紇盛時中亞賈胡往往
藉其名義，以牟利於中國。〔註41〕

長安的胡人滯留，非一朝一夕，而在貞元、元和時期形成一個「突破口」，這
主要得益於胡人自身的人口增殖，這自然會在地域、種族、文化等方面產生
「溢出」影響。

二、兩京人口規劃與胡漢體制

　　中國古代城市人口規劃有悠久的歷史，從後世的實踐來看，民族因素對
城市人口規劃有重要影響，尤其在北朝時期，大規模的部族人口遷徙引發的
安置問題，以及都城中分別階層的統治需求，自然要在城市人口規劃中顯現
出來。比如北魏平城的情況，《南齊書‧魏虜傳》載：

　　　　什翼圭始都平城，猶逐水草，無城郭，木末始土著居處。佛狸
　　破梁州、黃龍，徙其居民，大築郭邑。截平城西為宮城，四角起樓，
　　女牆，門不施屋，城又無塹。南門外立二土門，內立廟，開四門，
　　各隨方色，凡五廟，一世一間，瓦屋。其西立太社。佛狸所居雲母
　　等三殿，又立重屋，居其上。飲食廚名「阿真廚」，在西，皇后可孫
　　恒出此廚求食。……其郭城繞宮城南，悉築為坊，坊開巷。坊大者
　　容四五百家，小者六七十家。每南坊搜檢，以備奸巧。〔註42〕

這段話是關於平城布局最詳細的傳世資料。從平城的建設者來看，其中已包
含有胡、漢因素。馬長壽認為太武帝此次所徙之民為漢族和鮮卑、徒何百工
伎巧〔註43〕。陳寅恪疑「梁州」為「涼州」，指北涼沮渠氏；「黃龍」指北燕
馮氏。北魏前期徙四方之民於代京，其中河西涼州之民頗多。涼州為漢魏禮
制保存較為完整之地，為北魏前期禮制淵源重要一支派。平城建築受涼州影
響，宗廟制度之構建，即為河西文化影響之結果〔註44〕。再從平城的歸化來
看，宿白先生認為：

　　　　估計郭城內的坊里和附郭近郊絕大部分是安置拓跋皇室、親密
　　的帝族、勳舊諸姓、各族官僚以及各地大商賈的所在。至於拓跋多
　　次從各地強迫遷來平城的漢族和各部落的人民，則被置於「東至代

〔註41〕　陳寅恪《讀城東老父傳》，《金明館叢稿初編》，三聯書店，2001年，第340頁。
〔註42〕　《南齊書》卷五十七《魏虜傳》，中華書局，1972年，第984頁。
〔註43〕　馬長壽：《烏桓與鮮卑》，上海人民出版社，1962年，第49頁。
〔註44〕　陳寅恪：《隋唐制度淵源略論稿》，三聯書店，2001年，第72頁。

郡（今河北蔚縣），西及善無（今山西右玉），南極陰館（今山西代縣），北盡參合（今山西陽高）」（《魏書 食貨志》）的畿內之地和如《元和郡縣圖志》河東道所記的千里「甸服」之區。使各部落人民「散藉部，分土定居，不聽遷徙」（《北史‧外戚‧賀訥傳》），並「勸課農耕，量校收入」（《魏書‧食貨志》）。這樣安排，既將許多部落人民與舊日的酋長分離，使「君長大人皆同編戶」（《北史‧外戚‧賀訥傳》）。又迫使居住帳幕的遊牧生涯改爲定居的農業生產，顯然這是北魏統治加速國家建設的重要措施。〔註45〕

可見在平城中，鮮卑族統治階層遵從集中的原則，分佈在郭城內的坊里；而下層的胡、漢人口，則分佈在畿內，遵循離散的原則。宿白先生還引用了《魏書‧韓麒麟傳附孫顯宗傳》記平城里坊居民的變化情況：「大祖道武帝創基撥亂舊不暇給，然猶分別士庶，不令雜居，伎作屠沽，各有攸處。但不設科禁，賣買任情，販貴易賤，錯居混雜。」說明平城的布局是分別士庶的，其實《韓顯宗傳》還透露了平城布局本別族類的事實，他說：「伏見洛京之制，居民以官位相從，不依族類。然官位非常，有朝榮而夕悴，則衣冠淪於廝豎之邑，臧獲騰於膏腴之里。物之顛倒，或至於斯。古之聖王，必令四民異居者，欲其業定而志專。」他說洛陽「不依族類」是以平城分族類爲反證，這裡的「族」，自然也可能還有部族的意思。那洛陽的布局是否就如韓顯宗所說「不依族類」呢？宿白先生說：

北魏大規模遷洛，在組織上還有相當一部分保留著舊日的部落性質的軍事編制。這部分既屬羽林虎賁衛宿親軍，又都攜帶家口。如何既便於管理，又可以安排適當這樣有組織的大批遷來者，恐怕也是洛陽郭城爲數眾多的規整的里坊出現的主要原因一。對洛陽里坊的分配，《洛陽伽藍記》卷四曾有：「自延酤（里）以西，張方溝以東，南臨洛水，北達芒山，其間東西二（？）里，南北十五里，名爲壽丘里，皇宗所居也。」（《元河南志》作「皆宗室所居也」）。皇宗所居如此集中，估計對於和皇宗親近的其他遷洛族姓，以及其他族姓以外包括大批漢族官僚在內的各級官僚，也都有一定的規劃。……（中引韓顯宗之言）可見洛陽里坊的安排，既照顧了族姓，

〔註45〕 宿白《盛樂、平城一帶的拓跋鮮卑、北魏遺跡——鮮卑遺跡輯錄之二》，《文物》1977 年第 11 期。

也強調了官品。但無論族姓與官品，都只是里坊的編戶。……北魏
洛陽的里坊，形式上可以適應遷來的有組織的各族姓和各級官僚，
管理上則已是封建制下的行政組織，而這個行政組織又輔有由中央
直接統率的軍管性質。〔註46〕

韓顯宗上書在孝文帝太和十八年遷洛伊始〔註47〕，而改姓族在太和十九年，
韓顯宗說洛陽人口規劃以「官位相從，不依族類」，顯然是不可盡信的。齊東
方先生以里坊布局爲例說：「里坊有等級劃分和不同階層的人分別佔據的特
點，說明民族因素、士家大族門第因素影響著居住區塊的分配。」〔註48〕李
久昌也認爲，洛陽的人口布局，或在里坊的配置安排，總的原則是「四民異
居」；具體而言，大致遵從著三條原則：其一爲官位相從，其二爲族類相依，
三爲行業相聚〔註49〕。洛陽城布局的胡漢體制，在對四夷人口的安置上體現
得更爲明顯。《洛陽伽藍記》卷第三「城南」載：

> 宣陽門外四里，至洛水上，作浮橋，所謂永橋也。……永橋以
> 南，圜丘以北，伊洛之間，夾御道，東有四夷館，一曰金陵，二曰燕
> 然，三曰扶桑，四曰崦嵫。道西有四夷里，一曰歸正，二曰歸德，三
> 曰慕化，四曰慕義。吳人投國者，處金陵館，三年已後，賜宅歸正
> 里。……北夷來附者處燕然館，三年已後，賜宅歸德里。……東夷來
> 附者，處扶桑館，賜宅慕化里。西夷來附者，處崦嵫館，賜宅慕義里。
> 〔註50〕

有學者將宣陽門外凸出的一個區域稱爲四夷的「僑寓區」〔註51〕，或「外交
公寓區」〔註52〕，這是一種「誤解」。《洛陽伽藍記》明確區分了四夷館和四

〔註46〕 宿白《北魏洛陽城和北邙陵墓——鮮卑遺跡輯錄之三》，《考古》1978年第7
期。

〔註47〕 《魏書》韓顯宗本傳：「車駕南討，兼中書侍郎。既定遷都，顯宗上書」云云。
《資治通鑑》齊明帝建武元年（494年）正月：「乙亥，魏主如洛陽西宮。中
書侍郎韓顯宗上書陳四事。」

〔註48〕 齊東方《魏晉隋唐城市里坊制度——考古學的印證》，《唐研究》卷九，北京
大學出版社，2003年，第65頁。

〔註49〕 《北魏洛陽里坊制度及其特點》，《學術交流》2007年第7期。又參見李久昌
《古代洛陽都城空間演變研究》，陝西師範大學2005年博士論文。

〔註50〕 （魏）楊衒之撰，周祖謨校釋：《洛陽伽藍記校釋》，中華書局，1963年，第
128～132頁。

〔註51〕 孟凡人《北魏洛陽外郭城形制初探》，《中國歷史博物館館刊》1982年第4期。

〔註52〕 王鐸《北魏洛陽規劃及其城史地位》，《華中建築》1992年第2期。

夷里，後者不是僑寓而是長期定居、占籍。雖然時代更迭，城市變遷，但北魏洛陽城中胡漢人口的布局，是影響唐代胡姓家族在洛陽分佈的重要因素。

洛陽人口布局中的還有一個重要問題，就是《隋書·食貨志》中所載「六坊之眾」。東西魏分裂時，洛陽的六坊之眾，「從武帝而西者，不能萬人，餘皆北徙」；「文宣受禪，多所創革。六坊之內徙者，更加簡練，每一人必當百人，任其臨陣必死，然後取之，謂之百保鮮卑。又簡華人之勇力絕倫者，謂之勇士，以備邊要。」周一良先生說：

> 「六坊之眾」自是北人，亦即所謂「六州」。陳寅恪先生云，疑六州軍人及家屬群居其地，遂曰六坊。猶吳人所居遂名吳人坊（《洛陽伽藍記》卷二景寧寺條），上黨人居晉陽者號上黨坊（《北齊書》一《神武紀上》）之比歟。〔註53〕

六坊為鮮卑宿衛軍士（所謂羽林、虎賁）在洛陽周邊六個軍坊聚居區的稱呼〔註54〕，而不是指洛陽城中六個坊〔註55〕，這一群體初始為純粹的鮮卑軍士組織（雜有其他部族比如敕勒），所謂「百保鮮卑」是也；其後東西南北的遷徙，加入了不少漢人勇士，成為一個胡漢組織。他們在兩京周邊的占籍，自然成為影響當地族群關係的重要因素。在唐代我們還會發現這些痕跡，比如長安周邊的三原、高陵、涇陽，洛陽周邊的偃師等畿縣，有大量胡姓家族的遺存，而且不少胡姓家族以武力出身。

隋唐代兩京的人口布局，也帶有「族群性」。據《唐兩京城坊考》長安通化坊下載：「貞觀、永徽間，顏師古、歐陽詢、沈越賓住此坊。顏即南朝舊族，歐陽與沈又江左士人，時人呼為『吳人坊』。」〔註56〕長安的吳人坊說法，與洛陽「金陵館—歸正里」的設置類似，可能是南方士族入京之後專門安置或者自然選擇的結果。畢波研究隋代大興城的西域胡人聚居區發現：

〔註53〕周一良《領民酋長與六州都督》，收入《魏晉南北朝史論集》，北京大學出版社，1997年，第210頁。

〔註54〕楊耀坤《東魏北齊兵制概論》，載《中國魏晉南北朝史學會第二屆學術討論會論文集》，1986年，第120頁。

〔註55〕「六坊之眾」聚居的問題與「六部里尉」的關係頗有爭議。嚴耀中先生認為六部里尉即統轄代遷鮮卑六部的六個坊的管理者；張金龍認為「六部里尉」並非六坊的管理者，而是全城。六部尉非鮮卑六部之謂，而是指洛陽東、西、南、北、左、右六部。北魏洛陽之六部里尉是對兩晉南朝制度的繼承，與代京鮮卑遺制絕無任何關係。詳《北魏洛陽里坊制度探微》，《歷史研究》1999年第6期。

〔註56〕李健超：《增訂唐兩京城坊考》（修訂版），三秦出版社，2006年，第164頁。

　　唐代長安的粟特人主要居住在東西兩市附近，特別是西市周邊
諸坊圍繞兩市，分別形成了以西市爲中心的街西胡人聚居區和以東
市爲中心的街東胡人聚居區。……隋代胡人主要是在街西一帶活
動。……進入長安城的胡人爲什麼多是在街西而非街東居住生活跡
是胡人隨意擇地的結果還是隋朝政府遷入新城時的有意規劃安排跡
現存材料雖然非常有限，但細加分析可以看出後者的可能性要更大
一些。……特別是西市周邊一些坊里對比，從這一帶坊里的命名可
透露一些端倪。……從坊名來看，懷遠坊、弘化坊有可能從一開始
就計劃是安置胡人的區域，隋朝政府在坊名選取上用心良苦，也是
試圖招徠更多胡人。隋代統治者將西域胡人居住地納入到城市當
中，讓他們在與其他長安市民錯雜而居的情況下，又可以保留相當
的自由度，允許小範圍的聚居。〔註57〕

再如隋唐時期洛陽建春門外感德鄉的成立，亦是出於當地胡人聚居的需要
〔註58〕。由此可見，隋唐時期對於外來族群在兩京的安置，在一定程度上照
顧到了他們族群聚居的需要，而這與他們的自發性聚居選擇其實也是一致的。

三、唐兩京胡姓家族宅第分佈規律

（一）資料的問題

　　前面已經描述了北朝隋唐時期長安、洛陽胡姓家族的人口來源以及整體
分佈上的特點，但胡姓家族在具體的區位、里坊中的分佈規律，還有待進一
步探索，而這有待於兩京資料的彙集。唐代韋述《兩京新記》開始有序地記
載兩京坊里中宅第的情況，其後宋敏求在韋述的基礎上編《長安志》，保存了
比較完整的資料。元代《河南志》，則保存了洛陽里坊中宅第的情況。至清代
徐松，廣徵史籍，旁搜金石外典，傾四十年心血完成的《唐兩京城坊考》，是
兩京資料的集大成。徐松之後，有張穆、程鴻詔之校補。徐松的時代，出土
墓誌的數量尚少，至民國時期，始有一波墓誌出土之高峰。而近二十年來，
全國墓誌出土又迎來了一次高峰。利用這些新出墓誌對兩京城坊的增訂，也

〔註57〕畢波《隋代大興城的西域胡人及其聚居區的形成》，《西域研究》2011 年第 2
　　　　期。
〔註58〕參見張乃翥《洛陽景教經幢與唐東都「感德鄉」的胡人聚落》，《中原文物》
　　　　2009 年第 2 期。

取得了豐碩的成果，主要有：趙超《唐代洛陽城坊補考》〔註59〕；陳久恒《唐東都洛陽坊里宅第補》〔註60〕；楊希義、陳忠凱《唐代墓誌中所載的長安坊里》〔註61〕；閻文儒、閻萬鈞《兩京城坊考補》〔註62〕；程存潔《〈唐兩京城坊考〉東都里坊補正》〔註63〕；楊鴻年《隋唐兩京坊里譜》〔註64〕；張萍《由唐墓誌增補兩京城坊宅第》〔註65〕。這些成果在李健超先生的《增訂唐兩京城坊考》（修訂版）中大多得到了彙集，因而是我們使用資料的基礎。近年來利用新出墓誌增補兩京里坊的作品有辛德勇《隋大興城坊考稿》〔註66〕；王靈《隋代兩京城坊及其四郊地名考補——以隋代墓誌銘爲基本素材》〔註67〕；田衛衛《唐長安坊里輯補——以大唐西市博物館藏墓誌爲中心》〔註68〕；王其禕、周曉薇《隋東都洛陽城坊考補》〔註69〕。還有一些著作雖然不是以增補資料爲特色，但對於一些基本問題的考辨、宏觀、微觀的研究，頗有參考價值，代表如辛德勇《隋唐兩京叢考》〔註70〕，榮新江主編《唐研究》第九卷「長安：社會生活空間與制度運作舞臺」研究專輯〔註71〕。

　　本文有關隋唐兩京宅第的數據，主要就是根據前面相關研究者已經增補的資料。在此基礎上，筆者根據自己掌握的胡姓家族墓誌數據製作了隋唐洛陽、長安胡姓人物、寺、觀數量分佈圖。爲了更直觀表現各胡姓家族的分佈情況，我們打破《兩京新記》以來的敘述方式，而直接在圖像上標識出來。下面以長安爲例子來進行分析。

〔註59〕 趙超《唐代洛陽城坊補考》，《考古》1987年第9期。
〔註60〕 陳久恒《唐東都洛陽坊里宅第補》，《中國考古學研究——夏鼐先生五十年紀念論文》（二集），科學出版社，1986年，第191～209頁。
〔註61〕 楊希義、陳忠凱《唐代墓誌中所載的長安坊里》，《文博》1988第5期。
〔註62〕 閻文儒、閻萬鈞：《兩京城坊考補》，河南人民出版社，1992年。
〔註63〕 程存潔《〈唐兩京城坊考〉東都里坊補正》，《中國史研究》1994年第3期。
〔註64〕 楊鴻年：《隋唐兩京坊里譜》上海古籍出版社，1999年。
〔註65〕 張萍《由唐墓誌增補兩京城坊宅第》，《中國歷史地理論叢》第2期。
〔註66〕 辛德勇《隋大興城坊考稿》，《燕京學報》2009年第2期。
〔註67〕 王靈《隋代兩京城坊及其四郊地名考補——以隋代墓誌銘爲基本素材》，陝西師範大學碩士論文，2007年。
〔註68〕 田衛衛《唐長安坊里輯補——以大唐西市博物館藏墓誌爲中心》，《碑林集刊》第18輯，2012年。
〔註69〕 王其禕、周曉薇《隋東都洛陽城坊考補》，《中國歷史地理論叢》2014年第2期。
〔註70〕 辛德勇：《隋唐兩京叢考》，三秦出版社，1991年。
〔註71〕 榮新江主編：《唐研究》第九卷，北京大學出版社，2003年。

圖1：隋唐長安胡姓人物、寺、觀分佈圖

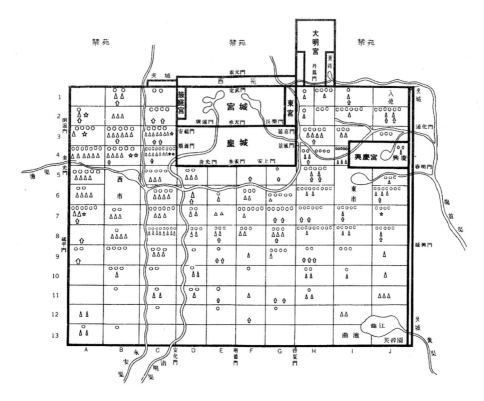

備註：

本圖根據平崗武夫《長安與洛陽‧地圖》所引徐松《唐兩京城坊考》中西京外郭城圖（原圖見附圖3）進行了處理；

新出胡姓家族墓誌中相關數據的統計截止2016年；

◯表示胡姓人物（家族）宅第；△表示寺院、精舍、經堂等佛教場所；⇧表示道觀；☆表示祆祠、波斯寺；

相應符號的個數即表示出現在該里坊中人物、寺、觀等的數量。

同一家族人物（比如父子），若有多個宅第信息（比如其父墓誌、其子墓誌皆載），亦按多個數據錄入，而不作同一宅第處理。

（二）宏觀的分析

　　人口的分佈主要是散居與聚居兩種形態。唐代漢人以核心家庭爲主，不分家，不異爨，累世同居的所謂「義門」，是比較少見的；這在胡姓家族則就更少了，但並不是沒有。比如《竇希寂墓誌》：「行必忠孝，率由禮義，鎔範人物，亮采當時。……奉承長兄，禮逾於常。撫念幼昆，情同僚友。同居率

義，垂六十年。」〔註72〕竇氏家族很大，兄弟同居六十年，這是很罕見的了。一些大的家族，宅第可能很大，所以即便幾代之後還住在同一宅，但其實已經是異爨了。還有一種可能，分家之後，就近置宅，鱗次櫛比，由此形成聚居，也可能類似「累世同居」。

聚居的原因有很多，族群上的接近是一個重要原因，比如西域胡人一般聚居在一起。商業因素也是造成聚居的重要因素，比如長安西市爲粟特胡人集中行賈區域，波斯邸、胡商、胡姬、胡客、胡肆滿盈，這也吸引了其他胡姓家族的聚集，唐代著名的商人竇乂即如此，他有竇家店在長安西市，這裡就是粟特商賈雲集之處。又《兩京城坊考》引《乾饌子》：

> 崇賢里有中郎將曹遂興宅，堂下生一大樹，遂興每患其經年枝葉有礙庭宇，伐之又恐損堂室。竇乂請買之，仍與中郎除之，不令有損，乃出錢五十文以納中郎。與斧斤匠人議伐其樹，自梢及根，令各長二尺餘斷之，因選就衆材及陸博局數百，鬻於本行，計利百餘倍。〔註73〕

按曹遂興不知是否胡人，但曹氏爲粟特胡姓，唐代郎將也多粟特人。若是，則這一故事頗有意思。粟特胡人本最擅長經商，利之所在，無往不至。而此番竇乂竟然在粟特人身上「掙錢」。《乾饌子》一書中還記載了不少竇乂在長安城中「投機」獲利的故事，多與粟特人聚居區有關。

聚居還有可能是出於宗教的原因，比如粟特胡人集中在長安西市周邊，一方面是因爲商業，另一方面則是因爲這裡集中了長安的祆祠。而一些信奉佛教的胡姓家族，往往集中在有寺院的宅第。

聚居的直接表現就是宅第上的延續或者集中。比如長安永興坊魏徵家族，自貞觀時期魏徵至宣宗時期魏謩，皆同居一第，白居易《杏爲梁》時給「君不見魏家宅，屬他人，詔贖賜還五代孫」，即詠其事。又如長安永嘉坊太子少師李綱宅，「綱子孫茂盛，四代總麻服同居，朝廷美之」。胡姓家族也有累世同居一宅的例子。比如長安宣陽坊，南門之西有杞國公竇毅宅，至竇毅曾孫竇德藏乾封元年六月卒尚在此第，可見其家族至少竇四代居此。又如崇賢坊載：「光祿少卿竇瑗宅，昭成太后之從父弟。咸通中，河中節度使竇璟與弟河東節度使竇瀚同居崇賢第，家富於貲。考《世系表》不載，

〔註72〕吳鋼主編：《全唐文補遺》第三輯，三秦出版社，1996年，第451～452頁。
〔註73〕李健超：《增訂唐兩京城坊考》（修訂本），三秦出版社，2006年，第213頁。

疑亦瑗之族。」〔註74〕昭成太后爲睿宗之皇后，竇瑗爲其從父弟。至咸通中，其家族還有人居此，可見聚居程度之高。家族的聚居，也與婚姻相聯繫，由此形成婚族聚居，比如洛陽：

宣風坊	安業坊
閻莊宅，閻立德子	唐某夫人，閻立德女

　　閻立德家族宅宣風坊，而其女婿宅在東鄰。這也是家族聚居的一種情況。比較較常見的情況是，隨著代際的分化，子孫們在祖宅周邊置業定居，由此形成一個片區的聚居；或者因爲祖宅周邊已無合適之所，遂在遠離祖宅的地區購置宅第。

　　關於隋唐長安人口的整體分佈規律，研究已頗多。概括性的研究以日本學者妹尾達彥的研究爲先導，他提出了「東貴西富」「南虛北實」兩條經典的規律。他認爲唐長安城居住區機能分化的表現是沿著東西走向的交通幹線，形成了街東高地官僚居住區，街西低地的庶民居住區〔註75〕。朱玉麒先生對此觀點也有補充〔註76〕。張帥通過長安城宅第統計數據做出分析，認爲唐長安住宅的空間分佈特徵主要是：

（1）以朱雀大街爲界，呈東多西少的分佈格局；

（2）從南北向來看，呈南虛北實的分佈特徵；

（3）皇城周圍朱雀大街兩側和太極宮興慶宮大明宮之間區域爲可考住宅分佈密集區。

而以上分佈規律形成過程：

（1）東貴西庶特徵是逐漸形成的；

（2）南虛北實特徵則保持一貫性。

〔註74〕　李健超：《增訂唐兩京城坊考》（修訂本），三秦出版社，2006 年，第 213 頁。李健超先生補充了《北夢瑣言》卷十中的資料：「唐崇賢竇公家，罕有名第，環僕射先人，不善治生，事力甚困。京城內有隙地一段，與大閣相鄰，閣貴欲之。然其地只值五六百千而已，竇公欣然以此奉之。」

〔註75〕　（日）妹尾達彥《唐代後期的長安與傳奇小說：以李娃傳的分析爲中心》，劉俊文主編《日本中青年學者論中國史》（六朝隋唐卷），上海古籍出版社，1995 年，第 509～544 頁。

〔註76〕　朱玉麒《隋唐文學人物與長安坊里空間》，《唐研究》第九卷，北京大學出版社，2003 年，第 85～128 頁。

制約住宅分佈特徵及其變遷的因素主要是：

(1) 廣闊的城市空間，這是住宅不均衡分佈的前提；

(2) 都城空間布局特徵，這是住宅分佈南虛北實的決定因素；

(3) 政治空間變化，這是住宅分佈東貴西庶形成的主導原因；

(4) 自然與人文，這是影響住宅具體選址的各種因素，包括地形、水環境、交通、社會心理、土地利用形式、政治鬥爭與政治控制等等〔註77〕。

這些總體的人口分佈格局及成因，是我們理解胡姓家族分佈的重要參考。具體到胡姓家族，除了一些共性之外，還略有一些不同。從表中所列胡姓家族宅第數量分佈信息來看，有如下一些特點：

（1）以兩市為中心聚居

在全部的 110 坊 264 個胡姓人物宅第中，圍繞東市和西市的 20 個坊占 103 個，坊均密度為 5.2；而餘下 90 個坊只有 161 個，坊均密度為 1.8。這充分反映出兩市為中心的地區是胡姓家族聚居區。

（2）環皇城、宮城的胡姓家族聚居

在環皇城、宮城（含大明宮）的 17 個坊中，共有胡姓人物宅第 52 處，坊均密度為 3.1。換一種視角，在皇城、宮城東西兩個側面的 25 個坊中，聚居了 88 處胡姓宅第，其坊均比例達 3.5，這也從側面反映出皇城、宮城周圍是胡姓家族聚居區。

（3）以交通為軸線聚居

在東西方向胡姓家族聚居，程度最高者為，興慶坊到居德坊之間 6 坊，有 34 個，坊均比例為 5.7，究其原因：這 6 個與兩市相接，又與皇城相接，又在春明門與金光門東西大道之上，這種疊加的地理區位，促使這一街區成為胡姓家族最集中的分佈區。東西方向聚居程度次高的街區是靖恭坊與崇化坊之間 10 坊，共計 45 個，坊均密度為 4.5，這與其中 6 個坊與兩市相接有關。東西方向聚居程度再次高者為新昌坊與豐邑坊之間 10 坊，共計 40 個，坊均密度為 4.0，其原因則與這些坊位於延興門到延平門之間東西大道之上有關。從這一等差中也可以看出春明門與金光門在唐代東西交通方向上的重要性。

〔註77〕張永帥《空間及其過程：唐長安住宅的分佈特徵及其形成機制》，《史林》2012 年第 1 期。

在南北方向上，胡姓家族的聚居高峰並沒有出現在朱雀門與明德門之間的南北大道周圍，而是出現在其東、西兩邊啓夏門與安化門所在的南北通道上，其中通濟坊往北的 15 個坊有宅第 54，坊均密度爲 3.6；大安坊往北的 13 個坊有宅 47，坊均密度爲 3.62。這兩個街區之所以有較高的胡姓家族聚居率，不僅是因爲它們出於南北交通幹線上，還與兩市、皇城、宮城相接以及漕渠走向有關。

（4）以寺院為中心的聚居

從表中所見寺院（包括佛寺、祆祠、波斯寺）與胡姓人物宅第的分佈來看，二者有高度的重合性。一般有胡姓家族聚居的里坊都有寺院。就單個坊、某一片區或街區而言，胡姓家族的分佈數量與寺院數量成正比。比如兩市爲中心的 20 坊，分佈了全部 167 所寺中的 61 所，坊均比例爲 3.05；興慶與居德之間 6 坊，有寺院 27 所，坊均比例達 4.5，都遠遠高於整個長安城 1.52 的坊均寺分佈率。而南北方向上寺院分佈最多的街區爲大安坊與修德坊之間，也與胡姓家族分佈大致重合。

西域胡人與「三夷教」祠、寺的關係，爲今人所熟知，而鮮卑系胡姓家族宅第分佈與佛教寺院的高度重合也值得注意。以長安寺院爲例，其成立往往可以看到鮮卑系胡姓家族的影子，如下表：

表 6：胡姓家族參與隋唐長安立寺情況統計表

序號	寺院	所在坊	原宅信息、立寺過程
1	資敬尼寺	永樂坊	隋開皇三年，太保、薛國公長孫覽爲其父立。
2	保壽寺	翊善坊、來庭坊	本高力士宅，天寶九載爲寺。
3	資聖寺	崇仁坊	本長孫無忌宅，龍朔三年爲文德皇后追福，立爲尼寺，咸亨四年改僧寺。
4	陽化寺	平康坊	隋內史舍人于宣道爲父建平公于義、母獨孤氏所立。
5	淨域寺	宣陽坊	開皇三年立，《酉陽雜俎》謂此寺本唐高祖太穆皇后宅。
6	崇濟寺	昭國坊	本隋修慈寺，開皇三年魯郡夫人孫氏立〔註78〕。
7	淨住寺	安興坊	有石塔，本姚萇浴室

〔註78〕當爲長孫氏，《碑林續編》，杜黃裳撰《大唐故魯郡夫人河南長孫氏墓誌銘》（貞元九年），可見長孫氏有封魯郡夫人的慣例，而孫氏未見。

8	普耀寺	青龍坊	開皇三年獨孤皇后爲外祖崔彥珍立。
9	趙景公寺	常樂坊	開皇三年獨孤皇后爲父趙景武公獨孤信所立。
10	雲花寺	常樂坊	本隋大司馬竇毅宅。
11	濟度尼寺	安業坊	隋申國公李穆別宅，穆妻元氏立爲修善僧寺。
12	溫國寺	太平坊	本實際寺，隋長孫覽妻鄭氏捨宅立。寺內淨土院爲京城之最妙。
13	空觀寺	興化坊	開皇七年，右衛大將軍駙馬都尉洵陽公元孝矩捨宅立
14	澄空尼寺	頒政坊	本段綸之祖廟，貞觀十七立爲眞空寺。
15	法海寺	布政坊	本賀拔華宅。
16	濟法寺	布政坊	開皇二年沙門法藏所立；西禪院，蘇威立。
17	勝光寺	光德坊	本隋幽州總管燕榮宅，大業元年，自豐樂坊徙勝光寺。
18	靜法寺	延康坊	隋開皇十年左武侯大將軍陳國公竇抗所立，寺門拆抗宅棨戟門所造。西院有木浮圖，抗弟璡爲母安公主建。
19	海覺寺	崇賢坊	隋開皇四年淮南公元偉捨宅爲沙門法聰所立。
20	紀國寺	延福坊	隋開皇六年獻皇后獨孤氏爲母紀國夫人崔氏所立。
21	福田寺	敦義坊	本隋靈覺寺，開皇六楊雄立，武德初廢。乾封二武后爲其姊賀蘭氏復立
22	萬善尼寺	休祥坊	本在故城中，周宣帝大象二年置。開皇三年移於此，盡度周氏皇后嬪御以下千餘人爲尼以處之。
23	昭成尼寺	休祥坊	隋大業元年，元德太子爲尼善惠、元懿立爲慈和寺。先天二年又爲昭成皇后追福改爲昭成寺。
24	會昌寺	金城坊	本隋海陵公賀若誼宅，武德元年立爲寺。
25	樂善尼寺	金城坊	本名舍衛寺，隋開皇六年尉遲迥孫太師爲其祖所立，景龍元年改爲溫國寺，二年又改爲樂善寺。
26	妙勝尼寺	醴泉坊	隋開皇三年，周平原公主所立〔註79〕。
27	功德尼寺	懷遠坊	本在安定坊，開皇五年（一作七年）周宣帝女細腰公主所立。
28	大法寺	長壽坊	本宏法寺，武德中，光祿大夫李安遠所立，神龍元年改。
29	崇義寺	長壽坊	本隋延陵公於銓宅，武德二年（一作三年），桂陽公主爲駙馬都尉趙慈景所立。
30	宣化尼寺	永平坊	隋開皇五年，周昌樂公主及駙馬都尉遲安捨宅所立。
31	化度寺	義寧坊	本眞寂寺，隋尚書左僕射、齊國公高熲宅，開皇三年熲捨宅奏立爲寺

〔註79〕《周書》卷三十《于翼傳》，于謹之子，年十一尚太祖女平原公主。于翼開皇三年卒。其死後平原公主爲之立寺。

32	積善尼寺	義寧坊	隋開皇十二年高頴妻賀拔氏所立，其地本賀拔氏之別第。
33	普集寺	居德坊	隋開皇七年，突厥開府儀同三司鮮于遵義捨宅所立。
34	奉恩寺	居德坊	本將軍尉遲樂宅，神龍二年立爲寺。尉遲樂即智嚴
35	羅漢寺	懷德坊	隋開皇六年雍州牧、楚公豆盧勣所立。
36	經行寺	崇化坊	本隋長安令屈突蓋宅，開皇十年，邑人張緒市之立爲寺
37	大莊嚴寺	永陽坊（跨和平坊）	隋初置宇文改別館於此坊。仁壽三年，文帝爲獻立爲禪定寺。
38	大慈恩寺	晉昌坊	貞觀二十二年唐高宗爲太子時爲文德皇后長孫氏立。

注：資料依據李健超《增訂唐兩京城坊考》（修訂本）及辛德勇《隋大興城坊考稿》；

　　據李、辛二人論著中的資料，隋唐長安有確切立寺人物（包括帝王、將相、士商、僧道各個階層）信息的寺院有 79 座，而與胡姓家族有關者（包括胡姓家族人物捨宅立寺、寺院本爲胡姓家族宅第、胡姓家族人物創立、其他人爲胡姓家族人物創立）有 38 座，占總數 48% 之多，而且這其中還不包括一些筆者尚未辨析出來的胡姓家族（包括僧人），這足見胡姓家族對於長安佛教信仰的重要影響。尤其突出的是，胡姓家族宅第是寺院成立的重要來源，「捨宅立寺」的情況在胡姓家族身上發生的頻率非常高，這一點似乎未引起研究者的注意〔註80〕。

　　相比之下，胡姓家族與道觀的聯繫比較稀疏。隋唐長安可考立觀信息的 22 座道觀中，只有三座與胡姓家族有關〔註81〕。這從側面反映出作爲漢人本土信仰的道教，在胡姓家族中間並未得到充分傳播、接受的事實。

　　上述我們對於隋唐期間胡姓家族在長安整體上分佈規律的概括，並沒有考慮歷時的問題。這受制於資料的時間性問題，所以我們只能放棄這一追求。關於歷時層面的長安宅第、寺觀等分佈情況，日本學者妹尾達彥曾製作過《八世紀前葉的長安城：〈兩京新記〉和〈長安志〉所載建築物的位

〔註80〕　捨宅立寺淵源久遠，北朝時期宗室捨宅爲寺的情況研究，有趙延旭《北魏諸王捨宅爲寺探析》，《雲南社會科學》2013 年第 5 期。唐代捨宅爲寺的研究有雷巧玲《唐人的宗教信仰與捨宅置寺觀》，《文史知識 1993 第 2 期；傅清音、張安興《新見〈佛堂銘〉中舍宅爲寺及佛教靈驗敘事淺析》，《文博》2013 年第 6 期；呼嘯《隋唐時期捨宅爲寺現象研究》陝西師範大學 2014 年歷史文獻學碩士論文等，但似都未注意到胡姓家族捨宅爲寺的現象。

〔註81〕　這三個道觀分別是：華封觀，天寶六載高力士捨宅立。福祥觀，本畢國公竇希瓘宅，天寶十三載立爲觀。回元觀，本安祿山舊宅。而這三個家族都有道教信仰的痕跡。

置》、《開元、天寶年間長安城的居住動態》兩圖〔註82〕，但也無法完整顯示整個歷史動態。此外，胡漢之間宅第分佈的對比情況，也有待進一步的考索。

（三）長安竇氏、于氏的個案分析

上面以長安為例對於胡姓家族宅第分佈規律的概括並沒有考慮各個家族的具體情況。下面我們以長安城中鮮卑竇氏、于氏家族宅第的分佈為例來說明。

鮮卑竇氏，以竇岳、竇善、竇熾兄弟為「三祖」分房。從《唐長安城竇氏分佈圖》中可看出其家族宅第分佈的一些規律：

（1）竇善一系主要分佈在在長安縣，以延康、崇賢兩坊為中心，向東到興化坊，向北分化到布政、輔興、延壽三坊，向南分化出嘉會、永平兩坊。竇熾一系的人物也與竇善系相鄰而居。可以想見這兩系之密切關係。竇善系在中唐以後，如竇乂、竇參、竇靖，已遷徙到萬年縣，分佈在永崇、光福、永樂等坊中。但竇乂行商的活動區域還是以西市為中心，這也表明其家族的根基在長安縣。

（2）竇岳一系，主要分佈在萬年縣，尤其集中在崇義、宣陽、長興、親仁四坊中。但也有個別遷徙到這一中心區域的周邊里坊，如竇思仁。

（3）竇熾一系，家族人物宅第資料較少，從圖中所附三條資料看，都與竇善一系相交錯，二支的關係可見一斑。

（4）竇叔向一系，與「三祖房」竇氏的淵源關係不明。這一系有著名的文人家族「五竇」，以及宰相竇易直。岑仲勉考竇叔向家族世系為竇敬遠—竇善衡—竇元□—竇懷亶—竇胤—竇叔向。今據竇繟自撰墓誌銘〔註83〕，「竇元□」為竇玄蓋。他們家族分佈在延興門與延平門之間的東西大道上。但有意思的是，他們與竇參、竇靖一系「相雜」，這可能表明他們之間有密切的關係。

〔註82〕 （日）妹尾達彥《韋述的〈兩京新記〉與八世紀前葉的長安》，《唐研究》卷九卷，三秦出版社，2003年，第30～31頁。

〔註83〕 吳鋼主編：《全唐文補遺》第八輯，三秦出版社，2005年，第174～175頁。

圖2：唐長安城竇氏分佈圖

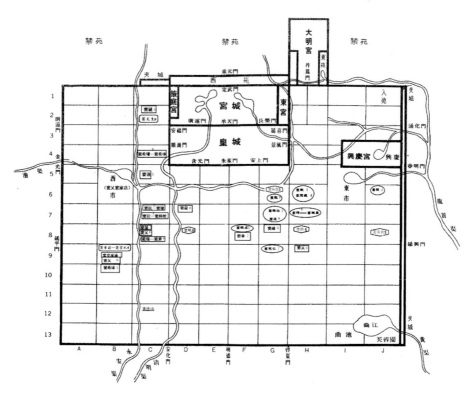

注：

本圖根據平岡武夫《長安與洛陽・地圖》所引徐松《唐兩京城坊考》中西京外郭城圖（原圖見附圖3）進行了處理：

黑體加粗字帶 ⬛ 爲竇善系，數字表示竇善之後代數；

隸書加粗帶 ⬭ 爲竇嶽系，數字表示竇岳之後代數；

楷體加粗字帶 ⬜ 爲竇熾系，數字表示竇熾之後代數；

宋體加粗帶 ⬡ 爲竇善衡系，數字表示竇善衡之後代數；

宋體帶下劃線爲與上述四支關係不詳竇氏；

圖中還有一些存疑的竇氏人物宅第情況需要說明：

　　竇天生。據李邕《逸人竇居士神道碑》：「居士諱天生，字自然，扶風人也。其先出自夏后，少康之允（闕一字）晉大夫（闕六字）漢丞相演班固之書，豈徒保（闕一字）河而累葉胙土，掃北朔而千載銘山？因（闕一字）秦（闕一字）今爲京兆人矣。曾祖居士諱（闕一字）祖居士諱希求，考居士諱（闕三字）幽抱虛塑，閒臥深林。」據《金石萃編》卷八十七，「曾祖居士諱」爲「御名」，即嘉慶皇帝之名「顒」。竇顒見載於《宰相世系表》中，爲竇威玄孫。據此可補竇天生於竇威一系，竇熾八代孫。但從代際上看似不至於如此遠，附此待考。

竇耽。據《大唐故扶風郡夫人竇氏墓誌銘並序》，父河中府士曹參軍竇訦撰，兄前盩厔縣尉竇霸書。大曆七年九月九日卒於京兆崇義里。十九日祔萬年縣洪固鄉鳳棲原大塋。田衛衛以竇氏崇義里宅爲其父兄之宅〔註84〕。或者竇氏之夫因與竇氏婚姻之故，占宅就其妻竇氏家族。竇訦疑爲竇毅一系。

竇逞。據《大唐故太子詹事漁陽郡開國公上柱國侯公之墓誌並序》，誌主侯知一，前夫人韋氏垂拱二年卒洛陽里第；後夫人竇氏，右衛郎將竇逞女，景龍二年卒長興里。田衛衛引杜牧《長興里夏日寄南鄰避暑詩》「侯家大道旁」云云，以長興里侯家爲侯知一後人宅第〔註85〕。按，竇氏卒之宅也可能爲竇逞家所有，也可能因爲侯知一與竇氏婚姻之故占宅就近其妻家族。

竇誡盈。據《竇誡盈墓誌》天寶五載八月廿五日遭疾卒毓德里私第〔註86〕，但《竇誡盈夫人蘇氏墓誌》天寶八載七月十九日卒西京親仁里肅明觀〔註87〕。親仁里本竇氏族人宅第，蘇氏卒於此，或因竇誡盈有宅第於此坊之故。

竇乂。竇乂爲唐代著名的商人，多見載於《乾𦠆子》一書。書中曾載永崇坊李晟太尉宅前一小宅，竇乂買之，後贈晟爲擊毬之所。而據《竇乂墓誌》，竇乂年八旬餘卒京城和會里（即嘉會里），陳曉捷以爲非竇瑗子竇乂〔註88〕。筆者認爲尚有疑竇，待考。姑且認爲兩個竇乂爲同一人。

竇璟、竇澣。據《長安志》卷十載「崇賢坊」：「光祿少卿竇瑗宅。昭成太后之從父弟。咸通中，河中節度使竇璟與弟河東節度使澣同居崇賢第，家富於貲。考疑亦瑗之族。」竇璟、竇澣兄弟可能爲竇瑗之後，但不詳世系。待考。又據《竇乂墓誌》：「五代祖榮定，隨輔國大將軍、朔方等九道行軍大總管、永富郡公；高祖抗，皇將作大匠、判納言，封陳國公，贈司空；曾祖誕，皇禮部尚書、駙馬都尉、莘國公；祖孝禮，皇朝請大夫、太子洗馬；父瑗，皇朝議大夫、光祿少卿。……以貞元九年五月遇疾，粵季夏七日，終於崇賢里之私第。」可證崇賢里確實有竇瑗家族祖宅。

竇交。爲竇乂之伯。《太平廣記》卷二百四十四「竇乂」條引《乾𦠆子》：「扶風竇乂，年十三，諸姑累朝國戚，其伯檢校工部尚書交，閑廄使、宮苑使，於嘉會坊有廟院。」

竇毅有兩處宅第，其中常樂坊宅後爲靈華寺，具見《唐兩京城坊考》。

竇易直兩處宅第，其中崇義坊宅本屬崔圓，後鬻於竇易直。

河南于氏，自于謹之後分九祖，但各支系的宅第都主要分佈於萬年縣，說明其家族早期占籍就在萬年，既非洛陽也非長安。就萬年縣于氏家族的宅

〔註84〕 竇氏墓誌見胡戟、榮新江編：《大唐西市博物館藏墓誌》，北京大學出版社，2012年，615頁。田衛衛《唐長安坊里輯補——以大唐西市博物館藏墓誌爲中心》，《碑林集刊》第十八集，三秦出版社，2013年，第108～129頁。

〔註85〕 侯知一墓誌見胡戟、榮新江編：《大唐西市博物館藏墓誌》，北京大學出版社，2012年，367頁。田衛衛《唐長安坊里輯補——以大唐西市博物館藏墓誌爲中心》，《碑林集刊》第十八集，三秦出版社，2013年，第108～129頁。

〔註86〕 毛陽光、余扶危主編：《洛陽流散唐代墓誌彙編》，國家圖書館出版社，2013年，第339頁。

〔註87〕 毛陽光、余扶危主編：《洛陽流散唐代墓誌彙編》，國家圖書館出版社，2013年，第363頁。

〔註88〕 陳曉捷《唐竇乂墓誌讀考》，《碑林集刊》第二十集，三秦出版社，2015年，第103～110頁。

第信息而言，雖然不如竇氏豐富，但是也可以窺見其分佈的某些規律：

（1）從總體上看，于氏家族的聚居特徵明顯，分化也很有規律，而且這不受家族分房的影響。于志寧到于琮，跨越六代，還比坊而居；于謙與于頔之間，間隔兩代，猶同居一坊；于志寧與于頔、于頎之間，分屬不同房，間隔三代，但大致也分佈在相隔不遠的坊，說明家族「向心力」在某種程度上依舊維繫著。

（2）就聚居情況而言，于氏家族主要分佈在東市爲中心的片區，這與其他胡、漢家族的分佈是相似的。于志寧家族表現得更爲明顯，從于宣道至于大猷兄弟，三代環繞著東市而居。

（3）就分化而言，隨著時代的推移，于氏家族有從北向南發展的傾向。從于宣道至于遂古、于賢，可以很清楚地看出這一傾向。這可能是家族與皇家聯繫由強變弱的某種體現。重要的官僚階層，自然希望靠近北面皇城，不僅方便上朝，也是身份、地位的象徵。

圖 3：長安于氏家族分佈圖

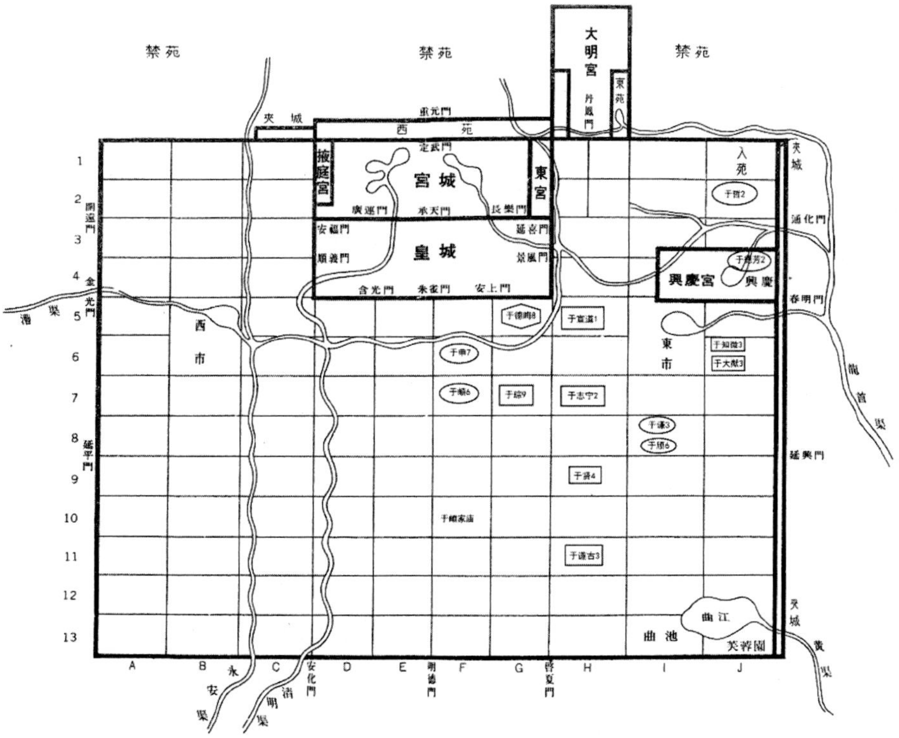

備註：

本圖根據平崗武夫《長安與洛陽・地圖》所引徐松《唐兩京城坊考》中西京外郭城圖（原圖見附圖 3）進行了處理：

黑體加粗字帶 ☐ 爲于義系（于志寧本于宣道子，過繼于宣敏）；

黑體加粗帶 ◯ 爲于寔系；

于德晦 ⬡ 爲于翼八代孫；

數字代表代際，各系數字爲同級；

第三節　胡姓家族與地方社會——鄉里視角

中國從古自今都是鄉村和農民爲主體的社會，但學術上對於古代鄉里的關注卻是新鮮的，這裡面有本土的深刻思想因緣，但放眼世界來看，對於鄉里的研究也是一門年輕的學問。從研究路徑而言，城市中心與地方社會是兩種不同的取向。套用美國人類學家羅伯特・雷德菲爾德的概念，前者屬於「大傳統」，而後者屬於「小傳統」。我們的理解，城市文化代表一種「變動不居」的旋律，而鄉里生活則更多表現爲一種「自然和穩定」形態，比如某些鄉村地名，在幾千年中還能傳承；而在國家體制之下的里坊命名，則改朝換代之際多隨之更改，甚至「變化」本身即作爲時代鼎革的一種手段。

中古時期鄉村社會的研究已經取得了不少的成就，日本學者在這方面有開拓之功，比如加藤繁《唐宋時代的莊園組織及其成爲村落而發展的情況》、宮崎市定《中國村制的成立——古代帝國崩壞的一面》《關於中國聚落形體的變遷》等專題論文，宮川尚志《六朝時代的村》、谷川道雄《六朝時代城市與農村的對立關係》等論文，是這一時段研究之基本參考物。中國學者對於日本學者的批判接受，尤其是在新史料的運用方面，也取得了不少成就。在宏觀的史論方面，有馬新《兩漢鄉村社會史》、齊濤《魏晉隋唐鄉村社會研究》等書；專題的研究有侯旭東《北朝村民的生活世界》、劉再聰《唐代「村」制研究》等；而案例的研究則更爲豐富。

中古時期是胡漢大融合波瀾壯闊，宏觀上的民族地域遷徙、地域融合研究已非常豐富，而從地方社會尤其是鄉里的視角來研究的，似乎還沒有太多。對於內遷部族如何在地方社會，尤其在村落社會中融合的問題，除了馬長壽先生有過開拓性的研究之外，沒有更多人注意到這一問題。即便是集中研究北朝村落社會的侯旭東以及唐代村落的劉再聰等人，他們也沒有對於少數民

族部族或胡姓家族的村落生活做過詳細的描述。具體而言，漢魏以來內附的少數民族或部族如何在漢人基層社會中形成「附著」；這些少數部族的後裔，即胡姓家族，如何在隋唐時期如何進一步地方化，這些問題是我們所關心的。從宏觀的民族地域融合勾勒到地方社會描述再到微觀的案例剖析，這是民族融合研究應該有完整線索。在本章中，我們就嘗試著結合運用「自下而上」的研究思路，由面及點，對於胡姓家族與地方社會作一番新的考察。

一、北朝時期的部族與地方社會

日本學者的中古歷史研究，往往能從當時民族關係中發現線索，對於鄉村社會的研究也不例外。宮崎市定的「都市國家說」雖然引發了很大的爭議〔註89〕，但值得注意的是，他提到了北方民族在漢代鄉、亭城郭到村落轉變過程中的重要角色：

> 由於動亂而鍛鍊出來的漢人，以及由北方移徙而來學習農業的胡人，既是農民，又是武士。尤其是北方族人，與城郭生活相比較，他們必定更喜歡村居生活。村居生活的有利因素，還必須考慮到與北方民族移住內地相伴隨的畜牧的流行。農民也養馬騎乘，農業上則牛耕普及。廣闊的平原有利於放牧牛馬，而城郭生活則無論如何也難免不便。〔註90〕

游牧經濟形態的北方民族如何適應漢人農耕生活，這是一個值得討論的問題。宮崎市定之說具有啓發意義。宮川尚志對於六朝時代村的形態的勾勒，也注意到少數民族地區的村落問題：

> 總體來看，村莊分佈在山間何故地帶以及一般遠離城市地區的實例較多。這有幾種情況。第一，村名出現在戰敗逃亡將軍的記事裏，南朝例子較多。……第二，居住在中國內地山區的蠻族由於種族繁殖和漢人的逃入，人口膨脹等原因，逐漸沿著河川進入平地，由此形成聚落。在有關北方邊境民族聚落的記事中，能夠看到村字。……北邊鄂爾多斯稽胡聚落稱作胡村。……雖然沒有村蠻這種

〔註89〕　對宮崎市定學說的有關批判，詳馬新、齊濤《漢唐村落形態略論》，《中國史研究》2006 年第 2 期。

〔註90〕　宮崎市定《關於中國聚落形態的變遷》，黃金山譯文，劉俊文主編《日本學者研究中國史論著選譯》第三卷，中華書局，1993 年，第 25 頁。

名稱的記載，但有將異民族的聚落稱作村的例子。……第三，村落似乎多出現在遠離塵俗宛若仙境的偏遠山區。……遠離人世的山村，是鄙棄塵世追求隱逸的六朝士人的理想聖境。……第四，當時詩中所吟詠的村莊，是廣闊蒼涼的田野風光。〔註91〕

在另外一處，他又提到：

> 蠻族形成的村，或變成蠻族酋長的封邑。……蠻族居住的村，或屬郡縣治理，或如上所見，成爲蠻侯的封戶。自然，蠻族的村與漢人的村，形態各異是不待言的。〔註92〕

宮川氏提到北方邊境民族聚落以及南方蠻族地區的村落，其所舉之例，中國的學者也有重申和補充〔註93〕。雖然宮川氏沒有進一步剖析「蠻村」與「漢人」村的形態差異，但問題已經呼之欲出。齊濤在《魏晉隋唐鄉村社會研究》中，也注意到五胡十六國時期少數部族的塢壁：

> 在西晉末，中央王朝對自身州郡尚無力控制，更遑論少數民族部落了。所以，這些少數民族部落自然要以武力自保或依借武力去獲取。如《周書‧異域傳》稱，羌人以「姓別自爲部落，各自酋帥，皆有地分，不相統攝。」「唯征伐之時，乃相屯聚。」《晉書‧乞伏乾歸載記》云，後秦氐羌部落所建塢堡有：叛羌黨龍頭率部落保據滋川、羌帥姚龍率部落保據伯陽堡、氐帥符帛率部落據於皮氏堡等等。這些以部落爲單位建立的塢壁，都沒有改變其內部的部落性質。
> 〔註94〕

從塢壁本爲北朝鄉村社會的一種特殊形態，少數部族的塢壁因而具有重要的地方社會意義。齊濤之文中還對少數民族塢壁的「獨特性」作了具體分析，其例子即《晉書‧慕容俊載記》：

〔註91〕 宮川尚志《六朝時代的村》，夏日新譯，劉俊文主編《日本學者研究中國史論著選譯》第四卷，中華書局，1992，第79～81頁。

〔註92〕 同上，第102頁。

〔註93〕 北朝胡地村落的情況，有下面兩例：《北史》卷四十八《尒朱敞傳》「遂入一村，見長孫氏媼，踞胡床坐，敞再拜求哀，長孫氏愍之，藏於複壁之中。」《隋書》卷五十五《侯莫陳穎傳》：「先是，稽胡叛亂，輒略邊人爲奴婢。至是詔胡敢有壓匿良人者誅，籍沒其妻子。有人言爲胡村所隱匿者，勸將誅之。」參見劉再聰《唐代「村」制度研究》，廈門大學中國古代史博士論文，2003年，第29頁。

〔註94〕 齊濤：《魏晉隋唐鄉村社會研究》，山東人民出版社，1995年，第7～8頁。

> 張平跨有新興、雁門、西河、太原、上黨、上郡之地，壘壁三
> 百餘，胡晉十餘萬戶，遂拜置徵、鎮，爲鼎峙之勢。俊其司徒慕容
> 評討平，領軍慕輿根討鶩，司空陽驚討昌，撫軍慕容臧攻歷。并州
> 壘壁降者百餘所，以尚書右僕射悦綰爲安西將軍、領護匈奴中郎將、
> 并州刺史以撫之。〔註95〕

齊濤認爲「護匈奴中郎將」與「并州刺史」，前者統轄當地以匈奴爲主的「胡」
部壘壘，後者統轄晉人爲主的壁壘，「兩套統轄機構，涇渭分明」。由此引出
少數民族塢壁的部落遺制，影響到了當地原有的社會結構的問題，這可以說
是「胡化」的一種傾向。齊濤書中引用了田昌五先生的觀點，因爲此論頗爲
重要，我們也詳引如下：

> 據晉書卷一〇二《劉聰載記》云，劉聰曾在其統治中心的并州
> 地區，「置左右司隸，各領戶二十餘萬，萬戶置一內史，凡內史四十
> 三。單于左右輔，各主六夷十萬落，萬落置一都尉。」分別統治漢
> 夷兩類居民。過去，我們往往只把這套胡漢分治政策的兩套官制系
> 統看成是分別源於胡漢各自原有的管理體制，而實際上，這兩套官
> 制系統雖名稱不同，卻都來源於胡人的部落制。所謂「落」，是少數
> 民族部落制社會結構的基層單位，一落即一個帳包，相當於漢族居
> 民的一戶。劉聰對六夷每萬落置一都尉，對漢人每萬戶置一內史，
> 二者名義上有別，實則一也。對漢人的管理方式是從匈奴部落制社
> 會結構中移殖過來的，只不過給它罩上了一個漢族地區通用的官名
> 外殼。由此可以窺見匈奴部落制因素對并州地區原有社會結構影響
> 衝擊之一斑。〔註96〕

北朝時期的「胡漢體制」在多大程度上影響當時的地方社會結構，還需要具
體考察，但田昌五先生提出這一觀點無疑是具有重要意義的。對於北朝文化
的研究，「漢化」是主流，而「胡化」則是末枝，在地方社會中「胡漢體制」
如何體現，是值得深入考察的。

北朝時期少數部族地方社會的發育，與「編戶齊民」的過程密切相關。
史籍有關內附少數部族的成爲「編戶」的記載很多，涉及的族群也很廣。甚
至還有以匈奴胡人爲田客之例（《晉書・王恂傳》），說明漢魏以來內遷的匈

〔註95〕　《晉書》卷一百一十，中華書局，1974 年，第 2839～2840 頁。
〔註96〕　田昌五《論十六國時代塢堡壘壁組織的構成》，《中國史研究》1992 年第 2 期。

奴、烏丸等部族，很早就開啓了融入漢人地方社會的進程。較晚內附或建立政權的少數部族，比如鮮卑，也通過離散部落、編戶著籍等措施，強化部族的地方融合。據田餘慶先生的觀點，「離散部落」的第一位原因是道武帝在鞏固君權、建立帝國過程中打破部落聯盟尤其是外家部落束縛的需要，但「從部落體制上摧毀最強大也是最親近的賀蘭、獨孤世婚部落，通過多種方式使之逐漸變爲帝國編戶，……客觀上也促進一些部族及時脫離部落統治的原始狀態」〔註97〕。形成編戶齊名的過程，即是地方化的最堅實的基礎。方國瑜先生據此說：

> 自魏初以來，由於實行「分散諸部，皆同編戶」的政策，瓦解了胡人的部族組織，認爲的劃分的胡、漢界限畢竟逐漸消除，通過共同發展生產，胡、漢人民的結合也就有了基礎，勞動人民之間的團結友好得到不斷發展，他們在生產生活方式上，也就逐漸趨於一致而融合成爲一體了。〔註98〕

田餘慶先生已指出「離散部落」是一個反覆的過程，還有不少部族並沒有被離散。比如高車：「太祖時，分散諸部，唯高車以類粗獷，不任使役，故得別爲部落。」（《魏書·高車傳》）。直至北魏後期，冀州地區尚有不少的胡人尚未著籍。《魏書·元遙傳》：

> 肅宗初，累遷左光祿大夫，仍領護軍。遷冀州刺史。遙以諸胡先無籍貫，奸良莫辨，悉令造籍。又以諸胡設籍，當欲稅之，以充軍用。胡人不願，乃共構遙，云取納金馬。御史按驗，事與胡同，遙坐除名。遙陳枉不已，敕有司重究，乃披雪。遷右光祿大夫。〔註99〕

少數部族進入漢人地方社會，生活方式轉變需要很長時間來消化。尤其是從游牧到農耕，並非「編戶」可以直接解決。《魏書》中也記載了不少內附部族「計口授田」的案例，但是文獻中也載北魏時期京畿之內多爲放牧之區，即是鮮卑游牧文化遺存的重要證據。

〔註97〕 田餘慶：《拓跋史探》（修訂本），三聯書店，2011 年，第 81 頁。

〔註98〕 方國瑜《南北朝時期內地與邊境各族的大遷移及融合》，《民族研究》1982 第 5 期。

〔註99〕 《魏書》卷十九上，中華書局，1974 年，第 445 頁。按，《魏書》本卷爲據《北史》所補，而《北史》亦不載此段，乃據《高氏小史》所補。有據《元遙墓誌》，其爲冀州刺史的時間非「肅宗初」，而是元恪的景明年間。詳中華書局本校勘記，第 458 頁。

　　但應該看到，北朝時期胡姓家族在地方社會的融合程度已經達到了一定水平。前引胡族地區出現「村」即爲一典範的例子。另外，我們看到在北朝後期，「鄉里意識」在胡姓家族之間開始萌芽，地方社會在聚胡、漢共同體中的作用開始凸顯。庾信所撰《爾綿永神道碑》云：

　　　　太祖文帝席卷關河，三分天下，潁川從我，並有鄉里之親，新
　　　豐故人，非無布衣之舊，更立九十九姓，還存三十六國，舊冑還姓
　　　爾綿。〔註100〕

爾綿永本姓段，爲遼西鮮卑段部後裔。韓國學者朴漢濟從這一敘述中解析出宇文泰通過賜姓重建關中鄉里的意圖〔註101〕。庾信之文雖是用典，而史傳也確實載宇文氏有鄉里之舊。據《周書・宇文護傳》，宇文護母閻氏先先沒於齊，及護當權，欲求其母還，「齊主以護既當權重，乃留其母，以爲後圖。仍令人爲閻作書報護」，其書中曰：

　　　　汝與吾別之時，年尚幼小，以前家事，或不委曲。昔在武川鎮
　　　生汝兄弟，大者屬鼠，次者屬兔，汝身屬蛇。鮮于修禮起日，吾之閻
　　　家大小，先在博陵郡住。相將欲向左人城，行至唐河之北，被定州官
　　　軍打敗。汝祖及二叔，時俱戰亡。汝叔母賀拔及兒元寶，汝叔母紇干
　　　及兒菩提，並吾與汝六人，同被擒捉入定州城。未幾間，將吾及汝送
　　　與元寶掌。賀拔、紇干，各別分散。寶掌見汝云：「我識其祖翁，形
　　　狀相似。」時寶掌營在唐城內。經停三日，寶掌所掠得男夫、婦女，
　　　可六七十人，悉送向京。吾時與汝同被送限。至定州城南，夜宿同鄉
　　　人姬庫根家。茹茹奴望見鮮于修禮營火，語吾云：「我今走向本軍。」
　　　既至營，遂告吾輩在此。明旦日出，汝叔將兵邀截，吾及汝等，還得
　　　向營。汝時年十二，共吾並乘馬隨軍，可不記此事緣由也？〔註102〕

此書信寫得婉轉感人，可能爲齊人代筆，但其中的情節非閻氏口述，外人絕不可能得知。其中最值得注意的情節即是宇文護母子逃至定州城南時，「夜宿同鄉人姬庫根家」一事。姬庫根亦爲胡姓，王仲犖先生已考之〔註103〕。如果

〔註100〕庾信撰，倪璠注，許逸民校點：《庾子山集注》，中華書局，1980年，第856
　　　　～857頁。
〔註101〕參考朴漢濟《西魏北周時代胡姓再行與胡漢體制》，《文史哲》1993年第3期。
〔註102〕《周書》卷十一，中華書局，1971年，第169～170頁。
〔註103〕王仲犖《〈元和姓纂四校記〉書後》，《蜡華山館叢稿》，中華書局，1987年，
　　　　第468～470頁。

說宇文泰的武川共同體，還帶有「重建」的虛構色彩，那麼宇文護母子與姬庫根稱「同鄉」，則帶有更多的現實因素。至少他們開始用共同體出生地作為一種族內關係的維繫。游牧形態的少數部族是如何稱呼同屬一個族群或地區的人，這是另外一個問題，此不展開；惟入華之胡姓家族，則以同鄉相稱，這是非常有意思的轉換。武川鎮為六鎮之一，閻氏生宇文護兄弟之時，鄉里制度不可能推及於此。齊國文人代述閻氏之語，可能加入了「想像」，但其中的事件則是事實。

二、隋唐時期的胡姓家族與地方社會

漢魏以來內附少數部族後裔，一般認為在北朝時期已基本上完成了「著籍」的過程〔註104〕，但其進一步的地方化如何展開，這是我們所關心的問題。從漢代鄉里制之成立，經北魏三長制之施行，及北周、隋鄉里制之反覆，到唐初村被正式納入國家體制，地方社會發生深刻的變化。〔註105〕在唐代的史料中，可以看到更多胡姓家族在鄉里世界（尤其是村）的活動，這表明胡姓家族在地域融合程度上的深化。但不同的族群需要區別對待。北朝以來內附的鮮卑部族雖然規模最為龐大，但他們在地方的痕跡卻並不明顯，可能與他們迅速喪失族群文化特徵有關。而西域胡人，儘管從漢代便已入華，而分佈遍佈於中國，但族群文化特徵卻十分鮮明，地方勢力保持了很長時間。對於胡姓家族的地方化進程，似應作一大致的區分。

（一）西域胡姓家族的鄉里發育

近年來關於粟特聚落相鄉團、軍府、鄉里的轉變，可以作為隋唐時期胡姓家族地方化的一個側面。中古初期入華的粟特胡人聚落，原本多是在商團基礎上建立的「自治性」族群組織，他們首領被稱為「薩寶」，以祆教作為共

〔註104〕侯旭東說：「胡族編戶化的過程也就是北魏官府與胡族鬥爭的歷史，充滿了鬥爭與反覆，這樣一部血淚史貫穿北魏一朝始終，並延續到東西魏與北齊、北周。儘管如此，到了隋唐時期，絕大多數胡族已經融入漢族，其固有的族稱亦已成為陳跡，只能通過姓氏辨別其祖先的族屬了。」詳《北魏對待境內胡族的政策》，《中國社會科學》2008年第5期，收入《近觀中古史——侯旭東自選集》，中西書局，2015年，第244頁。

〔註105〕關於「村」制的制度化，《舊唐書·食貨志》記：「武德七年，始定律令。……百戶為里，五里為鄉。四家為鄰，五家為保。在邑居者為坊，在田野者為村。村坊鄰里，遞相督察。」此後開元七年、開元二十五年都有重申此令的記載。

同信仰。這些帶有殖民性質的粟特聚落，組建了自己的武裝力量和防禦建築，著名的有唐初康國大首領康豔典所聚的典合城。北朝時期，中央政府已試圖將地方的粟特聚落納入國家行政體制，這從「薩寶」被納入職官體系可以看出。北周曾將粟特聚落的「鄉兵」或「鄉團」納入府兵制中。據榮新江先生據安修仁家族的例子推測，薩寶統屬的粟特聚落變爲大都督統領的鄉里，可能發生於隋仁壽二年前後。但隋唐時期地方粟特聚落的鄉里化過程並不完全同步：

> 唐朝建立後，把處於正式州縣中的胡人聚落改作鄉里，兩京地區城鎮中的胡人不會再以聚落的形式存在，西州的崇化鄉安樂里，敦煌的從化鄉，大概都是由胡人聚落改建的。但是，因爲中央和地方政府對一些地區的控制力度有強有弱，使得不同地方從聚落到鄉里的轉變進程也不是同步的，而且有的地方還有反覆；邊境地區如六胡州、營州柳城等地的胡人聚落，應當繼續存在很長一段時間，中央政府對粟特聚落的控制表現爲一個逐步的過程。因此，在某些地方薩保府制度並未終結。〔註106〕

儘管如此，以群體形態存在於地方的胡人家族，依然有不小的勢力。比如《支茂墓誌》（永徽二年）：「隋大業八年，身從戎律……。聖唐膺運，早預義旗，率募鄉閭，軍門送歎，加授朝請大夫，仍除本縣戶曹。」〔註107〕而涼州安氏家族的地方化程度更高，可以說是西域胡姓家族的一個縮影。據《文館詞林》卷四五五《安修仁碑》：「隋開皇中，起家爲蜀王秀庫眞，遷都督檢校儀同兵。及秀廢，又爲大都督領本鄉兵。」〔註108〕可見其家族有強大的地方軍事力量。《舊唐書·李軌傳》載安修仁之兄興貴先表請詣涼州招慰李軌，對高祖說：「臣於涼州，奕代豪望，凡厥士庶，靡不依附。臣之弟爲軌所信任，職典樞密者數十人，以此候隙圖之，易於反掌，無不濟矣。」〔註109〕而安興貴在勸說李軌失敗之後，以「竊聞富貴不在故鄉，有如衣錦夜行」之說爲辭，從側面證明了其家族與鄉里的聯繫。又據郭正一所撰《安元壽墓誌》（光宅元年）：

〔註106〕 榮新江《從聚落到鄉里——敦煌等地胡人集團的社會變遷》，《中古中國與粟特文明》，三聯書店，2014年，第149～163頁。

〔註107〕 吳鋼主編：《全唐文補遺》第三輯，三秦出版社，1996年，第350頁。

〔註108〕 按文題原殘，不詳碑主。榮新江引日本學者山下將司氏之說，據江戶時代日本學者尾崎雅嘉所纂《群書一覽別錄》中所載《文館詞林》目錄記卷四五五有「右驍騎將軍安修仁碑銘一首並序」，判斷此碑文實即安修仁碑殘文。參見榮新江《從聚落到鄉里——敦煌等地胡人集團的社會變遷》，第148～149頁。

〔註109〕 《舊唐書》卷五十五，中華書局，1975年，第2251頁。

君諱元壽，字茂齡，涼州姑臧人也。……父興貴，皇朝右驍衛
將軍、左武衛將軍、冠軍將軍、上柱國、涼公，別食綿、歸二州，
實封六百戶。……（元壽）年始弱冠，時屬經綸。效款河西，同竇
融之歸國；韜光隴右，等葛亮之須期。武德五年，奉秦王教，追入
幕府，即授右庫眞。……貞觀元年，突厥頡利可汗擁徒卅萬眾來寇
便橋，太宗親率精兵出討。頡利遣使乞降，請屏左右，太宗獨將公
一人於帳中自衛。其所親信，多類此也。至三年，涼公以河右初賓，
家業殷重，表請公歸貫檢校，有詔聽許。公優游鄉曲十有餘年。……
永淳二年八月四日，遇疾薨於東都河南里之私第。〔註110〕

安興貴家因為家族在涼州的「家業殷重」，他命其子安元壽放棄在朝的官職，
「歸貫檢校」。此處「鄉曲」二字透露了豐富的信息。但其後安元壽回朝，卒
於東都私第，陪葬昭陵，說明其家族還靠「雙家制」來維持地方聯繫。直至
天寶以後，安氏家族依然有強大的地方聯繫，但也出現了分化的情況。《舊唐
書·李抱玉傳》

李抱玉，武德功臣安興貴之裔。代居河西，善養名馬，為時所
稱。群從兄弟，或徙居京華，習文儒，與士人通婚者，稍染士風。
抱玉少長西州，好騎射，常從軍幕，沉毅有謀，小心忠謹。……（乾
元二年）抱玉上言：「臣貫屬涼州，本姓安氏，以祿山構禍，恥與同
姓，去至德二年五月，蒙恩賜姓李氏，今請割貫屬京兆府長安縣。」
許之，因是舉宗並賜國姓。〔註111〕

安氏家族人物的「徙居京華」、「文儒」化，其家族與地方聯繫可能只剩下籍
貫這一名義了，而李抱玉後來又「割貫」京兆，則連這一名義也淡化。安氏
家族似乎走的是一條「自下而上」的道路，這與會稽康氏家族不同（詳後文）。

儘管不少粟特家族本來沒有或者早已失去了鄉里聯繫，但他們還傾向於
用一種「鄉里敘事」來維繫地方情感。鄭休文撰《安令節墓誌》：

稟諱和以為人，含神爽以為用；在家為孝子，在國為忠臣；於
鄉黨則恂恂，於富貴而不汲汲；諧大隱語朝市，笑獨行於山林，斯
則安君見之矣。君諱令節，字令節，先武威姑臧人。出自安息國。
王子入侍於漢，因而家焉。歷後魏、周、隋，仕於京洛，故今為幽

〔註110〕吳鋼主編：《全唐文補遺》第一輯，三秦出版社，1994 年，第 68 頁。
〔註111〕《舊唐書》卷一百三十二，中華書局，1975 年，第 3645～3646 頁。

州宜祿人。……（君）處長安遊俠之窟，深鄙末流；出京兆禮教之
門，雅好儒業。溫良泛愛之德，振人趨急之心，固以發自冥機，關
諸天性者矣。……閒北阮之居，接南鄰之第。翟門引客，不空文舉
之座；孫館延才，還置當時之驛。〔註112〕

安令節稱「武威姑臧人」，爲附會安氏郡望；而稱「幽州宜祿人」，是其占籍；
而卒於醴泉里私第，則其實際活動之地。醴泉里本粟特胡人集中的地方，其
中還有粟特人信仰的中心祆祠，安令節所謂之「鄉黨」，可能更多是與京中同
族人的聯繫。同樣用「隱於朝市」代替「鄉里」的還有洛陽聖善寺沙門文簡
撰《花獻墓誌》（大和二年）：

府君纂延素風，有位而不登。棄祿養和，不爭名於朝；澄心履
道，嘗隱逸於市。常洗心事景尊，竭奉教理，爲法中之柱礎，作徒
侶之笙簧。而內修八景，外備三常，將證無元，永祗萬慮。〔註113〕

花獻及夫人安氏，同爲景教徒。《花獻妻安氏墓誌》稱：「幼子齊雅，克己復
禮，鄉黨稱善。」〔註114〕這種「鄉黨」之譽，可能是源於家族信仰之維繫。
又如《安祿山事蹟》卷上：

安祿山，營州雜種胡也，小名軋犖山。母阿史德氏，爲突厥巫，
無子，禱軋犖山神，應而生焉。是夜赤光傍照，群獸四鳴，望氣者
見妖星芒熾落其穹廬。〔註115〕

又據《舊唐書・史思明傳》：

史思明，本名窣幹，營州寧夷州突厥雜種胡人也。姿瘦，少鬚
髮，鳶肩傴背，廒目側鼻。性急躁。與安祿山同鄉里，先安祿山一
日生，思明除日生，祿山歲日生。及長，相善，俱以驍勇聞。〔註116〕

安祿山既然生於唐代羈縻邊州之「穹廬」之中，鄉里制不可能普及於此。但
稱史思明爲「同鄉里」人，可能是安、史有意編織的「同鄉意識」，與宇文泰
的「武川鄉里」一樣，意在凝聚族群意識。謝思煒先生認爲，安祿山稱營州
人是以發跡地爲籍貫：

〔註112〕吳鋼主編：《全唐文補遺》第三輯，三秦出版社，1996年，第36頁。
〔註113〕毛陽光、余扶危主編：《洛陽流散唐代墓誌彙編》，國家圖書館出版社，2013
　　　　年，第547頁。
〔註114〕毛陽光、余扶危主編：《洛陽流散唐代墓誌彙編》，國家圖書館出版社，2013
　　　　年，第535頁。
〔註115〕（唐）姚汝能著，曾貽芬點校：《安祿山事蹟》，中華書局，2006年，第73頁。
〔註116〕《舊唐書》卷二百上，中華書局，1975年，第5376頁。

安祿山是個人前往營州，而非跟隨某一部族。他的這種活動方式符合入唐粟特人的行爲特點，即以個人身份經商或從事某種特定職業。他著籍柳城的「本地化」行爲，很可能是他在成爲幽州節度使後爲鞏固自己的地位、強化對屬下的號召力而有意爲之。〔註117〕

按，謝先生論入唐粟特人「以個人身份經商或從事某種特定職業」似值得商榷：入華粟特商團以集團行動著稱，有所謂大首領「薩寶」者；而且粟特胡人族內婚姻保持得很緊密，也說明他們的族群性。安祿山、史思明重建營州「鄉里共同」意識，直接的影響便是他們與當地的聯繫強化。而安史之亂後，河北地區成爲粟特胡人的「新家園」，可能都存在重建「鄉里」的情況。

漢魏以來，南方的西域胡人也很活躍，但他們多爲商賈，與地方社會的聯繫尚未凝固，如李白、何妥。李白之父被稱爲「客」；何妥則冒郫縣漢人何氏（詳後文）。直到唐代中後期，我們才看到了不少粟特胡人在江南鄉里世界的活動。韓翃有《和高平米參軍思歸作》：

> 髯參軍，髯參軍，身爲北州吏，心寄東山雲。
> 坐見萋萋芳草綠，遙思往日晴江曲。
> 刺船頻向剡中回，捧被曾過越人宿。
> 花裏鶯啼白日高，春樓把酒送車螯。
> 狂歌好愛陶彭澤，佳句唯稱謝法曹。
> 平生樂事多如此，忍爲浮名隔千里。
> 一雁南飛動客心，思歸何待秋風起。〔註118〕

「米參軍」一作「朱參軍」，其實當作「米」。米氏爲粟特胡姓，形貌上有胡人的特點，所以稱「髯參軍」。另外，高平爲米氏望非朱氏望，《通志·氏族略》、《古今姓氏書辯證》、《萬姓統譜》俱載之。史稱晉高祖石敬瑭之祖母「高平縣太君米氏」〔註119〕，據此可知此處作「米」爲正。從詩中的意思看，這位米參軍已家於越中，故有「思歸」之心。晚唐時期李中《宿青溪米處士幽居》詩也記錄了一位隱居青溪的米姓粟特胡人：

〔註117〕 謝思煒《「雜種」與「雜種胡人」——兼論安祿山的出身問題》，《歷史研究》2015年第1期。

〔註118〕 《全唐詩》卷二百四十三，中華書局，1960年，第2728頁。

〔註119〕 據《冊府元龜》卷三十一《帝王部·奉先》：晉高祖天福二年五月，太常卿裴坦奏：「伏惟皇祖妣高平縣太君米氏，令惠生知，賢才天稟，四德早聞於親戚，一齊仍著於閨庭。淑問嘗彰，貞柔自固。謹案諡法，向惠德義曰獻，請追尊諡曰孝平獻皇后。」

寄宿溪光裏，夜涼高士家。養風窗外竹，叫月水中蛙。

靜慮同搜句，清神旋煮茶。唯憂曉雞唱，塵裏事如麻。〔註120〕

新安江流域所載之建德至桐廬段，出於粟特商胡行賈之線路上，陳寅恪已考之〔註121〕。此米姓高士，或亦早前占籍此地之商胡後裔。從建德至越中，俱見米氏人物的活動，可謂非巧合。又《太平廣記》「安鳳」條引《瀟湘錄》：

> 安鳳，壽春人，少與鄉里徐侃友善，俱有才學。本約同遊宦長安，侃性純孝，別其母時，見母泣涕不止，乃不忍離。鳳至長安，十年不達，恥不歸。後忽逢侃，攜手敘闊別，話鄉里之事，悲喜俱不自勝。同寓旅舍數日，忽侃謂鳳曰：「我離鄉一載，我母必念我，我當歸。君離鄉亦久，能同歸乎？」鳳曰：「我本不勤耕鑿，而志切於名宦。今日遠離鄉國，索米於長安，無一公卿知。十年之漂蕩，大丈夫之氣概，焉能以面目回見故鄉之人也？」因泣謂侃曰：「君自當寧親，我誓不達不歸矣！」侃留詩曰：「君寄長安久，恥不還故鄉。我別長安去，切在慰高堂。不意與離恨，泉下亦難忘。」鳳亦以詩贈別曰：「一自離鄉國，十年在咸秦。泣盡卞和血，不逢一故人。今日舊友別，羞此漂泊身。離情吟詩處，麻衣掩淚頻。淚別各分袂，且及來年春。」鳳猶客長安。因夜夢侃，遂寄一書達壽春。首敘長安再相見，話幽抱之事。侃母得鳳書，泣謂附書之人曰：「侃死已三年。」卻至長安，告鳳，鳳垂泣歎曰：「我今日始悟侃別中『泉下亦難忘』之句。」〔註122〕

此雖為「鬼」事，但亦有其「通性之真實」。安鳳不願回鄉「耕鑿」，可證其家早已占籍於當地。在更東邊的湖州地區，亦可見粟特安氏在地方鄉里的活動蹤跡。胡季良《嬪吳氏墓銘》載：

> 安君令嬪渤海吳氏，（闕）儒奉道為鄉閭之令望，以夫人（闕）為長為孝婦（闕）於嚴母全之也。……以大和九年（闕）五日，終於烏程縣臨筈鄉之私第。年五十有三。比盛年則非夭折，（闕）痛青春。即以其年五月二十八日，（闕）雫水鄉仁王寺之西。〔註123〕

〔註120〕《全唐詩》卷七百四十九，中華書局，1960年，第8531～8532頁。

〔註121〕陳寅恪《劉復愚遺文中年月及其不祀祖問題》，《金明館叢稿初編》，三聯書店，2001年，第363頁。

〔註122〕《太平廣記》卷三百四十四，中華書局，1961年，第2727頁。

〔註123〕《全唐文》卷七百十三，中華書局，1983年，第7323～7324頁。

此安氏家族已定居於烏程，葬於雪水鄉，已是地道的江南人。據談鑰《（嘉泰）吳興志》卷十八「碑碣」：「吳氏墓銘，在墨妙亭，太和九年吳（當作「胡」）季良書。」〔註124〕安氏雜居於這樣一個漢人文化圈中，已無跡可尋。直至再東邊的紹興地區，遂有唐代著名之粟特胡姓後裔會稽康氏家族，詳後文之專論。

此外，一些並沒有著籍的西域胡人，他們已失去了異域故國的聯繫，但卻以華夏邊州為第二「故鄉」，這種「卻望并州是故鄉」的「鄉愁」被詩人賦予了特殊的涵義，如李端《胡騰兒》詩：

> 胡騰身是涼州兒，肌膚如玉鼻如錐。
> 桐布輕衫前後卷，葡萄長帶一邊垂。
> 帳前跪作本音語，拾襟攪袖為君舞。
> 安西舊牧收淚看，洛下詞人抄曲與。
> 揚眉動目踏花氈，紅汗交流珠帽偏。
> 醉卻東傾又西倒，雙靴柔弱滿燈前。
> 環行急蹴皆應節，反手叉腰如卻月。
> 絲桐忽奏一曲終，嗚嗚畫角城頭發。
> 胡騰兒，胡騰兒，家鄉路斷知不知？

西域諸國常向唐朝進貢胡騰兒，涼州邊地多胡人聚落，其中一些亦以樂舞為職業。至安史之亂後，涼州陷落，此胡騰兒歸路既絕，只能流落洛下，以舞悅人，涼州不能歸，又何談回「祖國」？李端在《贈康洽》詩中，還記錄了另一位流落長安的粟特詩人康洽的鄉思之情：

> 黃鬚康兄酒泉客，平生出入王侯宅。
> 今朝醉臥又明朝，忽憶故鄉頭已白。〔註125〕

康洽以酒泉為故鄉正如胡騰兒以涼州為故鄉，都有兩重間隔。這種深層的阻隔，在李端而言，自然隱含了對大唐故土淪陷的憂思；但在這些粟特胡人而言，則是他們漂泊異國的寫照。換言之，此種第二故鄉哀怨，已然成為流落內地胡人與他們種族的唯一精神聯繫。

〔註124〕王象之《輿地碑記目》卷一「安吉州碑記」：「吳氏墓銘，在墨妙亭，太和九年，胡季良書。」

〔註125〕李端兩首詩，見《全唐詩》卷二百八十四，中華書局，1960年，第3238頁。

（二）鮮卑系胡姓家族鄉里發育

相比族群文化色彩遺存更多的西域胡姓家族，漢魏北朝以來內附的匈奴、鮮卑等少數部族後裔的地方化進程要深刻得多。田餘慶先生曾指出：

> 在與烏桓共生條件下經過歷練的拓跋部，生命力強，富有凝聚力，比較善於應對變化，與各胡族驟興驟滅相比，即令在衰敗之後也不曾出現一個堪與匹敵並取而代之的對手。六鎮浪潮的衝擊不亞於十六國中任何一個胡族代興造成的社會動盪，但繼起的任何一種力量，不論從族屬還是從文化方面來看，都是脫胎於拓跋，從拓跋衍生而來。〔註126〕

也可能是這種強大凝聚力及包容性，造成了鮮卑本身文化因子的流失，所以鮮卑族裔在地方的融合程度也很高。

北朝鮮卑系胡姓家族，中央化的程度很高，因而他們多聚居於京城即京畿地區的鄉里，而在更廣大的地方社會則並沒有太多痕跡，這不像西域系胡人那樣。比如于志寧家族的祖業在高陵縣，其家族祖塋在鄰縣三原之萬壽鄉清池里（據《于志寧碑》）。長孫無忌家族在三原也有蹤跡。據《（嘉靖）三原志》卷十六「掫遺」條載：「長孫皇后宅，故老相傳在三原縣樓底村，今其池猶號爲長孫里。……美人渠，在樓底南，世傳長孫皇后曾於此濯髮，故名。」〔註127〕《（乾隆）三原縣志》卷一「古蹟」條載：「長孫無忌宅，李《志》在長孫里樓底鎮。妝樓，李《志》在長孫里樓底鎮，即唐文德皇后母家故宅，樓有遺址。」〔註128〕唐高祖李淵獻陵在三原，據《齊士員獻陵造像碑》：

> 貞觀十三年歲次己亥正月乙巳朔一日，右監門中郎將、延陵子齊士員，恒州行唐人也。王保府折衝都尉趙伽，頻陽府田阿女，懷信府果毅都尉獨孤範，天齊府斛律環，長豐府王仁感，頻陽府關文瓚。左右監門校尉，三原縣令，檢校陵署令崔璧王、署丞裴瑁、內省禦侮尉郭元宗□□□陵寢二所宿衛人呂村、任村、王村、劉村、朱村、唐祿村、房村、袁呂村、謝村宿老等，但士員奉□□□詔，賜以終身供奉陵寢。〔註129〕

〔註126〕田餘慶：《拓跋史探》（修訂本），三聯書店，2011年，「前言」，第5頁。
〔註127〕《中國地方志集成‧陝西府縣志輯》第8冊，鳳凰出版社，2007年，第232頁。
〔註128〕《中國地方志集成‧陝西府縣志輯》第8冊，鳳凰出版社，2007年，第242頁。
〔註129〕原文收錄於《唐文拾遺》卷十二，非善本。錄文據張總《初唐閻羅圖像及刻經——以〈齊士員獻陵造像碑〉拓本爲中心》，《唐研究》第六卷，北京大學出版社，2000年，第262～263頁。

據《（嘉靖）三原志》，獻陵「在縣東一十八里龍池鄉唐朱村」，疑即上面造像中的「朱村、唐祿村」。諸姓氏村落疑都是獻陵陵戶聚居形成的，其中有「房村」，極有可能為北朝胡姓房氏。而此番參與造像的周邊軍府人物獨孤範、斛律環都是胡姓。此外，從《（嘉靖）三原志》中人物姓氏分佈來看，房氏、竇氏、穆氏、于氏都是當地著姓，其淵源可能都能追溯至唐代。類似的情況還出現在長安周邊的其他畿內地方社會中。可以推測，在長安周邊的地方社會形成了李唐王室勢力、鮮卑系大族以及其他一些漢人大姓（如李靖家族）的某種「共生關係」，只是鮮卑系的「形象」被遮蔽不顯而已。

匈奴、鮮卑系胡姓家族的地方痕跡，在唐詩中有比較直觀的表現。李白《下終南山過斛斯山人宿置酒》詩：

> 暮從碧山下，山月隨人歸。
> 卻顧所來徑，蒼蒼橫翠微。
> 相攜及田家，童稚開荊扉。
> 綠竹入幽徑，青蘿拂行衣。
> 歡言得所憩，美酒聊共揮。
> 長歌吟松風，曲盡河星稀。
> 我醉君復樂，陶然共忘機。〔註130〕

詩中所描述的斛斯山人山居生活，令人渾然不覺其本為北朝時期代北族裔。斛斯氏高車胡姓，北朝時期頗多顯宦，但也有不少「淪為」處士者〔註131〕，這位終南山斛斯山人，就是這樣的類型。內遷斛斯氏的主要分佈地在兩京及京畿地區〔註132〕，不少還保持著以武力入仕和經營馬政濃厚種族文化遺風〔註133〕，但也有一些很早就開啟漢化、地方化程度很高者。《法書要錄》「下上品」有梁書法家斛斯彥明，前引《新集天下姓望氏族譜》兗州太山郡有斛

〔註130〕 李白著，王琦注：《李太白全集》卷二十，中華書局，1999年，第930頁。

〔註131〕 如龍朔三年《唐斛斯處士張夫人墓誌》（吳鋼主編《全唐文補遺》第三輯，三秦出版社，1996年，第382頁），麟德元年《唐故處士斛斯君夫人董氏墓誌銘》（吳鋼主編《全唐文補遺》第七輯，三秦出版社，2000年，第271～272頁。）

〔註132〕 從墓誌來看，斛斯氏主要占籍為洛陽，但也有長安，如《斛斯政則墓誌》，稱京兆鄠人。貞觀廿二年終於玉華宮之館舍，咸亨元年葬於醴泉縣安樂鄉，參見吳鋼主編《全唐文補遺》第二輯，三秦出版社，1995年，第231～233頁。

〔註133〕 參考謝琛《北朝隋唐斛斯之象族研究》，中央民族大學碩士論文，2013年。

斯氏，可見其地方化程度之高。又如綦母潛，本出匈奴族裔〔註134〕，其先世
籍貫爲南康（虔州），但他自己則已占籍江東。王維《送綦母潛落第還鄉》「江
淮度寒食，京洛縫春衣」，盧象《送綦母潛》詩亦云「淮南楓葉落，灞岸桃花
開」，即指其鄉在江淮〔註135〕。又其有江東別業，寄情山水，優游禪林。李頎
《題綦母校書別業》云：

> 常稱掛冠吏，昨日歸滄洲。行客暮帆遠，主人庭樹秋。
> 豈伊問天命，但欲爲山遊。萬物我何有，白雲空自幽。
> 蕭條江海上，日夕見丹丘。生事非漁釣，賞心隨去留。
> 惜哉曠微月，欲濟無輕舟。倏忽令人老，相思河水流。〔註136〕

綦母潛詩中亦多記其在吳中的蹤跡，這裡已儼然成爲他的故鄉。王維《別綦
母潛》詩亦云其「盛得江左風，彌工建安體」，可見他的詩歌也濡染了江左（江
東）之風。

　　唐代前期還以看到不少著名胡姓詩人鄉里生活的痕跡，比如天寶時期的劉
方平。劉方平家族源出於匈奴，與獨孤氏本同源。《宰相世系表》詳載其世系：
其高祖邢國公劉政會，其父劉微官至吳郡太守、江南採訪使；家族其後有劉崇
望相昭宗，一門顯赫。宋邵伯溫《河南邵氏聞見前錄》卷一載河南劉氏世系，
云：「北齊至本朝五百餘年，而劉氏不衰，洛陽多大家，世以譜牒相付授，甯氏、
劉氏，尤爲著姓，有可傳者。」〔註137〕劉方平家族望稱河南洛陽，但劉政會占
籍胙城〔註138〕，劉方平則占籍於潁陽。其皇甫冉《寄劉方平大穀田家》詩：

> 故山聞獨往，樵路憶相從。冰結泉聲絕，霜清野翠濃。

〔註134〕　按，綦母氏本爲匈奴著姓，但入華已久。《風俗通》：「綦母氏，漢有廷尉綦母
　　　　　參。」《漢印文字證》卷十三有綦母區以下私印十一枚。《元和姓纂》載綦母
　　　　　氏有南康、會稽二望，參見陳連慶《中國古代少數民族姓氏研究──魏晉南
　　　　　北朝民族姓氏研究》，吉林文史出版社，1993年，第32~33頁。
〔註135〕　按，據陳鐵民先生之說，「江淮度寒食，京洛縫春衣」此二句是寫綦母潛還鄉
　　　　　途中經行之地。潛自長安至虔州，正需經歷洛陽、江、淮。又引王維《宋綦
　　　　　母校書棄官還江東》詩，疑「江東」即潛志故鄉，古或以「江東」指三國吳
　　　　　統治地區，唐代虔州正在江東區域之內。參見傅璇琮主編《唐才子傳校箋》
　　　　　第一冊，中華書局，2002年，第244~245頁。但「江東」所指不能隨意涵
　　　　　蓋虔州，參見蔣方《唐人綦母潛生平中幾個問題的考辨》，《湖北大學學報》
　　　　　1990年第4期。
〔註136〕　《全唐詩》卷一百三十二，中華書局，1960年，第1346頁。
〔註137〕　轉引自傅璇琮主編：《唐才子傳校箋》第一冊，中華書局，2002年，第588頁。
〔註138〕　《冊府元龜》卷七百二十八稱劉政會爲滑州人。司馬光《資治通鑑》卷第一
　　　　　百八十三稱「胙城劉政會」。王存《元豐九域志》卷一滑州胙城有劉政會冢。

籬邊潁陽道，竹外少姨峰。日夕田家務，寒煙隔幾重。〔註139〕

據《新唐書》卷三十八《地理志》：「潁陽，……西北有大谷故關，倚箔山，有鍾乳，貞觀七年採。」劉方平未登第，雖曾入幕，但三十歲之後即歸隱，在大谷過著一種田家的生活，所以其《夜月》詩：

更深月色半人家，北斗闌干南斗斜。

今夜偏知春氣暖，蟲聲新透綠窗紗。〔註140〕

寫得如此切知物候消息。又《秋夜泛舟》詩云：

林塘夜發舟，蟲響荻颼颼。萬影皆因月，千聲各為秋。

歲華空復晚，鄉思不堪愁。西北浮雲外，伊川何處流。〔註141〕

其鄉土情結能轉化為一種地域依戀，可見其地方生活積澱之深刻。這在一般胡姓詩人中是較少見的。

安史之亂中及安史之亂後，可見更多的胡姓家族自上而下，生活在鄉村中。如王季友《代賀若令譽贈沈千運》詩：

相逢問姓名亦存，別時無子今有孫。

山上雙松長不改，百家唯有三家村。

村南村西車馬道，一宿通舟水浩浩。

澗中磊磊十里石，河上淤泥種桑麥。

平坡冢墓皆我親，滿田主人是舊客。

舉聲酸鼻問同年，十人六七歸下泉。

分手如何更此地，回頭不語淚清然。〔註142〕

詩中之賀若令譽事蹟不詳，從詩中的描述來看，當為居住當地已久的村民，是他向王季友講述了自己村落的破敗情況。此詩元結選入《篋中集》，而元結在安史之亂中也曾占籍瀼溪山村。

胡姓詩人吟詠鄉里生活，向我們直觀表達了他們在地方融合中的「進展」，而最值得注意的是，從出土墓誌以及其他文獻中，我們看到了不少胡姓村落。同姓村落是中國村落發展的一般規律，也是傳統地方社會一個明顯的特徵。有學者認為在漢唐時期：「從內地到邊疆，黃河流域到長江流域，全是

〔註139〕《全唐詩》卷八百五十，中華書局，1960 年，第 2821 頁。

〔註140〕《全唐詩》卷二百五十一，中華書局，1960 年，第 2840 頁。

〔註141〕《全唐詩》卷二百五十一，中華書局，1960 年，第 2837 頁。

〔註142〕《全唐詩》卷二百五十九，中華書局，1960 年，第 2890 頁。按，該詩異文甚多，不具錄。

非宗族化的鄉村，其非宗族化的程度不僅高於清代農村，甚至高於當代鄉間
一般自然聚落。」〔註143〕其依據是這一時期姓氏聚落命名案例非常少見。對
此，馬新、齊濤已撰文駁之〔註144〕。其實漢唐時期不僅漢人形成了大量的漢
人姓氏聚落，而且可以看到不少「胡姓聚落」，其形成即因為胡姓家族的聚居。
而且這一過程可能開始很早。即《獨孤渾貞墓誌》（北周武成二年）：「公諱貞，
字歡喜，桑乾郡桑乾縣侯頭鄉隨厥里人。……武成二年四月十五日，薨於長
安，春秋六十一。……以其年八月五日葬於杜原。」獨孤渾貞墓在陝西省咸
陽市渭城區北杜鎮成仁村南。毛遠明注此墓誌云：

> 獨孤渾，三字姓。《魏書官氏志》：「獨孤渾氏，後改爲杜氏。」
> 陝西咸陽之北杜鎮，數村聚居，多杜姓，或是其後裔。附近之高原，
> 稱「杜原」，當是因姓而命其地名。〔註145〕

　　此咸陽之北的杜原，是否是因獨孤渾氏聚居而成，還需更多證據。但北
朝時期確實已有胡姓村落。從宮川尙志、侯旭東、黃敏等人所輯錄的北朝村
名來看，比如河陽南田元每村、漳西元村，可能都是姓氏聚落，元氏可能就
是北魏宗室元氏，因爲宗支派系發達，所以分散到地方村落中也形成族居，
這是可以理解的。至於安鹿交村（又作阿鹿交、安祿交）、安村等名，是否是
姓氏聚落，尙難肯定，倘若是，則亦可能爲胡姓村落〔註146〕。到唐代，胡姓
聚落或者胡姓地名出現得更多。唐代文獻所見者如：范陽縣永福鄉元村（元

〔註143〕秦暉：《傳統十論》，復旦大學出版社，2003年，第38～43頁。

〔註144〕馬新、齊濤《漢唐村落形態略論》，《中國史研究》2006年第2期。又馬新《漢唐間鄉村宗族存在形態考論——兼論中古鄉村社會的非宗族化問題》，《山東大學學報》（哲學社會科學版）2013年第1期。

〔註145〕毛遠明：《漢魏六朝碑刻校注》第十冊，線裝書局，2008年，第153～154頁。

〔註146〕安鹿交村名的名義，黃敏有一種解釋說：安鹿交村的命名蓋與該村的地理形勢相關。從今平定縣流村的形勢圖看，亂流村正處於橫穿太行山的要徑「井徑路」，是一條重要的交通要道，安鹿交村是過往此路的行旅必經之地。由此推測安鹿交村實應作「阿路交村」。分析文字涵義，「阿」，意爲山下，此村正好在太行山下；「路」即井徑路；「交」爲道路相交，阿路交村表明此村座落在太行山下道路相交處。爲何一個地名有多種寫法？村名用字的不同反映了人們用字時的心理，也表明人們更注重村落名稱音、義，而不是字形。言「阿鹿交村」，鹿與路音同字異；言「安祿交村」，阿寫作安、鹿寫作祿，同音字代替，通過變換文字的形式反映了人們祈求社會安定、生活美好的傳統文化心理；言「安鹿交村」則是前兩者的綜合。詳其《漢魏六朝石刻鄉里詞語的整理與研究》，西南大學博士論文，2013年，第234～235頁。但筆者疑其爲「胡語」或當地「方言」，《魏書·官氏志》有「阿鹿桓氏，改爲鹿氏」；「步鹿根氏，後改爲步氏」，可見「鹿」爲胡語中常見的發音。

氏當爲姓）〔註147〕，河南平樂鄉穆村（河南穆氏爲胡姓）〔註148〕，長安縣龍首鄉田門村（門氏爲中古時期興起的胡姓）〔註149〕，貴鄉縣竇村（竇氏爲胡姓）〔註150〕，強村（強氏爲氐族姓）〔註151〕，長安縣蘭村（蘭氏多爲胡姓）〔註152〕，萬年縣康村〔註153〕，偃師縣康村〔註154〕。唐代以後文獻所見者，如鉗耳村〔註155〕；咸陽元村〔註156〕，咸寧獨孤村〔註157〕，安陽乞伏村〔註158〕；太原宇文村〔註159〕，醴泉叱干鎮〔註160〕，醴泉豆盧村〔註161〕。單從這一些胡姓村名，即可看出胡姓家族地方化的進程在進一步加深。

〔註147〕 劉曾《陸日峴故夫人王氏墓誌》：夫人會昌二年八月卒涿州范陽縣永福鄉元村里私第，參見吳鋼主編《全唐文補遺》第四輯，三秦出版社，1997年，第214頁。

〔註148〕 常巨川《張公夫人荊氏墓誌》：夫人荊氏開元二年三月一日卒於南市官第，其月九日遷措河南府西北十五里平樂鄉郭穆村西八十步之平原，參見吳鋼主編《全唐文補遺》第三輯，三秦出版社，1996年，第120頁。

〔註149〕 王顥《魏文紹墓誌》：咸通九年正月十一日安厝於京兆府長安縣龍首鄉田門村先塋，參見吳鋼主編《全唐文補遺》第三輯，三秦出版社，1996年，第261頁。

〔註150〕 《米文辯墓誌》大中三年二月葬於府西北一十五里貴鄉縣通濟鄉竇村之原，參見孫繼民、李倫、馬小青《新出唐米文辯墓誌銘試釋》，《文物》2004年第2期。

〔註151〕 馮贄《雲仙雜記》卷七「樂音泉」：「強村有水方寸許，人欲取之，唱浪淘沙一曲，即得一杯。味大甘冷，村人因名曰樂音泉。（《玄山記》）

〔註152〕 《王永夫人張氏墓誌》：元和十二年六月七日，終於永樂坊官舍。其年七月廿二日，權厝於萬年縣蘭村之原，參見吳鋼主編《全唐文補遺》千唐誌輯，三秦出版社，2006年，第365頁。

〔註153〕 宋敏求《長安志》卷十一萬年縣：「荊谷水，一名荊溪，來自藍田縣，至康村入縣界，西流二十里出谷，至平川合庫谷、采谷、石門水爲荊谷水，一名產水。（《兩京道里記》曰：荊溪本名長水，後秦姚興避諱改焉。）」

〔註154〕 《全唐文》卷八百三十八《萬從周神道碑》：「時溥復統全師碭山下寨康村接戰，全軍（闕九字）返又轉檢校刑部尚（闕二十三字）通上黨蕃戎喪膽（闕五字）改授懷州刺史。」

〔註155〕 《寶刻類編》卷八棠某（吏部掌選）鉗耳村祖社碑，敬豐撰，清泰二年立。

〔註156〕 駱天驤《類編長安志》卷六「澇水」：「《水經注》：澇水出南山澇谷。北流至長安縣西北堰頭元村周文王廟西合於渭。」今本《水經注》無此節。

〔註157〕 《類編長安志》：「鳴犢泉，在縣西北十里獨孤村。東西二泉相隔一里俗云東泉一牛犢沒於泉底牛母悲鳴其犢西泉而出從號曰鳴犢泉。」

〔註158〕 武億《安陽縣金石錄》卷七《彰德府安陽縣乞伏村重修唐帝廟記》：「存，正書，明昌六年六月建，在乞伏村。前應奉翰林文字同知制誥趙秉文撰並書題額。」

〔註159〕 《（成化）山西通志》卷五：「寧化懿簡王墓，在太原府西北四十五里宇文村，景泰三年葬始封王也。」

〔註160〕 趙崡《石墨鐫華》卷七《訪古遊記》二：「既而將遊九嵕求文皇附葬諸臣碑……告我以陵北四十五里叱干村有乙速孤公碑者。」

〔註161〕 趙崡《石墨鐫華》卷七《訪古遊記》二：「叱干村之西南又二十餘里，豆盧村。」

第四節　胡姓家族與地域認同

考察了胡姓家族在城邑、鄉里自上而下的地域化進程，我們自然會發現一個現象：伴隨著胡姓家族的地方化進程的深入，地域認同在他們身上也逐漸地深化，這是民族融合進程的一個階段。地域認同是民族共同體形成的一個重要因素，唐曉峰在《人文地理隨筆》「民族與地域」條中提到：

> 根據現代社會學理論，做民族識別時，有一條標準是「他們有一種共同的具有歷史淵源的地域意識」。這句話很值得從地理學角度捉摸一下，要緊的是「歷史淵源」、「地域意識」這兩項內容。……從地理學的角度思考民族問題，重要的是理解他們的地域意識，考察他們的「根」。然而，民族的地理之「根」與他們自身的生成一樣，屬於歷史範疇，它的形成要有一個過程。〔註162〕

漢代以來進入華夏的少數部族，經歷了朔漠、草原到城邑、鄉村的地理形態切換，他們的地域認同是如何相應轉換的，這是我們關注的問題。「敕勒川，陰山下，天似穹廬，籠蓋四野，天蒼蒼，野茫茫，風吹草低見牛羊」，這是北方民族對於草原文化認同的經典例證；「小橋流水人家」，「杏花春雨江南」，這是漢人對於典型江南文化的直觀感受。在人文主義地理學視野中，這些地理意象與地方認同直接相聯繫。

在人地關係的各種學說中，華裔學者段義孚的人本主義地理學，引起了廣泛的關注。唐曉峰評論說：

> 段義孚注重人性、人情，稱自己研究的是「系統的人本主義地理學（systematic humanistic geography）」，以人為本，還地理學一份人情，就是他的「地學」的特徵。……（在從地貌學轉向）人文地理研究中，人的情感、心智的發揮總是段義孚觀察地理問題的出發點，他要以人為本，而人本來是有感情、語言、想法的。〔註163〕

段義孚將人類最基本的兩種感情——愛（依戀）與怕（恐懼），轉化為人文地理中的各種形式，這就是他的兩部經典著作《戀地情結》與《恐懼景觀》的主題。段義孚這種帶有人情、溫度的人地學說，還與他對於地理學上兩個重要概念——空間和地方的分析有關：

〔註162〕唐曉峰：《人文地理隨筆》，三聯書店，2006年，第33～34頁。
〔註163〕唐曉峰《還地理學一份人情》，《讀書》2002年第11期。

他創造性地把人類所處的地點，分爲地方與空間兩種。地方是各種價值和意義的儲存地，是人精神和情感的寄託，是穩定可靠的；空間則是與時間一樣，無邊無際，難以把握，是一個只有物理性質和形狀，還沒有注入和附帶人的情感與價值的地方，但空間象徵著自由、冒險、嘗試、成功等。……地方性和地方感是段義孚的地方概念，如果說現代性致力於標準化、統一性的話，那麼地方性則強調獨特性和多樣性。〔註164〕

空間和地方的不同，在一定程度上對應了人對於地域認知進程的不同階段；前者代表初次進入時的無知和恐懼，而後者則是長期生活、產生依戀之後的認同。比如兩宋之交南渡詞人避地到南方，對於當地陌生文化環境的感受，在他們的詞中多有抒寫，如洛陽詞人陳與義《點絳唇‧紫陽寒食》：

寒食今年，紫陽山下蠻江左。竹籬煙鎖。何處求新火。不解鄉音，只怕人嫌我。愁無那，短歌誰和，風動梨花朵。〔註165〕

對於異域文化的感受，除了自然意象的山水之外，最直觀的就是語言。洛陽語音與湖南方言的不同，即引發了陳與義客愁。而賀知章「鄉音無改鬢毛衰」，則是完全不同的另外一種感受。學者對於唐代不同的人文地理意象的文學書寫已經作了多方面的探索〔註166〕，而從胡姓家族的視角，則具有民族地域認同的意義。

一、胡姓家族地方歸屬感的形成

地方認同形成的基礎是一種深沉的地方歸屬感，這種「根」性意識最普通、最直接的表達就是：你是哪裏人。對於「土著」而言，這可能是一個「潛在」的問題，而對於剛剛進入中華的胡姓家族而言，這是一個「顯要」的問題。有意思的是，在北朝的早期傳記、碑誌中，我們還很少看到標注胡姓家族的籍貫，而只是統稱「代人」或直接不書。這與漢人重視郡望的習慣大相徑庭。而到了北朝後期、隋唐時期，胡姓家族的籍貫書寫已經和漢人相差無幾。籍貫代表鄉里，是一個人或家族的根生長、繁衍的土壤，這裡沉澱了祖先的記憶，因而它是影響地方歸屬感的重要因子。而沒有鄉里，則缺失「根性」，成爲一種漂浮的狀態。李至遠《安附國神道碑》（永隆二年）：

〔註164〕單之薔《河北人有「鄉愁」，沒「省愁」》，《中國國家地理》2015年第1期。
〔註165〕吳書蔭，金德厚點校：《陳與義集‧無住詞》，中華書局，2007年，486頁。
〔註166〕這方面的代表作品有張偉然《中古文學的地理意象》，中華書局，2014年。

> 其先出自安息，以國爲姓。有隋失馭，中原無何；突厥乘時，
> 籍雄沙漠。侯祖烏喚，爲頡利吐發，番中官品，稱爲第二。王庭雖
> 踞，方冠射雕之勇；帝鄉何遠？空鬱衛牛之氣。……乃爲銘曰：……
> 雲天變色，鄉關無際。〔註167〕

所謂的「安息」、「帝鄉」，只是夐遠的古老記憶，這種「鄉關無際」的漂浮感，
代表了不少胡姓家族的心聲。

此外，祖塋是落葉歸根的終極依託，在中古時期，尤其重視歸葬，從中
亦可窺見家族地方歸屬感。下面就以胡姓家族的家鄉、祖塋爲中心，來考察
他們地方歸屬感形成的問題。

（一）「生於斯、長於斯」——「家、鄉」與地域情感

不少胡姓家族進入華夏的早期，地方歷史沒有記載；換言之，胡姓家族
地方化的初期難以尋覓蹤跡。比如河南于氏，在整個北朝時期很難發現他們
在地方社會活動的線索，直到唐初于志寧在上書中提到他們家族在關中有基
業不綴；中唐時期劉禹錫說于頔家大墓世在三原，已歷數百年；《舊唐書》稱
于志寧爲高陵人，我們才瞭解到其家族在北朝時期可能已占籍三原地區。我
們在前文中多次陳述過一個推論：漢魏以來的胡姓家族，在族群上的融合與
地方化的融合進程，要到唐代中期才形成初步的共同體。在唐代前期的胡姓
文人著述中，很難看到吟詠或描述家鄉的作品，這即是與他們地方化的進程
相一致的表現。相對而言，胡姓家族有關的城邑生活則在很早的時候就有書
寫，這也說明「家鄉」的概念與一般宅第的概念不同。「家鄉」的出現，表明
對於地方認同已經達到了一個很高的程度。比如竇蒙《題弟臮〈述書賦〉後》
詩：

> 受命別家鄉，思歸每斷腸。季江留被在，子敬與琴亡。
> 吾弟當平昔，才名荷寵光。作詩通小雅，獻賦掩長楊。
> 流轉三千里，悲啼百萬行。庭前紫荊樹，何日再芬芳。〔註168〕

竇蒙、竇臮兄弟，爲竇抗之後，竇進之子。前文已述其家族在長安宅第的聚
居、分化情況，占籍時間已經相當久。據竇臮《述書賦》自注：「家兄蒙，字
子全，司議郎，安南都護。」其題詩歌當即赴安南任時。我們注意到他這裡
使用了「家鄉」這一詞，詩末寄意庭前紫荊樹，尤可見其依戀之情。

〔註167〕《全唐文》卷四百三十五，中華書局，1983年，第4434～4436頁。
〔註168〕《全唐詩》卷二百六十二，中華書局，1960年，第2910頁。

1、穆寧家族與「穆谿」

與竇氏家族同爲北朝勳臣八姓之一的穆氏家族，在地方化的程度上走得更遠。據穆員撰其父《秘書監致仕穆公玄堂誌》，其家在東都歸義里本有私第。此外，穆寧在洛陽城北另購置了基業，作爲家族遊賞、教業之所，這裡形成了「雙家制」中重要的地方依託。據穆員《新安谷記》：

> 京洛佳賞，盡走乎關塞。次則東城，以桃李繁華相高。北山瀍陽，有崖谷豁洞之勝。蓋天然疏鑿，以遺來者，而人不之爭。我公懸車之三年，探得其最。凡遠於國門，邇於關塞者，四之一買之，直減於東城之貴者亦如之。連岡疊磴，中斷夾斗，爲其拱時，如狀如意；翠竹茂樹，縈環森羅，爲其緣飾，如繢如織。泉出山腹，釀而爲池，釃而爲派，帶於竹樹蔥籠之間。池可行舟，派能流響。果園蔬圃，用以爲溉。其餘與瀍水合於山下。臨玩之美，耳潺潺，目磷磷，不俟漱沱而煩襟如洗。於是卜瀍之上，泉之側，周奇顧盼擁抱之勢，作爲新亭。春之日，百花流鶯，笑語滿谷，迭相爲主，待人爲賓，始至也。若宴賞之之疏；將去也，若怨棄之之速。夏之日，清風入林，徘徊不散。若爲繁暑，與之竟夕。而流泉娛客，亦奏雅音。秋之日，霜淒氣肅，萬象畢清。亭中一望，超忽天外。而片雲行雁，又似與賞心遠目，相期於前。冬之日，木落天迥，遙山入戶。可愛之景，照於陽坡。遲遲爲人，人散而斂。凡四時暇日，公與大夫從甥姪子孫，攜琴樽翰墨，遊於斯，燕於斯。慈顏怡，天和熙，一觴舉，萬福隨。穆穆雍雍，翼翼夔夔，中外具慶，如壎如篪。公曰：「人生知足爲富。當時爲貴，奚俟外奬。則此地足以忘年，何必陸賈擊鮮，疏廣散金，然後爲適與？王氏之少長咸集，潘家之兒童稚齒，吾之適也。爾群子識之。謹按《春秋》之義，地從主人，今我公開國新安，則家谷宜以新安爲稱。新安之爲解也，既所以旌新之安，亦所以祝吾家之慶，與茲山之賞，日月新而永永安安之謂也。又江南有新安者，山水之異，絕於中國。維其似之，是以命之。」
> 第三子員受命紀石，且若從者名位，列之於陰也。〔註169〕

穆寧經營新安谷的意圖值得注意。首先，穆寧封新安公，但其家族占籍並不在河南之新安，這種「封爵乖地理」的情況在不少胡姓家族身上都有體現。

〔註169〕《全唐文》卷七百八十三，中華書局，1983年，第8186頁。

穆寧認爲「地從主人，今我公開國新安，則家谷宜以新安爲稱」，以自己的封爵名所居之「家谷」，在一定程度上解決了這一矛盾。其次，穆寧之新安亦非江南之新安，而經之營之，儼然江南勝景，則可解家人山水之懷。再者，穆寧以新安谷作爲家族之「餘慶」，欲子子孫孫永葆也，故命子員銘之金石，傳之後代，足見其地方情感之深厚。其後穆員又請崔祐甫作《穆氏四子講藝記》，其中也特意提到穆寧營新安谷山水之事，可見穆氏兄弟也欲廣大父親之志願。洛陽城北新安谷，其後成爲穆寧家族新的文化標記。據鄭賀撰其夫人穆氏墓誌銘（大中八年）：

> 大父寧，官至右庶子，致仕東都，驅子弟洎群孫，日遊城北孟
> 谿，時人號爲穆谿也。爲一代之高賢。庶子有四人，曰贊、曰質，
> 曰賞、曰員。皆爲達官，名聲煊赫。家法嚴整，爲天下仰。〔註170〕

夫人爲穆賞第三女，母崔氏。這裡提到城北之穆溪，成爲穆氏家族的代稱。此外，穆員有《新修漕河石斗門亭記》《新修漕河石斗門記》等文，表現出對於河洛地理之諳熟，這可以說都是穆氏家族地方歸屬感形成的重要表徵。

2、白居易的「鄉里」情結

中國古代士人，雖然身處廟堂之高，但他們的總有一種鄉里或江湖情節。究其根源，即在於廟堂永遠是懸浮的、不可依附的，只有回到「地方」，才算是歸其根。所以即便他們擁有京城的宅第，但他們仍然熱衷於在地方尋求營建別業、莊園，這其實深層上反映了士人對於根性的、地方的依戀。而胡姓家族對地方根性的追求，帶則有族群融合的意義。這從白居易身上可以看到一些端倪。白居易在長安，則「始居常樂、次居宣平、又次居昭國、又次居新昌」；在東都宅第則有履道坊，又埇橋有舊業。其所住之處，皆有題詠。儘管白居易有如此多的宅第，但他眞正依戀則少，而往往是一種「客寓意識」，如《杏爲梁》詩中所說「逆旅重居逆旅中，心是主人身是客」；又如《有感三首》其一「第宅非吾廬，逆旅暫留止。」這種隨運任化、樂天知足、隨遇而安的思想，與穆寧希望「永永安安」的想法截然不同。宅第的買賣流轉，和他對官曆轉遷的頻率相應，他並不以爲事。《新昌新居書事四十韻，因寄元郎中、張博士》云：「冒寵已三遷，歸期始二年。囊中貯餘俸，園外買閒田。」《詔授同州刺史，病不赴任，因詠所懷》：「賣卻新昌宅，聊充送老資。」

〔註170〕毛陽光、余扶危主編《洛陽流散唐代墓誌彙編》，國家圖書館出版社，2013
年，第 609 頁。

　　而當我們將視角轉向白居易的地方生活時，會發現他的「依戀」程度完全不同於其兩京宅第。白居易出生於鄭州新鄭縣東郭宅，至十一歲才遂其父到符離。其《宿滎陽》詩回憶說：

> 生長在滎陽，少小辭鄉曲。迢迢四十載，復向滎陽宿。
>
> 去時十一二，今年五十六。追思兒戲時，宛然猶在目。
>
> 舊居失處所，故里無宗族。豈唯變市朝，兼亦遷陵谷。
>
> 獨有溱洧水，無情依舊綠。〔註171〕

這一地方的童年和少年時光，成爲白居易「追憶」和「感喟」的觸發點。這也從側面反映出他對於「鄉曲」的依戀之情。白居易在符離居住的時間也頗長，其家人也多在此。所以他對於符離的生活，也有追敍，如《醉後走筆酬劉五主簿長句之贈兼簡張大賈二十四先輩昆季》詩，詩中白居易也將此地視爲自己的家鄉：「鄉人薦爲鹿鳴客」「君不見買臣衣錦還故鄉，五十身榮未爲晚」。元和六年，白居易丁母憂，退居下邽義津鄉金氏村，在這裡度過了四年。這段期間他寫了大量的村居生活詩歌，集中體現了他對於下邽鄉里的感情。其後他離開下邽之後，還不時追憶，如《孟夏思渭村舊居寄舍弟》詩中說：

> 喷喷雀引雛，梢梢筍成竹。時物感人情，憶我故鄉曲。
>
> 故園渭水上，十載事樵牧。手種榆柳成，陰陰覆牆屋。
>
> 兔隱豆苗肥，鳥鳴桑椹熟。前年當此時，與爾同遊矚。
>
> 詩書課弟姪，農圃資童僕。日暮麥登場，天晴蠶坼簇。
>
> 弄泉南澗坐，待月東亭宿。興發飲數杯，悶來棋一局。
>
> 一朝忽分散，萬里仍羈束。井鮒思反泉，籠鶯悔出谷。〔註172〕

下邽爲白居易的第一家鄉，儘管他在此生活的時間不長，但這種「根性」意識還是深深烙印在他心中。

　　關於白居易的族屬，爭訟紛紜，如果從地方認同的角度而言，或許會有不同的看法。在此之前有必要回顧一下白居易家族籍貫的爭議。白居易在《襄州別駕府君事狀》中提到其高祖白建北齊時賜莊宅一區於韓城縣之事，《舊唐書·白居易》傳也說：「初，建立功於高齊，賜田於韓城，子孫家焉，遂移籍同州。至溫徙於下邽，今爲下邽人焉。」當是從白居易之「狀」。白建爲北齊

〔註171〕朱金城：《白居易集箋校》，上海古籍出版社，1988年，第1441～1442頁。

〔註172〕朱金城：《白居易集箋校》，上海古籍出版社，1988年，第560～561頁。

佐命大臣，《北齊書》有傳，稱其爲太原陽邑人，武平七年卒（《北史》不載其卒年）。陳寅恪據此以爲：

> 白建卒於北齊未亡以前。其生存時期，周齊二國東西並峙，互相爭競。建爲齊朝主兵之大臣，其所賜莊宅何得越在同州韓城，即仇讎敵國之內乎跡其爲依託，不待辨説也。

又《宰相世系表》在白建「字彥舉，後周弘農郡守邵陵縣男」，陳氏遂據此推測：

> 此白建既字彥舉，與北齊主兵大臣之姓氏名字俱無差異，是即白香山所自承之祖先也。但其官則爲北周弘農郡守，與北齊贈司空之事絕不能相容，其間必有竄改附會，自無可疑。豈居易、敏中之先世賜田本屬於一後周姓白名某字某之弘農郡守，而其人卻是樂天兄弟眞正之祖宗，故其所賜莊宅能在後周境內，後來子孫遠攀異國之貴顯，遂致前代祖宗橫遭「李樹代桃」之阨耶？〔註173〕

陳氏之說出，幾成定讞，然近年「新出」之「二重證據」，或許可以質疑之。1986年4月上旬，在韓城市小金盆村發現一處唐白氏家族墓葬，其中有白敬宗夫婦合葬墓，有墓誌。而其父白公濟墓誌先前已流出，題「大唐故白府君墓誌銘」，誌文云：

> 府君諱公濟，字子捷，本太原人也，秦將武安君起之苗裔。遠代意慕中華，徙居同州，韓城縣臨汾鄉紫貝居焉。……曾祖諱璘，皇任揚州錄事參軍。祖諱論，皇任坊州宜君縣令。盛旋簪纓，內外軒冕。皆進士出身，俱登甲科。名位爵秩，盡達於世間；勳業文學，並載在國史，故不書耳。……大中九年歲次乙亥十一月丁未朔四日己酉，合葬於東原，去莊三里，祔先域塋也〔註174〕。

白敬宗子白知讓撰其父誌《唐故白府君墓誌銘並序》云：

> 府君諱敬宗，字子肅，其先太原晉陽人也，顓頊帝之後。帝子裔孫曰起。起爲秦將，封武安軍（即「君」），有功於秦，與立祠。將軍二十代孫，府君七代祖建，齊中書令，贈司空，有功於齊，詔賜莊宅二所，在同州韓城縣臨汾鄉紫貝里，府君所居是也。高祖溫，不仕。曾若鏞，唐朝散大夫，秘書郎；祖季論，坊州宜君縣令；父公濟不仕。叔伯等，皆進士出身，累登科第，名顯於四夷，位達於

〔註173〕陳寅恪：《唐代政治史述論稿》，三聯書店，2001年，第280頁。
〔註174〕吳鋼主編：《全唐文補遺》第五輯，三秦出版社，1998年，第435～436頁。

　　一品，故不書耳。……乾符九年十一月十七日，合葬於先塋之右。
〔註175〕

二誌中有一些問題〔註176〕，但白公濟與白居易家族同出一系則無疑，這也證明白居易所說白建有宅在韓城無誤。那賜宅之說又如何解釋呢？筆者認爲：

　　其一，周齊之間並非一直處於戰爭之中，人員來往還是可能的，所以賜田並非完全不可能。

　　其二、西魏、北周，東魏、北齊時期疆域變化很大，韓城處於邊境之上，爲雙方爭奪之所。韓城境內的楊氏壁，曾爲東魏所佔，後西魏於此僑置南汾州，其地距汾河入河口處不遠〔註177〕，正好與白敬宗墓誌中所說的臨汾鄉一致〔註178〕。

　　其三，白建家可能原本就在韓城占籍，白建傳「太原陽邑」之說可能是稱郡望或者其是白建家徙居之地，白建雖然仕北齊，但其家族在韓城還有支系，這並不矛盾。

　　由此來看，白居易先世出於白建之後，當無疑義。《新唐書·宰相世系表》所載官歷多有誤，陳氏據以爲白居易家族「先世賜田本屬於一後周姓白名某字某之弘農郡守」，亦不加詳辨。《北史·白建傳》載：「武平末，歷位尚書、特進、侍中、中書令，封高昌郡公。」這一話中白建的封爵《北齊書》不載，陳寅恪似乎沒有注意到，今天的研究者也多未注意。白建爲什麼封高昌郡公呢？晉成帝咸和中張駿置高昌郡，這是高昌郡最一般的用法，也用於封爵中，比如寧康元年張天錫以世子大懷爲使持節鎮西將軍高昌郡公。高昌郡是東晉、十六國、北朝時期最西之郡，龜茲、焉耆之地與之相接。白氏既

〔註175〕吳鋼主編：《全唐文補遺》第一輯，三秦出版社，1994年，第413頁。
〔註176〕呼林貴、任喜來《陝西韓城小金盆村唐代白氏家族墓清理記錄》，《考古與文物》1988年第4期。當時未見白公濟墓誌，所以他們的判斷也存在一些問題。白公濟的墓誌不詳撰者，墓誌中不書其父親一代。而據白敬宗墓誌，白公濟的墓誌中世系「上調」了一代，不知是因爲墓誌爲其子所撰的緣故，或是其他原因（唐代墓誌中多此情況）。世系上，白公濟墓誌中的白璘當對應即白敬宗墓誌中的白若鏞，但官職卻不同。又據《宰相世系表》有白敏中之祖「潾，揚州錄事參軍」。則此白潾，疑即白璘，亦即白若鏞。若如此，則白公濟與白敏中爲同祖兄弟，與白居易爲同曾祖兄弟。
〔註177〕參考王仲犖《北周地理志》卷一關中同州澄城郡夏陽條下，中華書局，2007年，第62～64頁。
〔註178〕白敬宗墓誌大發掘者已經指出，墓誌中所説「同州韓城縣臨汾鄉紫貝里」，當是臨近汾水，以今日的地理而言難以理解，但在唐代，汾水入河處可能要比今日靠北，則韓城臨汾鄉便可成立。

出龜茲，只能用高昌郡爲封爵而別無其他選擇，這是白建出於西域的直接證據〔註179〕。但在《大唐故襄州司馬襲邵陵郡開國公白府君（白愼言）墓誌》云：曾祖建，北齊驃騎大將軍、吏部尚書、中書令、南昌郡開國公，食邑二千戶。〔註180〕這裡「高昌郡公」變成「南昌郡公」，西域因素被遮掩。又據《宰相世系表》，白建封邵陵縣男；白建之後白君恕封邵陵郡開國公〔註181〕；白君恕子白大照，襲爵（邵陵郡開國公）；白大照子白愼言又襲封襲邵陵郡開國公，「邵陵」穩定地成爲白建及其後裔的封爵，已完全脫去異域色彩〔註182〕。

　　馬長壽先生研究關中碑銘中的部族時，曾提出一個非常有啓發的問題。在渭南縣渭河北岸曾發現北周開成二年九月之《合方邑子百數十人造像記》，其具體位置正好在白居易故里南白村〔註183〕。當地處沙苑之西偏，爲宇文泰與高歡鏖戰之處，本爲鮮卑和雜胡聚居區。該造像中所見的可確定爲胡姓者有二十六種〔註184〕，其中支氏、白氏（白演妃）出自西域，馬長壽論此白氏

〔註179〕《魏書》卷一百六下《地形志》南廣州下有一個高昌郡，領高陽一縣。此南廣州即《周書》卷二廢帝三年正月改爲浧州者，其地即今河南平頂山市魯山縣一帶，漢代屬南陽郡，而白起也稱南陽人，所以白建封高昌郡公似乎也可以解釋。但這也可能說明封爵者巧妙利用這種「地理知識」，爲白建的異域出身作洗脫。

〔註180〕齊運通編：《洛陽新獲七朝墓誌》，中華書局，2012年，第224頁。

〔註181〕《白慶先墓誌》：曾祖君恕，唐任太常少卿、邵陵君開國公；祖大威，歷滄、綿、梓三州刺史；父羨言，大中大夫、上柱國，歷太子内直郎。吳鋼主編《全唐文補遺》第七輯，三秦出版社，2000年，第383頁。

〔註182〕按，邵陵即召陵，《史記·封禪書》（桓公）「南伐至召陵」，《正義》引《括地志》云：「邵陵故城在豫州郾城縣東四十五里。」邵陵爲楚國故地，在較晚起的白氏族源，一般都將白起追溯爲楚熊之後。「高昌—南陽—邵陵」的封爵，從時間上越來越晚出，而其追溯的時間則越來越古老，這從「封爵」的層累，也是胡姓家族種族出身逐漸淡化的一種體現。

〔註183〕馬長壽先生亦據其他人之說，據其文，造像碑在下邽鎮的正南二十餘里、信義鎮的正西二里之泰莊村，原注云：「此據陝西省文物保管委員會李子春先生告我」。此村爲唐代詩人白居易的故里，亦稱南白村。村裏唐時有「紫霞蘭若」，後簡稱爲紫蘭寺，相傳明代仍稱此村爲紫蘭村。原注：「此說據陝西省圖書館歷史文獻部李敬泰先生所云。李係該村人。」這一代地方在北朝時歸下邽縣所管，下邽屬於同州延壽郡，參見其《碑銘所見前秦至隋初的關中部族》，廣西師範大學出版，2006年，第53～54頁。

〔註184〕其中姓斛斯氏共二十五人，拓跋氏十一人，宇文氏十人，若干氏九人，賀蘭氏八人，屋引氏六人，普屯氏五人，庫氏三人，乙弗氏、費連氏、和稽氏、俟奴氏各二人，呼延氏、釴唑氏、賀拔氏、乞伏氏、如羅氏、破落汗氏、烏六渾氏、支氏、屈突氏、乙旃氏、吐知勤氏、白氏、吐胡氏、郁朱氏等十四姓各一人。

與白居易家族關係云：

> 事狀、墓誌、宰相表有一共同之點，即白氏先居關中，於北魏
> 初徙居太原，至北朝末年又返居關中，此點頗足爲我們注意。白氏
> 既是西域龜茲胡，其入居之地自在關中，而不在楚，此點似無疑義。
> 太原白氏重回關中，原因甚多，未可一概而論，然關中渭河以北自
> 魏晉以來白氏多散居其間，此或與白氏之重返居渭河以北有關。白
> 氏世傳北齊時白建返居同州之韓城。傳三世至溫，徙居於華州之下
> 邽，自此即爲下邽人。溫生鍠，爲鞏縣令，以年七十卒於唐代宗大
> 曆八年（773 年）。以此推測，則白溫之徙居下邽當在唐高宗至中宗
> 之間。換言之，即白居易的祖先在北周時尚未至上邽。那麼武成二
> 年九月渭北造像題名碑上的白演妃跟白居易顯然沒有什麼祖孫關係
> 了。從居住的地方說，白居易的祖塋，據《長慶集 故鞏縣令白府君
> 事狀》《襄州別駕府君事狀》在華州下邽縣義津鄉北原。此北原，據
> 《白敏中墓誌》當時叫做洪義原。白氏祖塋既知，白居易的村居大
> 致就在附近。《白氏長慶集》裏描寫渭上故居的詩賦很多。《汎渭賦》
> 云：「家去省兮百里，每三旬而一入；川有渭兮中有花，澹悠悠其可
> 賞目。」又云：「門去渭兮百步，常一日而三往。」可知白氏住宅距
> 離渭水是很近的。《重到渭上舊居》一詩云：「舊居清渭曲，開門當
> 蔡渡。」此言居宅正在蔡渡的北口。白居易曾經新建一亭臺，有《示
> 諸弟侄》詩，云：「東窗對華山，南簷當當渭水。」其居住在渭濱的
> 情況可與前述詩賦相啓發。最近華州李子春先生語我，說武城二年
> 造像題名碑所在的紫蘭寺，在《白氏長慶集》裏叫做「紫霞蘭若」，
> 有詩《過紫霞蘭若》一首，又有《蘭若寓居》一首，似即指此寺。
> 然《過紫霞蘭若》謂蘭若在山頭，未知與題名碑所在的地形相合否？
> 若相符合，則北周時白演妃造像之蘭若，至唐元和年間白居易不只
> 再三登臨，而且晝遊南塢之上，夜宿東庵之下，眞是「異乎哉，紫
> 霞蘭若與白氏世有緣乎！」紫霞蘭若後世簡化爲紫蘭寺。據當地古
> 老云，南白村在明代尚稱紫蘭村。〔註185〕

馬長壽先生點出白居易家族的遷徙過程是「關中—太原—關中」，意謂關中爲
白氏之根基。關中渭河以北之造像中多見白氏與其他胡姓雜居，也證明白氏

〔註185〕馬長壽：《碑銘所見前秦至隋初的關中部族》，廣西師範大學出版，2006 年第
62～64 頁。

出於胡姓。下邽本爲白氏之一聚居區，而白居易詩文中再三致意，依戀之忱，可見一斑，表明其「根」在此處。白居易與下邽之間，還有一個故事值得回味。白居易集中有《記異》一篇，記載了下面一則故事：

> 華州下邽縣東南三十餘里曰延平里。里西南有故蘭若，而無僧居。元和八年秋七月，七月，予從祖兄曰皞自華州來訪予，途出於蘭若前。及門，見婦女十許人，服黃綠衣，少長雜坐，會語於佛屋下，聲聞於門。兄熱行方渴，將就憩，且求飲。望其從者蕭士清未至，因下馬，自繫韁於門柱。舉首，忽不見，自意其退藏於窗闥之間。從之。不見，又意其退藏於屋壁之後。從之，又不見。周視其四幕，則堵牆環然無隙缺。復視其族談之所，則塵壤纍然無足跡。由是知其非人，悸然大異之，不敢留，上馬疾驅，來告予。予亦異之，因訊其所聞。兄曰：云云甚多，不能殫記。大抵多云王胤老如此，觀其詞意，若相與數其過者。厥所去予舍八九里，因同往訪焉。果有王胤者年老，即其里人也。方徙居於蘭若之東北百餘步，茸牆屋，築場藝樹僅畢，明日而入。既入。不浹辰而胤死，不越月而妻死，不逾時而胤之二子與二婦一孫死。餘一子曰明進，大恐懼，不知所爲，意新居不祥，乃撤屋拔樹夜徙去，遂獲全焉。嘻！推而微之，則眾君子謀於社以亡曹，婦人來焚麋竺之室，信不虛矣。明年秋，予與兄出遊。因復至是視胤之居，則井湮灶夷闃然，唯環牆在，里人無敢居者。異乎哉！若然者，命數耶？偶然耶？將所徙之居非吉土耶？抑王氏有隱慝，鬼得謀而誅之耶？茫乎不識其由，且誌於佛室之壁，以俟辨惑者。九月七日，樂天云。〔註186〕

白居易之弟白行簡爲著名的唐傳奇作家，白居易此「記異」，看似姑妄言之，實則可能是「有意爲小說」。傳說在地方認同的形成中有特別的意義，白居易記載下邽這件「異事」，並將之題寫在蘭若之室壁，作爲一種地方知識而傳播，從側面也透露出白氏對於下邽地方的深層依戀之情。

（二）「卒於斯、葬於斯」——祖塋與地域認同

在華夏文化中，祖塋與地方認同的關係古今是一致的，這裡不僅僅是祖先集體安葬的場所，也是家族在一個地方的「根」。因爲祖塋與其他家業（宅

〔註186〕朱金城：《白居易集箋校》，上海古籍出版社，1988年，第2747～2748頁。

第、田產等等）一般有「連帶關係」（陳寅恪）。所以儘管有的家族已經遷走，但如果祖塋還在當地，這一根就還在。祖塋將家族的各種情感扭和在一起，在特定的時期，親族集中在一起寄託哀思，追憶祖先的故事，這是維繫家族關係的重要媒介。所以歸葬祖塋是一件大事，而遷離祖塋也必然有不得已之原因。白居易爲崔玄亮撰墓誌，特地記載崔氏之遺命：

> 自天寶以還，山東士人皆改葬兩京，利於便近。唯吾一族，至今不遷。我歿宜歸全於滎陽先塋，正首邱之義也。送終之事，務從儉薄，保家之道，無忘孝悌。吾玉磬琴留別樂天，請爲墓誌云爾。[註187]

今人多據此例子作爲考察唐代士人中央化之證，陳寅恪已發其覆[註188]。但此言雖從崔玄亮口中出，其實可能更表達了白居易之意思。白氏家族歸葬下邽，即「首丘之志」的體現。

　　對於祖塋的重視，從墓地的選擇、安葬、墓誌書寫的全過程都可以看到。而且入華既久的胡姓家族身上也染習這一風氣。《太平廣記》「源乾曜」條引《戎幕閒談》：

> 泓師自東洛回，言於張說，缺門道左有地甚善，公試請假三兩日，有百僚至者，貧道於簾間視其相甚貴者，付此地。說如其言，請假兩日，朝士畢集。泓云：「或已貴，大福不再。或不稱此地，反以爲禍。」及監察御史源乾曜至，泓謂說曰：「此人貴與公等，試召之，方便授以此。」說召乾曜與語。源云：「乾曜大塋在缺門，先人

〔註187〕朱金城：《白居易集箋校》，上海古籍出版社，1988年，第3749頁。

〔註188〕陳寅恪說：「吾國中古士人，其祖墳住宅及田產皆有連帶關係。觀李吉甫，即後來代表山東士族之李黨黨魁李德裕之父所撰《元和郡縣圖志》，詳載其祖先之墳墓住宅所在，是其例證。其書雖未述及李氏田產，而田產當亦在其中，此可以中古社會情勢推度而知者。故其家非萬不得已，決無捨棄其祖塋舊宅並與塋宅有關之田產而他徙之理。此又可不待詳論者也。由是觀之，崔玄亮雖如其他天寶後山東士人有田宅在濟源洛下，但仍欲歸葬於滎陽先塋。此爲當日例外之舉動，所以樂天撰其墓誌，特標出之，又於銘中不憚煩複，大書特書重中此點也。至於崔玄亮『自天寶以還，山東士人皆改葬兩京』之言，乃指安史亂後，山東士人一般情形。此可以今日洛陽出土之唐代墓誌證之。如李德裕一家，其姬妾子父諸墓誌，即是其例。（詳羅振玉《石交錄》）更考李德裕一家在未葬洛陽之前，實有先徙居衛州汲縣之事。其徙居之時代，復在天寶安史之亂以前，則其中必別有未發之覆。」參見《李栖筠自趙徙衛事》，《金明館叢稿二編》，三聯書店，2001年，第2頁。

尚未啓祔。今請告歸洛。赴先遠之期。故來拜辭。」說具述泓言，
必同行尤佳。源辭以家貧不辦此，言不敢煩師同行。後泓復經缺門，
見其地已爲源氏墓矣。回謂說曰：「天贊源氏者，合窪處本高，今則
窪矣；合高處本窪，今則高矣。其安墳及山門角缺之所，皆作者。
問其價，乃賒買耳。問其卜葬者，村夫耳。問其術，乃憑下俚斗書
耳。其制度一一自然如此。源氏子大貴矣。」乾曜自京尹拜相，爲
侍中近二十年。〔註189〕

泓師是唐代著名的相師。這一故事可能是後人附會之辭，因爲源乾曜家族的
祖塋在北邙而不在「缺門」（伊闕）。但這寄託了當時人追求祖塋佳兆的願景。
故事以源乾曜爲主角，也從側面反映了源氏家族在地方社會中所獲得的較高
認同。

在墓誌書寫中，對於葬地的自然地理有時會有一段描寫，類似地方志中
「形勢」篇所論。這是古代風水術中所常見的，比如《程仙君墓誌》（咸通二
年）描述其葬地：「北接長川巨壑，壺口治之壤；南枕（山罳）袖橫河，濯孕
流之跡。東觀浮嶠，延望虎牢；西眺石崗，望京之臺基。」〔註190〕這種形勢
描述，在不少胡姓家族的墓誌中也出現了，比如《元揚墓誌》：

> 君諱揚，字君，東周洛陽人也。……曾祖鸞，隋洛陽令。……
> 祖樂，隋溫縣丞。……父（原刻空）。……春秋八十，卒於私第。……
> 以景雲二年（711）歲次辛亥十一月十四日乙酉，合葬於元村西北一
> 里平原，禮也。左背壺川之古蹟，履座先帝之泉源。右眺龍山，連
> 峰岫而接嶮峪。〔註191〕

我們首先注意到的是，元揚的曾祖、祖都是在洛陽及周邊地區爲官，元揚葬
地在元村，或爲元氏家族聚居地，這是中古時期少見的胡姓村落與胡姓家族
相一致的案例。墓誌中對於元村一代地理的描述，也可視爲是元揚家對於祖
塋的歸屬感。

在墓葬習俗中，還有一種墓誌「讖言」，表現了葬主對於祖塋的一種保護
心理，而這也較早見於胡姓家族的墓誌中。北齊天保六年《元子邃墓誌》後

〔註189〕《太平廣記》卷第三百八十九，中華書局，1961年，第3109頁。
〔註190〕胡戟、榮新江編：《大唐西市博物館藏墓誌》北京大學出版社，2012年，第957頁。
〔註191〕胡戟、榮新江編：《大唐西市博物館藏墓誌》北京大學出版社，2012年，第361頁。

云：「今葬後九百年，必爲張僧達所開，開者即好遷葬，必見大吉。」〔註192〕此外，據王其禕所舉之例，還有如《徐公範墓誌》（開皇四年）：「卜此葬地，德泰卦：後一千八百年爲孫長壽所發，所發者滅門。」這些讖言往往是程式化的。比如乾封元年《柳山濤墓誌》：「易占云：葬後一千三百年，乃爲黃頭所發。其所開發者，當更好埋葬之。若不好埋葬者，凶不出年。」上元三年《郗瑞達墓誌》：「占曰：葬後一千五百年，有孫長壽發，若不掩藏，凶不出年。」總章三年《劉府君妻韓淨識墓誌》：「九百年張僧達所發，發時更吉，若不閉藏，所發者之人滅門。」〔註193〕其中像孫長壽、劉黃頭等人，都是常見於墓誌「讖言」中的。胡姓家族受到了這一習俗漸染的例子還有開皇十一年《尒朱端墓誌》：「開吾墓者，改葬之，大富貴。」〔註194〕這是胡姓家族漢化的一個方面，也是他們地域認同上深化的表現。

（三）洛陽聚葬區的形成與胡姓家族「倒逼」之關係

　　從北朝以來到隋唐期間，洛城成爲當時全國的「聚葬區」，「死葬洛陽」成爲有出身、有地位家族的終極選擇，而且一般家族也盡力趕上這一「時髦」。從出土的中古時期墓葬以及墓誌存量來看，也可以發現，洛陽遠遠超過全國其他地區。王建《北邙行》詩生動地描述了這一現象：

　　　　北邙山頭少閒土，盡是洛陽人舊墓。

　　　　舊墓人家歸葬多，堆著黃金無置處。

　　　　天涯悠悠葬日促，岡阪崎嶇不停轂。

　　　　高張素幕繞銘旌，夜唱輓歌山下宿。

　　　　洛陽城北復城東，魂車祖馬長相逢。

〔註192〕趙超編：《漢魏南北朝墓誌彙編》，天津古籍出版社，1992年，第402頁。

〔註193〕王其禕先生所舉隋唐墓誌中的「讖言」例子頗多，此外還有：《張茂墓誌》（開皇九年）：「筮占：葬後一遍八百年，爲吳奴子所發掘，誡奴子必宜還邊之，子孫得福，家熾盛，大富貴。如違，招致殃禍絕滅。」《趙洪墓誌》（開皇九年）：「千七百年爲樂受所發，發者滅門，還復大吉。」《雪堂金石文字跋尾》舉例：「道光三年，直隸元氏農夫治地，得《宣城縣尉李君妻貫氏墓誌》，末亦書『後一千三百年爲劉黃頭所發』字一行，由道光三年上溯刻石之建中二年，得千有四十一年，亦差二百餘年，可知術士之所豫記，但能得其概略，固不能無毫釐之失矣。」詳參王其禕、周曉薇《隋代墓誌銘匯考》第一冊，線裝書局，2007年，第318～319頁。有關墓誌中「讖言」的研究，可參考趙振華《談隋唐時期喪葬文化中的墓誌讖言》一文，載《碑林集刊》第十輯；又劉天琪《隋唐「讖語」墓誌及相關問題》，《唐都學刊》2009年第4期。

〔註194〕王其禕、周曉薇：《隋代墓誌銘匯考》第二冊，線裝書局，2007年，第41頁。

　　車轍廣若長安路，蒿草少於松柏樹。

　　澗底盤陀石漸稀，盡向墳前作羊虎。

　　誰家石碑文字滅，後人重取書年月。

　　朝朝車馬送葬回，還起大宅與高臺。〔註195〕

那究竟是什麼原因促使洛陽成爲全國聚葬之區呢？聚葬的一個前提自然是因爲有人聚居，那爲什麼在中古時期洛陽會成爲士人聚居之所呢？學者對於這個問題作了多個角度的探討。比如自然條件、經濟、科舉、政治等等因素。毛漢光以唐代十大姓的十三家八十三個著房支的中央化爲例子統計，其遷徙之「新貫」河南府有四十七個、京兆府二十四個，徙河南者爲徙京兆之近一倍。他引用全漢陞之觀點，認爲運河因素起了重大貢獻。在此之上，他又提出文化的因素，認爲洛陽自北魏定都以來，迄於隋唐之發展，已成爲當時人文薈聚之所，是一個「最重要的社會中心」。他甚至認爲，「東都所發揮的社會意義比天子就食洛陽的意義更爲重要」。〔註196〕韓昇先生則認爲，政治因素是洛陽成爲士族聚居的首要因素：

　　　　如何判別士族是否以城市爲本呢？我想有兩個基本標準：第一，在物質生活上是否依賴於從城市獲得的收入，例如置產業和其他經濟收入，且待下面討論。第二，在觀念上是否以城市爲根據。古人注重葉落歸根，故其身死安葬之地至爲關鍵。……士族遷往城市的現象主要因爲任官而出現，政治因素起著最爲重要的作用，這是該時期士族向城市遷徙的基本特點。……其實，士族向洛陽的遷徙，大量出現於高宗、武則天時代，甚至許多已經進入長安的士族也重新遷往洛陽，或在洛陽營建宅第，這與武則天嫌惡長安而長期居住洛陽，使得洛陽成爲實際的政治中心密切相關。武則天喜歡在洛陽掌控全國，並不只是出於個人好惡，有著深刻的政治考慮，這是另外的問題，需要另文討論。就本期而言，經濟和文化尚不構成首要原因，政治因素仍然是第一位的。〔註197〕

〔註195〕王建撰，尹占華校注：《王建詩集校注》卷一，巴蜀書社，2006年，第8頁。按，王建詩中所謂「誰家石碑文字滅，後人重取書年月」還有現實證據。景龍四年陪葬乾陵的豆盧欽望碑，在唐僖宗李環靖陵發掘時時出土，被用作棺槨石料。這無疑是當時社會上一種普遍的現象。

〔註196〕毛漢光：《中國中古社會史論》，上海書店出版社，2002年，第329～330頁。

〔註197〕韓昇《南北朝隋唐士族向城市的遷徙與社會變遷》，《歷史研究》2003年第4期。

但究竟是什麼「深刻的政治考慮」促使武則天喜歡在洛陽，並未見他繼續討論。但武則天時期之外，聚居洛陽、歸葬洛陽的情況並不稍減。更令人關注的是，大量並不居住在洛陽的士人，也選擇歸葬洛陽，比如前面已經說明過的竇氏家族。另外，若就政治、文化影響而言，長安在唐代爲正都的時間顯然要長，而洛陽主要時間是陪都；再就經濟而言，自盛唐以後，隨著長安漕運的疏通，皇帝不用再就食東都，但爲什麼這些充分、必要條件並沒有促成士人歸葬長安的動力呢？總之，經濟、政治、文化等原因，都不能很好的解釋爲何洛陽會成爲唐代士人聚葬的原因。

在前面我們曾用族群競爭原理分析過華夏「黃帝」族源認同出現的原因，與北朝時期胡姓家族的「倒逼」有關。這又引發我們的一個猜測：洛陽成爲胡、漢家族的聚葬區，受否也有胡姓家族的作用呢？洛陽在東漢、曹魏和西晉時期都是正都，爲時寢陵的集中分佈區，但尚未出現大規模的非洛陽區人口聚葬洛陽的情況。但北魏孝文帝以後是一個轉折點。孝文帝改革，代北遷洛之族，不許返葬；自孝文帝之後帝陵也營於洛陽。由此，洛陽成爲胡姓家族的聚葬區。這可以從出土墓誌的數量中得到印證。據《洛陽出土墓誌墓誌》〔註198〕以及《洛陽出土墓誌目錄續編》〔註199〕，洛陽出土墓誌的胡、漢數量如下：

表 7：洛陽出土墓誌胡、漢分佈

時 間	總 數	胡姓墓誌數	漢人墓誌數
北魏以前	48	1	47
北魏（含東、西魏）	369	233	136
北齊、北周、隋	243	26	217
武德至顯慶	497	39	458

儘管洛陽在漢代以來就有胡姓家族活躍，但在北魏以前所見的胡姓墓誌只有西晉永康元年（300）安明廣夫人支伯姬一方。而到北魏大和年間〔註200〕，

〔註198〕洛陽市文物工作隊編：《洛陽出土墓誌目錄》，朝華出版社，2001年。

〔註199〕洛陽市文物考古研究院編：《洛陽出土墓誌目錄續編》，國家圖書館出版社，2012年。

〔註200〕北魏宗室葬洛陽，較早者見於《元理墓誌》，稱河南洛陽人，爲城陽懷王元鸑孫，延興四年（474年）卒於第，五年葬洛陽。參見毛遠明《漢魏六朝碑刻校注》第三冊，線裝書局，2009年，第252頁。

以宗室元氏爲首的鮮卑胡姓開始大量葬於洛陽，而且佔據了絕對的數量優勢。從北魏延興四年（474年），到北齊建立（550）年間不到有一百年的時間，洛陽出土的369方墓誌中，胡姓有233方〔註201〕，占63%；從北齊到高宗顯慶年末（660），一百餘年內，洛陽出土的墓誌有731方，而胡姓只有65方，只占8%。在這兩百年左右的時間，胡漢墓誌數量如此急劇的反差，當然不是洛陽人口中胡、漢比例的眞實反映〔註202〕。其主要的原因是：北魏時期，雖然大量漢人在洛陽爲官，但其家族的祖塋尚在原籍，未遷到洛陽；而到了隋唐之際，漢人遷葬洛陽的速率大增，遠遠超過胡姓。而且我們的統計時間還沒有涉及到武則天時期，所以前面所述武則天時期諸因素並不是造成漢人遷葬洛陽的因素。北魏時期的「突變」，與前文我們闡述「黃帝」族源時的情況一致。因而我們也可以推測：漢人遷居洛陽在一定程度上是胡姓家族「倒逼」的結果。

孝文帝改革，遷洛胡姓家族以河南爲籍貫，以河南地區爲祖塋，這確立（或者說改造）了他們的地域歸屬和地域認同。從族群互動的原理來看，孝文帝此舉也是一種凝聚「我族」的運動。正如北魏皇室宣稱爲黃帝之後，相應地，其他胡姓家族也掀起攀附漢人祖先的運動。不過一種是在地域上確立「我族」的歸屬，一在族源上確立「我族」的淵源而已。陳寅恪曾指出：

> 至苻堅之所以必南征淝水，與孝文帝之必遷都洛陽，則皆由其時種族複雜，非藉高深之漢化，無以收統治融洽之效，欲收統治融洽之效，非取得中原正統所在地，即無以壓服人心而奄有天下故也。

〔註203〕

〔註201〕這裡統計的只是可以確定的胡姓家族，其他一些模糊的、需要考證的尚未計算在內，因此眞正的胡姓數目要大於這一數字。其他時段也是如此。

〔註202〕北魏時期洛陽的人口絕大部分來自平城，據葛劍雄先生的統計，太和中南遷洛陽時，洛陽原有的人口大概不超過5萬；而遷洛的人口約123萬，其中來自平城一帶的有108萬。而平城人口的主要來源是可考的，主要有：天興元年山東六州吏民及徒何、高麗雜夷36萬，百工、伎巧10餘萬口，六州二十二郡守宰、豪傑、吏民2000家；太延五年涼州民3萬餘家；太平眞君六年長安工巧2000家；太平眞君八年定州丁零3000家；九年西河離石民5000餘家；正平元年伐宋降民5萬餘家；太和五年南朝齊3萬餘口。在這約100萬左右的平城民中，雖然包括了大量的胡人，但漢人當然是占主要的。

〔註203〕陳寅恪《五胡問題及其他》，收入《講義及雜稿》，三聯書店，2001年，第454頁。

這一段話看似隨意出之，卻蘊含著深刻的民族融合思想，今人多未曾注意之。就孝文帝而言，選擇洛陽為族群的「歸屬地」，與選擇「黃帝」作為族群的族源一樣，也顯示了北魏王室的眼界之高。洛陽在華夏文化中，一直以「天下之中」為稱，代表地理、文化等諸多方面的正統性訴求〔註 204〕。而佔據這一優勢地理區位，「宅茲中國」，自然就擁有了族群上的正統意義。反觀宇文泰所據關中，當時既非華夏文化中心，亦非漢人正朔所在，故不得不採取「關隴本位」政策，以收納人心，再造民族，雖然也取得了成功，但相比孝文帝則遠遜。族群地理學滲透於古代中國的民族認同中。班茂桑亦指出：「唐代精英普遍認為佔有中原是朝代合法性的必要條件，這是因為前朝非漢族統治者皆因統治了中原而獲得了統治的合法性，如北魏、北周以及隋唐的政治先祖們。」〔註 205〕

在這種族群競爭的背景下，仕於少數民族政權，原本各自為區，歸葬本籍的漢人，亟需凝聚自身的地域認同以區別於作為「他者」的胡姓族群，維護自身的利益。漢人重新歸葬到洛陽，一方面是宣稱了「漢人正統」的身份；另一方面，維護了漢人聚居的力量。二者本質都是漢人在北魏或者北朝胡姓擠壓自身文化、經濟、政治等空間之後的一種「滯後反映」或者「條件反射」。正如東南地區客家湧入，從地理上、族源上標榜華夏正統之後，當地的土著才開始宣稱自己源於中原的身份，為領土而爭鬥。客家宣稱淵源於中原，與北魏皇室宣稱黃帝之後、聚葬漢人領土「天下之中」的河南為同一模型，都是通過攀附漢人典範文化（黃帝，漢人典範的祖先；洛陽，漢人典範的地理空間），希望獲得漢人身份認同，這是一個「內向型」的過程（正面的，積極的，指向族群認同的）。而東南地區土著聲稱自己才是中原正統漢人，與北朝隋唐時期漢人集體回歸「黃帝」族下、歸葬洛陽為同一模型，則是在一種「倒

〔註 204〕 關於洛陽「天下之中」說的研究，參考李久昌《古代洛陽都城空間演變研究》第三章「『天下之中說與洛陽建都』一節的評述，陝西師範大學博士論文，2005年，第 92～102 頁。周公「天下之中」的觀念，本來就含有整合殷商移民的族群文化意義，以及四夷道里的文化交通意義。華夏社會本有「以地理別種族」之思想，華夷之辨的另一種表述華裔之辨，即地理上的族群分辨。孝文帝以洛陽為政治中心，確立了國家地理上的正統意義；同時將之作為少數部族的新的「地理中心」，使得胡姓家族佔據了有利的地理認同。這其實暗合了「天下之中」思想的原始內涵。

〔註 205〕 （美）班茂桑著，耿協峰譯：《唐代中國的族群認同》，人民出版社，2017年，第 136 頁。

逼」力量之下通過重新定義或者找回「我族」的行爲，這是一個「外向型」
的過程（反面的，消極的，本質是指向族群區別的）。但這兩種類型的族群競
爭過程和效果不同：北魏時期，鮮卑處於統治地位，漢人定義或者重回「我
族」的運動，更多是爲了凝聚漢人社會內部成員，或者傳承漢人文化，其刻
意區別胡漢的意義不大，以種族名義的反抗鬥爭更爲少見，這是北朝隋唐時
期民族融合主旋律的一種體現。（但在後來少數民族政權中並非如此。）而客
家與土著之爭，則發展出械鬥等殘酷的形式，其結果是二者邊界的日益明顯，
「我族」形象的日益僵化。從這一角度而言，我們重新反思孝文帝改革，不
得不稱揚其在中國中古民族融合中的重要意義。

　　還需要注意的是，胡姓家族歸葬洛陽並不是零散的形式，而是一種特殊
的聚葬制度。據宿白先生的研究，東北、內蒙古地區的早期鮮卑葬俗採取的
是一種「家族叢葬的古老制度」，這與當時中原漢族的葬俗不同〔註206〕。其後
隨著鮮卑族的西遷、南下，進入中原，其葬俗也在不斷演變。發展到北魏洛
陽時期的皇室陵墓，還有「叢葬」這種部落遺風〔註207〕。而北魏洛陽北邙陵
墓的布局是唐代帝陵陪葬制度的淵源，洛陽北魏墓葬其他一些特點也爲北魏
以後迄初唐所沿襲。北魏上層集團洛陽族葬的風俗，帶有濃厚的「氏族共同
體」特徵，而直接影響便是不少胡姓家族的大型族葬，這在唐代還可以見到。
如《郁久閭浩墓誌》（開元十六年）：

　　　　君諱浩，字乘潮，河南洛陽人也。……春秋廿五，唐開元十六
　　年四月九日遘疾卒於萬年縣昭國裏之私第，即以其年五月六日還厝
　　於鳳棲原，禮也。未婚無嗣。兄滔，弟泌、洌等。……乃刊貞石彰
　　德，寄芳泉扃。東北一里，代州都督塋。次西北百步，右領軍將軍
　　塋。塋後齊州長史塋，君塋前堂叔祖夷州刺史師塋。〔註208〕

又如裴魯撰《竇靖墓誌》（大和三年）：

　　　　公之大塋實京兆咸陽南北原，年代悠久，百氏輻湊，地無遺壠。
　　自鄴城以降，葬於河南府伊闕縣歸善鄉上官村劉葆西原。〔註209〕

〔註206〕宿白《東北、內蒙古地區的鮮卑遺跡——鮮卑遺跡輯錄之一》，《文物》1977
　　　　年第5期。
〔註207〕宿白《北魏洛陽城和北邙陵墓——鮮卑遺跡輯錄之三》，《考古》1978年第7期。
〔註208〕趙力光主編：《西安碑林博物館新藏墓誌續編》，陝西師範大學出版社，2014
　　　　年，第274頁。
〔註209〕胡戟、榮新江編：《大唐西市博物館藏墓誌》北京大學出版社，2012年，第
　　　　835頁。

劉禹錫《爲京兆李尹答于襄州第一書》中謂于頔家族「大墓世在三原，……尚繫於數百年之外」，說的都是這種聚葬的情況。正常情況下，祖塋隨著家族的分化而分化，罕有像于氏、竇氏家族那樣，五服之外尚同葬一區者。而洛陽地區的漢人祖塋也可以見到這種情況，可能即是受胡姓家族族葬風氣影響的結果，都有出於凝聚家群意識的考量。

另外，聚葬在通婚關係的胡漢家族之間也表現出來。比如。孫景商撰其妹《唐故樂安孫廿九女墓誌》云：「大中六年五月廿四日，方遷祔於洛陽北陶村之大塋，從先志也。東接先府君先夫人松檟，北聯竇氏姊。〔註210〕孫景商家族與竇氏家族聯姻，其姊適竇氏又見孫景商爲其母所撰墓誌〔註211〕。另外，孫景商同祖兄弟孫瑝之子孫拙，亦娶竇氏〔註212〕。可見兩個家族之間相互通婚。而竇氏在洛陽陶村亦有祖塋，

> （夫人）年廿二，歸於扶風竇氏。……以寶應二年四月三日，
> 終於洪州妙脫寺之尼舍。春秋卅有九。……大曆四年，國難方弭，
> 竇公宦未及，介弟南昌縣丞鉉奉以還洛，歲次己酉十月乙未朔廿日
> 甲寅，改窆於北邙陶村之北原，依於父母之塋，權也。〔註213〕

從地理空間來看，洛陽陶村無疑是很大的一個空間。從出土墓誌來看。這裡集中了不少胡、漢家族的葬地。但孫景商家族的祖塋與竇氏家族的祖塋相接，則可能不是巧合。這種胡漢聚葬，對於地域融合而言，無疑起了非常重要的作用。試想古人到祖塋致祭之日，相逢阡陌之間，徘徊墓碑之側，緬懷故人，敘述祖德，群歌互達，相攜而歸，則胡漢之間，又何辨哉？

北魏末年分裂之後，一部分胡姓家族隨宇文泰入關中。宇文泰爲建立其關隴本位政策，也曾恢復胡姓，改胡姓家族河南望爲京兆；後周末隋文帝專政，又恢復胡姓爲改後的漢姓和郡望，但並不徹底，這一點陳寅恪已經說得很清楚。然而京兆（長安）卻並沒有形成像洛陽那樣的地理認同感。而且不少遷居長安的胡姓家族在此後的時期陸續又遷回洛陽，竇氏家族主要房支即

〔註210〕吳鋼主編：《全唐文補遺》第四輯，三秦出版社，1997年，第190頁。
〔註211〕孫景商撰其母《隴西李氏遷祔墓誌》云：女三人，長適崔氏，次適竇氏，參見吳鋼主編《全唐文補遺》第一輯，三秦出版社，1994年，第319頁。
〔註212〕王騫撰《孫拙墓銘》：曾祖孫會，祖孫公义，考孫瑝，母李福女；夫人竇氏，參見吳鋼主編《全唐文補遺》第五輯，三秦出版社，1998年，第63～64頁。
〔註213〕崔祐甫撰《竇叔華故夫人崔氏墓誌》，見於吳鋼主編《全唐文補遺》第三輯，三秦出版社，1996年，第94頁。

是如此。這進一步說明：從孝文帝改革以來，胡姓家族對於「河南洛陽」的認同已根深蒂固。一些並未經歷孝文帝改革的胡姓家族，即便不占籍河南，也沿用慣例，以「河南洛陽」為家族本望，這說明這一地理認同已經超出了實際區域而帶有「想像地域共同體」的意味。

二、地方認同的深化與地方記憶的形成

在胡姓家族成為「本地人」、產生地方認同與獲得地方認同之間，還有一段距離，後者是從地方社會接納遷移而來胡姓家族的視角來看的。這二者是密切相關的：如果一個家族難以獲得當地的認同，他們也很難對當地產生認同，反之亦然。在移民初期，土著與移民之間的矛盾是顯而易見的，甚至還伴隨著一定程度的「鬥爭」。比如《晉書・王彌傳》：

> 彌復以二千騎寇襄城諸縣，河東、平陽、弘農、上黨諸流人之在潁川、襄城、汝南、南陽、河南者數萬家，為舊居人所不禮，皆焚燒城邑，殺二千石長吏以應彌。〔註214〕

這裡「流人」和「舊居人」的矛盾，即土著與移民之間的矛盾，涉及的人群可能主要是漢人。而在胡漢之間，則更可能激化為民族矛盾。宗教與聯姻是檢查一個家族地方融合程度的重要指標。比如入華粟特胡人後裔，他們相當的時間內尚未放棄本族祆教信仰，因而集中在有祆祠的地方；在通婚上他們維持鮮明的「族內婚」，而很少與漢人聯姻：其直接的影響就是他們形成一個相對封閉的族群，地方化程度、地方認同程度上大打折扣。只有那些超越「族群性」的粟特胡人後裔，形成了深刻的地方認同，達到「無跡可尋」的程度，比如會稽康氏（詳後文案例研究）。

經歷時間的洗禮和各種族群認同要素的整合，胡姓家族在地方社會上獲得了漢人同等的「我族」身份，而那些標記他們曾經「非我族類」的信息，則慢慢被「遺忘」。其中碑刻和地文獻起了重要的媒介作用。地方志通過記載胡姓人物傳記、故居、古蹟等內容，將胡姓家族納入地方敘事中，完成胡姓家族「本地化」的文本確認。而石刻則通過「紀念碑性」，強化胡姓家族的地方聯繫。比如宋大觀元年三月十九日《御製學校八行八刑之碑》碑陰進士題名有侯莫潛、侯莫逸（《隆慶淳化志》卷七「選舉志」引），無論是「有意」

〔註214〕《晉書》卷一百，中華書局，1974年，第2610頁。

還是「無意」省改「侯莫陳」氏為「侯氏」或「侯莫」氏，這是「洗清」侯莫陳氏胡姓族源的一種手段。另外，地方祠祀系統納入胡姓家族，也是一個重要的認同信號。在以文化、官宦為本位的文化語境中，進入地方祠祀系統具有重要的族群融合意義。進入地方祠祀系統越早，說明被地方文化認同越早。據宋敏求《長安志》卷十六藍田縣：

> 賀若婦冢。在縣西南一十五里。婦，縣人也，姑有疾，刲股肉奉姑，疾遂愈。府縣以聞，敕旌表門閭，名其鄉為節婦鄉（舊不載歲月，疑唐事。）〔註215〕

賀若氏為北朝以來典型的胡姓，其「刲股肉奉姑」之事究竟是出於傳聞誇張還是有民族文化的因素，姑且不論。但通過官方的旌表制度，她獲得了「節婦」之稱，成為地方之驕傲，自然不會有人在乎他們的出身族屬。地方祠祀系統遵循「紀念性」和「層累性」的規律，隨著時間的流逝，系統人物越來越多，其本身的意義已經為人所淡忘，而成為一個個「箭垛式」人物。比如《元和郡縣志》卷三十一成都縣內：

> 南外城中有文翁學堂，一名周公禮殿，《華陽國志》云：「文翁立學，精舍講堂作石室，一曰玉室。」李膺記云：「後漢中平中，火延學觀，廂廊一時蕩盡，惟此堂火焰不及。構製雖古，而巧異特奇，壁上悉圖古之聖賢，梁上則刻文宣及七十弟子。齊永明中，劉瑱更圖焉。」朱齡石平譙縱，勒宋武帝檄文於石壁之室，代王更以丹青贈飾古畫，仍加豆盧辨、蘇綽之像。〔註216〕

《元和郡縣志》記載成都文翁學堂祠祀人物中有豆盧辨，其人為胡姓無疑，但竟然與孔子、七十弟子等同列，自然不會有人在意他的種族出身。而事實上，王仲犖先生已指出，此豆盧辨乃西魏、北周時期大儒盧辯之訛〔註217〕。歷代地方志，今天的學者亦不加辨析，「將錯就錯」而承襲之。在文翁堂的祠祀人物系統的不斷層累中，豆盧辨一直佔據著一個「莫須有」的位置，還被

〔註215〕宋敏求著，辛德勇、郎潔點校：《長安志》卷十六，三秦出版社，2013年，第491頁。

〔註216〕李吉甫著，賀次君注解：《元和郡縣志》卷三十一，中華書局，1983年，第768頁。

〔註217〕王仲犖：《北周地理志》卷三劍南成都，中華書局，2007年，第236頁。今日不少學者尚未注意王仲犖先生此說而徑從《元和郡縣志》或後世之說。

圖爲形貌，萬世瞻仰〔註218〕。據樓鑰《跋周公禮殿圖》：

> 余近得臨江周公禮殿圖石刻，紹興十七年向薌林刻於學宮，
> 疑與先人所藏畫本不侔。聞大資政趙公帥守成都，嘗摹禮殿本爲八
> 軸，借而校之，丹青煥然。……第七軸畫文翁、司馬相如、匡衡、
> 蕭德仁、戴聖、王吉、嚴君平、揚雄、劉向、服虔、陳寔、鍾繇、
> 諸葛亮、崔桓、平福、王濬、杜預、張華、杜畿、豆盧。……丹青
> 愈工，皆石刻所無。……豆盧複姓，不知何名。姑記大概，以俟考
> 證。〔註219〕

可見宋人已將豆盧辨作爲胡姓人物而圖入學宮，惜未見圖形傳世，不知圖像
中是如何對待豆盧辨的。從這一案例我們看出地方社會在接納胡姓家族的過
程中表現出的「包容性。」

通過各種融合方式，標記胡姓家族的一些主要因素在地方社會中逐漸褪
色，而一些難以抹去的痕跡則轉換爲其他的形態，融合到地方的歷史記憶中，
比如地名。在胡姓家族聚居的地區，或者有胡姓痕跡的地區，往往會出現胡
姓村名或其他地名，但已失去了族群意義，而成爲一種歷史記憶。比如山西
境內的黎、潞等地名，就是古族聚居的記憶。又如《漢書》卷九十六下《西
域傳下》載：「溫宿國，王治溫宿城，去長安八千三百五十里。」顏師古曰：
「今雍州醴泉縣北有山名溫宿嶺者，本因漢時得溫宿國人令居此地田牧，因
以爲名。」徐松《補注》：「《漢書地理志》張掖郡有居延縣、安定縣，有丹氏；
道上君有龜茲縣，蓋亦此類。」儘管在後世中這些族群可能已經不再居住於
此，但與他們有關的痕跡已被納入地方記憶之中。又如張禮《遊城南記》中
有「瓜洲村」，注曰：

> 瓜洲村俗以爲牧之種瓜之地。予讀《許渾集》，有《和淮南相
> 公重遊瓜村別業》詩，淮南相公，杜佑也，佑三子：師損、式方、
> 從郁。牧之，從郁子也。由此考之，在佑已有瓜洲別業，則非牧之

〔註218〕成都文翁學堂題名、圖像的層累過程非常繁複，據《隋書》卷三十三《經籍
　　　　志》載：「《蜀文翁學堂像題記》二卷。」《舊唐書》卷四十六《經籍志》：「《益
　　　　州文翁學堂圖》一卷。」歐陽修《集古錄跋》卷二著錄「後漢文翁學生題名」
　　　　眞跡，可見一百八人；王象之《輿地碑記目》曰：「漢文翁學生題名可見者凡
　　　　一百十二人。」元費著有《成都周公禮殿聖賢圖考》。詳曹學佺《蜀中廣記》
　　　　卷一百五「畫苑記」條有感記載。
〔註219〕《攻媿集》卷七十二，四部叢刊本，第657頁。

種瓜地明矣。今村南原上有瓜洲墓，豈始有瓜洲人居此而名之耶？

亦猶長安縣有高麗曲，因高麗人居之而名之也？〔註220〕

按此瓜洲村可能是先代瓜州人聚居之地，但到唐代已成爲杜氏別業所在，人們自然不會去追問當地的族群關係。一些地方記憶中的族群關係，可能是後世「層累」或者「以訛傳訛」造成的，已無法考索，比如《西安府志》載渭南縣有「胡城」：「在縣南十里，舊說匈奴休屠王部落降漢築此城以居因名胡城。」

胡姓家族在接受地方認同的過程中，還有一些「挫折」，這是我們理解胡姓家族地方認同完整過程所必須要注意的。在地方記憶的形成過程中，傳說、諺語、文學文本起了很大的作用，而這些文本往往帶有「種族分別」的意味。《元和郡縣志》載關內道丹州：

《禹貢》雍州之域，春秋時爲白翟所居。《隋圖經》云：「義川本春秋時白狄地，今其俗云丹州白室，胡頭漢舌。其狀是胡其，言習中夏。」白室即白翟語訛耳，近代號爲步落稽胡，自言白翟之後。〔註221〕

稽胡是漢化很深的一種雜胡，按照唐長孺先生的說法，稽胡是雜胡的最後階段。據《周書·稽胡傳》：

稽胡一曰步落稽，蓋匈奴別種，劉元海五部之苗裔也。或云山戎赤狄之後。自離石以西，安定以東，方七八百里，居山谷間，種落繁熾。其俗土著，亦知種田。地少桑蠶，多麻布。其丈夫衣服及死亡殯葬，與中夏略同。婦人則多貫蜃貝以爲耳及頸飾。又與華民錯居，其渠帥頗識文字。然語類夷狄，因譯乃通。〔註222〕

可見稽胡初時連語言也不與華通；到唐代雖然他們語言上已與漢人無別，而形貌成爲他們「非漢人」的標記。所以才會有上面的諺語。唐人對於稽胡形貌上的「在意」，在筆記小說中也有體現，比如張鷟《朝野僉載》：

〔註220〕（宋）張禮撰，史念海、曹爾琴注：《遊城南記校注》，三秦出版社，2006年，第127頁。按據史念海先生之辨，許渾詩中「淮南相公」爲王播，張禮誤引爲杜佑。王播家在揚州之瓜洲有別業，即許渾詩所詠者。非長安城南之瓜洲。

〔註221〕（唐）李吉甫著，賀次君注解：《元和郡縣志》卷三，中華書局，1983年，第74頁。

〔註222〕《周書》卷四十九，中華書局，1971年，第896～897頁。

　　唐兵部尚書姚元崇長大行急，魏光乘目爲「趁蛇鸛鵲」。黃門
侍郎盧懷愼好視地，目爲「覷鼠貓兒」。殿中監姜皎肥而黑，目爲「飽
椹母豬」。紫微舍人倪若水，黑而無須，目爲「醉部落精」。〔註223〕

倪若水家世出於胡姓，羅振玉已證之〔註224〕，所以他的形貌是有一點奇異。
而魏光乘正是以「部落稽」（即步落稽）來嘲笑他。可見稽胡在完全融合成爲
漢人進程中遭遇的「種族歧視」。還有一種將地方記憶有意「種族化」闡釋的
傾向。比如《長安志》卷十九載富平縣有：「中華原，在縣南三十里；北虜原，
在縣西北一十里；……北虜川，在縣北五里；……胡馬臺，在縣西南一十二
里。」但據事實上《魏書・地形志》已載頻陽縣有南鹵原，以產鹽而著稱，
而「鹵」古與「虜」通，遂有北虜原之附會。而中華原，本因北周中華郡得
名。宋人將這兩個地名的改造，使其華夷相對，可能反映了當時對於胡漢邊
界的一種有意闡釋。

　　總之，胡姓家族獲得地方認同的過程，並非一步到位的。完全融合至無
跡可尋是很難的，一些地方記憶的保留，是他們在這一進程中經歷頓挫的證
據，也是我們今日還原其過程的關鍵所在。

〔註223〕　（唐）張鷟撰，趙守儼點校：《朝野僉載》卷四，中華書局，1979年，第90
　　　　　～91頁。
〔註224〕　羅振玉《雪堂金石文字跋尾》卷四《倪若水殘碑》云：「碑賈劉金科持此殘石
　　　　　二紙乞售，云今年出土，不知何碑也，《碑》字隸法謹嚴，似吾浙《蓬萊觀碑》。
　　　　　惜殘泐太甚，尚有『□□泉，字若水，其先高辛氏之□□』云云。又有『改
　　　　　賀兒氏爲兒』語。據是，知爲《倪若水碑》。《唐書》本傳『若水，字子泉』，
　　　　　據碑則名子泉，字若水也。」（《羅振玉學術論著集》第九集，上海古籍出版
　　　　　社，2010年，第505頁。）《魏書・官氏志》有「官賀兒氏改爲兒氏」，據倪
　　　　　若水殘碑可知，其家世或出賀兒氏所改。倪若水墓誌中未提及此事。

第四章　中古胡姓家族文化習得與身份轉型

　　族群融合所伴隨的文化習得問題，是一個非常複雜的體系，不僅需要合適的文化環境，還需要時間的積累。正如陳寅恪曾說：

　　　　須知鮮卑本無文化可言，要有學術文化，非一朝一夕所能達到。
　　　鮮卑貴族自不能等到懂得儒學或有了「雋才」之後，才取得與漢人士
　　　族同等的社會地位。……（定姓族）目的在使鮮卑貴族的政治社會地
　　　位，能與北方漢人崔、盧、李、鄭等大姓迅速一致起來。〔註1〕

這雖然是說北魏定姓族之事，但卻道出了文化習得之眞諦。胡姓家族之文化習得，在不同族群，不同階層，不同的文化領域，過程都大相逕庭。比如十六國北朝時期入華之「五胡」，「氐人漢化較高，能操漢語。羌人稍低，惟識羌言。故雖氐人時詆羌人，究其分別，非緣種族有異，而實文化不同耳。」〔註2〕就階層而言，統治集團宗室群體一般文化程度高，比如氐族之苻朗，鮮卑之孝文帝等，鮮卑化之宇文逌等，都是影響非常大的胡姓文化人物，都出於宗室。就文化領域而言，經學之習得顯然是最緩慢的，在北朝時期還罕見有通習五經或者專某經之胡姓大學者（何妥從南入北，是爲異例），至入隋唐之後始漸漸浮現：這與經學傳承本身之特點有關。而文學之習得顯然要快很多，北朝時期各體文學以及文學理論的創作中，都已湧現出一些胡姓作家，入隋唐之後開始有大家輩出。毛漢光先生提出了一種考察胡姓家族「文士化」過程的模式：

〔註1〕萬繩楠整理：《魏晉南北朝史講演錄》，黃山書社，1987年，第266頁。
〔註2〕陳寅恪《五胡問題及其他》，收入《講義及雜稿》，三聯書店，2001年，第454頁。

士族文武性質之轉變，北朝胡姓比較明顯。……胡姓開始學文，這是漢化的重要部分，至孝文帝時，由於孝文積極推展，以及北魏積百年來的風氣已成，所以州郡鄉里都彌漫著一片學術氣氛。……許多胡姓亦傾向於學術，其中變遷，並非一朝一夕可成。要之，有關一個家族性質的轉變，要以代（generation）為單位來觀察，因為在中古時期，一般社會的變動速率並不很大，要接受一種較為生疏而又涉及性質的改變時，似乎要透過孩童時期的教育，所以轉變是緩慢的。從北魏胡姓士族而論，他們雖然吸收漢文化，而日趨於文質，由於種族關係，他們並沒有立刻拋棄其武質，因為軍權乃是胡人政權的基石。就北魏政權核心家族而論，其文質傾向的速率，並不一定快於他族，其一是因為北魏需要他們掌兵權；其二是他們既是政權的核心，地位獲得容易，並不太渴望於在文學方面入仕。許多年輕的子弟繼任父兄的爵位兵權，作為北魏政權第一級爪牙。……有的胡姓由武而文的轉變較快，尤其在北魏後期。〔註3〕

毛漢光先生的觀點，筆者也不盡認同，比如說北魏政權核心家族文質化速率並不一定快於他族，就現在所見的「文本」而言，北魏鮮卑宗室顯然在經學、文學等領域佔據絕對的優勢。胡姓家族的對於漢文化的學習，最終符合漢人「文化主義」標準（如禮法、科舉、文學等等），並不是簡單從量變到質變，但引入變動速率以及教育問題，卻是非常有意義的。

第一節　胡姓家族與漢文化習得

通常對胡姓家族的漢化過程預設是：胡姓統治集團通過自上而下的漢化政策，在典章、文物、制度方面迅速與漢文化靠近；普通的胡姓家族入華後，失去原來的生存環境，在漢文化語境中，從語言文化、風俗習慣、婚姻仕宦等不同層面不斷漢化。但這樣粗線條的敘事，還很難回答胡姓人物「何以成為文化漢人」的疑問，更無法回答其他具體而微的問題。比如他們如何學會漢語，如何在累世經學中佔據一席之地，如何學會作漢語格律詩等。下面我們以教育與學習這兩個關聯的問題為中心作一番考察。

〔註3〕毛漢光：《中國中古社會史論》，上海書店出版社，2002年，第94～95頁。

一、教育的意義

（一）官學教育

教育無疑是影響文化習得的一個重要要素。教育與學習是施與受的關係，一體兩面。胡姓家族漢文化的學習過程其實在入華早期已開始，但限於資料的斷層或者匱乏，我們並不能延續地建構起胡姓家族學習漢文化的譜系。五胡十六國時期的少數部族政權多已模仿漢魏官學設置，率先接受漢文化。北魏在道武帝定都平城時已立太學、國子學，至顯祖天安初年，立鄉學，郡置博士，官學教育貫穿於中央與地方。遷洛之後，又置四門小學，官學教育更加完善。北魏官學之盛，以遷洛之後爲最，今人多舉《魏書·儒林傳》中一段經典論述爲說：

> 高祖欽明稽古，篤好墳典，坐輿據鞍，不忘講道。劉芳、李彪諸人以經書進，崔光、邢巒之徒以文史達，其餘涉獵典章，關歷詞翰，莫不麇以好爵，動貽賞眷。於是斯文郁然，比隆周漢。世宗時，復詔營國學，樹小學於四門，大選儒生，以爲小學博士，員四十人。雖黌宇未立，而經術彌顯。時天下承平，學業大盛。故燕齊趙魏之間，橫經著錄，不可勝數。大者千餘人，小者猶數百。州舉茂異，郡貢孝廉，對揚王庭，每年逾眾。〔註4〕

北魏皇家有專門之學〔註5〕，中央官學教育主要針對上層人物所謂「胄子」者，而胡姓多家族爲當時重要的「胄子」群體，但現在我們所見的北魏太學生、國子學生，漢人子弟占絕對數量優勢，胡姓家族者卻頗少〔註6〕，這其實反映了「鮮卑車馬客」與「中國人」之間文化選擇的不同。儘管少數部族政權模仿漢人教育制度，但並不是馬上就產生深刻影響的，官方教育在很大程度上是一種「文化裝飾」，即便到隋唐時期也是如此。

隋唐時期官學教育制度更爲完善，學校種類名目眾多，而且規模也很大，《新唐書·選舉志》已詳記之。尤其是中央官學之國子學、太學，成爲胡、

〔註 4〕　《魏書》卷八十四，中華書局，1974 年，第 1843 頁。
〔註 5〕　《魏書》卷八十四《儒學傳》載：「太和中，改中書學爲國子學，建明堂辟雍，尊三老五更，又開皇子之學。」《魏書》卷二十一上《咸陽王禧傳》：「文明太后令曰：自非生知，皆由學誨。皇子皇孫，訓教不立，溫故求新，蓋有闕矣。可於閒靜之所，別置學館，選忠信博聞之士爲之師傅，以匠成之。」
〔註 6〕　參考黃清敏《魏晉南北朝教育制度簡述》，福建師範大學博士論文，2003 年，第 85～86 頁。

漢學生以及留學生萃集之所。但相對私學、家學等其他途徑，官學教育對胡姓家族的意義似乎也並不顯著。值得注意的是，地方鄉里之官學也有胡姓人物受學。《因話錄》卷六中記載了一個故事：

> 竇相易直，幼時名秘。家貧，受業村學（《太平廣記》引作「就鄉校授業」）。教授叟有道術，而人不知。一日近暮，風雪暴至。學童悉歸家不得，而宿於漏屋之下。寒，爭附火，惟竇公寢於榻，夜深方覺。叟撫公令起曰：「竇秘君後爲人臣，貴壽之極，勉力自愛也。」及德宗幸奉天日，公方舉進士，亦隨駕而西。乘一寒驢，至開遠門，人稠路隘，其扉將闔，公懼勢不可進。忽一人叱驢，兼捶其後，得疾馳而入。顧見一黑衣卒，呼公曰：「秀才，已後莫忘此情。」及升朝，訪得其子，提挈累至大官，吏中榮達。〔註7〕

從記載來看，雖然官學確實普及於鄉村之中，但這顯然是一個反例：用村學的簡陋來襯托竇易直之出類拔萃。

　　總之，官學教育對於胡姓家族的影響，可能主要局限於處在社會上層的那一群體，作爲一種象徵吸引胡姓家族，但眞正從「質」和「量」上影響到胡姓家族文化提升和轉型的，可能還是在私學和家學之中。

（二）私學與家學教育

　　漢代以來的學術中心在家族。陳寅恪說：「蓋自漢代學校制度廢弛，博士傳授之風氣止息以後，學術中心移於家族，而家族復限於地域，故魏、晉、南北朝之學術、宗教皆與家族、地域兩點不可分離。」〔註8〕家學的選擇更廣，門路更多，內容更爲豐富，開展的方式更爲靈活。因而是普通胡、漢士人最主要的教育方式〔註9〕。隋唐以後，隨著科舉的興起，以及門閥的衰落，經學

〔註7〕 趙璘：《因話錄》，上海古籍出版社，1979年，第112～113頁。
〔註8〕 陳寅恪：《隋唐制度淵源略論稿》，三聯書店，2001年，第20頁。
〔註9〕 家學教育內容豐富，從顏之推《顏氏家訓》中可以看出。卷一《教子篇》載：「齊朝有一士大夫，嘗謂吾曰：『我有一兒，年已十七，頗曉書疏，教其鮮卑語及彈琵琶，稍欲通解，以此伏事公卿，無不寵愛，亦要事也。』吾時俛而不答。異哉，此人之教子也！若由此業，自致卿相，亦不願汝曹爲之。」卷五《省事篇》：「近世有兩人，朗悟士也，性多營綜，略無成名，經不足以待問，史不足以討論，文章無可傳於集錄，書跡未堪以留愛玩，卜筮射六得三，醫藥治十差五，音樂在數十人下，弓矢在千百人中，天文、畫繪、棋博、鮮卑語、胡書，煎胡桃油，煉錫爲銀，如此之類，略得梗概，皆不通熟。惜乎，以彼神明，若省其異端，當精妙也。」其中提到士人學習鮮卑語以及其他伎術的事，應該都是家學或私學的內容。

壟斷被打破，家學進一步轉型成爲私學，這無疑爲文化起點低的胡姓家庭提供了機會。康敬本之漢化過程即爲一典型之例子。據《大唐故康敬本墓誌銘》：

> 君諱敬本，字延宗。康居人也。元封内遷，家張披郡。酋率望重，播美河西。因地命氏派流不絶。故知東南擅竹箭之美，西北蘊球琳之珍。莫不事藉□腴，兼耳望□。昔金行失馭，水德未□。五馬躍而南浮，六龍矯而西墜。自戎居□，世系簪裾。曾祖默，周甘州大中正。祖仁，隋上柱國、左驍衛三川府鷹揚郎將。□□挺劍，欄□□清。戴鶡彎弓，鈎陳外警。父鳳，隋起家右親衛，加朝散大夫。屬□□道銷，帝□改□，□降夜舉，羽檄晨飛。皇泰元年，授銀青光祿大夫，遷上大將軍，尋除左龍驤驃騎大將軍、陽城縣侯。五千攸長，照華轂以騰光；六校參營，肅雕戈而動色。□星聳劍，縱賁育之雄□；貫葉鳴弦，總平良知秘策。君襟神爽悟，性靈歆俊，操德學海，□羽翰林。道實因□，才不習古。文秀事刃之歲，窮覽孔府之書；子山受□之年，洞曉姬公之籍。以貞觀年中，鄉貢光國，射策高第，授文林郎，尋除忠州清水縣尉，改授齒州三水縣尉。兩造甄□，□□備舉。官不留辜，行無冤滯，遷上臺司禮主事。清覽要樞，仙關總轄。君爰松表性，指水濯心。側雞香而含芬，陪雀□而爲□。司成碩學，就釋十翼之徵；弘文大儒，詢明六義之奧。□□絢彩，筆海澄漪。聳鄧林之翹幹，湛疊波爾積翠。授晉州洪洞縣丞。魏地要□，關河重複。吏多機巧，人懷狙詐。君□贊一同，□輔百里。夜漁莫隱，朝雉見馴。遷授虢州錄事參軍事。境麗神皋，地華仙邑。聽雞之谷，表裏山河；休牛之郊，襟帶□陸。□上珪璋令望，杞梓賢明。行修兼舉，詞藝具瞻。何得預茲簡擢，授受僉宜。君□□□方，抗庫無避。居忠處正，履道依仁。以丁憂還。哀感行路，號天靡愬。擗地無□，□生難返。扶而不起，遂嬰□痼，亟改炎涼，與善無徵，降年不永。春秋卅有八，卒於章善里第。喬木欲秀，嚴霜□摧；長衢方聘，騰雲景滅。巷歌鄰相，寂寞無聞；□水成風，悽然有報。且毀滅□行，誠闕禮經；孝感神明，彰於典冊。即以咸亨元年□月十四日，遷於□□北上翟村西原。〔註10〕

〔註10〕吳鋼主編：《全唐文補遺》第二輯，三秦出版社，1995 年，234 頁。康敬本墓
　　　　誌，石藏千唐誌齋。《千唐誌齋藏誌》《北京圖書館藏中國歷代石刻拓本彙編》

康敬本家族爲典型的康國後裔，其曾祖康默，北周時爲甘州大中正，這一官職一般爲地方豪族擔任，可知其家族內徙之後著籍甘州，而且有很大的勢力。甘州本爲入華粟特聚落集中的地區〔註11〕，這使得這些粟特後裔（家族）的族群形態得以比較完整保持，種族文化也得到較多的遺存。康敬本家族其他人物的墓誌亦有出土，據《唐故陪戎副尉康君墓誌銘並序》：

> □諱武通，字宏達，太原祁人也。……祖默，周任上開府儀同大將軍。父仁，隋任左衛三川府鷹揚郎將。……（君）暨皇泰初，仕至大將軍、陽城縣開國子。既而隋曆告終，唐皇啓聖。惟新是建，豈復齒於諸任。以貞觀一十二年改授陪戎副尉，從班例也。……春秋六十有五，以貞觀廿三年五月十九日終於章善坊里第。夫人唐氏，即酒泉單王之胤也。嚴肅齊敬，出自天然。凝懿範於室家，執大義於茲日。挺生五子，皆□利賓。……以大唐咸亨三年（672）正月廿二日，終於利仁坊私第，春秋七十有二。即以其年二月廿二日，合葬於洛州洛陽縣諸葛村北一百□□山之陽。〔註12〕

從上二誌可以看出，康武通與康敬本爲叔侄關係，其家族世系爲：

康默－康仁┬康鳳－康敬本
　　　　　└康武通

墓誌云康武通夫人唐氏，「酒泉單王之胤」。酒泉爲粟特康氏之望，唐氏當爲康氏，或刻石訛誤，或有意避諱。粟特胡人族內婚的情況很普遍，康氏與康氏通婚，何氏與何氏通婚，都有案例。康武通、康敬本叔侄皆卒於章善坊，可見這裡爲其家族在長安的祖業。而章善坊爲粟特胡人聚居的地方，其東邊之會節坊還有粟特人信仰之中心祆祠。康敬本家族的仕宦、婚姻、居處有如此濃重的「胡氣」，但康敬本卻已經儼然爲典範的士人，尤其他「貞觀年中，鄉貢光國，射策高第」，以文入仕，極少見於粟特胡人。又其官歷「清覽

與《隋唐五代墓誌彙編》皆收錄了拓片，《唐代墓誌彙編》據以錄文，但殘泐嚴重，一直並未引起足夠重視。《全唐文補遺》據《洛陽出土歷代墓誌輯繩》所刊圖版錄文，補充的文字頗多，榮新江先生遂定爲善本，參考史睿《金石學與粟特研究》，載榮新江、張志清主編：《從撒馬爾干到長安——粟特人在中國的文化遺跡》，北京圖書館出版社，2004年，第35頁。

〔註11〕 參見榮新江《北朝隋唐粟特人之遷徙及其聚落》，《中古中國與外來文明》（修訂版），三聯書店，2014年，第61～64頁。

〔註12〕 吳鋼主編：《全唐文補遺》第二輯，三秦出版社，1995年，第243頁。

要樞，仙關總轄」，亦非一般粟特胡人經商爲業、武功取仕或沉跡伎術可比。
十分可惜的是，康敬本英年早逝（年三十八歲而卒），否則我們或許可以看到
一位粟特「弘文大儒」。康敬本置身這樣一個典型的胡人文化語境中，而能「脫
穎而出」，成爲精通經術的文士，必有其深刻的原因。據出土崔懸黎所撰《蓋
蕃墓誌》：

> 府君諱蕃，字希陳，魯郡泗水人。齊太公裔孫，漢武牙將軍延
> 之後，元魏邳州刺史靈之曾孫，北齊泗水主簿、平棘令暉之孫，隋
> 許昌令洪之子。小名叔文，後繼從叔順，改焉。公性淹純，操履中
> 正，少私寡欲，澹如也。博覽經傳，尤精王《易》。幼孤，事兄嫂甚
> 謹，鄉邑稱之。……及皇唐咸靈暢於東夏，以隋官降授文林郎，從
> 時例也。府君以爲遭天人革命之秋，君子經綸之會，而棲附非地，
> 沉於散冗，豈命也乎？遂安之無復宦情，唯以講授爲事，洛中後進
> 李大師、康敬本等，並專門受業。其後咸以經術知名。而子暢不棄
> 士林者，實資過庭之訓也。〔註13〕

蓋蕃家族爲一經術世家。蓋蕃之子《蓋暢墓誌》：

> 君諱暢，字仲舒，信都人，因官徙居新安。昔齊丁公之子，食
> 邑於蓋，遂以命氏。祖弘式，隋襄城郡守。父蕃，唐曹州離狐縣丞。
> 並以經業相傳，爲當時所重。君稟三德之餘慶，崇五美以基身。學
> 洞六爻，文該四始。……雖在公衙，不異林藪。久居吏職，非其所
> 好。秩滿，歸家不仕，以文史自娛。著《道統》十卷，誠千古之名
> 作，一代之良才。〔註14〕

據此我們才知道，康敬本之學問淵源，來自於蓋蕃家學。康敬本與李大師、
蓋暢爲「同門」。李大師即《南史》《北史》之草創者，唐初史學家李延壽之
父；而蓋暢之《道統》，爲唐代「道統」說之濫觴，其間的學說傳承演變，要
爲一段重要公案而待發覆者。

　　隋唐時期學術壟斷的打破，傳統經學傳習之家學、家法已難以爲繼，但
家學精神無疑還在延續。對胡姓家族而言，依靠文化學術來確立家族在社會
中的地位尤其重要。前述穆寧在新安谷構別墅，教習子孫，傳習家學即爲一
例。穆員還特別請崔祐甫作《穆氏四子講藝記》，討論道術，闡發家學深意。

〔註13〕 吳鋼主編：《全唐文補遺》第一輯，三秦出版社，1994年，第64頁。
〔註14〕 吳鋼主編：《全唐文補遺》第一輯，三秦出版社，1994年，第351～352頁。

穆員撰其父穆寧《玄堂志》云其卒前：「喟然手疏述麟德中高宗天皇大帝詔問
張公藝九代同居故事，撰爲《家令》，賜諸子諸婦人各一通。贊等暨諸婦拜泣
受賜。」其以張公藝九代同居故事爲家令，可見其重視家族凝聚之道。與穆
員家族類似，元稹在《誨姪等書》中追憶自己讀書的過程，也頗能傳達家學
精神：

> 告命等：吾謫竄方始，見汝未期，粗以所懷，貽誨於汝。汝等
> 心志未立，冠歲行登，古人譏十九童心，能不自懼？吾不能遠諭他
> 人，汝獨不見吾兄之奉家法乎？……吾幼乏岐嶷，十歲知方，嚴毅
> 之訓不聞，師友之資盡廢。憶得初讀書時，感慈旨一言之歎，遂志
> 於學。是時尚在鳳翔，每借書於齊倉曹家，徒步執卷，就陸姊夫師
> 授。栖栖勤勤，其始也若此。至年十五，得明經及第，因捧先人舊
> 書，於西窗下鑽仰沉吟，僅於不窺園井矣。如是者十年，然後粗沾
> 一命，粗成一名。……今汝等父母天地，兄弟成行，不於此時佩服
> 《詩》《書》，以求榮達，其爲人耶？其曰人耶？吾又以吾兄所識，
> 易涉悔尤，汝等出入遊從，亦宜切慎。吾誠不宜言及於此。吾生長
> 京城，朋從不少，然而未嘗識倡優之門，不曾於喧嘩縱觀，汝信之
> 乎？〔註15〕

元稹教育姪兒，處處帶有一種「焦慮」心情和「危機」意識，甚至言辭激烈，
近於訓誡。這是因爲他從自己的經歷出發，深知這一過程的甘苦。他強調「家
法」，不是指家族的學術傳統，而是一種勤苦讀書的家族精神。正因如此，才
造就了中唐時期胡姓家族在文學、經術等領域的集中爆發。

二、學習的微觀情境

（一）蒙學與基礎教育

胡姓家族學習漢文化的初期情境是如何的，也是一個值得探討的話題。
透過一些「特別」的資料可以看到一鱗半爪。從敦煌、吐魯番出土文書的情
況看，中古時期地方官學曾延伸（或影響）到這些華戎交匯之所。這無疑有
助於推進胡姓家族接受教育的可能。尤其是漢文學資料（包括漢文學典籍、
學習教材、創作草稿等）在敦煌吐魯番地區的傳播，爲我們瞭解當時具體的

〔註15〕 楊軍：《元稹集編年箋注》（散文卷），三秦出版社，2008 年，第 187～189 頁。

學習過程提供了可能〔註 16〕。從發現的敦煌吐魯番文學類抄本來看，直接證明是胡姓家族者極少。其中一件吐魯番出土文書，《唐景龍四年卜天壽抄〈十二月新三臺詞〉及諸五言詩》〔註 17〕。是十二歲的學生卜天壽，在抄寫完《論語》之餘信手抄錄的，在空白處他還作了一首「打油詩」：「書後有殘紙，不可到時歸；雖然無手筆，且作五言詩。」他抄錄的六首詩（《十二月新三臺詞》、《伯鳥頭林息》《日落西山夏》《高門出己子》《他道側書易》《寫書今日了》），都是一些淺俗詩歌，或是童蒙教材。卜氏本匈奴大姓〔註 18〕，入華即久，一些漢化頗深，如《晉書·藝術傳》之卜珝，稱匈奴後部人，通《易》。卜天壽或爲匈奴卜氏，倘若如此，這是胡姓人物學習漢文詩歌的一例。中古時期，高昌漢文化頗盛，但胡漢文化並行。《周書·西域傳》稱高昌「文字亦同華夏，兼用胡書。有《毛詩》、《論語》、《孝經》，置學官子弟，以相教授。雖習讀之，而皆爲胡語」。這種民族與語言的接觸，無疑對胡姓家族學習漢文化是有利的條件。高昌王室的漢文學修養水平，亦有證據。據晏殊《類要》引《大業略記》的記載，高昌國王麴伯雅曾撰《聖明來獻樂歌》云：「千冬逢暄春，萬夜睹朝日。生年遇明君，歡欣百憂畢。」但這首詩被證明是南朝詩人鮑照《中興歌》的「翻版」〔註 19〕，雖然其文學價值大打折扣，但至少說明高昌王室對於漢文學的諳熟。

　　唐代社會開放，胡姓家族的女子一般也能接受較好的基礎教育，其中特殊的例子，如永王侯莫陳妃。據唐代鄭氏《進〈女孝經〉表》：

〔註16〕　有關研究吐魯番地區教育問題的研究，已經有姚崇新《唐代西州的官學：唐代西州的教育之一》（《新疆師範大學學報》2004 年第 1 期），《唐代西州的私學與教材：唐代西州的教育之二》（《西域研究》2005 年第 1 期），朱玉麒《中古時期吐魯番地區漢文文學的傳播與接受——以吐魯番出土文書爲中心》（《中國社會科學》2010 年第 6 期）等文。

〔註17〕　唐長孺主編：《吐魯番出土文書》（三），文物出版社，1996 年，第 582～583 頁。

〔註18〕　《漢書》卷九四《匈奴傳》：「其大臣皆世官，呼衍氏、蘭氏，其後有須卜氏，此三姓其貴種也。」《後漢書》卷一一九《南匈奴傳》：「單于姓虛連題，異姓有呼衍氏、須卜氏、丘林氏、蘭氏。四姓爲國中名族，常與單于婚姻。呼衍氏爲左，蘭氏、須卜氏爲右，主斷獄聽訟，當決輕重，口白單于。」王昭君女即嫁須卜當。《魏書·官氏志》云：「須卜氏後改爲卜氏。」其改姓其實早在西晉時既已如此，北魏不過承認其結果。

〔註19〕　關於麴伯雅本詩的相關問題，詳王素《新發現麴伯雅佚詩的撰寫時地及其意義——〈高昌史稿 統治編〉續論之二》，《西域研究》，2003 年第 2 期，第 10～13 頁。

　　　　妾任女特天恩策爲永王妃，以少長閨闈未嫻詩禮，至於經語觸
　　事面牆夙夜憂惶，戰懼交集，今戒以爲婦之道，申以執經之禮，並
　　述經史正義，無復載乎浮詞。總一十八章，各爲篇目，名曰《女孝
　　經》。〔註20〕

《女孝經》作者鄭氏之夫爲侯莫陳邈〔註21〕，而永王妃即侯莫陳超之女〔註22〕，
鄭氏之侄女。鄭氏編此書的主要目的就是教習侯莫陳妃，主要是「婦德」方
面的內容。雖然曰《孝經》，實際上模仿《論語》。其十八章內容分別爲：開
宗明義、后妃、夫人、邦君、庶人、事姑舅、三才、孝治、紀德行、五刑、
廣要道、廣守信、廣揚名、諫諍、胎教、母儀、舉惡〔註23〕。書中以曹大家
與「諸女」問答展開，每章討論一個問題，但主要著眼於后妃之德，對象性
很強的。侯莫陳氏家族與李唐宗室的關係密切，在後文中我們還會專門論述。
鄭氏所編《女孝經》，可以說是侯莫陳氏家族的內部教材。侯莫陳氏家族與鄭
氏的關係不少，疑亦世婚之家，遂有文化漸習之成果。

　　一般的胡姓女性，也能學習詩文創作，如李彬撰其夫人《唐秘書省秘書
郎李君夫人宇文氏墓誌》（咸通八年）：

　　　　幼知禮法，言必聳尊卑之聽，動不假保傅之訓，雍睦兄弟，令
　　族罕儔。組繡奇工之暇，獨掩身研書，偷玩經籍，潛學密識，人不
　　能探。工五言、七言詩，詞皆雅正。常侍公每賢之，爲人曰：「是女
　　當宜配科名人。」〔註24〕

除了溢美之詞外，誌中所述宇文氏工詩的情況應該是可信的。中晚唐時期的
墓誌中，多載胡姓家族之女性人物以詩文爲事，比如孫備妻于氏、謝觀女謝
逃，一些還有作品傳世，說明這是當時社會文化風氣所向。

〔註20〕《全唐文》卷九百四十五，中華書局，1983年，第9817頁。
〔註21〕關於《女孝經》之作者，《崇文總目》著錄，但無撰人姓氏。元劉氏學禮堂刻
　　　　本孫奕《示兒編》卷七說是鄭氏撰，小注「唐侯莫陳□妻」。《宋史》卷二百
　　　　六：《女孝經》一卷，侯莫陳邈妻鄭氏撰。《國史經籍志》卷四則云唐陳邈妻
　　　　鄭氏撰。《全唐文》小傳作侯莫陳邈妻。
〔註22〕宋敏求《唐大詔令集》卷四十諸王《冊永王侯莫陳妃文》：「維開元二十六年
　　　　歲次戊寅正月庚午朔十八日丁亥……咨爾右羽林軍長侯莫陳超第五女……冊
　　　　爾爲永王妃。」
〔註23〕有叢書集成初編本，中華書局，1991年。
〔註24〕《唐文拾遺》卷三十二，中華書局，1983年，第10731頁。

（二）詩文基礎

文學的學習不同於經學的傳習，科舉對文學（尤其是詩、賦）的偏重，使得掌握文學技能的重要性凸顯出來，於是一些具體的學習著作也就應運而生，韻書和類書即是如此。

習文作詩，必先從基本的文字、音韻入手，這在胡漢詩人皆如此。自南朝沈約等人提倡聲病，詩歌對聲韻的追求遂走向自覺，不斷細化，發展爲聲韻形制皆臻凝固的格律詩。唐代不少胡姓詩人提到他們學習聲律的過程。如元稹《敘詩寄樂天書》：「稹九歲學賦詩，長者往往驚其可教。年十五六，粗識聲病。」白居易《與元九書》中也說道：「及五六歲，便學爲詩，九歲諳識聲韻。」值得注意的一個現象是，北朝以來，不少聲韻、字書有關的書是胡姓人物所編的。略舉如下：

1、陸法言《切韻》；

2、長孫訥言《箋注廣韻》；

3、麻杲《切韻》五卷；〔註25〕

4、元庭堅《韻英》十卷；

5、李文成《博雅志》十三卷〔註26〕；

陸法言以鮮卑族裔而撰成音韻學史上的巨製，陳垣先生首發其覆。在《切韻與鮮卑》一文中，他對陸法言家族的家學淵源作了簡要勾勒，據此可明此書之出非偶然。而且本書亦非陸法言一人之力，在《切韻序》中已明言。我們無意說明陸法言鮮卑族裔的身份與其音韻成就之間的隱秘關係，而是關注陸法言編著本書的目的和心理。在《切韻序》中，他說：

> 今反初服，私訓諸子弟，凡有文藻，即須明聲韻，屏居山野，交遊阻絕，疑惑之所，質問無從。亡者則生死路殊，空懷可作之歎；存者則貴賤禮隔，以報絕交之旨。遂取諸家音韻，古今字書，以前所記者，定之爲《切韻》五卷。剖析毫釐，分別黍累。何煩泣玉，

〔註25〕麻氏亦有胡姓者，出於匈奴，參陳連慶《中國古代少數民族姓氏研究——魏晉南北朝民族姓氏研究》，吉林文史出版社，1993年，第37頁。

〔註26〕《新唐書·藝文志》雜家類著錄李文成《博雅志》十三卷。注云「安國公興貴子。」安興貴，本河西粟特族裔，自李抱玉改姓李。據《宰相世系表》，李文成爲安興貴孫。《博雅志》十三卷，《玉海》卷五七作《博物志》十三卷。《通志藝文略》入「雜家」，《群書考索》《明史·藝文志》《千頃堂書目》皆入「小學類」。其書已佚。

未可懸金。藏之名山，昔怪馬遷之言大；持以蓋醬，今歎揚雄之口
吃。非是小子專輒，乃述群賢遺意，寧敢施行人世？直欲不出戶庭。
〔註27〕

陸法言著本書，其目的在「私訓諸子弟」，而且強調「凡有文藻，即須明聲韻」，
是為學文而發，並不是一般的純學術研究。陸法言將自己著述行為與司馬遷
和揚雄對比，似自謙而實自得。我們不得不承認他的先見之明，聲韻之學在
唐以後伴隨科舉文學的興起而大盛，而《切韻》一系的書，成為詩人之必備。
此後其他胡姓人物對本書的箋注和整理，亦可以放到胡姓家族學習漢文學的
語境下進行解釋。

　　詩歌是中國古代文學皇冠上的明珠，也是漢人用來識別「我族」文化
身份的重要標準，也是我們判斷胡姓家族人物是否具有文學的重要依據。
古典漢語詩歌的創作具有嚴格的規範，尤其是格律詩（近體詩），基本創作
也必須具備聲韻、對仗等訓練。《安祿山事蹟》中記載了一段史思明的故事：

　　　思明本不識文字，忽然好吟詩，每就一章，必驛宣示，皆可絕
　倒。嘗欲以櫻桃賜其子朝義及周贄，以彩箋敕左右書之，曰：「櫻桃
　一籠子，半赤一半黃。一半與懷王，一半與周贄。」小吏龍譚進曰：
　「請改為一半與周贄，一半與懷王，則聲韻相協。」思明曰：「韻是
　何物？豈可以我兒在周贄之下！」又題《石榴詩》曰：「三月四月紅
　花裏，五月六月瓶子裏。作刀割破黃胞衣，六七千個赤男女。」郡
　國傳寫，置之郵亭。〔註28〕

史思明不知韻為何物，其創作的詩成為笑柄是必然的事情。但從魏晉南北
朝以來，確實出現了相當數量的胡姓人物詩人，並且他們還掌握了當時各種詩
體。這一過程（尤其是在民族習氣尚濃、漢語文化習得未深的初期）是如何成
立的，與漢人學習的過程有何不同，是值得思考的問題。從比較後期的唐代來
看，胡姓人物表現出對聲韻、詩文技法的重視和學習，這可以從他們編撰的相
關的「入門」書籍中看出。元兢《詩髓腦》是考察唐初律詩演變的重要資料。
歷來研究者只注意到了其中對聲病的描述，而較少關注作者本人鮮卑胡姓的身
份。客觀而言，胡姓人物對於漢語詩律的習得明顯難於漢人。在此假設之下，

〔註27〕 《全隋文》卷二十七，《全上古三代秦漢三國六朝文》，中華書局，1958 年，
　　　　第 4180 頁。
〔註28〕 姚汝能撰，曾貽芬點校：《安祿山事蹟》卷下，中華書局，2006 年，第 111 頁。

胡姓人物對於聲律知識的重視、以及繁瑣的剖析，就可以豁然了。元兢除了《詩髓腦》之外，還有《沈約詩格》一卷，直接祖述沈約之說，或以爲即《詩髓腦》〔註29〕。唐代其他胡姓文人所編撰的有關文學技法的著作，還有如元懷景《屬文要義》十卷，白行簡《賦要》一卷，紇干臮《賦格》一卷等。

　　類書的出現，本來就與文學詞藻、鋪陳之需要有關。而類書摘摭群言，以類相從，對於初學者也最有裨益，也是模擬與提高文學水平的重要教材。類書在學詩過程中的作用，由唐代《初學記》《藝文類聚》等書的編纂可以得知。唐人編纂有大型的、綜合性的類書；但爲了個人學習，也有小型的、專門的類書，而不少胡姓人物參與了這些類書的編纂。唐初所編的一部重要類書《芳林要覽》，據《新唐書·藝文志》，其參編成員有中竇德玄、元思敬，皆爲胡姓。而元思敬即前述《詩髓腦》作者元兢〔註30〕。《舊唐書》本傳載其有《詩人秀句》二卷，當是參編《芳林要覽》時的單出本。又《三教珠英》一千三百卷，參編之員半千、元希聲亦胡姓。中唐時期文人元稹、白居易善使用類書。陳寅恪箋證白氏新樂府《七德舞》即指出：「類書之作，本爲便利屬文，樂天尤喜編纂類書，以爲決科射策之需，而文學侍從之臣，亦必繙檢類書，以供起草代言之用。」〔註31〕元稹「白樸流傳用轉新」句自注：「樂天於翰林中書取書詔批答詞等撰爲程式，禁中號曰白樸。每有新入學士求訪，寶中過於六典也。」《崇文總目》著錄《白氏制樸》三卷，《玉海》著錄爲一卷，云「居易裒類制詞事語，以備撰述之用」。王楙《野客叢書》「白樸」條載此書體制：「爲卷上、中、下三。上卷文武勳爵等，中卷制頭、制肩、制腹、制腰、制尾，下卷將相、刺史、節度之類。此蓋樂天取當時制文編類，以規後學者。」〔註32〕白居易還有著名的類書《白氏經史事類》三十卷，又名《白氏六帖》。元稹之父有《百葉書抄》，是教習家人的類書，疑與白居易《元稹墓誌》中所載「又集古今刑政之書三百卷，號《類集》」爲同一書〔註33〕。這種類

〔註29〕　參見張伯偉《全唐五代詩格匯考·詩髓腦》「解題」引中沢希南之説，鳳凰出版社，2002 年，第 112～113 頁。
〔註30〕　元兢即元思敬一説，較早見於羅根澤《中國文學批評史》中，自述引自儲皖峰之説。
〔註31〕　陳寅恪：《元白詩箋證稿》，三聯書店，2001 年，第 135 頁。
〔註32〕　王楙：《野客叢書》卷三十，上海古籍出版社，1991 年，第 439 頁。
〔註33〕　《新唐書·藝文志》類書條也載《元氏類集》三百件，但次數歷代未見有引用。而《百葉書抄》，元稹自己文中多次提及，卻不見著錄。而且祝穆《事文類聚》別集卷二十一「讒毀」條「弄口鳴舌」一詞，注云出《百葉書抄》。

書對於他們的文學創作有重要的促進作用。胡姓人物的類書編纂還呈現出家族化傾向。如會稽康希銑家族，自康國安至其子康顯貞、孫康元瑰，曾孫康南華，皆編有類書（詳第六章），可見這是其家學傳統。這從側面反映了胡姓家族在學習漢文化過程中的積極性。此外，《新唐書·藝文志》類書條下所載胡姓文人編的類書還有于立政《類林》十卷〔註34〕，竇蒙《青囊書》十卷等。

值得注意的是，胡姓家族參編的類書多在唐前期。這當然跟唐初的文學風向有關。聞一多先生在其《類書與詩》一文中提到唐初編纂類書的熱情與當時文學風氣的關係。但在科舉興起的背景之下，對於胡姓家族而言，這或許亦是他們學習漢文學迫切的需要。

第二節　文化積累與胡姓家族身份轉型

一、文化積累

文化學術是家族性的、需要長期積累的、帶有壟斷性的學問，這是漢魏以來門閥士族與累世經學壟斷社會文化的重要原因。這種社會文化與政治的偏離，削弱了中央集權的力量。這就是唐太宗「崇今朝冠冕」意圖所指。北朝以來，胡姓家族是政治領域的重要力量，即「今朝冠冕」的主體；但從朔漠到中原，剛剛走出遊牧社會的他們，在社會文化領域尚未立足。科舉的興起，是對門閥士族的一種打壓，同時亦爲新興政治力量，包括胡姓家族，開通了一條捷徑。從文化類型而言，文學的習得相比經學爲容易，也容易成功。科舉在發展過程中，越來越偏重文學，無疑對於胡姓家族迅速進入漢文化核心領域提供了支撐。科舉的雙向作用：一方面是胡姓家族進入士人階層的資本；另一方面，又促使他們獲取更多的漢文化資源，更好的掌握漢文化，完成文化身份的轉型。這一良性循環，無疑爲胡姓家族進入漢文化核心圈提供了良機。

〔註34〕按，該書敦煌有殘卷，編號 P.2635，存「書法」、「善射」、「壯勇」、「音聲歌舞」、「美人」等目，「以事爲類，綴輯古經子史以實之，蓋即所以名編之義。」參見王重民《敦煌古籍敍錄·子部》，中華書局，1979 年，第 206 頁。又南朝梁裴子野有《類林》三卷，見著於《新唐書·藝文志》小說類。日本眞福寺藏唐抄本《珠玉集》引《類林》多條，究竟是裴子野還是於立政之《類林》，有多種意見，詳內山知也《隋唐小說研究》第二章「于立政與《類林》和《珠玉集》」一節的評述。

從《唐代胡姓登科人物數量分佈情況表》中看出，唐代可考具體時間的胡姓登科人數有 272 人，從科目分佈來看，進士科爲 175 人，占 64%；明經科 34 人，占 13%；制舉、諸科及其他爲 63 人，占 23%。可見的進士科在胡姓家族科第的地位〔註 35〕。進士是衡量唐代士人身份最重要的標記。若單從科舉出身這一點來看，胡姓家族已與漢人士族無大差別了。但值得注意的是，制舉等其他科目中，亦多胡姓人物，這可能是因爲其考察方式更加靈活，而且像武舉這樣的科目，對於還帶有民族作風的一些胡姓家族而言，是更有利的，比如武舉胡姓人物有雲遂、瞿曇譔、元嶧、尉繚等。

在胡姓家族的登科資料中，還有一個重要的現象就是家族性。比如河南于氏，單從于休烈算起，登進士第者就有：開元二年于休烈；天寶元年于益（休烈子）；于敖；于球；大中三年狀元于珪；大中七年狀元于瑰；大中十二年于琮；咸通中于鄴。四代之內可考進士八人，狀元及第者二人。這是一個很典型的科舉家族。又如粟特後裔會稽康氏，顏眞卿撰《康希銑碑》云：「君之先君至南華，四代進士，登甲科者七人，舉明經者一十三人。」據筆者所考，其家族並無舉進士第者，墓誌諱書，但明經制舉者確實很多。會稽康氏入華已久，又濡染會稽文化，已演化成當地學術世家，故登明經科者尤多。

表 8：唐代胡姓登科人物數量分佈情況

	進　士	明　經	制舉、諸科及其他	總　數
初　唐	23	9	15	47
盛　唐	52	8	28	88
中　唐	39	12	17	68
晚　唐	61	5	3	69
總　數	175	34	63	272

注：登科資料據孟二冬《登科記考補正》，王洪軍《登科記考再補正》；一人多次登科，按多次計算；「其他」包括獻書及第、武舉及賓貢等；

從文學的角度來看，科舉對於胡姓家族整體文學水平的提升無疑具有重要意義。前面所說，進士科在胡姓家族登科中佔據絕對比例，而文詞是進士

〔註 35〕當然，這與明經科史料的闕失有關，唐代各項科目，明經科所取人數其實是最多的，參考傅璇琮先生《唐代科舉與文學》「明經」篇有關辨析，陝西人民出版社，1986 年，第 111～112 頁。

科的基本要求，現存不少胡姓家族的作品都是應舉文學，如律詩、律賦、對策。而更深遠的影響在於胡姓家族文化身份的轉型。北朝以來，包括胡姓家族在內的新興文化階層（關隴集團爲主），被舊士族（山東士族爲核心）所排擠，形成帝國內部政治與文化的分離。唐初，胡姓家族雖然「冠冕」雲集，但在文官階層中的比例卻是很低的，這就是他們文化身份的「困境」。科舉興起以後，舊士族據以維護士族身份的文化工具被邊緣化；容易速成的文辭科，很快幫助胡姓家族完成成了文化轉型。在中晚唐以後，胡姓家族科第的家族化現象，正是在此背景之下。科舉所孕育的新的文化群體——衣冠戶，成爲胡姓家族新的文化身份。這種文化身份的轉型，可以從河南于氏的例子看出。孫備在爲其夫人于氏所撰墓誌中稱其父于珪：「不欺暗室，韜踐明節，其聲自騰逸於士大夫上。」裴庭裕《東觀奏記》下卷記載了一個故事：

> 始選前進士于琮爲婿，連拜秘書省校書郎、右拾遺，賜緋，左補闕，賜紫，尚永福公主，事忽中寢。丞相上審聖旨，上曰：「朕此女子，近因與之會食，對朕輒折匕筯，性情如此，恐不可爲士大夫妻。」許琮別尚廣德公主，亦上次女也。〔註36〕

此故事在後世被視爲「士大夫」文化優越性的例證在士人中傳頌。于珪、于琮兄弟，在當時其家族已經被視爲「士大夫」。要知道，在此之前，于頔子于季友尚普寧公主時，還有李絳以于頔家族爲「虜族」出來反對。可見這種文化身份的轉變，是需要積澱的。胡姓家族當然也知道其中的利害，所以會出現一種「誇耀」科第的現象。這可視爲胡姓家族「對抗」文化劣勢的一個重要手段。《桐江詩話》「白樂天詩兄弟中第」條載：

> 樂天與弟敏中、行簡三人相繼皆中第。樂天作詩云：「自憐郡姓爲儒少，豈料詞場中第頻。桂折一枝先許我，楊穿三箭盡驚人。」其自言兄弟中第，曲折盡矣。樂天自作墓誌，以白起爲祖，故曰「自憐郡姓爲儒少」也。〔註37〕

白居易家族爲西域胡姓，其入華或在北朝，但家族的文化的積累並非一朝一夕可成。「自憐郡姓爲儒少」，是傳統經學領域白氏家族的劣勢；「豈料詞場中第頻」，是今朝科舉之下家族的勃興。古人已看出其家族中第「曲折盡矣」的玄機，這實道出了不少新興家族尤其是胡姓家族的心聲。

〔註36〕 裴庭裕撰，田廷柱點校：《東觀奏記》，中華書局，1994年，第129頁。
〔註37〕 郭紹虞：《宋詩話輯佚》，中華書局，1980年，第343頁。

　　科舉對胡姓家族文化身份轉型的意義，還可以對比傳統高門大族的科舉心態中看出。傳統高門如崔氏、盧氏，在唐代雖依然保持強大的文化勢力，尤其在婚姻、家族文化等領域，但其優越性已大大受挫。崔特為其夫人于氏所撰墓誌提供了一個有趣的視角，誌文載：

> 大中九年，特客於蜀。……其年，特以明經調選。明年，授同州參軍事。……至十三年，馮翊秩滿，歸於藪溪之別墅。……居累年，以庭闈□□□寧於原。特尋調授左千牛衛胄曹參軍，因僦舍於立政里，挈幼稚安焉。尋則□疑身計，妄竊名場。五變寒霜，一□聲耗。臥牛衣，雖蒙勉勵；覽鶴髮，還自悲憐。旋屬鈞衡在高門，澄□及卑跡。歸田業廢，學賈□空。遂□薦起，遠從假攝。〔註38〕

崔特舉進士科，五年不中，他自己也垂垂老矣；而「長兄名宦不立，猶子寒餒可憐」，整個家族的情況可悲可憐。在從洪州送夫人歸葬洛陽祖塋時，「自龍沙之來，指鄉原數千里，視囊橐無一金資，且悲且喜曰：苟不違道，得行余志；斂手足形，無慚也已。」這種「窮」得只剩下「獨立之意志」的門第，在與夫人家族「豪華」的送葬弔祭團的對照中，越發顯得落沒。夫人于氏，為於珪第三女，高祖于休烈，其家族的科第情況已如前述。

二、文化身份之轉型

　　文化積澱的終極結果，是在相關領域有獨特性、創造性的「突破」。從北朝以來，胡姓家族雖然在習得漢文化方面已走過了很長的歷程，但我們回顧文學史、經學史，他們的成就是很微弱的，以至於一般通史都不納入敘述，只是隨著研究的細化，以及「民族本位」研究的勃興，他們才成為人們關注的對象。而衡量他們總體成就的，並不是一兩個人，而是整個胡姓家族群體。那究竟要到什麼時候，胡姓家族群體才可能真正影響文化史的軌跡或者留下自己深刻的烙印呢？我們發現，到了唐代中後期，在經學、文學、藝術等領域，胡姓家族的群體性開始凸顯。李肇《唐國史補》卷下載：

> 大曆已後，專學者有蔡廣成《周易》，強蒙《論語》，啖助、趙匡、陸質《春秋》，施士丏《毛詩》，刁彝、仲子陵、韋彤、裴茞講《禮》，章廷珪、薛伯高、徐潤並通經。其餘地理則賈僕射，兵賦則

〔註38〕吳鋼主編：《全唐文補遺》第九輯，三秦出版社，2007 年，第 419～421 頁。

杜太保，故事則蘇冕、蔣乂，曆算則董和名（嫌憲宗廟諱），天文則徐澤，氏族則林寶。〔註39〕

這一段話相當於中唐時期學術小史。武都啖氏本氏族大姓，王應麟《姓氏急就篇》、胡三省注《通鑑》、姚薇元、陳連慶等都曾指出。繆鉞、朱大渭等先生都曾指出啖助爲氐人〔註40〕。另外，略陽強氏亦爲氐族大姓，陳連慶先生已考之。此強蒙與顏眞卿、皎然等有唱和交集〔註41〕。在這一段小史中，氐族胡姓佔據兩席，足見其影響。而唐代中期更多的胡姓文人如獨孤及、元結、劉禹錫、五寶、元稹、白居易等等，星光熠熠，宣告了他們作爲群體在文化領域的崛起。這正好與我們對於中古胡漢共同體完成形態在唐中葉的判斷相一致，但這並不是「巧合」，而是文化發展的必然規律。

胡姓家族的文化積澱與「突破」，表現在很多領域，我們以胡姓家族研習《春秋》的情況作爲例子來說明。北朝時期至隋、唐初期，還罕見有胡姓人物與《春秋》學有關，唐中葉以後始多見。獨孤及撰其兄獨孤憕墓誌：

君沉毅出於天成，幼年性即果斷，岸然不可以屈撓。資稟穎悟，過目成誦，若出之素得，兼之好學不倦，朝夕無廢時。弱歲專於《左氏春秋》，晰疑洞義，二百四十二年之事，若列之指掌。尤工於畫，尤善音律。圖書之奧。靡不深究，津津乎神，遊而趣洽，所以爲之即得其理。意氣倜儻，達節，不欲以細行竊名。〔註42〕

雖然有「譽美」之嫌，但可能確實曾習之。天寶大曆中，啖助以《春秋》學鳴。據《新唐書·儒學傳》下：

啖助字叔佐，趙州人，後徙關中。淹該經術。天寶末，調臨海尉、丹陽主簿。秩滿，屏居，甘足疏糲。善爲《春秋》，考三家短長，縫綻漏闕，號《集傳》，凡十年乃成，復攝其綱條爲例統。〔註43〕

〔註39〕上海古籍出版社編：《唐五代筆記小說大觀》，上海古籍出版社，2000年，第192頁。
〔註40〕繆鉞《略談五胡十六國與北朝時期的民族關係》，收入《冰繭庵讀史存稿》，《繆鉞全集》第一卷，河北教育出版社，2004年，第316頁；朱大渭《儒家民族觀與十六國北朝民族融合及其歷史影響》，《中國史研究》，2004年第2期。
〔註41〕顏眞卿《登峴山觀李左相石尊聯句》《湖州烏程縣杼山妙喜寺碑銘》中提及此人，皎然有《強居士傳》。
〔註42〕《全唐文》卷三百九十一，中華書局，1983年，第3977頁。
〔註43〕《新唐書》卷二百，中華書局，1975年，第5705頁。

唵氏本武都氐人，唐代關中氐羌胡姓分佈很多，而《新唐書》稱其爲「趙州人，後徙關中」，是倒誤了事實。柳宗元《陸質墓表》稱「天水唵助」，眞標其所出。唵助之後學、門人很多，其中就有出於胡姓者，如竇群。《新唐書·竇群傳》：

> 竇群字丹列，京兆金城人。父叔向，以詩自名，代宗時，位左拾遺。群兄弟皆擢進士第，獨群以處士客隱毗陵。母卒，齧一指置棺中，廬墓次終喪。從盧庇傳唵助《春秋》學，著書數十篇。〔註44〕

竇群家族出鮮卑紇豆陵氏，其所傳《春秋》學，已爲再傳。中、晚唐時期傳習《春秋》之胡姓學者，還有元洪。柳宗元《答元饒州論春秋書》：

> 辱復書，教以《披張生書》及《答衢州書》言《春秋》，此誠世所希聞，兄之學爲不負孔氏矣。……兄書中所陳皆孔氏大趣，無得逾焉。……往年又聞和叔言兄論楚商臣一義，雖唵、趙、陸氏，皆所未及，請具錄，當疏《微指》下，以傳末學。〔註45〕

又元秬，元稹在《元秬墓誌銘》中云：

> 有魏昭成皇帝十一代而生我隋朝兵部尚書府君諱某，後五代而生我比部郎中、舒王府長史府君諱某，君即府君之第二子也，諱某，字玄度。……君始以恒王參軍附太學治《春秋》，中授左清道府錄事參軍〔註46〕。

又《新唐書·藝文志》載：

> 高重《春秋纂要》四十卷。字文明，士廉五代孫，文宗時翰林侍講學士。帝好《左氏春秋》，命重分諸國各爲書，別名《經傳要略》。歷國子祭酒。〔註47〕

高重爲高士廉之後，其家族族屬雖然有爭議，但其鮮卑化痕跡至深，要以胡姓視之。出於北齊宗室系的高氏，還有高郢，史傳稱：「九歲通《春秋》，工屬文，著《語默賦》，諸儒稱之。」（《新唐書》卷一百六十五本傳）唐代其他長於《春秋》學者，還有劉蛻。高彥休《闕史》上「裴丞相古器」條引劉蛻夫子自道：「某幼專邱明之書。」其《文泉子集自序》以「西華主旨降」爲時序，乃復愚模仿左丘明「以事紀時」之例子，陳寅恪已詳考種族與文化。

〔註44〕　《新唐書》卷一百七十五，中華書局，1975 年，第 5243 頁。

〔註45〕　尹占華、韓文奇：《柳宗元集校注》，中華書局，2013 年，第 2057～2058 頁。

〔註46〕　楊軍：《元稹集編年箋注》（散文卷），三秦出版社，2008 年，第 285 頁。

〔註47〕　《新唐書》卷五十七，中華書局，1975 年，第 1440 頁。

　　爲什麼《春秋》在胡姓家族中如此廣泛傳習呢？除了科舉中《春秋》爲重要的科目之原因外，可能還與胡姓家族文化的整體轉變有關。北朝時期，胡姓家族經學處在萌芽期，罕見大家，學問體系也基本在《詩》、《禮》學範圍。如元延明有《毛詩誼府》三卷、《三禮宗略》二十卷，元殷《樂略》四卷、《聲律指歸》一卷，元熙以《孝經》見長（《北史·儒林傳》）。直到唐初，胡姓家族的學術分佈還主要在禮學，如長孫無忌、于志寧參修了《大唐儀禮》一百卷，元行沖有《類禮義疏》五十卷，竇璡有《正聲樂調》一卷，員半千有《明堂新禮》三卷。之所以如此，因爲「禮樂」是漢人用於區別「非我族類」的核心文化要素，或者說是「文化決定論」中的決定因子。漢魏以來的胡姓家族，他們要擺脫「種族」身份，最亟待的任務就是研習禮樂。但進入隋唐之後，不少胡姓家族已完成文化轉型，他們希望在學術中發表自己的聲音，於是在更具「個性」的史學、子學、文學等領域，胡姓家族表現出了「活力」。這可以從啖助《春秋》學的特點中看出。歷史上對於啖助爲首的《春秋》學，評論並不高，《舊唐書·儒學傳》不列啖助，在《陸質傳》中說：

> 陸質，吳郡人，本名淳，避憲宗名改之。質有經學，尤深於《春秋》，少師事趙匡，匡師啖助。助、匡皆爲異儒，頗傳其學，由是知名。〔註48〕

這一記載說明啖助爲新《春秋》學之發軔者，而《舊唐書》以爲「異儒」，評價不高。《新唐書·儒學傳》載史臣「贊」：

> 啖助在唐，名治《春秋》，摭訕三家，不本所承，自用名學，憑私臆決，尊之曰」孔子意也」，趙、陸從而唱之，遂顯於時。嗚呼！孔子沒乃數千年，助所推著果其意乎？其未可必也。以未可必而必之，則固；持一己之固而倡茲世，則誣。誣與固，君子所不取。助果謂可乎？徒令後生穿鑿詭辨，詆前人，捨成說，而自爲紛紛，助所階已。〔註49〕

這可以說是很尖銳的批評。《四庫全書總目·春秋集傳纂例》：

> 助之說《春秋》，務在考三家得失，彌縫漏闕，故其論多異先儒。……其論未免一偏。故歐陽修、晁公武諸人皆不滿之。而程子

〔註48〕《舊唐書》卷一百八十九下，中華書局，1975年，第4977頁。

〔註49〕《新唐書》卷二百，中華書局，1975年，第5708頁。

則稱其絕出諸家，有攘異端、開正途之功。蓋捨《傳》求《經》，實
導宋人之先路。生臆斷之弊，其過不可掩；破附會之失，其功亦不
可沒也。〔註50〕

這一評價算比較折衷。皮錫瑞對啖氏之學也並未給予很高的評價：

唐人經說傳今世者，惟陸淳本啖助、趙匡之說，作《春秋纂例》、
《微旨》、《辨疑》。……此等議論，頗能發前人所未發。惟《三傳》
自古各自爲說，無兼採《三傳》以成一書者；是開通學之途，背顓
門之法矣。」〔註51〕

直到近代，學者才開始重新審視啖助新《春秋》學派之重要意義。朱維錚先
生從對太宗以來欽定經學解釋的挑戰來看啖助等人之《春秋》學，認爲是經
學史的一種突破。此後韓愈、柳宗元等對漢唐以來經學總體上的懷疑，即受
啖、趙、陸之影響。〔註52〕張穩蘋在《啖助新〈春秋〉學派研究論集》序言
中說道：

更確切地說，以啖助學派爲主的中唐《春秋》學，是一個介於
新、舊之間，捨棄了舊方法，卻藉由檢閱舊資料來主導新學風的學
術體。從史的觀點來看，其發展實具備了「承先」（集漢詁之大成）
——「啓後」（道宋學之先路）的指標意義。爲了適應環境的需要，
爲了替自己的政治哲學尋求合理的經典詮釋，啖助學派在折衷、會
通三傳的同時，也開啓了直探經旨、抒發己意的解經視野。〔註53〕

啖助爲新《春秋》學派的創始人，其個人家世是應該注意的。在現有的史料
中，我們看不到他有任何傳承淵源。他氏族的「新鮮」的出身，自然不像漢
人經學世家那樣「羈絆重重」。本文中我們多次引用陳寅恪論「唐代文學特富
想像」與入華異族「活潑之血脈」之論，以及吳宓論清代滿人文學「初染文
化之生力種族」之說，啖助新學所表現出版的「活潑」特點，在某種程度上
也可以說是外族新鮮血液對華夏文化的更新。

〔註50〕　《四庫全書總目》卷二十六，中華書局，1960年，第213頁。
〔註51〕　皮錫瑞：《經學歷史》，中華書局，1959年，第215頁。
〔註52〕　朱維錚：《中國經學史十講》，復旦大學出版社，2002年，第272～273頁。
〔註53〕　林慶彰、蔣秋華主編：《啖助新〈春秋〉學派研究論集》，中央研究院中國文
　　　　哲研究所，2002年，第9頁。

第三節　文學突變與胡姓家族身份定型

如果說經學的成就對於胡姓家族身份轉型（有武力之家轉變爲教養士族）具有顯在的標記意義的話，那文學成就則是胡姓家族躋身漢人士族的內涵的精神。相比經學的世代積累性，文學表現得更具「突變」性，對於胡姓家族擺脫民族習氣而獲得漢人文化士族身份更具有決定性。

一、文學「突變」與「想像」

（一）文化焦慮與文學「突變」

在影響族群關係的因子中，族群意識是一個重要的變量。唐代文化開放、包容，是典型的胡漢共同體。其中胡姓家族人群對於整體民族（漢人，或者唐人）的認同與對於原來族群（游牧形態或者模糊的英雄祖先）的認同存在複雜的譜系關係。族群意識的產生，是因爲有對應的「他者」：外來者所持有的族群意識與土著的異族意識相伴而生。唐代胡姓家族關於本民族的自我意識，伴隨著漢化的進程，從客觀上說已經是很弱的了。漢人（或者唐人）認同是其民族意識的主流，但是因爲有漢人有意無意的「偏見」（即漢人的「異族意識」）的存在，胡姓家族的族群意識還是或隱或顯地表現出來。而文學爲這種族群意識提供了「溫床」。

漢人以文學的方式來表達族群偏見是一個傳統，而在唐代，或因爲統治者族屬身份的敏感，這一偏見更爲盛行，只是出於統治者的壓制，這些表現被邊緣化到一些非典範性文本，如小說、戲謔詩等。唐代的筆記小說中對胡姓人物體貌、文化、風俗的負面言論，不勝枚舉，這種其體貌上的特徵在粟特、波斯等西域胡人身上最爲明顯，尤爲唐人筆下戲謔的佐料。李白《上雲樂》對於康老胡人濃墨重彩的鋪敘，雖然承襲自南朝顧雲，但可能也是李白所見的實際情況（李白自己的「自嘲」？）還有陸岩夢《桂州筵上贈胡女子》等詩，也是極言胡人形貌，以爲戲謔。

漢人對於胡姓家族族屬的一種負面評價，在民族關係緊張或復古思想盛行的時候，會演變成一種政治宣言，而嚴「夷夏之防」。一些本與民族問題無關的事件，也會因胡姓家族的族屬而被漢人「警惕」。《資治通鑒》卷二三七唐憲宗元和二年十二月條：于頔爲子于季友求尚主，「李絳諫曰：『頔，虜族；季友，庶孽，不足以辱帝女，宜更擇高門美才。』」於頔家族雖然爲鮮卑後裔，

但入華已久，而且以文儒傳家，早已上升爲士大夫階層，但在特定情境，對他們的族屬偏見會被重拾〔註54〕。

　　胡姓家族置身這樣的社會情境之中，對於自身的族屬無疑有一種焦慮。而在「文化決定種族」論中，胡姓家族的種族身份焦慮，更多通過文化因素傳遞出來。因爲歷史及民族文化等綜合原因，北朝以來的胡姓家族往往凝固在一定的社會階層中而缺乏流動性，從而在社會資源的分配中邊緣化。軍人、商人、僧人、伎術官等等，是胡姓家族比較集中的階層。閻立本曾戒其子曰：「吾少好讀書，幸免面牆。緣情染翰，頗及儕流。唯以丹青見知，躬廝養之務，辱莫大焉。汝宜深戒，勿習此也。」〔註55〕繪畫在古代爲一種賤職。閻立本的例子代表了不少胡姓家族在文化身份焦慮中的心理活動，也反映了胡姓家族突破社會分層中劣勢地位的心理動力。元行沖本傳載：

　　　　元澹字行沖，以字顯，後魏常山王素連之後。少孤，養於外祖司農卿韋機。及長，博學，尤通故訓。……景雲中，授太常少卿。行沖以系出拓拔，恨史無編年，乃撰《魏典》三十篇，事詳文約，學者尚之。初，魏明帝時，河西柳谷出石，有牛繼馬之象。魏收以晉元帝乃牛氏子冒司馬姓，以著石符。行沖謂昭成皇帝名犍，繼晉受命，獨此可以當之。〔註56〕

元行沖對於祖先的「情結」，通過編著史書，爲祖先正名的方式完成，而元結家族則是以一種身份的轉型來傳達，《新唐書·元結傳》載：

　　　　元結，後魏常山王遵十五代孫。曾祖仁基，字惟固，從太宗征遼東，以功賜宜君田二十頃，遼口並馬牝牡各五十，拜寧塞令，襲常山公。祖亨，字利貞，美姿儀。嘗曰：「我承王公餘烈，鷹犬聲樂是習，吾當以儒學易之。」〔註57〕

元亨對於家族「鷹犬聲樂」的文化到「儒學」的轉變，至元結遂成一代文儒。而元稹家族的文化轉型，表現得更爲「焦慮」。永貞元年，元稹在《夏陽縣令陸翰妻河南元氏墓誌銘》中云：

〔註54〕這是正史中比較少見的唐人直接針對北朝鮮卑後裔的負面評價。李絳此論，究竟是出於漢人的偏見還是另有原因，還需要考察。

〔註55〕劉肅撰，許德楠、李鼎霞點校：《大唐新語》卷十一，中華書局，1984年，第167頁。

〔註56〕《新唐書》卷二百，中華書局，1975年，第5690～5691頁。

〔註57〕《新唐書》卷一百四十三，中華書局，1975年，第4681頁。

始祖有魏昭成皇帝，後嗣失國，今稱河南洛陽人焉。六代祖諱
岩，在周爲内史大夫，以諫廢。在隋爲兵部尚書、昌平公。以忠進。
古君子曰：「忠之後必復。」降五世而生我皇考府君。府君諱某，以
四教垂子孫：孝之先，儉次之，學次之，政成之。……嘗著《百葉
書要》，以萃群言，秘牒一開，則萬卷皆廢，由是懼夫百氏之徒，一
歸於我圃，所不樂也，故世莫得傳。嗚呼！盛德大業至矣，不峻其
位，不流其化，時哉！時哉！〔註58〕

家族早期的榮耀與近世的衰落，無疑是刺痛元稹神經的正負兩極電流。此時
的元稹，才剛剛入仕，但已深感復興家族之使命。元和十四年，元稹撰《元
柜墓誌銘》：

有魏昭成皇帝十一代而生我隋朝兵部尚書府君諱某，後五代而生
我比部郎中、舒王府長史府君諱某，君即府君之第二子也，諱某，字
玄度。……我尚書府君有大勳烈於周隋氏，我比部府君積大學行揭紳
間，我諸父法尚嚴，家極貧，而事事於喪祭賓客，雖帛除薪水，不免
於吾兄。……先府君叢集群言，裁成《百葉書抄》，君懼不得授，乃日
一食以齋其心者一月。先太君憐而請焉，由是盡付其書。是歲貨婢足
食之一日也，日一粥而課寫千言，三歲乃卒業。先府君違養之歲，前
累月而季父侍御史府君捐館，予伯兄由官阻於蔡，叔季皆十年而下，
遺其家唯環堵之宮耳。皆曰：「貨是以裹二事可也。」君跪言於先太君
曰：「斯宇也，尚書府君受賜於隋氏，乃今傳七代矣。敢有守失以貽太
夫人憂，死無以見先人於地下。」由是葡匐乞以終其喪。〔註59〕

元稹強調家法，元柜不許賣祖業，都強調維繫家族的意義。元稹反覆強調其
父編《百葉書抄》，也是家族沒落，家學不興之「危機」和「焦慮」下的一種
文化使命。聯繫前文所引元稹《誨姪等書》，更可見元稹之良苦用心。元稹的
這種「焦慮」，放到在中晚唐時期，跟族群關係已不明顯，但放到一個家族的
演變內來看，無疑是某種深層文化心態的反映。

在文化焦慮心理之下，胡姓家族常常借助祖先的文化榮耀和和自身對典
範漢文化的造詣，來增強家族的文化信心，對抗和消解漢人的文化偏見。這
突出表現於胡姓家族文學創作心理中。在唐代，因爲科舉的原因，文章或者

〔註58〕楊軍：《元稹集編年箋注》（散文卷），三秦出版社，2008 年，第 64～65 頁。
〔註59〕楊軍：《元稹集編年箋注》（散文卷），三秦出版社，2008 年，第 285～286 頁。

文學，是衡量家族或個人文化的最高標準。文學的習得過程帶有鮮明的「個人主義」，不像經史之學那樣需要累世之積澱和藏書、師授等其他條件，所以文學往往成爲家族文化「突變」的力量。胡姓家族利用文學修爲，可以「迅速」擺脫自身的「種族」形象。《唐摭言》「敏捷」條下載一故事：

> 白敏中鎮荊南，杜蘊常侍廉問長沙，時從事盧發致聘焉。發酒酣傲睨，公少不懌。因改著詞令曰：「十姓胡中第六胡，也曾金闕掌洪爐。少年從事誇門地，莫向樽前氣色粗。」盧答曰：「十姓胡中第六胡，文章官職勝崔盧。暫來關外分憂寄，不稱賓筵語氣粗。」公極歡而罷。〔註60〕

面對漢人山東高門盧氏，白敏中的反映很有意思，他自稱「十姓胡」〔註61〕，但文章、官職並不輸山東門第。胡姓家族「誇耀」今朝官爵和文章來對抗門第，正印證了強調族群身份特徵所隱藏的焦慮。這突出表現於胡姓家族文學創作心理中。在胡姓家族的墓誌中，可以看到對家族人物文學造詣、文化修爲近乎刻意而且刻板的一種敘事，正是這一心理下的反應。白居易爲其祖白鍠所作行狀云：「幼好學，善屬文，尤工五言詩，有集十卷。」白居易孫《白邦彥墓誌》云：「白氏門閥業文，進身□初，□□□□□□□□□欲俾儒風不□，七歲學詩，每賦詠必問□□□於□□□，才慧天縱也。」〔註62〕元稹《唐故京兆府鳌屋縣尉元君墓誌銘》中云：「君少孤力學，通五經書，善鼓琴，能爲五言、七言近體詩。」這些胡姓家族的自敘，有很明顯的模式化傾向。而且這種自敘，有時甚至演變爲自誇，如謝觀自爲墓誌銘云：

> 其先陳郡陽夏人。東晉太傅文靖公安十六代孫。五代祖偃，仕隋爲記室參軍。……吾生慕雲鶴，性耽煙霞，秘籍仙經，常在心口。藥爐丹灶，不廢思須。生世七歲，好學，就傅能文。及長，著述凡冊卷。尤攻律賦，似得楷模，前輩作者，往往見許。開成二年，舉進士第。〔註63〕

〔註60〕《唐摭言》卷十三，收入《唐五代筆記小說大觀》，上海古籍出版社，2000年，第1692頁。

〔註61〕據姚薇元先生考西域白氏爲龜茲土著，龜茲曾役屬西突厥，即西突厥十姓中之鼠尼施部。唐代白氏多西域者，參見《北朝胡姓考》，中華書局，2007年，第398～402頁。白居易家族是否爲胡姓，爭議頗多。

〔註62〕參考胡可先、文豔蓉：《新出石刻與白居易研究》，《文獻》2008年第2期。

〔註63〕《唐故朝請大夫慈州刺史柱國賜緋魚袋謝觀墓誌銘並序》（自爲墓誌銘），吳鋼主編：《全唐文補遺》第一輯，三秦出版社，1994年，第400～401頁。

謝觀爲謝偃五世孫，本高車族直勒氏族裔。在其自爲墓誌銘中，對於自己文學修爲的誇耀，也影響到了其後代。在其子謝承昭爲其姊謝迢所作的墓誌中云：

> 夫人謝氏，諱迢，字升之。東晉太傅文靖公安十九世孫。當永嘉南遷，王室多難，我文靖公以文武全略，匡輔成功，茂德鴻勳，傳於晉史。……夫人五世祖偃，仕隋爲記室參軍。……夫人九歲善屬文，嘗賦寓題詩曰：永夜一臺月，高秋颺户砧。其才思清巧，多有祖姑道韞之風。〔註64〕

謝偃祖仕北齊，謝偃自隋入唐，當不至於「數典忘祖」。但在其撰《玉牒眞記》中卻「抹黑」自己的祖先：「重以中原塗炭，戎羯憑陵，衣冠禮樂，掃地將盡，數百年間，未聞正朔。」（《全唐文》卷一百五十六）到了謝偃之後五世，謝氏家族已經將世系嫁接到謝安。在當時譜學發達的背景下，說他們自己不知道祖先的族源，或許是牽強的，合理的解釋是他們希望借助文學來提高家族的文化身份。南朝謝氏家族，以文學著名，謝觀自序文學造詣及著述，可視爲一種「傳承」，但以一種有趣的「自誇」出現，這在漢人敘事中較少見。更明顯的是謝觀女，墓誌特意引用其詩文，用以接續上謝氏家族才女謝道韞，值得玩味。又如竇繡自撰墓誌銘：

> 扶風竇繡，字延贊，夏少康之後，分其苗裔派別焉。……公幼秉殊操，孤標不群。九歲，學五言七字之詩；十歲，綴縟序引之文，頗爲時賢所知。後舉進士，以家貧不遂其志。乃赴常調，釋褐授右清道率兵曹。後授秘書省著作佐郎。後爲太子太傅致仕彭城劉公沔所辟，授侍御史内供奉、麟勝等州觀察判官。〔註65〕

竇繡與竇叔向同出一系，爲竇易直之姪。他在墓誌中誇耀自己的文學成就，可能隱含著「掩飾」自己沒有獲得進士身份的尷尬情結，而顯在的意圖則是想借文學維護自己的身份。又如達奚說撰其父達奚珣墓誌云：「我先府君之□諱敏量，宏才碩德，清規直道，雅望高標，工文博學，禮樂忠信，洋洋乎佈在眾君子之口。」〔註66〕楊鏻姪楊弘正撰楊鏻夫人達奚氏墓誌云：「夫人□□父覿，華州司户。叔祖恂，禮部侍郎，製《華山賦》佈在人口。夫人爲□□

〔註64〕 吳鋼主編：《全唐文補遺》第一輯，三秦出版社，1994 年，第 396 頁。
〔註65〕 吳鋼主編：《全唐文補遺》第八輯，三秦出版社，2005 年，第 174～175 頁。
〔註66〕 趙菲菲《唐達奚珣夫婦墓誌考釋》，《洛陽考古》2015 年第 1 期。

□□□貽於夫族，其行可知。」〔註67〕達奚珣在安史之亂中變節，被肅宗處死，但其子孫、親人通過誇耀其文學消解其污點，這也是文學的一種特殊功能。

　　總之，文化是破解胡姓家族「誇耀」背後隱秘心理之關鍵所在，而文學則是其中最常用、也最重要的變量。越是「顯性」的文學要素的誇耀，越是指向認同的焦慮。胡姓家族對文學的重視，或正是他們在漢人的眼光之下，對漢人身份認同的焦慮感所致。

（二）文化想像──契苾何力「誦古詩」新解

　　漢人以「文化」來重新定義胡姓家族的身份，突出表現爲漢人描述胡姓家族文本中的「文化想像」。正史中關於胡姓人物漢文化造詣的描述很多，比如記劉元海：「師事上黨崔游，習《毛詩》《京氏易》《馬氏尚書》，尤好《春秋左氏傳》《孫吳兵法》，略皆誦之，《史》《漢》、諸子，無不綜覽。」（《晉書·劉元海載記》）又記劉聰：「究通經史，兼綜百家之言，《孫吳兵法》靡不通誦之。工草隸，善屬文，著述懷詩百餘篇，賦頌五十餘篇。」（《晉書·劉聰載記》）于謹，「性沉深，有識量，略窺經史，尤好《孫子兵書》。」（《周書·于謹傳》）王僧辯，「學涉該博，尤明《左氏春秋》。」（《南史·王神念傳》）。倘若不加辨析，會以爲這些入華未久，胡氣甚重的人物已經精通漢文化。但這些記載有的是來源於史官的「虛飾」，唐長孺先生曾指出：

　　　　結合時人稱之爲屠各的諸例便顯得《劉元海載記》所述有出於僞託之嫌。《劉元海載記》出於《十六國春秋》已不待論，而《十六國春秋》的根據大約出於和苞《趙記》之類，那是前趙史官頌揚其君主的著作，自然完全照劉曜自己所述記下來，且爲之修飾，大都是靠不住的。……《劉元海載記》之說自然出於前趙史官依託著名人物以抬高身價而已。其他如述劉氏一門都博通經史，恐怕也出於捏造。這類例子不獨《劉元海載記》爲然，如石勒爲王衍所識，慕容廆受知於張華，恐怕都是依託名人題目以自重，並非事實。〔註68〕

〔註67〕中國文物研究所、北京石刻藝術博物館編：《新中國出土墓誌·北京》壹（下），文物出版社，2003年，第15頁。
〔註68〕唐長孺《魏晉雜胡考》，收入《魏晉南北朝史論叢》，中華書局，2011年，第388～389頁。

又如史載唐代蕃將，哥舒翰：「能讀《左氏春秋》、《漢書》，通大義。」（《新唐書》卷一百三十五）李光弼：「好讀班固《漢書》，異夫庸人武夫者。」（《新唐書》卷一百三十六）渾瑊：「好書，通《春秋》、《漢書》，嘗慕《司馬遷自敘》，著《行紀》一篇，其辭一不矜大。」（《新唐書》卷一百五十五）還有一些出身不明，疑似胡姓者如王鍔：「自言太原人……初附太原王翃爲從子，以婚閥自高。翃子弟亦藉鍔多得官。又常讀《春秋》，自稱儒者，士頗笑之。」（《新唐書》卷一百七十）「高固，不知何許人，或言四世祖侃。……固生微賤，爲家所賣，轉爲渾瑊童奴，字黃芩。性敏惠，有膂力，善騎射，能讀《左氏春秋》。」（《新唐書》卷一百七十）正如王鍔稱「自稱儒者，士頗笑之」。這些蕃將能通《春秋》、《漢書》等經典的記載是需要質疑的，這可能是史書中的「模式化」的書寫。而這些蕃將人物閱讀、接受多爲《春秋》，其淵源是《三國志・關羽傳》引《江表傳》「羽好左氏傳，諷誦略皆上口」之情節，是「武力」或「軍事」的一種映像，因爲《左傳》本身以記戰爭爲勝。當然，胡姓士人確有研習《春秋》學者，前文已論之。我們只是說明，有關胡姓家族人物擅長經學、書法、詩、賦等典範的文化的記載，很多時候可能源於漢人對於他們的一種刻意「美化」或者「文化想像」。而這時胡、漢之間「默契」的文化敘事，表明了他們都希望借助文化來「遮蔽」或「修飾」種族差別的願望，這正是文化共同體形成的思想基礎。這在契苾何力家族身上有一個經典的例證。據劉餗《隋唐嘉話》載：

> 司稼卿梁孝仁，高宗時造蓬萊宮，諸庭院列樹白楊。將軍契苾何力，鐵勒之渠率也，於宮中縱觀。孝仁指白楊曰：「此木易長，三數年間宮中可得陰映。」何力一無所應，但誦古詩云：「白楊多悲風，蕭蕭愁殺人。」意謂此是冢墓間木，非宮中所宜種。孝仁遽令拔去，更樹梧桐也。〔註69〕

劉餗此書著於天寶初，說明至遲在天寶初契苾何力「誦古詩」之事已廣爲流傳。劉餗與其父劉知幾、兄劉貺都曾監修國史，但對於這一史料卻是很謹愼的。《隋唐嘉話》一書的性質，劉餗自己在序言中說得很明白：「余自髫丱之年，便多聞往說，不足備之大典，繫之小說之末。」此書原名《傳記》，又名《國史異纂》〔註70〕，即是要與「國史」相區別。但我們看到此後有唐「國

〔註69〕劉餗撰，程毅中點校：《隋唐嘉話》卷中，中華書局，1979年，第29~30頁。
〔註70〕關於《隋唐嘉話》書名之演變，詳周勳初先生《〈隋唐嘉話〉考》，收入《唐人筆記小說考索》，江蘇古籍出版社，1996年，第165~180頁。

史」中記載契苾何力「誦古詩」之事。據《太平御覽》卷第九百五十七木部
楊柳條引《唐書》載上引契苾何力事，文字幾無異。又據柳喜撰《契苾通墓
誌》（大中八年）：

> 公諱通，字周物，姓契苾氏。其族系源流，載在國史。五代祖
> 何力，在貞觀初，髮齒尚幼，率部落千餘帳，效款內附。太宗嘉之，
> 授左領軍將軍。後以征討有勞，尚臨洮縣主，爲蔥嶺道副大總管。
> 忠烈義勇，存乎本傳。時有司修蓬萊宮，樹以白楊。烈公吟古詩以
> 諷，主事者喻其旨，立命伐去之。其敏識精裁，爲時所推。〔註71〕

柳喜雖然也是用補敘的方法敘述契苾何力「吟古詩」之事，但從前後文意而
言，他似乎也是從「國史」中得知此信息，而今本《舊唐書》中沒有契苾何
力吟古詩之事，也證明《太平御覽》所引《唐書》與唐「國史」的淵源〔註72〕。
劉餗之時契苾何力「誦古詩」事尚爲「小說」；但至遲大中時期的《國史》似
已正式將之納入官方文本。這一方面可能是契苾何力家族地位影響所致，另
一方面可能也與國史編撰中史料的層累有關，而在本質上則反映了對於契苾
何力「文化」身份的確認。

　　回到事實層面，契苾何力是否可能眞的具備「古詩」修養，能賦詩言志
呢？劉餗對此史料的處理，已大致表達了他的判斷。據契苾何力本傳，其家
族本鐵勒別部之酋長，九歲而孤，貞觀六年（632）始隨其母內附沙州，時已
二十六歲〔註73〕，而至龍朔中（661～663）他已成爲一個深於漢化的「詩人」。
姑且不說他入唐以後胡化未泯，戎馬倥傯之際，是否有機會接觸漢文學，就
其年歲而言，似已過學習之階段。另外，從契苾何力家族的婚、宦而言，「胡
氣」猶濃。仕宦固不待言，其家族婚姻尤值得推敲。契苾何力尚臨洮縣主；
契苾何力子契苾明，尚膠西公李孝義女，皆爲宗室，有政治婚姻之背景。此
外，其家族之婚姻可考者還有如下五例：契苾何力第六女嫁右金吾將軍常山
縣開國公史氏，契苾明女嫁左屯衛將軍皋蘭都督渾大德，契苾嵩本人或子女

〔註71〕吳鋼主編：《全唐文補遺》第一輯，三秦出版社，1994年，第358頁。
〔註72〕關於《太平御覽》所引《唐書》究竟是唐《國史》還是《舊唐書》的另一個
　　　　版本，爭議很大，詳本文章述、柳芳《氏族志》有關章節。《契苾通墓誌》提
　　　　供了另一個新證據。
〔註73〕據魯連的考訂，契苾何生年約在大業二年（606年），其貞觀六年內附時已是
　　　　26歲之首領，其說大致可信，參《論契苾何力》，《新疆大學學報》（哲學社會
　　　　科學版）1988年第2期。

與回紇承宗家族通婚，契苾崟之季女嫁朝議大夫行晉陵郡長史段承宗，契苾通娶廬江何氏，其中除段承宗爲漢人之外，其與四組皆爲胡姓，而且武力之風明顯〔註74〕。換言之，其家族「胡化」特徵明顯，所謂「文化」是存疑的。李商隱有《贈別前蔚州契苾使君》詩：

> 何年部落到陰陵，奕世勤王國史稱。
> 夜卷牙旗千帳雪，朝飛羽騎一河冰。
> 蕃兒繈負來青冢，狄女壺漿出白登。
> 日晚鸊鵜泉畔獵，路人遙識邗都鷹。〔註75〕

此契苾使君即契苾通，爲契苾何力之後。李商隱詩中並沒有提到其祖先「吟古詩」的文化榮耀典故，卻是一派邊疆胡蕃景象，這不由得令人重新思考契苾何力「誦古詩」背後的文化背景。

在契苾何力「誦古詩」之事流傳稍前的時期，有契苾梁賓撰《大唐故三品孫吏部常選契苾府君墓誌並序》（開元二十一年）：

> 君諱尚賓，其先則武威著姓，今即河南人也。卅歲聰敏，習君子之風；弱冠縱才，有詞人之德。歷覽前史，文章日新。高道自升，風塵不雜。廉潔敦厚，戚里稱賢。至孝竭於事親，信行存於用友。……堂兄宣德郎行都太公廟垂，騎都尉，敦煌縣開國男梁賓詞並書。〔註76〕

誌主契苾尚賓與撰、書志者契苾梁賓二人，皆契苾何力曾孫。契苾梁賓在墓誌中渲染自家兄弟的文才，可能帶有「誇耀」的成分，但契苾梁賓既能作誌並書，則其文化修養已達一定水準，這可能是契苾何力家族文化轉型的開始。而同時契苾何力「誦古詩」之美談開始流傳，無論是出於契苾何力自己子孫的「宣稱」，還是漢人文士的有意「宣傳」，都表明通過文學修爲來消弭其家族種族色彩，重塑文化身份的努力。

而到了宋代，契苾何力「誦古詩」之事被再度闡釋，包括了更多的「文化想像」。據《唐會要》卷三十「大明宮」條小注：

〔註74〕 參見董春林《唐代契苾家族研究》，湘潭大學碩士論文，2008年，第22～24頁。

〔註75〕 劉學鍇、余恕誠：《李商隱詩歌集解》（增訂重排本），中華書局，1988年，第456頁。

〔註76〕 王曉謀、李朝陽《唐契苾尚賓墓誌考釋》，《文博》，2002年第1期。錄文又參見吳鋼主編《全唐文補遺》第八輯，三秦出版社，2005年，第27～28頁。

初，遣司稼少卿梁孝仁監造，悉於庭院列白楊樹，左騎衛大將
軍契苾何力入宮中縱觀，孝仁指白楊曰：「此木易長，不過二三年，
宮中可得陰映。」何力不答，但誦古詩曰：「白楊多悲風，蕭蕭愁殺
人。」意謂此特冢墓木也，孝仁遽令伐去之，更植桐柏，謂人曰：「禮
失求之於野，固不虛也。」〔註77〕

《冊府元龜》略同，此外還有《新唐書》的版本〔註78〕。「禮失求之於野，固
不虛也」的評論，當出於宋人之口。很顯然，宋人對於契苾何力身上的文化
現象感到驚訝，他們一方面視契苾何力爲「野」（蕃人），但另一方面又用「禮」
來完成他們的「文化想像」，消除對於其種族的歧視。《新唐書》也是如此，
一方面將契苾何力列入「蕃將」，另一方面又載其吟詠古詩，還將這種「文化
想像」擴展到其後代身上：「子明，字若水。……明性淹厚，喜學，長辯論。」
宋人重新闡釋契苾何力「誦古詩」之事，是胡漢語境再度變遷的結果，但與
唐人相同之處在於他們都是對胡姓家族的一種「文化想像」。

二、中古胡姓家族文學述略

如果將中古時期的民族關係比作一條江河，那麼十六國以來的前期民族
關係像是這條河流群山萬壑間奔騰競流的狀態，而唐代則是其百川匯流之後
進入平原之後的沈寂狀態。民族研究多關注唐代之前多民族關係，而入唐以
後民族關係的沉澱卻並不受重視。這也是民族融合宏觀敘事下的題中之義。
何況唐代新的民族關係，又使得北朝以來的民族關係淡出人們的視野。於是，
在民族融合的「結果」階段，我們的研究出現「眞空」的狀態。

唐代民族文學一直是一個「若隱若現」的存在，古代民族文學研究在這
一段往往處於很「尷尬」的局面：從唐代民族關係而言，似乎沒有特別引人
注目的民族文學現象；從文學成就而言，漢人文學的璀璨星光，也使得其他
民族的文學黯然失色。唐代民族文學的尷尬局面，其實是今日民族觀念及學
術範式「遮蔽」的結果。一個重要的現象是，北朝胡姓家族後裔，入唐以後
成爲唐代文學的生力軍。而這一群體從民族關係而言，是連接北朝民族的重

〔註77〕　《唐會要》卷三十，中華書局，1955年，第553頁。
〔註78〕　《新唐書》卷一百三十五本傳作：「始，龍朔中，司稼少卿梁修仁新作大明宮，
植白楊於庭，示何力曰：『此木易成，不數年可庇。』何力不答，但誦『白楊
多悲風，蕭蕭愁殺人』之句，修仁驚悟，更植以桐。」

要一環；從文學演變看，則是北朝民族文學的延續。但由於傳統上漢化、民族融合的宏觀敘事，這一群體所承擔的民族關係被一刀切斷，其主體性亦未被強調。如果從「胡姓家族文學」這一維度來觀察，正好可以連接起中古時期民族文學的發展脈絡。

（一）中古胡姓家族文學概況

中古胡姓家族文學的主體性長期未得到張揚，有客觀的原因。首先，相比漢人文學，他們處於「弱勢」地位。其次，胡姓家族文化身份的轉型，從北朝至唐代一直在進行，單從某一時期去把握此群體的文學情況，而忽略其過程，未免苛責古人。爲此，我們對於中古胡姓家族文學，強調「理解之同情」。一方面，文學的概念適當擴大。文學中存在「互通互融」現象，作家或者文人的身份並非凝固，詩人也可能是經學家、畫家、音樂家、藝術家等等，所以對這種文人、文學的界定應當持一種理解。另一方面，強調文學的延續性，這在家族文學尤其如此。

文化的演進需要沉澱，文學的進程亦是如此，而對於胡姓家族的漢文學歷程而言尤其如此。胡姓家族從朔漠到中原，從游牧文明到禮樂文明，其從縱情放歌到賦詩言志，其間的文化身份轉變過程之複雜程度不言而喻。通常我們關注中古時期的民族文學，只看到他們結出的果實，卻未關注其生長的過程。

從一種延續的視角來看，家族無疑是理解胡姓文學創作的理想視角，而北朝則是胡姓家族文學的源頭。北朝至唐，胡姓家族文學經歷了從無到有，從個人至家族，從家族到家族群的發展歷程。一些家族在北朝時期已奠定了家族文化的基調，而不少家族到唐代才完成文化身份的轉型。胡姓家族文學經過長期的積澱，最終彙集到漢文學整體中。

從淵源來看，北朝民族文學中，我們所能勾勒的胡姓家族文學，代表性的當然屬鮮卑宗室。北魏孝文帝遷洛，倡導漢化改制，學習漢文明，以宗室爲主導的北朝胡姓家族文學開始醞釀。《歷代吟譜》中已經注意到了後魏宗室文學的群體現象：

> 孝文帝，好讀書，手不釋卷。好爲文章，詩賦銘頌，任興而作，有大手筆。馬上口授，不改一字。
>
> 元彧，字文泰，郊廟歌詞，時稱其美。
>
> 元暉業，位太尉，嘗有詩曰：昔居王道泰，濟濟富群英。

　　元澄，字道鏡。爲七言連韻與孝文往復賭賽。

　　元延明，所著詩賦等三百餘篇。

　　元勰，字彥和，從幸代都，作詩十步而成曰：問松林，松林經

幾冬，山川何如昔，風雲與古同。

　　元瑜，字宣德，好文章，頗著詩賦。〔註79〕

其他北朝元氏宗室詩人，如北魏孝明帝元詡、孝莊帝元子攸、節閔帝元恭，
中山王元熙，都有詩歌傳世。北魏宗室中還有一些文學成就比較全面者，如
孝文帝，不僅能寫詩，其碑版文，其《弔殷比干墓文》爲後人稱頌。餘如元
萇，有《振興溫泉頌》，蔚爲巨文；萇弟元珍，亦長於文。元澄子元順有《蠅
賦》，頗有詠物賦之風情。當然，相對於漢人，尤其南朝漢人的文學而言，他
們的成就或許顯得輕微，但從民族文學的角度而言，其意義無疑是重大的。
河南元氏，在北朝時期已經奠定了充分的文化基礎，所以入唐以後能在文學
領域中大放異彩。唐代北朝胡姓詩人中，元氏家族成就最爲突出，產生了元
結、元稹等重要詩人。如果我們不從北朝追溯其淵源，就會忽略這些家族文
學形成的過程。

　　另一個家族文學延續的案例是河南于氏。河南于氏，本鮮卑万紐于氏，
代北人。孝文帝遷洛改于氏。北魏早期，于氏家族以尚武顯，帶有濃厚的代
北民族風氣。據《魏書·于栗磾傳》，「能左右馳射，武藝過人」；子于洛拔，
洛拔有六子，長子烈「善射」。到了于烈子于忠，娶中山王尼須女，微解《詩
書》，其家族中開始濡染漢文化。至于栗磾六世孫于謹，「性沉深，有識量，
略窺經史，尤好《孫子兵書》」（《周書》卷十七本傳）。于謹九子，爲唐代河
南于氏各系所分。于翼以知禮法著，天和三年，「皇后阿史那氏至自突厥，高
祖行親迎之禮，命翼總司儀制。狄人雖蹲踞無節，然咸憚翼之禮法，莫敢違
犯。遭父憂去職，居喪過禮，爲時輩所稱。」（《周書》卷三十）有意思的是，
此時已將從代北南遷的鮮卑于氏作爲漢人，與狄人突厥相對舉；前者「知禮
法」，後者「蹲踞無節」。漢人以文化來區分胡漢，此爲一例。于翼次子于仲
文，字次武（名字上的文武含義很清楚），「少聰敏，髫齔就學，耽習不倦。……
後就博士李詳受《周易》《三禮》，略通大義。……撰《漢書刊繁》三十卷、《略
覽》三十卷。」已儼然漢人學者。于氏家族在唐代以後，以禮學、史學傳家，
仲文實爲奠基。于翼弟于義，子于宣敏，能賦詩，有《述志賦》，于志寧出繼

〔註79〕陳應行：《吟窗雜錄》卷二十二，中華書局，1997年，第654～655頁。

爲宣敏子，入唐後此系大顯，以文儒立身，文人才子輩出，歷四唐不衰。唐高
祖謂高頴「于氏世有人焉」（《隋書》卷三十九），唐代史臣評價于休烈一家「以
家世文史盛名」（《舊唐書》卷一百四十九）：這些正概括了北朝隋唐時期河南于
氏家族的總體文化特徵。河南于氏家族，是北朝胡姓中家族較少斷層、文化延
續性鮮明、漢化過程較爲明晰的一個案例。其家族所體現的胡姓家族從朔漠到
中原的空間轉換，由尚武到從文的文化轉型，從「胡」到「漢」的身份轉變，
漢化線路歷歷可考，可以作爲考察其他胡姓家族文化演變的一個標杆。

還有不少其他胡姓家族，可以追溯到北朝。我們考察唐代胡姓家族文學
不能忽略這一線索。但不少胡姓作家，由於史料的斷層，並不能理清其家族
的脈絡，其自身的文化淵源亦難鉤沉。對於這一類作家，我們亦需將之放到
整個胡姓群體文化演進的背景之下考察，強調在民族文學背景下的整體性與
特殊性。

（二）唐代胡姓家族創作群體與成就

如果說北朝時期是胡姓家族文學的積澱時期，那麼到了唐代，胡姓家族
開始呈現蓬勃發展的勢頭。相比漢人，胡姓家族並非唐代文學的主力，這可
以從創作群體比例看出。以唐詩爲例，《全唐詩》《全唐詩補編》所載存詩一
首以上詩人中，可確定爲胡姓者計130餘人〔註80〕，這相對於唐代3200餘詩
人而言，只是很小的一部分。這130餘胡姓詩人中，存詩一卷以上者，計10
人，相對於《全唐詩》存詩一卷以上235人，亦爲較小的比例。但從創作成
就而言，胡姓家族卻並不示弱。尤其經過北朝至唐初的積澱，盛、中唐以後，
湧現出一系列成就卓越的胡姓文學家族，代表如元結家族、獨孤及家族、竇
叔向家族、元稹家族、白居易家族，他們在文學史上也是佔有重要地位的。

唐代胡姓家族詩人或者說少數民族詩人的概況，可以從一些選本中得到
體現。如莊星華先生選注的《歷代少數民族詩詞曲選》〔註81〕，選漢代到明
代134位知名少數民族作家詩詞曲545首，其中，隋唐五代者有：

〔註80〕 按筆者所統計的胡姓詩人，主要依據是姚薇元、陳連慶、蘇慶彬等人的研究
　　　　著作，另據《姓纂》《宰相世系表》以及碑誌文獻，從世系上尋找依據。所計
　　　　胡姓詩人主要是北朝胡姓，一些古老的胡姓如翟氏、狄氏、路氏，未計在內；
　　　　南方少數民族詩人亦納入統計。筆者學力有限，當有不少漏收。唐代胡姓詩
　　　　人群體的數量必定大於筆者所計。另外，有一些族屬存疑者，如白居易家族、
　　　　劉禹錫，雖然存爭議，亦暫統計爲胡姓。
〔註81〕 莊星華選注《歷代少數民族詩詞曲選》，內蒙古人民出版社，1985年。

長孫無忌（三首）、文德皇后（一首）、謝偃（四首）、元萬頃（三首）、長孫正隱（二首）、厙狄履溫（一首）、賀蘭進明（五首）、長孫鑄（一首）、元結（十三首）、獨孤及（十二首）、豆盧復（二首）、獨孤授（一首）、獨孤實（一首）、豆盧榮（一首）、獨孤良弼（一首）、長孫佐輔（十首）、元稹（二十六首）、獨孤申叔（一首）、賀蘭朋吉（一首）、長孫翱（一首）、驃信（一首）、趙叔達（一首）、楊奇鯤（一首）、布燮（二首）、紇干著（四首）、慕容韋（一首）、豆盧回（一首）、紇干諷（一首）、万俟造（一首）、宇文鼎（一首）、李存勖（三首）、李珣（十首）、李舜弦（二首）、郭從義（一首）

共作家 34 人，作品 120 篇，占全書較大比例，並且基本囊括了唐代重要胡姓作家。但還存在不少遺漏，這或許跟作者對胡姓、胡姓家族的研究不夠深入有關。比如河南于氏家族，本出鮮卑万紐于氏，詩人輩出，竟無一收入〔註82〕。此後又有陳書龍主編《中國古代少數民族詩詞曲評注》（1989 年）全書選先秦到近代少數民族 157 人，作品 349 篇。而隋唐五代一共 24 人，46 篇詩作，相對前書而言，容量較小，但又加入一些唐代胡姓詩人，如元行恭、賀若弼、賀遂亮、戎昱、坎曼爾、崔致遠等人。二書基本上代表了那一時期對古代少數民族作家最大容量的理解。

上述選本，由於體例的關係，未能全面收錄唐代胡姓作家，亦未注意到胡姓家族文學的現象。我們參考了胡姓家族研究的成果，依據本文前面對胡姓家族文學的界定，整理出下面唐代胡姓文學作家（家族）的一個基本概況：

表9：唐代胡姓文學家族表

家族	代表人物及著述	備　註
元氏	**元稹系** 元希聲，元岩四世孫，預修《三教珠英》，著錄集十卷，存詩十首。 元稹，元岩六世孫，文集五十卷； 元錫，元稹從兄，文四篇； 元晦，元稹從子，詩兩首，文三篇；	後魏昭成帝之後，同出元岩
	元德秀系 元德秀，著名儒者，存詩一首； 元萬，柳宗元《答元饒州論春秋書》載其書多篇，不存；	同出後魏明元帝

〔註82〕 有學者已關注到了。沈文凡、孟祥娟《唐代河南于氏家族文學緝考》，《古籍整理研究學刊》2010 年第 2 期。

	元結系 元結，有集十卷，編選《篋中集》； 元季川，元結弟，詩四首。 元友讓，元結子，詩一首； 元友直，結之子，詩一首； 元友諒，元結從子，文一篇；	昭成帝之後
長孫氏	長孫無忌系 長孫無忌，參編《尚書正義》等多書，存文一卷，詩七首； 長孫皇后，有《女則要錄》十卷； 長孫憲，長孫紹元曾孫，文兩篇； 長孫鑄，長孫紹元六世孫，天寶十二年進士第，詩一首；	同出西魏尚書令、太師、上黨文宣王長孫稚。
	不詳世系 長孫正隱，詩著錄於《高氏三宴詩集》，存詩二首； 長孫佐輔，詩集名《古調集》，存詩十七首；	
河南竇氏	三祖房 竇德玄，竇岳玄孫，文一篇； 竇靜，竇抗子，文一篇； 竇希玠，竇抗曾孫，詩一首； 竇蒙，竇抗玄孫，著《畫拾遺》、《青囊書》十卷、《齊梁畫目錄》一卷；《歷代畫評》八卷，存詩一首； 竇臮，竇蒙弟，著《述書賦》； 竇參，竇抗五世孫，德宗時為宰相，詩三首； 平陵房 竇叔向，集七卷，今存詩九首。五子群、常、車、庠、鞏，皆工詞章，有《竇氏聯珠集》； 竇常，集十八卷，今存詩二十六首； 竇车，集十卷，今存詩二十一首； 竇群，存詩二十三首； 竇庠，存詩二十一首； 竇鞏，存詩三十九首； 竇洵直，竇叔向從子，長慶進士，詩一首； 竇易直，竇叔向從子，穆敬兩朝宰相，文一篇； 竇紃，宰相易直子，賦一篇；	河南竇氏本鮮卑紇豆陵氏改。竇氏定著二房：一曰三祖房，自竇岳、竇善、竇熾，子孫號為「三祖」。二曰平陵房，始竇敬遠。
河南于氏	于義系 于志寧，有《諫苑》二十卷，集四十卷，存文兩卷，詩兩首； 于立政，撰《類林》十卷； 于知微，于立政子，文一篇； 于休烈，著錄集十卷，存詩一首，文五篇； 于結，于休烈從兄弟，詩一首。 于益，休烈子，文一篇；	河南于氏，本鮮卑万紐于氏所改。自于謹從西魏孝武帝入關，遂為京兆長安人，謹九子：寔、翼、義、智、紹、弼、簡、禮、廣，為九祖。

	于肅，休烈子，文一篇； 于敖，于肅子，詩一首； 于瑰，于敖子，存詩兩首； 于鄴，于珪子〔註83〕，詩一卷； 于兢，于珪文一篇； **于寔系** 于敬之，于寔曾孫，文一篇； 于經野，于寔玄孫，詩一首； 于可封，于寔五世孫，賦一篇； 于頔，于寔六世孫，相憲宗，存詩兩首，文三篇； 于季友，于頔子，詩一首，文一篇。 于方，于頔子，文一篇； 于興宗，于頔兄子，存詩三首； 于濆，于頔從孫，詩一卷，文一篇； 于頎，于寔六世孫，存文三篇； 于公異，于頎從弟，著錄《奏記》一卷，存文一卷； **于翼系** 于邵，于翼六世孫，著錄集四十卷，存詩五首，文七卷； 于尹躬，于邵子，存詩、賦各一首； 于德晦，于邵孫，詩一首；	
穆寧家族	穆寧，撰有《家令》，四子贊、質、員、賞； 穆質，存文六篇，外出土墓誌文一篇； 穆員，著錄集十卷，存文三卷，外出土墓誌一篇； 穆賞，撰《灞陵志》，出土墓誌一篇；	穆氏本鮮卑丘穆陵氏改
房琯家族	房元陽，房融兄，預修《三教珠英》，存詩兩首； 房融，相武后，詩一首； 房琯，融子，相肅宗，存文兩篇，詩一首； 房孺復，琯之子，詩歌一首； 房千里，房琯族人，文四篇，詩一首；	房氏本高車屋引氏所改
源乾曜家族	源直心，源乾曜父，文一篇； 源誠心，源乾曜叔父，文一篇； 源乾曜，相玄宗，存詩文各四首； 源光俗，源乾曜從孫，詩一首；	出河西鮮卑禿髮氏，後魏太武帝賜姓源氏

〔註83〕據崔特《唐登仕郎前守左千牛衛冑曹參軍崔特自銘（夫人于氏墓誌銘）》（《全唐文補遺》第九輯，三秦出版社，2007年，第419～421頁。）崔特夫人于氏，高祖于休烈，父于珪。夫人季弟鄉貢進士于鄴。夫人卒咸通十二年，時三十二歲。詩人于鄴為晚唐五代人，與此于鄴正合。而且河南于氏在中晚唐顯赫一時，文人輩出，詩人于鄴出于珪家族可能性極大。

王珪家族	王珪，王岡玄孫，王僧辯孫，相太宗，存文一篇，詩二首； 王緒，僧辯姪孫也，著《永寧公輔梁記》十卷； 王燾，王珪之曾孫，著《外臺秘要》等醫書； 王涯，王岡九世孫，相憲宗、文宗，注《太玄經》六卷，著錄集十卷，存詩一卷，文多篇；	烏丸王氏，本東部鮮卑。王珪、王涯同出後魏王岡
潘炎家族	潘炎，詩一首，文賦多篇，出土墓誌兩篇； 潘孟陽，潘炎子，登博學宏辭，存詩三首。	本鮮卑別種破多羅氏改
員半千家族	員半千，著集十卷，存詩四首，文三篇； 員俶，員半千孫，存文一篇；	平涼員氏本少數部族
謝偃家族	謝偃，撰《英公故事》四卷，著錄集十卷，存文賦十二篇，詩一首。 謝觀，謝偃玄孫，著錄賦八卷，自撰墓誌銘云「著述凡卅卷，尤攻律賦」，存詩二首； 謝承昭，謝觀長子，出土墓誌兩篇； 謝迢，謝觀女，其兄承昭為其撰墓誌引其詩句「永夜一臺月，高秋轆戶砧」；	《新唐書》謝偃本傳稱本直勒氏，為高車族裔
賀蘭氏	賀蘭進明，開元十六年進士，存詩七首，文一篇； 賀蘭遂（又作賀蘭遌），著錄集一卷，存詩一句； 賀蘭朋吉，著錄詩一卷，與賈島酬唱，存詩一首；	本匈奴賀賴種，又作賀賴氏。
紇干氏	紇干臮（又作紇干泉、紇干俞），著《賦格》一卷，存賦六篇； 紇干濬，乾符時人，文一篇； 紇干著 詩歌四首； 紇干諷，詩一首； 紇干德覃，文一篇。	孝文帝改為干氏，西魏時復（恢復）姓
獨孤氏	**獨孤及家族** 獨孤峻，獨孤永業四世孫，文一篇； 獨孤及，獨孤永業六世孫，有《毗陵集》二十卷； 獨孤郁，獨孤及子，預修《德宗實錄》，著錄文集一卷，存文五篇； 獨孤實，獨孤及從子，著錄《九調譜》一卷，詩一首； 獨孤霖，獨孤及從孫，著錄《玉堂集》二十卷，存文七篇，出土墓誌兩篇； 獨孤申叔，獨孤及從孫，詩一首，賦六篇； **與獨孤及家族關係不詳獨孤氏** 獨孤授（獨孤綬），詩一首，賦、文二十三篇； 獨孤鉉，詩一首，賦三篇； 獨孤均，詩一首；	本匈奴屠各種，後改劉氏。

劉崇望家族	劉方平詩，劉政會玄孫，存詩一卷； 劉崇望，劉政會七世孫，相昭宗，著錄《中和制集》十卷，存制文二十篇； 劉崇龜，崇望兄，詩兩首； 劉崇魯，崇望弟，詩一首；	本孤獨氏改
白居易家族	白鍠，白居易祖，白居易撰行狀云有集十卷； 白居易，文集七十五卷； 白行簡，著錄集二十卷，存詩九首，文十九篇，敦煌新出賦一篇； 白敏中，相宣宗，存詩二首，文五篇； 白知退，白居易《祭弟文》稱二十三弟，編其文二十卷，題爲《白郎中集》。	本西域胡姓
李珣家族	李珣，有《瓊瑤集》，今存詩三首，詞一卷； 李舜弦，珣之妹，蜀王衍納爲昭儀，詩三首。	本波斯後裔
康希銑家族	康國安，有集十卷，《自述文集》二十卷；《注駁文選異義》二十卷； 康顯貞，有文集十卷，編類書多部； 康希銑，著錄集二十卷，撰《自古以來清白吏圖》四卷； 康子元，有《周易異義》二十卷，參編《東封儀注》，存文六篇，出土墓誌一篇； 康珽，存詩一首； 康元瑰，著《干祿寶典》三十卷，存文一篇； 康南華，有《代耕心鏡》十卷；	本粟特後裔

注：

各家族人物只舉其大概，亦未全錄入，大致參考《全唐詩》《全唐文》有作品者爲限；

存詩據《全唐詩》及《補編》爲準；存文據《全唐文》《唐文拾遺》《唐文續拾》《唐代墓誌彙編》（含《續集》）《全唐文補遺》（全十輯）《全唐文補編》爲準；

著錄文集，以兩《唐書》爲主，參考以及歷代目錄、小傳；

族屬情況參考了姚薇元先生《北朝胡姓考》及陳連慶先生《中國古代少數民族姓氏研究》兩書；

三、胡姓家族文學的異質性問題

　　儘管胡姓家族的文學造詣爲他們融入漢人士族精英增添了砝碼，但不可忽視的是胡姓文學整體上呈現出某些的異質性問題，這反映了胡姓家族文化轉型過程的特殊性。

　　首先，從胡姓文學本身的分佈來看具有特殊性。表 10 顯示的是胡姓人物詩歌創作的時段分佈，從中可以看出：（1）初、盛唐時期，胡姓詩人群體比

較單薄，胡姓詩人總計也不過 47 人，而且只有綦毋潛一人（詩一卷）可算得上重要詩人。元結、獨孤及、劉方平等重要詩人已進入過渡時期。（2）胡姓詩人集中爆發的時期在中唐，而且不少重要胡姓詩人（家族）亦在此期間，如竇叔向家族。（3）在中、晚唐之交及晚唐時期，胡姓詩人持續保持創作的勢頭，存詩一卷以上的胡姓詩人多在此期間。從北朝以來的胡姓詩人創作，到中晚唐之交達到一個高峰，從一定程度上反應了胡姓文學自身發展的特殊軌跡。

表 10：唐五代胡姓詩人分佈表

時 段	初 唐	盛 唐	中 唐	晚唐五代
人數	24	23	41	36

　　胡姓家族從朔漠到中原，從「胡」到「漢」，「習得」漢文化的歷程是不同步的，因而各胡姓家族內部也存在分化。從表 11 可以看出北朝胡姓家族文學創作分化的概況。柳沖論代北虜姓，以元、長孫、宇文、竇、陸、于、源七姓爲大。從《全唐詩》中這七姓所存詩人來看，分佈也不平衡。河南于氏在唐代已經文儒化，詩人輩出，存詩一首以上可考者有 15 人，爲眾胡姓中最著者，而且呈現家族化。竇氏家族在唐代以外戚顯，但文學上亦不示弱。元氏爲北魏宗室，入唐以後在政治上並無太多建樹，卻在文學上出了元結、元稹等唐代文學史上具有重要地位的文人。相比之下，長孫氏、宇文氏、源氏、陸氏的文學成就要黯然得多，也沒有重要詩人。

表 11：唐代七大「代北虜姓」詩人數量

姓 氏	于 氏	竇 氏	元 氏	長孫氏	宇文氏	源 氏	陸 氏
數 量	15	14	12	4	2	2	1

　　其次，從具體文學體式和風貌而言，胡姓家族在某些層面也具有的特殊性。陳弱水先生研究中唐古文運動領導者的家族背景時特別指出獨孤及、元結、劉禹錫三人代北虜姓的身份〔註84〕。唐代文學的「北朝傳統」一直是一股重要力量，而北朝胡姓家族及其後裔無疑是承載這一傳統的重要群體，這往往爲研究所忽略。唐代胡姓家族文學發展的高峰出現在中唐時期，而以古

〔註84〕陳弱水《論中唐古文運動的一個社會文化背景》，原刊於《鄭欽仁教授榮退紀念論文集》，（臺北）稻香出版社，1999 年，第 217～264 頁。

文運動爲契機的唐代文學變革亦出現於同一時期，而且不少胡姓文人擔當了
這一文學變革潮流的旗手，這不能不讓我們重新思考胡姓家族在唐代文學中
特殊角色。

　　從更廣闊的文藝格局看，胡姓家族的特殊性更爲顯著。比如粟特胡人在
音樂方面的造詣〔註85〕，直接影響到了唐代文學。又如鮮卑族裔對北方音樂
文化的傳承問題。《通典·四方樂》「北狄三國（鮮卑、吐谷渾、部落稽）」條
載：

　　　　北狄樂，皆爲馬上樂也。鼓吹本軍旅之音，馬上奏之，故自漢
　　以來，北狄樂總歸鼓吹署。後魏樂府始有北歌，即魏《眞人歌》是
　　也。代都時，命掖庭宮女晨夕歌之。周、隋代，與西涼樂雜奏。今
　　存者五十三章，其名目可解者六章：《慕容可汗》《吐谷渾》《部落稽》
　　《鉅鹿公主》《白淨王太子》《企俞》也。其餘不可解，咸多可汗之
　　詞。按今《大角》，即後魏《代簸邏回》是也，其曲亦多可汗之詞。
　　北虜之俗，皆呼主爲可汗。吐谷渾又慕容別種，如此歌是燕、魏之
　　際鮮卑歌，其詞虜音，不可曉。梁有《鉅鹿公主》歌詞，似是姚萇
　　時歌，其詞華音，與北歌不同。梁樂府鼓吹又有《大白淨皇太子》、
　　《小白淨皇太子》《企俞》等曲。隋鼓吹有《白淨王太子曲》，與北
　　歌校之，其音皆異。大唐開元中，歌工長孫元忠之祖受業於侯將軍
　　貴昌，并州人也，亦代習北歌。貞觀中，有詔令貴昌以其聲教樂府。
　　元忠之家代相傳如此，雖譯者亦不能通知其詞，蓋年歲久遠，失其
　　眞矣。〔註86〕

侯貴昌爲并州人，且懂鮮卑語。按侯氏本有鮮卑一源，侯氏爲鮮卑人之可能
性極大〔註87〕。長孫元忠爲鮮卑宗後裔。此兩個鮮卑後裔家族，皆代習北歌，
可見北朝音樂在唐代的傳承有此一條路線。從南朝時期開始，北方民族音樂
傳承一個重要的方式是轉譯，如《敕勒歌》這樣的作品就是轉譯的代表。但

〔註85〕　馮承鈞《西域南海史地考證論著匯輯》，收《何滿子》文以及楊蔭瀏《中國古
　　　　代音樂史稿》，對唐代粟特樂人多有考訂。
〔註86〕　《通典》卷一百四十六，中華書局，1984年，第3725頁。
〔註87〕　《魏書·官氏志》：「胡古口引氏後改爲侯氏。」據姚薇元先生之説，當爲胡
　　　　引氏之衍誤，涉上文若口引氏而衍。《古今姓氏書辯證》又云：「侯伏侯氏改
　　　　爲侯氏」，姚先生以爲「侯」當爲「侯」之訛，胡引氏乃以侯伏侯部酋帥之名
　　　　爲氏。二氏同一源，皆改爲侯氏。參見《北朝胡姓考》，中華書局，2007年，
　　　　第87～89頁。

還有一個重要的源流爲我們忽視，那就是直接傳承。唐代所存北歌，爲「燕、魏之際鮮卑歌，其詞虜音，不可曉」。隨著時間的延伸，語言也會發生改變。北朝鮮卑語或其他語言所作的歌詩，唐代連譯者也不能全部理解，但這並不妨礙音樂的傳承，這或許正是包括鮮卑族後裔在內的不少胡姓家族保存了特殊的家族文化的重要原因。胡姓家族文學是胡姓家族文化的重要組成部分，通過探索其中存在的特質性，有助於我們更好的理解唐民族文學的課題。

胡姓家族文學研究以往以個案形式出現較多，如竇叔向家族、獨孤及家族、元稹家族等等，並未突出其作爲胡姓家族的特殊意義。胡姓家族文學的提出，並不是要將之生硬地從唐代文學總體格局中「割裂」出來，而是換一個視角，從一種主體的立場，來重新思考這一群體的文學現象。我們強調異質性的研究，也不是爲了異質性而生搬硬套民族與文化研究的那一套，而是發掘其中與存在異質性的可能，轉而證明漢文學的多樣性。

中古時期，胡姓家族作爲一個群體存在是一個事實，但如何將他們文學習得與文化身份轉型結合，卻需要一番文本和情境的考索。胡姓家族文學的研究，有賴於民族學、歷史學等其他領域有關胡姓及胡姓文化、族群文化的知識。需要一種回到歷史情境中的「同情心」：這是我們反覆強調不能以今日之民族觀念去衡量古時，不能以民族融合或漢化等粗線條的提法拘束古代具體而微的民族關係的原因。同時，這也考驗研究者文史領域掌握的程度。